■2025年度中学受験用

# 学習院女子中等科

## 5年間(＋３年間HP掲載)スーパー過去問

●収録内容一覧

### 入試問題と解説・解答の収録内容

| | |
|---|---|
| 2024年度　A | 算数・社会・理科・国語　実物解答用紙DL |
| 2024年度　B | 算数・社会・理科・国語　実物解答用紙DL |
| 2023年度　A | 算数・社会・理科・国語　実物解答用紙DL |
| 2023年度　B | 算数・社会・理科・国語　実物解答用紙DL |
| 2022年度　A | 算数・社会・理科・国語　実物解答用紙DL |
| 2022年度　B | 算数・社会・理科・国語　実物解答用紙DL |
| 2021年度　A | 算数・社会・理科・国語 |
| 2021年度　B | 算数・社会・理科・国語 |
| 2020年度　A | 算数・社会・理科・国語 |
| 2019～2017年度（HP掲載）<br>「カコ過去問」<br>（ユーザー名）koe<br>（パスワード）w8ga5a1o | 問題・解答用紙・解説解答DL<br>**◇著作権の都合により国語と一部の問題を削除しております。**<br>◇一部解答のみ（解説なし）となります。<br>◇９月下旬までに全校アップロード予定です。<br>◇掲載期限以降は予告なく削除される場合があります。 |

～本書ご利用上の注意～　以下の点について，あらかじめご了承ください。

★別冊解答用紙は巻末にございます。実物解答用紙は，弊社サイトの各校商品情報ページより，一部または全部をダウンロードできます。

★編集の都合上，学校実施のすべての試験を掲載していない場合がございます。

★当問題集のバックナンバーは，弊社には在庫がございません（ネット書店などに一部在庫あり）。

# 合格を勝ち取るための
# 『スーパー過去問』の使い方

本書に掲載されている過去問をご覧になって，「難しそう」と感じたかもしれません。でも，多くの受験生が同じように感じているはずです。なぜなら，中学入試で出題される問題は，小学校で習う内容よりも高度なものが多く，たくさんの知識や解き方のコツを身につけることも必要だからです。ですから，初めて本書に取り組むさいには，点数を気にしすぎないようにしましょう。本番でしっかり点数を取れることが大事なのです。

過去問で重要なのは「まちがえること」です。自分の弱点を知るために，過去問に取り組むのです。当然，まちがえた問題をそのままにしておいては意味がありません。

本書には，長年にわたって中学入試にたずさわっているスタッフによるていねいな解説がついています。まちがえた問題はしっかりと解説を読み，できるようになるまで何度も解き直しをしてください。理解できていないと感じた分野については，参考書や資料集などを活用し，改めて整理しておきましょう。

## このページも参考にしてみましょう！

**◆どの年度から解こうかな　「入試問題と解説・解答の収録内容一覧」**

本書のはじめには収録内容が掲載されていますので，収録年度や収録されている入試回などを確認できます。

※著作権上の都合によって掲載できない問題が収録されている場合は，最新年度の問題の前に，ピンク色の紙を差しこんでご案内しています。

**◆学校の情報を知ろう!!「学校紹介ページ」**

このページのあとに，各学校の基本情報などを掲載しています。問題を解くのに疲れたら息ぬきに読んで，志望校合格への気持ちを新たにし，再び過去問に挑戦してみるのもよいでしょう。なお，最新の情報につきましては，学校のホームページなどでご確認ください。

**◆入試に向けてどんな対策をしよう？「出題傾向＆対策」**

「学校紹介ページ」に続いて，「出題傾向＆対策」ページがあります。過去にどのような分野の問題が出題され，どのように対策すればよいかをアドバイスしていますので，参考にしてください。

**◇別冊「入試問題解答用紙編」**

本書の巻末には，ぬき取って使える別冊の解答用紙が収録してあります。解答用紙が非公表の場合などを除き，（注）が記載されたページの指定倍率にしたがって拡大コピーをとれば，実際の入試問題とほぼ同じ解答欄の大きさで，何度でも過去問に取り組むことができます。このように，入試本番に近い条件で練習できるのも，本書の強みです。また，データが公表されている学校は別冊の１ページ目に過去の「入試結果表」を掲載しています。合格に必要な得点の目安として活用してください。

本書がみなさんの志望校合格の助けとなることを，心より願っています。

株式会社　声の教育社　編集部

# 学習院女子中等科

| | |
|---|---|
| 所在地 | 〒162-8656 東京都新宿区戸山3-20-1 |
| 電　話 | 03-3203-1901（代） |
| ホームページ | https://www.gakushuin.ac.jp/girl/ |
| 交通案内 | 地下鉄副都心線「西早稲田駅」より徒歩3分，地下鉄東西線「早稲田駅」より徒歩10分，JR山手線・西武新宿線「高田馬場駅」より徒歩20分 |

くわしい情報は
ホームページへ

トピックス

★学校説明会は7/13・9/21・10/2・11/23，オープンスクールは10/5に実施予定。
★2024年度入試より，一般生入試（A・B）は筆記試験のみとし,午後の面接は行いません。

創立年
明治18年

女子校

高校募集
なし

## 応募状況

| 年度 | 募集数 | 応募数 | 受験数 | 合格数 | 倍率 |
|---|---|---|---|---|---|
| 2024 | A約90名 | 320名 | 282名 | 103名 | 2.7倍 |
| | B約40名 | 532名 | 292名 | 45名 | 6.5倍 |
| 2023 | A約90名 | 255名 | 224名 | 104名 | 2.2倍 |
| | B約40名 | 416名 | 181名 | 49名 | 3.7倍 |
| 2022 | A約90名 | 302名 | 271名 | 104名 | 2.6倍 |
| | B約40名 | 486名 | 267名 | 45名 | 5.9倍 |
| 2021 | A約90名 | 293名 | 261名 | 108名 | 2.4倍 |
| | B約40名 | 455名 | 243名 | 40名 | 6.1倍 |
| 2020 | A約90名 | 289名 | 251名 | 100名 | 2.5倍 |
| | B約40名 | 487名 | 258名 | 40名 | 6.5倍 |

## 本校の特色

本校が目指すのは，現代を生きる女性にふさわしい品性と知性を身につけ，社会に貢献できる人間の育成です。この理念のもと，中等科，高等科計６年の教育課程を，「学ぶ楽しさを知る」基礎課程，「考える力を育む」応用課程，「自分の学力を磨く」発展課程と，３つの期間で編成。６年間をひとつの流れとした理想的なカリキュラムにより，多様な進路に対応しています。

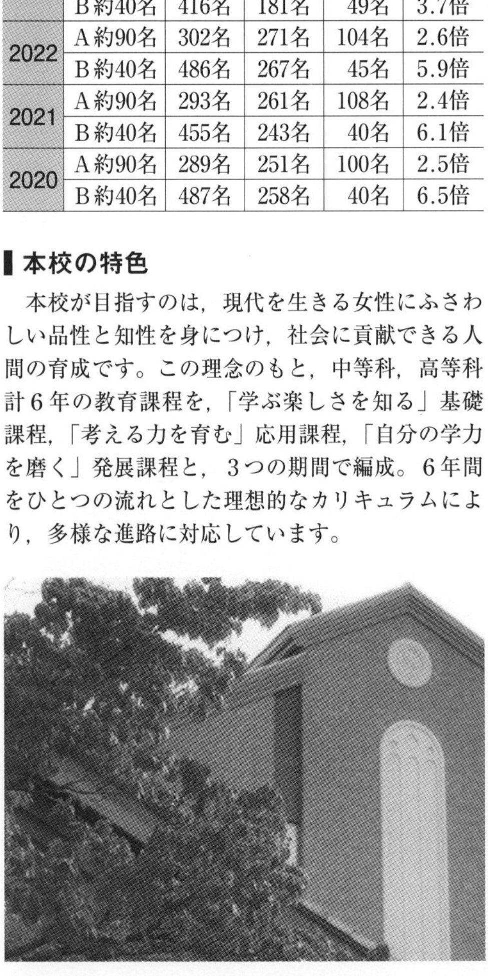

## 学習院大学への推薦制度

学習院大学への推薦進学は，高等科での学業成績，実力考査の成績などについて審議されたうえで決定されます。推薦進学を希望するほとんどの生徒が，推薦進学を認められています（この制度の利用を希望する生徒は６割前後です）。また，学校が設けた期日（12月中旬）までに合否が決する入試は，学習院大学への被推薦権を保持して受験をすることが可能です。

## 2024年春の主な他大学合格実績

＜国立大学＞
京都大，筑波大，東京藝術大
＜私立大学＞
慶應義塾大，早稲田大，上智大，国際基督教大，東京理科大，明治大，青山学院大，立教大，中央大，法政大，昭和大，東京医科大，星薬科大

## 2025年度入試情報

【Ａ入試】
試験時程：2025年２月１日　８:25までに受付
合格発表：2025年２月２日　14:00頃HPで発表
【Ｂ入試】
試験時程：2025年２月３日　８:25までに受付
合格発表：2025年２月４日　14:00頃HPで発表
【各回共通】
選考方法：筆記試験（国算理社）
※募集要項は７月中旬よりHPで公開されます。

編集部注一本書の内容は2024年6月現在のものであり，変更されている場合があります。正確な情報は，学校のホームページ等で必ずご確認ください。

# 算数 出題傾向＆対策

## ◆基本データ（2024年度A）

| | |
|---|---|
| 試験時間／満点 | 50分／100点 |
| 問　題　構　成 | ・大問数…６題<br>計算問題１題（２問）／応用問題５題<br>・小問数…11問 |
| 解　答　形　式 | 解答らんには単位などもふくめて記入する。また，考え方・式を書くスペースが設けられている。作図もある。 |
| 実際の問題用紙 | Ｂ４サイズ |
| 実際の解答用紙 | 問題用紙に書きこむ形式 |

## ◆過去５年間の出題率トップ５

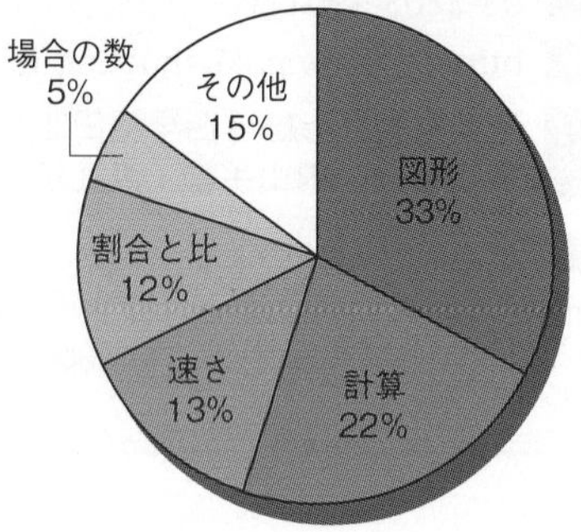


※　配点（推定ふくむ）をもとに算出

## ◆近年の出題内容

| | | 【　2024年度Ａ　】 | | | 【　2023年度Ａ　】 |
|---|---|---|---|---|---|
| 大問 | 1 | 四則計算，逆算 | 大問 | 1 | 四則計算，計算のくふう |
| | 2 | 比の性質 | | 2 | 速さと比 |
| | 3 | 割合，相当算 | | 3 | 平均とのべ |
| | 4 | 平面図形－長さ，面積 | | 4 | 割合 |
| | 5 | 通過算 | | 5 | 平面図形－構成 |
| | 6 | 立体図形－体積，構成，表面積 | | 6 | 平面図形－長さ |

## ◆出題傾向と内容

計算問題は，例年数問出されますが，やや複雑なものが出題される傾向にあります。特に，逆算には式をもどしていく操作をあやまりやすいものが少なくありません。

応用問題でひんぱんに登場するのは図形分野です。例年見られる求積題は複雑で，一部分を移動させたり相似を利用したりと，考え方にくふうが必要です。また，展開図や見取り図，立体図形の切断，図形上の点の移動と面積の変化など，ありとあらゆるものが取り上げられています。**コンパスと定規で作図させたり，図やグラフにかきこんで完成させたりする問題もよく見られます。**数量分野では，割合と比に関連した速さに関する設問が目立ち，グラフとからめたもの，旅人算や時計算などが見られます。このほか，場合の数，規則性，数の性質などもたびたび顔を見せます。**これらの応用問題は，複数の単元を融合していることが多く，本校の算数の特ちょうの一つになっています。**

## ◆対策～合格点を取るには？～

まず，計算力は算数の基礎力養成の最低条件ですから，計算問題を反復練習することが大切です。逆算やくふうの仕方にも注意して取り組むようにしましょう。

図形では，面積や体積ばかりでなく，長さ，角度，展開図，縮尺，相似比と面積比，体積比などの考え方や解き方をはば広く身につけ，割合や比を使ってすばやく解けるようになること。また，図形を分割してみたりして，さまざまな図形の性質もおさえておきましょう。

数量分野では，特に数の性質，規則性，場合の数などをマスターしましょう。教科書や参考書にある重要事項を整理し，類題を数多くこなして，一通りのパターンを身につけてください。

なお，全体を通していえることですが，算数では答えを導くまでの考え方や式がもっとも大切なため，**ふだんからノートに自分の考え方，線分図，式を，後から見返しやすいようにしっかりとかく習慣をつけておきましょう。**

# 算数 出題分野分析表

| 分野 ＼ 年度 | | 2024 | | 2023 | | 2022 | | 2021 | | 2020 |
|---|---|---|---|---|---|---|---|---|---|---|
| | | A | B | A | B | A | B | A | B | |
| 計算 | 四則計算・逆算 | ◎ | | ○ | ○ | ◎ | ○ | ○ | ◎ | ◎ |
| | 計算のくふう | | ○ | ○ | ○ | | ○ | ○ | | |
| | 単位の計算 | | | | | | | | | ○ |
| 和と差 | 和差算・分配算 | | | | ○ | | | | | |
| | 消去算 | | | | | | | | | |
| | つるかめ算 | | | | | | | | | |
| | 平均とのべ | | | ○ | | | | | | |
| | 過不足算・差集め算 | | | | | | | | | |
| | 集まり | | | | | ○ | | | | |
| | 年齢算 | | | | | | | | | ○ |
| 割合と比 | 割合と比 | ○ | | ○ | ○ | | | | | |
| | 正比例と反比例 | | | | | | | | | |
| | 還元算・相当算 | ○ | | | | | | | | |
| | 比の性質 | ○ | | | | | ○ | ○ | | |
| | 倍数算 | | | | | | | ○ | | |
| | 売買損益 | | | | | ○ | | | | |
| | 濃度 | | | | | | | | ○ | |
| | 仕事算 | | | | | | | | | |
| | ニュートン算 | | | | | | | | | |
| 速さ | 速さ | | ○ | | | ○ | | ○ | | ○ |
| | 旅人算 | | | | ○ | | | ○ | | |
| | 通過算 | ○ | | | | | | | | |
| | 流水算 | | | | | | | | | |
| | 時計算 | | | | | | ○ | | | ○ |
| | 速さと比 | | | ○ | | | | | ○ | |
| 図形 | 角度・面積・長さ | ○ | ○ | ○ | ○ | ○ | ◎ | ◎ | | ○ |
| | 辺の比と面積の比・相似 | | | | | | | | | |
| | 体積・表面積 | ◎ | | | ○ | | | ○ | ○ | |
| | 水の深さと体積 | | ○ | | | | | | | ○ |
| | 展開図 | | | | ○ | | | | | |
| | 構成・分割 | ○ | | ○ | ○ | | | ○ | | ○ |
| | 図形・点の移動 | | | | ○ | ○ | ○ | | ○ | |
| 表とグラフ | | | | | | | | ○ | | ○ |
| 数の性質 | 約数と倍数 | | ○ | | | ○ | | | | |
| | N進数 | | | | | ○ | | | | |
| | 約束記号・文字式 | | | | | | | | | |
| | 整数・小数・分数の性質 | | ○ | | | | | | | |
| 規則性 | 植木算 | | | | | | | | | |
| | 周期算 | | | | | | | | | |
| | 数列 | | | | | | | | | |
| | 方陣算 | | | | | | | | | |
| | 図形と規則 | | ○ | | | | | | | |
| 場合の数 | | | | | ○ | | ○ | ○ | ○ | |
| 調べ・推理・条件の整理 | | | ○ | | | | | | | ○ |
| その他 | | | | | | | | | | |

※ ○印はその分野の問題が１題，◎印は２題，●印は３題以上出題されたことをしめします。

# 社会 出題傾向＆対策

## ◆基本データ（2024年度Ａ）

| | |
|---|---|
| 試験時間／満点 | 30分／60点 |
| 問題構成 | ・大問数…３題<br>・小問数…16問 |
| 解答形式 | 用語の記入と記号選択に加えて，記述問題も見られる。記述問題は，１～２行程度で理由や，現代的課題と対策を合わせて説明させるものが数問見られる。 |
| 実際の問題用紙 | Ｂ４サイズ |
| 実際の解答用紙 | Ｂ４サイズ |

## ◆過去５年間の分野別出題率

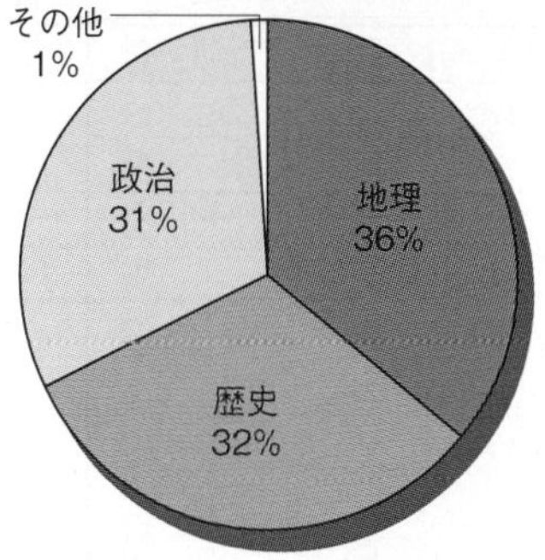


※　配点（推定ふくむ）をもとに算出

## ◆近年の出題内容

| 【　2024年度Ａ　】 | | | 【　2023年度Ａ　】 | | |
|---|---|---|---|---|---|
| 大問 | 1 | 〔**歴史**〕外交を題材にした問題 | 大問 | 1 | 〔**歴史**〕米を題材にした問題 |
| | 2 | 〔**地理**〕日本の産業や各地域の特色についての問題 | | 2 | 〔**地理**〕各地域の特色 |
| | 3 | 〔**政治**〕マイナンバーカードを題材にした問題 | | 3 | 〔**総合**〕人口を題材にした問題 |
| | | | | 4 | 〔**時事**〕オーバーツーリズムについての問題 |

## ◆出題傾向と内容

本校の社会は，各分野からまんべんなく出題されています。世界地理や国際関係，時事問題に関する出題なども見られます。

日本地理では，各地の地勢や産業に関する基本的な問題に加えて，農業の現状と問題点，貿易まさつなど，一定のテーマのもとに出題されることが多いです。この傾向は政治・経済，時事問題ではさらに顕著になっており，たとえば裁判員制度についての問題，マイナンバーカードについての問題，日本と台湾の関係についての問題などです。

歴史についても同様のことがいえます。出題の範囲は古代～現代とはば広いですが，たとえば中国や朝鮮半島との関係史など，日本とつながりの深い国々の関係から逆にわが国の歴史を照らし出すという，別な角度から理解を確かめる問題もあります。

なお，世界地理・歴史は，テーマに付随して出題されることが多いようです。

## ◆対策～合格点を取るには？～

**地理は，白地図を利用した学習をおすすめします。**自分の手で実際に作業することによって，視覚的理解が得られ，より理解が深められるでしょう。また，資料の引用先としてひんぱんに取り上げられる『日本国勢図会』などにも注目しておきたいものです。グラフから特ちょうを見出して，自分の考えと照合し，その特色を文章化してみるのもよいでしょう。

**歴史は，全体の大きな流れをつかんでから，細かい事象について身につけていくようにしてください。**歴史上の大きなできごとが起こった年はできるだけ覚えておきましょう。有名な歴史上の人物の伝記を読むのもおすすめです。

**政治は，日本国憲法の基本的な内容をしっかりおさえること。**とくに三権のしくみについて理解しておきましょう。また，この分野は時事問題がからむことがよくあるので，つねに新聞やニュースに関心を持つことも必要です。国際関係や国内情勢はめまぐるしい変化を見せていますから，それをつかむことで政治に関する知識を増やしていきましょう。

# 社会　出題分野分析表

| 分野 ＼ 年度 | | | 2024 | | 2023 | | 2022 | | 2021 | | 2020 |
|---|---|---|---|---|---|---|---|---|---|---|---|
| | | | A | B | A | B | A | B | A | B | |
| 日本の地理 | | 地図の見方 | | | | | | | | | |
| | | 国土・自然・気候 | ○ | ○ | | ○ | ○ | ○ | ★ | ★ | ○ |
| | | 資源 | | | | | ○ | | | | ○ |
| | | 農林水産業 | ○ | ○ | ○ | | ○ | ○ | ○ | ○ | ○ |
| | | 工業 | | | ○ | | ○ | | | ○ | |
| | | 交通・通信・貿易 | | ○ | | ○ | | ○ | ○ | | |
| | | 人口・生活・文化 | ○ | | ○ | | ○ | | ○ | | ○ |
| | | 各地方の特色 | ○ | ○ | ★ | | ★ | | ★ | | ★ |
| | | 地理総合 | ★ | ★ | | ★ | | ★ | | | ★ |
| 世界の地理 | | | | | ○ | | | | | | |
| 日本の歴史 | 時代 | 原始～古代 | ○ | ○ | ○ | ○ | ○ | ○ | ○ | ○ | ○ |
| | | 中世～近世 | ○ | ○ | ○ | ○ | ○ | ○ | ○ | ○ | ○ |
| | | 近代～現代 | ○ | ○ | ○ | ○ | ○ | ○ | ○ | ○ | ○ |
| | テーマ | 政治・法律史 | | | | | | | | | |
| | | 産業・経済史 | | | | | | | | | |
| | | 文化・宗教史 | | | | | | | | | |
| | | 外交・戦争史 | | | | | | | ★ | | |
| | | 歴史総合 | ★ | ★ | ★ | ★ | ★ | ★ | | ★ | ★ |
| 世界の歴史 | | | | | | | | | | | |
| 政治 | | 憲法 | ○ | ○ | | ○ | | ★ | | | |
| | | 国会・内閣・裁判所 | ○ | | ○ | ○ | ★ | | ○ | ○ | ○ |
| | | 地方自治 | | | | | | | | | |
| | | 経済 | ○ | | | ★ | | ○ | ★ | | |
| | | 生活と福祉 | ○ | | | ○ | | | | ○ | ★ |
| | | 国際関係・国際政治 | | ★ | ○ | | ○ | ○ | | ○ | |
| | | 政治総合 | ★ | | | | | | | | |
| 環境問題 | | | | | | | | | | ○ | |
| 時事問題 | | | ○ | ○ | ★ | | | | ○ | ★ | |
| 世界遺産 | | | | ○ | | | ○ | | ○ | | |
| 複数分野総合 | | | | | ★ | | | | | ★ | |

※　原始～古代…平安時代以前，中世～近世…鎌倉時代～江戸時代，近代～現代…明治時代以降

※　★印は大問の中心となる分野をしめします。

# 理科 出題傾向＆対策

## ◆基本データ（2024年度Ａ）

| | |
|---|---|
| 試験時間／満点 | 30分／60点 |
| 問題構成 | ・大問数…４題<br>・小問数…17問 |
| 解答形式 | 用語の記入や記号選択，短文記述のほかに，考え方や式を書く必要のある計算問題も出題されている。短文記述は，１～２行程度で書くスペースが用意されている。 |
| 実際の問題用紙 | Ｂ４サイズ |
| 実際の解答用紙 | 問題用紙に書きこむ形式 |

## ◆過去５年間の分野別出題率

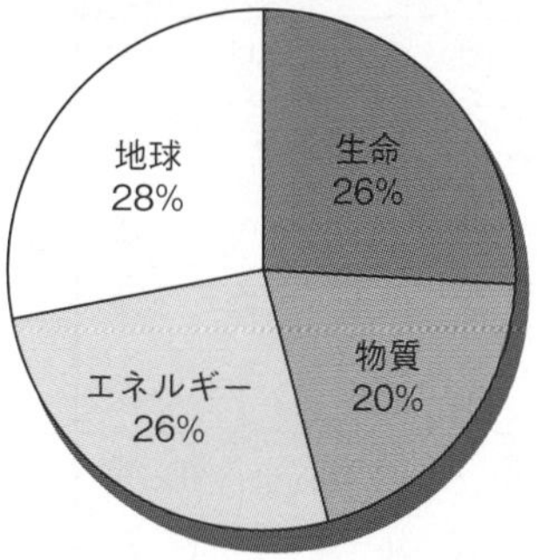


※　配点（推定ふくむ）をもとに算出

## ◆近年の出題内容

| 【　2024年度Ａ　】 | | | 【　2023年度Ａ　】 | | |
|---|---|---|---|---|---|
| 大問 | 1 | 〔**生命**〕アゲハチョウ | 大問 | 1 | 〔**環境**〕海洋酸性化・ごみ問題 |
| | 2 | 〔**地球**〕津波 | | 2 | 〔**物質**〕化学変化 |
| | 3 | 〔**エネルギー**〕浮力 | | 3 | 〔**地球**〕星座の見え方 |
| | 4 | 〔**物質**〕水溶液の性質 | | 4 | 〔**エネルギー**〕ソーラーライト |

## ◆出題傾向と内容

本校の理科には，次のようなきわめてユニークな出題傾向があります。①**実験・観察・観測をもとにしたものがほとんど**で，現象やことがらのなりゆきの原因，過程や結果の**考察を主としている**こと。②**選択式で答えるものだけではなく，記述問題とからめられてるもの**も多く，ときには「図をかいて説明せよ」というような問題もあり，**深い理解力が求められている**こと。

よって，理科をたんに暗記科目と考え，細かい知識ばかりをつめこんでも，本校の理科の問題にはあまり役に立ちません。最低限の基礎知識はもちろん必要ですが，ここで求められているのは考察力や理解力であり，知識は考えたり理解したりするための手段にすぎません。小学校在学中にどこまで実験や観察を行ったかなど，経験のうらづけも必要になってくるわけです。

分野別に出題内容を検討すると，「生命」「物質」「エネルギー」「地球」の４分野からまんべんなく出題されており，出題される単元もかたよっていません。

## ◆対策～合格点を取るには？～

各分野からまんべんなく出題されていますから，**基礎的な知識をはやいうちに身につけ，そのうえで，問題集で演習をくり返しながら実力アップをめざしましょう。**

「生命」は，身につけなければならない基本知識の多い分野ですが，楽しみながら確実に学習する心がけが大切です。

「物質」では，気体や水溶液，金属などの性質に重点をおいて学習してください。

「エネルギー」は，電気回路，磁力の強さのほかに，力のつり合いやふりこの運動などの出題が予想される分野ですから，学習計画から外すことのないようにしましょう。

「地球」では，太陽・月・地球の動き，季節と星座の動き，天気と気温・湿度の変化，地層のでき方や流水のはたらきなどが重要なポイントです。

なお，**環境問題や身近な自然現象に日ごろから注意をはらうことや，テレビの科学番組，新聞・雑誌の科学に関する記事，読書などを通じて多くのことを知るのも大切です。**また，時事的な内容が出題されることもあるので，注意が必要です。

# 理科　出題分野分析表

| 分野 ＼ 年度 | | 2024 A | 2024 B | 2023 A | 2023 B | 2022 A | 2022 B | 2021 A | 2021 B | 2020 |
|---|---|---|---|---|---|---|---|---|---|---|
| 生命 | 植物 | | | | | | | | | |
| | 動物 | ★ | | | ★ | ★ | ★ | ★ | ★ | |
| | 人体 | | ★ | | | | | | | ★ |
| | 生物と環境 | | | | | | | | | |
| | 季節と生物 | | | | | | | | | |
| | 生命総合 | | | | | | | | | |
| 物質 | 物質のすがた | | | | | | | | | |
| | 気体の性質 | | | | | | | | | |
| | 水溶液の性質 | ★ | | | | | ★ | | ★ | |
| | ものの溶け方 | | | | | ★ | | ★ | | |
| | 金属の性質 | | | | | | | | | |
| | ものの燃え方 | | | | ★ | | | | | ★ |
| | 物質総合 | | | ★ | | | | | | |
| エネルギー | てこ・滑車・輪軸 | | ★ | | | | ★ | | | |
| | ばねののび方 | | | | | | | | | |
| | ふりこ・物体の運動 | | | | | | | | | |
| | 浮力と密度・圧力 | ★ | ★ | | | | | ★ | | |
| | 光の進み方 | | | | | | | | | |
| | ものの温まり方 | | | | ★ | | | | | |
| | 音の伝わり方 | | | | | ★ | | | | |
| | 電気回路 | | | ★ | | | | | ★ | ★ |
| | 磁石・電磁石 | | | | | | | | | |
| | エネルギー総合 | | | | | | | ○ | | |
| 地球 | 地球・月・太陽系 | | ★ | | | ★ | | ○ | ★ | |
| | 星と星座 | | | ★ | | | | ○ | | |
| | 風・雲と天候 | | | | | | | ○ | | |
| | 気温・地温・湿度 | | | | | | ★ | | | |
| | 流水のはたらき・地層と岩石 | | | | ★ | | | | | ○ |
| | 火山・地震 | | | | | | | | | ★ |
| | 地球総合 | ★ | | | | | | ★ | | |
| 実験器具 | | | | | | | | ○ | | |
| 観察 | | | | | | | | | | |
| 環境問題 | | | | ★ | | | | | | |
| 時事問題 | | | | | | | | ○ | ○ | |
| 複数分野総合 | | | | | | | | | | |

※　★印は大問の中心となる分野をしめします。

# 国語 出題傾向＆対策

## ◆基本データ(2024年度Ａ)

| | |
|---|---|
| 試験時間／満点 | 50分／100点 |
| 問題構成 | ・大問数…２題<br>文章読解題１題／知識問題１題<br>・小問数…27問 |
| 解答形式 | すべてが記述問題である。そのうえ，書きぬきではなく，本格的な自由記述ばかりとなっている。 |
| 実際の問題用紙 | Ｂ４サイズ |
| 実際の解答用紙 | Ｂ４サイズ |

## ◆過去５年間の分野別出題率

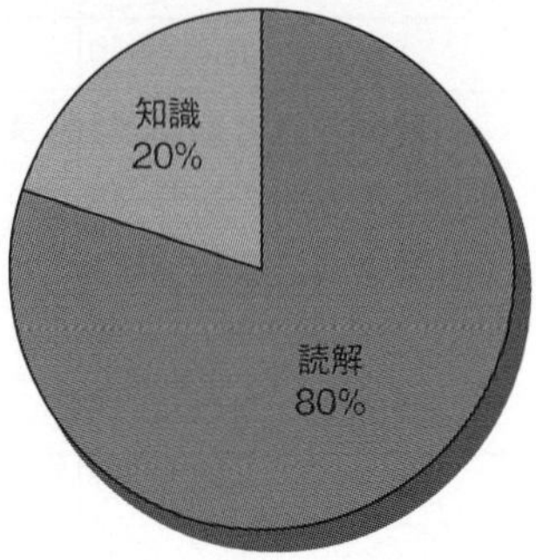


※　配点(推定ふくむ)をもとに算出

## ◆近年の出題内容

| 【　2024年度Ａ　】 | | | 【　2023年度Ａ　】 | | |
|---|---|---|---|---|---|
| 大問 | 一 | 〔小説〕尾崎英子『きみの鐘が鳴る』(約5800字) | 大問 | 一 | 〔小説〕寺地はるな「コラルド・フェルナンデスと二人の娘」(約3800字) |
| | 二 | 〔知識〕漢字の書き取りと読み | | 二 | 〔知識〕漢字の書き取りと読み |

## ◆出題傾向と内容

**長文読解に取り上げられる文章は小説・物語文**で，説明文・論説文などはほとんど出題されていません。文章自体はそれほどひねったものではありませんが，年度によって文芸色の濃いものがあったりするなど，特に一定した傾向はないようです。

設問を具体的に見ていくと，内容や心情の読み取り，文脈理解，慣用句，漢字の書き取りと読みなどが出題されています。内容や心情の読み取りに関する問題では，登場人物の行動や感情の原因・理由を問うものが多いことに注意しておきましょう。漢字については，独立した大問で，読み書き合わせて20問程度出題されるケースが多いようです。難しい訓読みがよく出されているので，十分な対策が必要です。

全体的には，ある一定レベル以上の実力があれば解けるものがほとんどだといえますが，限られた時間で文章を読み取る力と漢字やことばの知識，つまり，バランスのとれた国語力が必要といえるでしょう。

## ◆対策～合格点を取るには？～

本校の国語は，読解力と表現力をみる問題がバランスよく出題されていますから，**まず読解力をつけ，そのうえで表現力を養う**ことをおすすめします。

読解力をつけるためには読書が必要ですが，長い作品よりも短編のほうが主題が読み取りやすいので，特に国語の苦手な人は短編から入るとよいでしょう。新聞のコラムや社説を毎日読むようにするのもよいでしょう。

次に表現力ですが，これには内容をまとめるものと自分の考えをのべるものとがあります。内容をまとめるものは，数多く練習することによってコツがわかってきます。自分の考えをのべるものは，問題文のどの部分がどのように問われるかを予想しながら文章を読むといいでしょう。また，答えとして必要な要点を書き出し，それらをつなげるような練習を心がけましょう。

なお，ことばのきまり・知識に関しては，参考書を１冊仕上げておけばよいでしょう。また，漢字や熟語については，読み書きはもちろん，同音(訓)異義語，その意味についても辞書で調べておくようにするとよいでしょう。

# 国語 出題分野分析表

| 分野 | | 年度 | 2024 | | 2023 | | 2022 | | 2021 | | 2020 |
|---|---|---|---|---|---|---|---|---|---|---|---|
| | | | A | B | A | B | A | B | A | B | |
| 読 | 文章の種類 | 説明文・論説文 | | | | | | | | | |
| 読 | 文章の種類 | 小説・物語・伝記 | ★ | ★ | ★ | ★ | ★ | ★ | ★ | ★ | ★ |
| 読 | 文章の種類 | 随筆・紀行・日記 | | ★ | | | | | | | |
| 読 | 文章の種類 | 会話・戯曲 | | | | | | | | | |
| 読 | 文章の種類 | 詩 | | | | | | | | | |
| 読 | 文章の種類 | 短歌・俳句 | | | | | | | | | |
| 解 | 内容の分類 | 主題・要旨 | | ○ | | | | | | | |
| 解 | 内容の分類 | 内容理解 | ○ | ○ | ○ | ○ | ○ | ○ | ○ | ○ | ○ |
| 解 | 内容の分類 | 文脈・段落構成 | | | | | | | | | |
| 解 | 内容の分類 | 指示語・接続語 | ○ | | | | | | | | ○ |
| 解 | 内容の分類 | その他 | | | | | | | | | |
| 知 | 漢字 | 漢字の読み | ○ | ○ | ○ | ○ | ○ | ○ | ○ | ○ | ○ |
| 知 | 漢字 | 漢字の書き取り | ○ | ○ | ○ | ○ | ○ | ○ | ○ | ○ | ○ |
| 知 | 漢字 | 部首・画数・筆順 | | | | | | | | | |
| 知 | 語句 | 語句の意味 | | | | | | | | | |
| 知 | 語句 | かなづかい | | | | | | | | | |
| 知 | 語句 | 熟語 | | | | | | | | | |
| 知 | 語句 | 慣用句・ことわざ | | | | | | | | | |
| 識 | 文法 | 文の組み立て | | | | | | | | | |
| 識 | 文法 | 品詞・用法 | | | | | | | | | |
| 識 | 文法 | 敬語 | | | | | | | | | |
| 識 | 形式・技法 | | | | | | | | | | |
| 識 | 文学作品の知識 | | | | | | | | | | |
| 識 | その他 | | | | | | | | | | |
| 識 | 知識総合 | | | | | | | | | | |
| 表現 | 作文 | | | | | | | | | | |
| 表現 | 短文記述 | | | | | | | | | | |
| 表現 | その他 | | | | | | | | | | |
| 放送問題 | | | | | | | | | | | |

※　★印は大問の中心となる分野をしめします。

カコを追いかけ
ミライをつかめ
「今の説明、もう一回」を何度でも
web過去問
ストリーミング配信による入試問題の解説動画
もっと古いカコモンないの?
カコ過去問
「さらにカコの」過去問をHPに掲載(DL)
声の教育社
詳しくはこちらから

# 2024年度 学習院女子中等科

【算　数】〈Ａ入試〉(50分)〈満点：100点〉

［注意］ どの問題にも答えだけでなく途中《とちゅう》の計算や考え方を書きなさい。

**1** 次の$\square$にあてはまる数を求めなさい。

(1) $6.875-\left(4\frac{2}{3}-3\frac{2}{3}\div1.125\right)\times4.5=\square$

(2) $8\frac{6}{7}\div\left\{\left(\square-\frac{3}{4}\right)\times0.4-2.5\right\}=7.75$

**2** Ａ，Ｂ，Ｃ，Ｄの４人でパーティーを開きました。Ａは４人分の料理，Ｂは４人分の果物，Ｃは４人分のケーキ，Ｄは４人分の飲み物を買ってきました。終了後に，全員の払《はら》う金額が等しくなるように，Ｂ，Ｃ，ＤがＡにそれぞれ1400円，1000円，1800円を渡《わた》しました。料理代と果物代の比は９：２でした。４人分のケーキ代を求めなさい。

**3** さくらさんは本を１日目に全体の$\frac{1}{6}$を読み，２日目と３日目はそれぞれ前日までに残ったページ数の$\square$％を読みました。４日目に７ページを読んだところで，ちょうど全体の半分となりました。１日目と２日目に読んだページ数が等しいとき，$\square$に入る数と本のページ数を求めなさい。

**4** 図のように，半径９cmの円形の紙を円周上の１点が円の中心Ｏと重なるように折ったところ，直線ABが折り目となりました。次の問いに答えなさい。ただし，円周率は3.14とします。

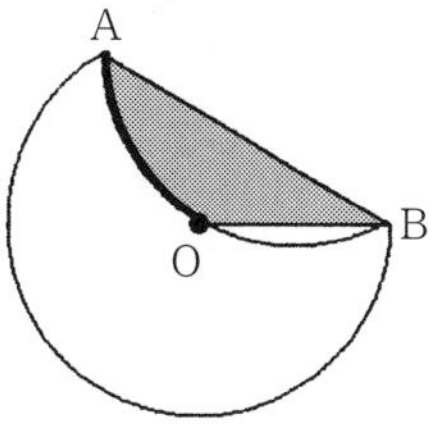


(1) 曲線AO(図の太線部分)の長さを求めなさい。

(2) ＯとＢを直線で結ぶとき，色のついた部分の面積を求めなさい。

**5** ある鉄道では，駅と駅の間の線路を300ｍごとの区間に分けて，１つの区間に２本以上の電車が入らないように，それぞれの区間の入口に信号を設けています。電車が１つの区間に入ると，その区間の入口の信号は赤になります。電車がその区間から完全に抜《ぬ》けると信号は橙《だいだい》に変わり，次の区間から完全に抜けると黄に，さらにその次の区間から完全に抜けると青に戻《もど》ります。電車の長さはすべて200ｍで，電車の先頭が区間の入口に来た時点で信号の色を確認します。赤の場合は停止し，橙の場合は時速30km，黄の場合は時

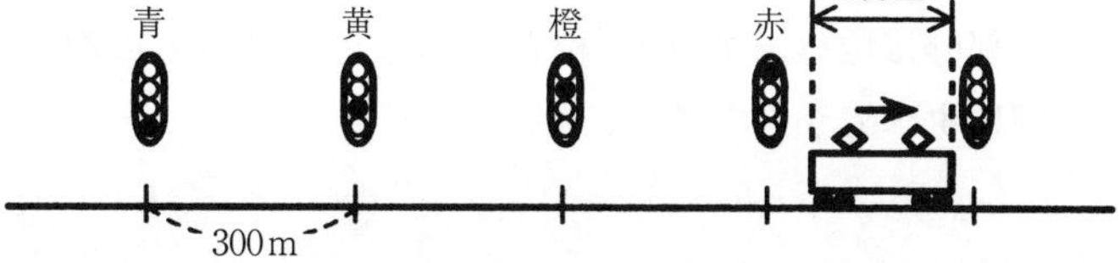

速60km，青の場合は時速72kmの速さで，次の信号まで速さを変えずに進みます。次の問いに答えなさい。

(1)　前を走る電車がいない状態で，1本の電車が青の信号を通過しました。その後には電車が来ないとき，その信号が青に戻るのは電車の先頭が通過してから何秒後ですか。

(2)　前を走る電車がいない状態で，1本目の電車が駅を出発して青の信号を通過しました。続いて2本目の電車が同じ信号を通過しました。2本目の電車の先頭がその信号を通過したのは，1本目の電車の先頭が通過してから50秒後でした。その後には電車が来ないとき，その信号が青に戻るのは，1本目の電車の先頭が通過してから何秒後ですか。

**6**　図1は，表面が赤く塗《ぬ》られた1辺の長さが8cmの立方体から，等しい2辺が4cmである直角二等辺三角形を底面とする三角柱をくり抜《ぬ》いた立体を表しています。次の問いに答えなさい。

図1

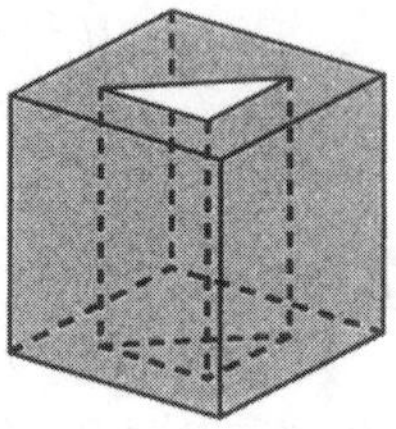

(1)　この立体の体積を求めなさい。

(2)　図2のように，図1の立体9個をすき間なく並べました。図3は図2の立体を真下から見た図で，あいている穴を1つだけかきこんであります。残りの穴をすべてかきこんで，図を完成させなさい。ただし，図の大きさは実際とは異なります。

図2

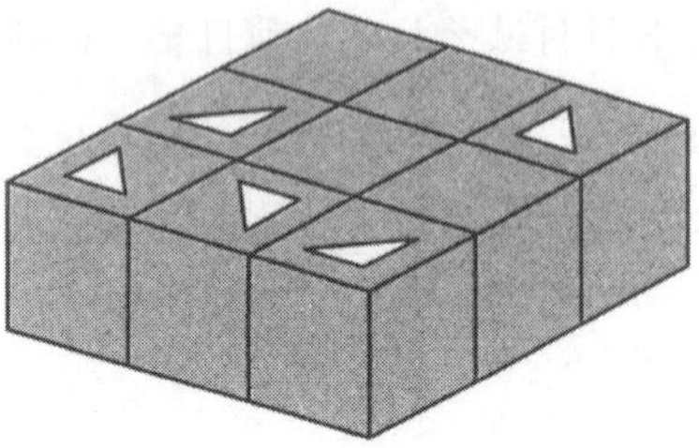

図3

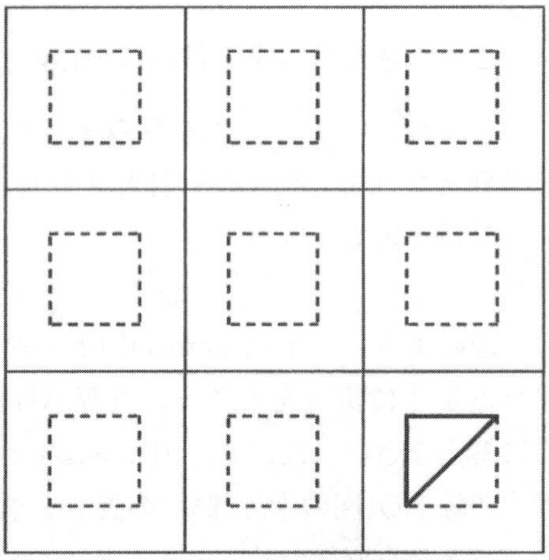

(3)　図4のように，図1の立体14個をすき間なく積みました。この立体の表面のうち，赤く塗られた部分(穴の先にみえる部分は除きます)の面積として考えられるものを小さい順にすべてかきなさい。

図4

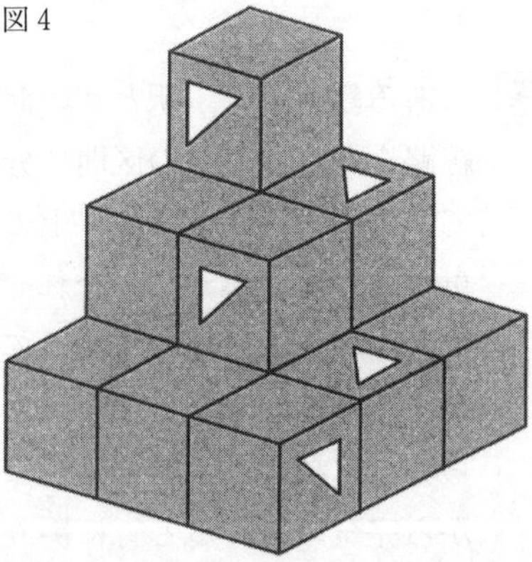

**【社　会】〈A入試〉**（30分）〈満点：60点〉

**1**　次の文章を読み，以下の問いに答えなさい。

日本は古くから多くの国や地域と結びつきを持ってきました。米作りや金属器・土器は，中国や朝鮮半島から移り住んだ人々によって，日本に伝わりました。弥生時代には①支配者がたびたび中国に使いを送り，外交関係を結びました。7世紀から9世紀にかけては，中国の政治のしくみや大陸の文化を学ぶために日本から②遣唐使船を送りましたが，唐の衰(おとろ)えを理由として，894年，（　1　）の意見により遣唐使は停止(ていし)されました。室町時代には，幕府の3代将軍であった（　2　）が中国(明)との貿易を行って多くの富をたくわえました。

その後の日本はスペイン，ポルトガルなどヨーロッパの国々とも貿易を行い，結びつきを持つようになりました。しかし，江戸幕府はスペイン船とポルトガル船の日本への来航を禁止し，ヨーロッパの国々の中では（　3　）の船だけが日本に来航するようになりました。

明治時代になると，③日本の政府はヨーロッパの国々やアメリカを手本として近代的な国家づくりを目指しました。しかし，その一方で日本はアジアでの勢力拡大を目的とした戦争を行い，④朝鮮半島も戦場になりました。

昭和時代の日中戦争，太平洋戦争を経て，戦後はアメリカを中心とする連合国軍により⑤民主化のための政策が進められました。その後，日本は国際社会へ復帰し，歴史上結びつきの強い国々との友好関係や信頼(しんらい)関係を築いてきました。しかし，⑥領土をめぐる周辺の国々との対立や沖縄の基地問題など，現在も国際的な課題が数多く残されています。

問1　空らん(1)～(3)にあてはまる語句を答えなさい。

問2　下線部①について，卑弥呼が使いを送った中国の国の名を，次のア～エより1つ選び，記号で答えなさい。

ア．前漢　　イ．魏　　ウ．後漢　　エ．秦

問3　下線部②について，遣唐使船の航路は，ある時期から朝鮮半島に沿った安全な航路から直接中国に向かう危険な航路へと変わった。この理由を説明しなさい。

問4　下線部③について，⑴次の文章A～Cの空らん(a)～(c)にあてはまる語句を答え，⑵文章A～Cの下線部で示している「この国」の国名を，下の あ～お より1つ選び，記号で答えなさい。

A　日本は1867年にこの国で行われた万国博覧会に初めて参加した。1872年に群馬県につくった官営の（　a　）製糸場にはこの国から技術者をまねいた。

B　大隈重信は，この国を手本にした憲法と議会の設立を主張し，1882年に（　b　）党をつくった。

C　日本政府は，皇帝(こうてい)の権限が強いこの国の憲法などを参考にして（　c　）を中心に憲法づくりを進めた。（　c　）は後に初代内閣総理大臣に任命された。

| |
|---|
| あ．イギリス　　い．ドイツ　　う．イタリア　　え．フランス　　お．アメリカ |

問5　下線部④について，次のア～エは朝鮮半島の国に関わるできごとである。古いものから年代順になるように記号を並べかえなさい。

ア．日本は朝鮮を併合(へいごう)して植民地にした

イ．豊臣秀吉は中国を征服(せいふく)するために朝鮮へ大軍を送った

ウ．朝鮮通信使は12回にわたって江戸幕府へ送られた

エ．高麗は元によって軍に加えられ，九州北部を攻(せ)めた

問6　下線部⑤について，⑴農村に対して行われた政策の名前を答えなさい。⑵　⑴によって農村に起きた変化を説明しなさい。

問7　下線部⑥について，日本との間に領土をめぐる対立が起きている，⑴国名と⑵その場所(地名)の組み合わせを1つ答えなさい。

**2**　以下の問いに答えなさい。

問1　下の表のA～Hは日本国内で生産される農産物を，1位～3位はその農産物の収穫(しゅうかく)量都道府県別順位(A・Bは2022年産，その他は2021年産)を示している。A～Hにあてはまる農産物を次の【農産物群】より1つずつ選び，記号で答えなさい。

【農産物群】

ア．いちご　イ．かき　ウ．小麦　エ．米

オ．すいか　カ．ぶどう　キ．りんご　ク．レタス

| | | |
|---|---|---|
| 北海道 | A　2位 | B　1位 |
| 青森県 | C　1位 | － |
| 岩手県 | C　3位 | － |
| 秋田県 | A　3位 | － |
| 山形県 | D　3位 | － |
| 茨城県 | E　2位 | － |
| 栃木県 | F　1位 | － |
| 群馬県 | E　3位 | － |
| 千葉県 | D　2位 | － |

| | | | |
|---|---|---|---|
| 新潟県 | A　1位 | － | － |
| 山梨県 | G　1位 | － | － |
| 長野県 | C　2位 | E　1位 | G　2位 |
| 奈良県 | H　2位 | － | － |
| 和歌山県 | H　1位 | － | － |
| 岡山県 | G　3位 | － | － |
| 福岡県 | B　2位 | F　2位 | H　3位 |
| 佐賀県 | B　3位 | － | － |
| 熊本県 | D　1位 | F　3位 | － |

『日本国勢図会 2023/24』による

問2　下の①～④の文が示す順になるように，ア～エの地域などを並べかえなさい。

①　人口が多い順

ア．大阪市　イ．札幌市　ウ．仙台市　エ．横浜市

②　東京都庁に近い順

ア．大阪市　イ．札幌市　ウ．新潟市　エ．那覇市

③　緯度(いど)が低い順

ア．シンガポール　イ．ペキン　ウ．東京　エ．ロンドン

④　東京駅に近い順

ア．こおりやま駅　イ．しろいしざおう駅　ウ．なすしおばら駅　エ．はちのへ駅

①は『日本国勢図会 2023/24』による

問3　長野県内で人口が多い都市(例：長野市・松本市・上田市・佐久市・飯田市や諏訪(すわ)市など)には，ある特徴(とくちょう)的な地形が共通してみられる。

⑴　これらの都市に共通する特徴的な地形を，ひらがな4文字以内で答えなさい。ただし「へいや」は除く。

⑵　なぜその地形の場所に古くから人が集まり，発展してきたのか説明しなさい。

**3** 次の文章を読み，以下の問いに答えなさい。

ここ数年で急速に普及(ふきゅう)したマイナンバーカードは，ひとりの国民にわりあてられている複数の公的な番号を1つのカードにまとめ，効率的な行政を実現するねらいがあります。政府は今年の秋にマイナンバーカードと①健康保険証の一体化を目指していますが，この方針に対して国民の反対意見なども出ています。

マイナンバーカードの構想は，1960年代後半に( 1 )内閣が「各省庁統一個人コード」の導入を検討したことに始まります。また，1980年代にも「納税者番号制度」の導入が試みられました。しかし，どちらも国民からの反対が強く実現しませんでした。2002年に「( 2 )」が始まってからは，②地方公共団体から国民へ番号が提供されましたが，「( 2 )」に反対して接続しなかった地方公共団体もありました。

2000年代に社会保険庁の( 3 )記録の不備が見つかったことや( 4 )の進展から，2013年の( 5 )内閣でマイナンバー法案が成立しました。政府は，マイナンバーの利用範囲(はんい)を主に③社会保障制度・税制・( 6 )対策であると法律で定めているため，国民の個人情報は保護されると説明しています。しかし，近年では，一部の企業(きぎょう)や団体，政府の機関などが( 7 )攻撃(こうげき)を受け，個人情報流出の危険にさらされたこともあります。

マイナンバーカードが必要になる理由の1つは，日本が( 8 )国家であるからだといえます。( 8 )国家は国民生活をさまざまな形で支えることになるため，どうしても政府の仕事は多くなります。政府の仕事が多くなると多くの税金を集めなければならず，国民の( 9 )を正確に知る必要が出てきます。また，政府がだれにどのような( 8 )サービスを提供したのか，記録して管理する必要もあります。マイナンバーカードによって，ある国民の( 9 )・納税額・医療費(いりょうひ)・( 3 )額・銀行口座・住所などを関連づけて手続きできるシステムは，国にとってはよいものです。しかし，これによって④国家による監視(かんし)社会になっているという指摘(してき)も古くからあります。

問1　空らん(1)～(9)にあてはまるものを次のア～ツより1つずつ選び，記号で答えなさい。

ア．安倍晋三　　イ．菅義偉　　ウ．田中角栄
エ．佐藤栄作　　オ．ICT　　カ．武力
キ．サイバー　　ク．消費　　ケ．セキュリティコード
コ．住民基本台帳ネットワークシステム　　サ．生活保護　　シ．環境(かんきょう)
ス．夜警　　セ．福祉(ふくし)　　ソ．年金
タ．所得　　チ．災害　　ツ．不況(ふきょう)

問2　下線部①について，国民は健康保険証を病院で提示することで，本来の医療費の1～3割程度の負担で医療を受けられる。この理由を健康保険のしくみから説明しなさい。

問3　下線部②について，日本のどの地域も2種類の地方公共団体に属している。学習院女子中等科が属している地方公共団体を2種類とも答えなさい。

問4　下線部③について，以下の問いに答えなさい。

(1)　社会保障の仕事を担当している省を答えなさい。

(2)　社会保障費の国家財政(2023年度当初予算)にしめる割合に最も近いものを次のア～エより1つ選び，記号で答えなさい。

ア．15%　　イ．30%　　ウ．45%　　エ．60%

問5　下線部④の国家による監視社会では，基本的人権が侵害(しんがい)されるおそれがある。侵害されると考えられる基本的人権を2つ答えなさい。

問6　国民にとって，マイナンバーカードを持つことのメリットを1つあげて説明しなさい。ただし，「マイナポイントを得ること」および「複数のカードや証書を持たなくてよくなること」を除く。

【理　科】〈A入試〉(30分)〈満点：60点〉

**1**　春から夏にかけて，ナミアゲハというアゲハチョウをよく見かけます。その幼虫は，主にミカン科の植物の葉を食べて成長します。①若い幼虫は白黒模様をしていますが，成長するとからだの色は緑に変わります。からだが緑色に変わるとさらに成長し，その後，さなぎになるのに適した場所を探します。②木の枝ばかりでなく，建物のかべなどでもさなぎになり，さなぎの色もいくつかあります。また，さなぎのまま冬をこすこともあります。

問1　ナミアゲハのように「卵→幼虫→さなぎ→成虫」とすがたを変えることを何と言いますか。また，同じような育ち方をするこん虫を，次のA～Eからすべて選び，記号で答えなさい。

A　カブトムシ　　B　セミ　　C　バッタ　　D　ハチ　　E　トンボ

問2　下線部①について，若い幼虫のからだの色は天敵から身を守るのに役立つと考えられています。その理由として正しいものを次のア～エから1つ選び，記号で答えなさい。

ア　周囲のかん境にとけこみ，見つかりにくい

イ　鳥のフンに似ていて，食べられにくい

ウ　毒をもつ生物に似ていて，食べられにくい

エ　自分に毒があるとアピールしている

問3　アゲハチョウの成虫は何枚のはねをもっていますか。

問4　下線部②について，さなぎの色が何をもとに決まるのかを調べるために，まわりのかん境を変えてナミアゲハを育てました。右の図は，さなぎになる準備を始めた幼虫をさまざまな色・材質の棒に移動させ，その後できたさなぎの色の割合をまとめたものです。

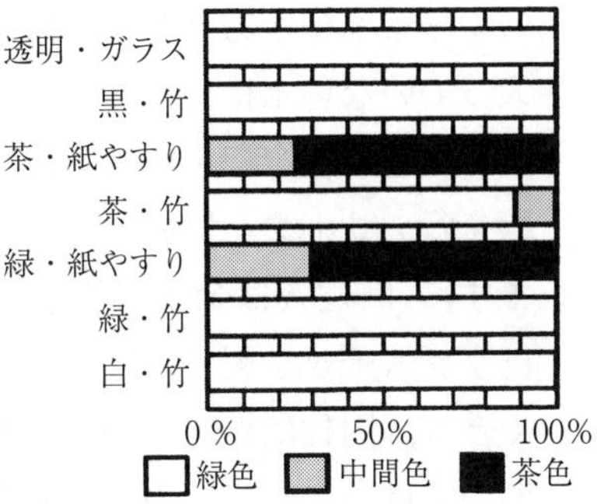


(1)　茶色の紙やすりを巻きつけた棒に幼虫を移動させたとき，中間色のさなぎは何％できましたか。

(2)　実験より，ナミアゲハのさなぎの色は，主にどのような情報をもとにして決まると考えられますか。簡単に説明しなさい。

(3)　もし，実験で使ったものと同じ茶色の紙やすりの画像を映し出した液しょう画面の上で幼虫が育ち，さなぎになったとすると，色は何色になると予想できますか。

**2**　ふつうに見られる海の波は，( ① )のエネルギーによって発生し，海面近くが波打つようになり，その波が海岸線に向かい伝わってくるものです。それに対して津波は，( ② )や火山活動，大規模な山くずれなどがもとになって海底や海岸地形が急変し，海底から海面までの海水全体が短時間に変動し，それが周囲に波として広がって行く現象です。特しゅな例として，きょうりゅうの絶めつの要因となった( ③ )の地球への落下により津波が発生したことが知られています。津波は，海岸線近くで波の高さが( ④ )なり，波の速さが( ⑤ )なります。津波の高さが高くなる条件や，大きい津波が発生しやすい海岸地形について考えるために，池に水路を設けて，波を起こす実験をしました。

問1　文中の①～⑤にあてはまる語を答えなさい。

問2　以下の図は，池に設けた水路を上から見た図です。水路の奥《おく》のはばと長さは，どれも同じです。それぞれの水路について，奥の方(図の左側)の水を，水面から水底まで同時におし出

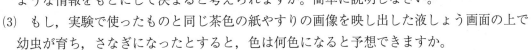

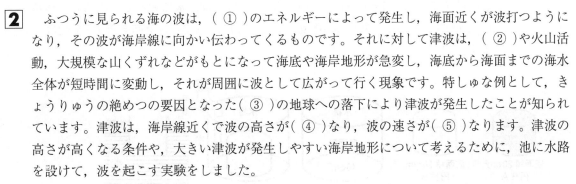

すことによってしん動させ，同じ高さの波を池に向けてくり返し続けて発生させました。

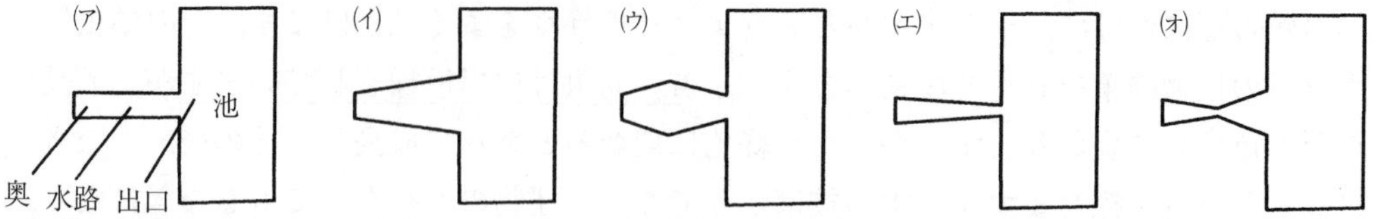


(1) 水路の深さがどこでも同じとき，水路の出口の部分で波の高さが最も高くなるのは，上の(ア)〜(オ)のどれですか。

(2) (1)で答えた水路について，水深を次のA〜Dのように変化させました。水路の出口の部分での波が，最も高くなるのはどれですか。

A　奥の水深は変えずに，出口に向けて水深を浅くする

B　出口の水深は変えずに，奥に向けて水深を浅くする

C　奥と出口の水深は変えず，水路中央の水深を浅くする

D　奥と出口の水深は変えず，水路中央の水深を深くする

問3　(1)と(2)で答えたそれぞれの条件によって，なぜ波の高さが高くなるのか説明しなさい。

**3** 図1のような同じ形の円柱Aと円柱B，図2のような水槽《すいそう》があります。図3のように，水の入っていない水槽に円柱をひとつ立て，水をつねに一定の割合で水槽に入れ，水位をはかる実験を行いました(水位は水槽の底面からはかります)。円柱Aは金属製で水にうかず，円柱Bはプラスチック製で水にうきます。円柱Bがうくとき，円柱はかたむかず，水槽に置かれた状態から真上に動くものとします。右のグラフは実験結果を示したもので，時刻が4秒までの水位の変化はどちらの円柱の場合も同じですが，その後は円柱の種類によって結果が異なりました。

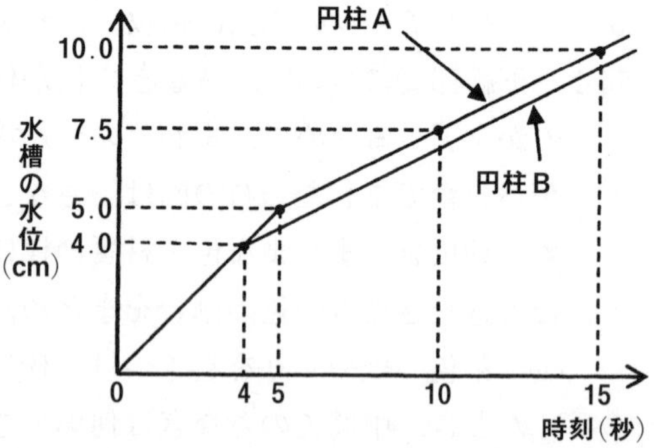


［参考］　浮力《ふりょく》：物体を水中に入れると，物体がおしのけた水の重さに相当する上向きの力を受けます。水は1 $cm^3$ あたり1gなので，例えば，水に入っている部分の体積が100 $cm^3$ のとき，この物体は100gの重さに相当する浮力(上向きの力)を受けています。

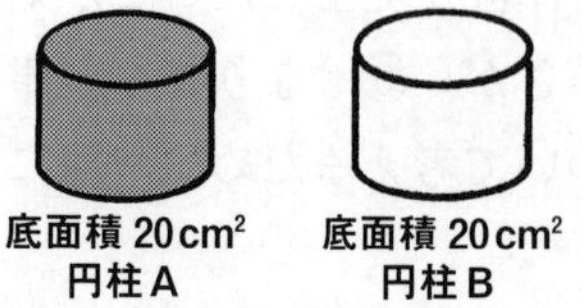


図1

図2

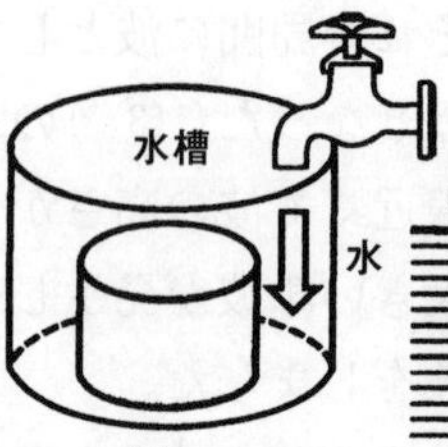


図3

図4

問1　水槽には，1秒あたり何 $cm^3$ の水が入れられていますか。

問2　円柱の高さは何cmですか。

問３　円柱Ｂを用いた実験で，時刻４秒のときに円柱Ｂがおしのけている水の体積は何 $cm^3$ ですか。

問４　円柱Ｂは何ｇですか。

問５　円柱Ｂは，１ $cm^3$ あたり何ｇですか。

問６　円柱Ａの内側をくりぬいて，コップの形にしたら重さは90ｇになりました。このコップを水の入った水槽に入れると，図４のようにうきました。このとき，水面より上に出ている部分の長さ(図中の $d$ )は何 cm ですか。

**4**　８種類の水よう液(あ)～(く)は，それぞれ，アンモニア水，アルコール水，塩酸，食塩水，水酸化ナトリウム水よう液，石灰水，炭酸水，ほう酸水のいずれかです。以下のような実験をして，それぞれの水よう液の性質を調べました。

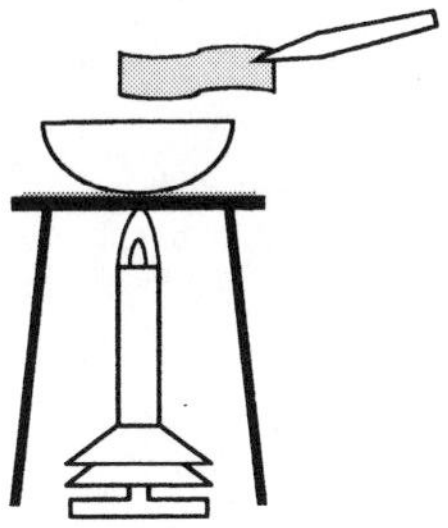

**実験１：８種類の水よう液を少しずつとり，それぞれにBTB液を１てき加えた。**

**実験２：８種類の水よう液を少しずつとり，それぞれにフェノールフタレイン液を１てき加えた。**

**実験３：８種類の水よう液を少しずつとり，それぞれを右図のように蒸発皿に入れて加熱し，その上に水でぬらしたリトマス紙をかざした。その後，水分がなくなるまで加熱を続けた。**

**実験４：実験１～実験３では判別できなかった水よう液から２種類を選んで少しとり，混ぜ合わせた。**

問１　実験１の結果，黄色を示したのは，水よう液(あ)，(い)，(う)，緑色を示したのは，(え)と(お)，青色を示したのは，(か)，(き)，(く)でした。実験２の結果，色が変化した水よう液を(あ)～(く)からすべて選び，記号で答えなさい。また，何色に変化したか，次の㋐～㋓から選び，記号で答えなさい。

㋐　黄色　　㋑　だいだい色　　㋒　赤色　　㋓　青むらさき色

問２　実験３で，水でぬらした赤色リトマス紙をかざすと青色に変化したのは，水よう液(か)のみでした。水よう液(か)の名前を答えなさい。

問３　実験３で水分がなくなるまで加熱を続けたところ，水よう液(あ)，(お)，(き)，(く)は加熱後に蒸発皿に白い固体が残りましたが，それ以外の水よう液は蒸発皿に何も残りませんでした。水よう液(あ)，(え)，(お)の名前を答えなさい。

問４　実験４で，水よう液(い)と水よう液(き)を混ぜると白いにごりを生じました。水よう液(い)，(う)，(き)，(く)の名前を答えなさい。また，水よう液(い)，(う)，(き)，(く)のうち，次の(1)～(3)の特ちょうや性質にあてはまるものをすべて選び，記号で答えなさい。

(1)　においがしない

(2)　アルミニウムを入れるとあわを出してとける

(3)　鉄を入れるとあわを出してとける

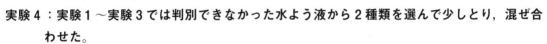

B、Cの表現の移り変わりから、作者はどのようなことを表そうとしているか、波線A、B、Cそれぞれの表現が表していることを示しながら、ていねいに説明しなさい。

二　次の傍線のカタカナは漢字に、漢字はひらがなに直しなさい。

① キソクを守る。
② ゲキツウにたえる。
③ カンダンの差が大きい。
④ 児童福祉《ふくし》にシザイを投じる。
⑤ 牛をホウボクする。
⑥ まだほんのジョの口だ。
⑦ セイコウ雨読の生活。
⑧ 一定のケンゲンをあたえる。
⑨ オンキせがましい態度。
⑩ 自らをリッする。
⑪ サイテキな温度に調節する。
⑫ アンショウ番号を入力する。
⑬ ジュウバコのすみをつつく。
⑭ アみ物をする。
⑮ ジョウキ機関車が走る。
⑯ 墓前にひざまずく。
⑰ 金輪際会うことはない。
⑱ 眼下に広がる光景。
⑲ 高飛車な言い方。
⑳ 慣例にならう。

う、と唯奈は斜《なな》め上に視線を移した。

空に縞々《しましま》模様ができていた。

「あっ……うね雲」

さっき遠くの空にあったうね雲が、いつのまにか空全体に広がっていた。

「へえ、あの波みたいな雲って、うね雲っていうんだね」

「たしかに、畑の畝《うね》そっくりだな」

お父さんとお母さんも唯奈の視線を辿《たど》り、感心したように呟くので、唯奈はいろいろと教えたくなった。

「あのね、気象的にはね、層積雲《そうせきうん》っていう雲の一種なの。高度が低くて、地上の風の影響《えいきょう》を受けやすくて、ころころと形を変えるから、すぐに消えちゃうこともあるの。こんなにはっきり見えるのは珍しいよ」

さっきまで喉《のど》が締《し》まったみたいに声が出てこなかったのに、天気のことならすらすらと口から溢《あふ》れ出す。好きなことなら、たくさん披露《ひろう》したいし、聞いてくれた人に、へえ、と言ってもらいたい。

きれい。空にうまい棒がたくさん並んでいるみたい。

見上げていた唯奈の胸から、蝶々《ちょうちょう》のようなものが飛び出す。それはぐんぐんと昇《のぼ》って、うね雲の隙間《すきま》も通り抜《ぬ》け、うまい棒の上に乗っかった。

そこから見下ろしてみる。空を見上げている自分が見えるかな。その隣にいるお父さんとお母さんも見えるかな。三人とも、ごま粒《つぶ》ほどに小さいかな。

⑥そんなことを想像していると、曇り空のように灰色だった自分の心の中もころころと形を変えて、うね雲みたいになり、その隙間から晴れ間が見えてくるように思えた。

いまはまだ、自分の中のもやもやした気持ちや、ざらざらした思いを、うまく言葉に当てはめることができない。だけど、少なくとも自分にたいしては、ごまかすのはやめよう。笑いたくない時に、笑うふりをするのはやめよう。自分が、自分の一番の味方になろう。

唯奈は心の中で誰《だれ》かに誓《ちか》うような気持ちで、移りゆく空を見ていた。

C風が吹いている。うね雲は列を守るように行儀《ぎょうぎ》良く、少しずつ流れていく。太陽が覗いた。熟《う》れたみかん色の光の帯が、静かに唯奈の顔を照らしはじめる。

（尾崎英子《おざきえいこ》『きみの鐘《かね》が鳴る』）

問1　傍線《ぼうせん》①「唯奈はその視線から逃げるように、お父さんのほうを向いた」とあるが、この時の唯奈の気持ちを説明しなさい。

問2　傍線②「千切れてしまう言葉を一生懸命繋ぐようにして説明した」とあるが、この時のお父さんの気持ちを説明しなさい。

問3　傍線③「違うんだよ、ほんと、違うんだ」とあるが、この時のお父さんの気持ちを説明しなさい。

問4　傍線④「圭吾のご両親は、まじめだからね」とあるが、ここでの「まじめ」とはどのような意味か、説明しなさい。

問5　傍線⑤「この本心」について、

(1)　「この本心」とはどのような気持ちか、説明しなさい。

(2)　唯奈はどのようにして「この本心」に気づくようになったのか、きっかけから順を追って説明しなさい。

問6　傍線⑥「そんなことを想像していると、曇り空のように灰色だった自分の心の中もころころと形を変えて、うね雲みたいになり、その隙間から晴れ間が見えてくるように思えた」とあるが、唯奈にはなぜこのように「思えた」のか、点線で囲んだ唯奈の想像に沿って、ていねいに説明しなさい。

問7　この作品では、空にかかわる表現が繰り返されている。波線A、唯奈が遠慮《えんりょ》がちにたずねると、ああうん、とお父さんは頷いた。

「お父さん、中学校に一年の途中から通えなくなって、家にいたんだけど、その頃《ころ》のことだ。学校から離《はな》れたらほっとして涙《なみだ》が出てきた……自分でもびっくりしたよ」

「中学に、どうして行けなくなったの？」

唯奈は訊いた。

「いじめられていたわけじゃないんだ。ただ、自分一人だけ浮いているようで、そこにいる意味がわからなかった。それで、いつのまにか行けなくなってた」

「学校に行ったら、それを思い出したってことか」

お母さんの相槌《あいづち》に、お父さんは首を横に振った。

「家にいた時に親に言われたことを思い出したんだよ。学校に通えない子だ、かわいそうだって、よく言われたんだ。さっき、遠藤くんのお母さんと話していたら、その時の親の姿が蘇《よみがえ》って」

いつも楽しそうなお父さんにそんなことがあったなんて。唯奈は信じられない気持ちになった。

「④圭吾のご両親は、まじめだからね」

お母さんはすべて知っていたような落ち着いた顔で呟《つぶや》いた。

「知ってたの？」

唯奈の言葉に、お父さんが頷いた。

「お母さんにはなんでも話しているから。前に唯奈に話したことがあったよな、お父さんが大学の時に、嫌なやつからは逃げろって言われたって。そう言ったのは、由利ちゃん……お母さんなんだよ。過呼吸になってうずくまっていたお父さんを、助けてくれたことがあってな」

そうそう、とお母さんも笑った。

「人のよさにつけ込まれて、いいように使われていたもんね。授業のノートを代わりに書いたり、パンを買いに行かされたり」

そう言ってから、お母さんは唯奈のほうを見た。

「唯奈にも言っておくね。自分は、自分の一番の味方でいなくちゃいけないんだよ」

「自分は……自分の一番の味方？」

「そうよ。お父さんは、そうしていなかった。自分は嫌なのに、そう言えないでいた。心はごまかせても、体に出ちゃうんだよね。それで、過呼吸になっていたんだと思う」

あたしは、あたしの一番の味方になれている？

唯奈は心の中で問いかけた。

なれていないかもしれない。

嫌なのをごまかすように、笑いたくもないのに、笑おうとしてきた。自分の本当の気持ちを、大丈夫！　って捻《ね》じ曲《ま》げて、気づかないようにしてきた。

どう考えたって、遠藤のことが嫌《きら》いだ。遠藤に大事な過去問のコピーを取られた時、身体《からだ》がカッと熱くなった感覚が蘇る。唾《つば》をかけられてぐしゃぐしゃにされて、その熱は頭のてっぺんにまで達した。そう、たまらなく頭に来た。同時に、自分がそうされたようで、ものすごく傷ついた。

同じくらい傷つけてやりたいって思った。それくらい腹が立って、だから噛み付いた。

本当は……全部、覚えていた。

忘れたいほどのことだから、忘れたと思い込もうとしていた。

⑤この本心を、きちんと説明しなくちゃいけないのだろう。でも、うまく言葉にできる自信がないなと思いながら、唯奈はお父さんとお母さんの顔をただ見つめ返した。

Bその時、二人の顔に光が差し、あたりが明るくなる。なんだろお父さんは頷いた。

「唯奈ちゃんには、この教室は窮屈《きゅうくつ》なのかもしれないが、ここでの経験がきっとプラスになるとも思っていますから」

金子先生は唯奈を見て、そう言った。

校門を出たところで、唯奈は天を仰《あお》いだ。はあ、疲《つか》れた。A曇《くも》っているような、晴れているような、はっきりとしない空の頭上には、厚い雲がたれこめていた。でも、向こうのほうに、うね雲が浮《う》かんでいて、晴れ間からみかん色の太陽の光が差し込《こ》んで、地上を照らしている。風は乾燥《かんそう》していて冷たい。雪が降りそうな匂《にお》いがして、もう冬なんだ、と思っていたら、洟《はな》を啜《すす》る音が聞こえた。隣《となり》を見ると、お父さんが顔をくちゃくちゃにして泣いていた。

「どうしたの?」

「③違うんだよ、ほんと、違うんだ」

お父さんは立ち止まり、手のひらで目を拭《ぬぐ》った。いったい何が違うのかがわからなくて、唯奈は焦《あせ》る。

「ごめん、唯奈のせい……」

「だから、そうじゃないんだって、違うんだって」

もう話し合いが終わって許されたような気分になっていたので、余計に困惑《こんわく》した。今度は何をしてしまったのだろう。何を理解できていないんだろう。いったい、どうしたらいいんだろう。途方《とほう》に暮れていると、

「唯奈!」

と、声がした。前を向くと、お母さんが片手を振《ふ》りながらこちらにやって来るのが見えた。すがりつきたい気持ちで、唯奈も振り返す。

「ちょっと、圭吾《けいご》? 泣いてんの?」

近くに来てこの状況に気づいたお母さんは、驚いたように訊いた。

「由利《ゆり》ちゃん……ごめん」

「どうしたのよ、相手の親に何か言われたの?」

お母さんは、唯奈とお父さんを交互に見た。

「いや……ってことじゃ……」

「じゃあ、担任にきつく注意された?」

「金子先生、ベテランのしっかりした先生だった……だから、そうじゃなくて」

目を拭いながら、お父さんは一つ長く息を吐《は》いた。落ち着こうとしているのだろう。そんなお父さんを、お母さんは困ったような目で眺めていた。

お母さんが、こんな時間に帰ってくるなんて珍《めずら》しい。そうか……、そういうことか。こんな大事《おおごと》になってしまったことに、いまになって心から申し訳なくなった。遠藤に怪我させたことよりも、お父さんとお母さんを困らせてしまったことのほうが、唯奈にはつらかった。

「あたしのせい……」

「違うんだってば、唯奈……お父さん、昔のことを思い出して」

チャリンとベルが鳴らされて、三人で端《はし》に寄った。自転車のおばさんは通り過ぎる時に、不審《ふしん》そうな目をこちらに向ける。そりゃそうだ。親子三人の中で、お父さんだけが泣いている光景は珍しいに違いない。とりあえずそばにあった、砂利《じゃり》の駐車場《ちゅうしゃじょう》に入った。

お母さんがバッグからハンカチを取り出して差し出す。お父さんはそれで顔を拭《ふ》くと、ようやく泣き止んだ。

「ごめんな、びっくりさせて」

「いったいどうしたのよ?」

お母さんに顔を覗《のぞ》き込まれると、お父さんは照れくさくなったのか、ぎこちなく笑った。

「昔のことって……?」

げるべきなんでしょうか？　叱《しか》らない教育方針ですか？　そういう風潮があることは知ってますが、悪いところを直してあげないと、本人がかわいそうじゃないですか？　生きにくくなるのは本人ですよ。直せるときに直してあげないと、唯奈ちゃんがかわいそう……これ、責めているわけじゃなくて」

　遠藤のお母さんは畳《たた》みかけるように一気にそこまで言って、口をつぐんだ。まだまだ言いたりないという表情の遠藤のお母さんを前に、お父さんも金子先生も黙《だま》ってしまう。

　沈黙《ちんもく》が流れた。これまで気まずいというのがどういう感覚なのかわからなかったが、たぶんこの状況《じょうきょう》が、まさにそれなのだろう。いたたまれない気分を味わいながらも、唯奈はそんなことを考える。嫌な静けさをなごませるようにチャイムが鳴った。

　その音が消えてまた沈黙だけになりそうになったところで、遠藤さん、と金子先生が口を開いた。

「担任としても、今後同じようなことを繰《く》り返さないように注意を払《はら》っていきたいと思います。唯奈ちゃん、わかっているよね。自分のどういうところを、改めないといけないのか。晴翔くんも、気をつけないといけないところがありますよ。二人とも、わかっていますよね。ということで、子供たちにも反省の色が見られますし、今日のところは、これで、どうでしょうか」

　金子先生が慣れた様子でまとめると、遠藤のお母さんは眉間《みけん》に皺《しわ》を寄せながらも頷《うなず》いた。お父さんは、遠藤のお母さんの顔を見ないようにしているのか、俯《うつむ》いていた。

　話し合いが終わって遠藤とお母さんが席を立った。お父さんも立ち上がって頭を下げるのを、唯奈は座《すわ》ったまま眺《なが》めていた。

「それでは遠藤さん、よろしくお願いいたします。関口さんは、すみません。もう少しだけお時間よろしいですか」

　金子先生にそう言われて、お父さんはまた腰《こし》を下ろした。

「時間は大丈夫《だいじょうぶ》です」

「先ほど、遠藤さんがおっしゃっていましたよね。個性だったら、なんでも尊重してあげるべきなのか、と。私は二学期から担任になりましたので、まだ児童一人一人を把握《はあく》しきれていないところがあるかと思いますが、唯奈ちゃんは、とてもユニークなお子さんだなと見ています。尊重されるべき、素晴《すば》らしい個性を持っていらっしゃいます」

「そうですか……ありがとうございます」

「そのうえで、きっとお父様は今回の対応にご不満や、不信感をお持ちになっているかもしれません」

　金子先生は、お父さんと唯奈を交互《こうご》に見るようにして話した。

「いえ、そんなことは」

「教師によっても、いろんな考え方の人がいます。その子の個性に合わせて対応していくことが大事だとよく耳にしますから、それが今の時代の主流になりつつあるのかもしれません。そういう意味では、私は古い人間なのかもしれないのですが、あまり子供たちに忖度《そんたく》したくないと考えています」

「忖度しない……ですか」

「みんな違《ちが》って、みんな素晴らしいものを持っています。どんな子も良いところもあれば、悪いところもあるものです。その子に特別対応してあげることも必要な時だってあるとは思います。でも、ダメなものはダメ。やっちゃいけないことは、どんなことがあってもやっちゃいけない。そう言って、理解させることも大事だと思っているんです。だって、社会に出たら、そうじゃないですか。必ず自分の個性を尊重してもらえるわけではない。そういうことを学べるのが、公立の良さだと思っています」

「もちろん……です」

# 2024年度
# 学習院女子中等科

## 【国　語】〈A入試〉（五〇分）〈満点：一〇〇点〉

一　次の文章を読んで、問いに答えなさい。

「二人から聞いたところによると、唯奈《ゆいな》ちゃんが学校のものではない教材を休み時間にしていて、それはダメなんじゃないかって晴翔《はると》くんが注意したら、口論になり、唯奈ちゃんが嚙《か》みついてきたということのようです」

金子《かねこ》先生は淡々《たんたん》と説明して、ってことだよね、と唯奈と遠藤《えんどう》に念を押《お》すように言った。金子先生は、休職中の岩瀬《いわせ》先生の代理で、二学期から担任になっている。岩瀬先生は若い女性だったが、金子先生はけっこうおじいさんだ。ひょろっと細長いから、一部の子たちに陰《かげ》で「もやし」と呼ばれている。そんな見た目だし、きびしくもなければ、面白《おもしろ》くもない。音楽会でも唯奈には吹《ふ》く真似《まね》でいいからと言うくらいだから、あまりクラスの子供たちにも興味がないのかもしれない。

「うちの子も乱暴なところがあるので、きっと嫌《いや》な思いをさせてしまったのだと思います」

遠藤のお母さんはそう言って、頭を下げた。それを見て、お父さんも慌《あわ》てたように頭を下げた。

「いや、こちらこそ、ほんとにすみませんでした……怪我《けが》をさせてしまって、申し訳ありません！」

「まあ、怪我を負わせてしまったのはいけないですが、お互《たが》い様《さま》ってこともあるとは思うんですよ」

きっと、この場もさっさと終わらせたいのだろう、金子先生は言った。

「そうですね。本当に、お互い様だと思います。ただですね、嚙まれたということには、正直、驚《おどろ》きました」

遠藤のお母さんは言いにくそうに言う。

「本人があまり覚えていないとはいえ……すみません、ちゃんと言い聞かせますので」

お父さんは、今度は机におでこがつくほど頭を下げる。

そこで遠藤のお母さんは、えっ？　と不思議そうな顔をして訊《き》き返した。

「あのう、唯奈ちゃん、嚙んだことを覚えていないんですか？」

遠藤のお母さんは、目を丸くして唯奈を見た。驚きの表情のその奥《おく》に非難めいた色が見てとれて、①唯奈はその視線から逃《に》げるように、お父さんのほうを向いた。

「みたいです……この子、大きな声が苦手で、時々、頭の中が真っ白になるようでして……ほんと、嘘《うそ》ではなく……ほんとに、そうなんです」

こういう場面は、お父さんだって得意ではないのだろう。②千切れてしまう言葉を一生懸命《いっしょうけんめい》繋《つな》ぐようにして説明した。

「失礼ですが、関口さん」

遠藤のお母さんに改まった声で呼ばれて、お父さんは背中をビクッとさせた。

「は、はい」

「こう言ってはなんですが、幼稚園《ようちえん》の子なら、そういうこともあるだろうと済まされるとは思います。でも、もう六年生ですよね。覚えていないというのは、嘘ではないのかもしれません。でも、普通《ふつう》の感覚でも、ないんじゃないでしょうか」

「えっと……こ、これもこの子の個性っていいますか」

「なんでも個性ですか？　個性だったら、どんなものでも尊重してあ

2024年度

# 学習院女子中等科

## ▶解説と解答

## 算　数　＜Ａ入試＞（50分）＜満点：100点＞

### 解　答

1 (1) $\frac{13}{24}$　(2) $9\frac{6}{7}$　2 2000円　3 □に入る数…20，本のページ数…210ページ
4 (1) 9.42cm　(2) $42.39\text{cm}^2$　5 (1) 55秒後　(2) 111秒後　6 (1) $448\text{cm}^3$
(2) 解説の図③を参照のこと。　(3) $2568\text{cm}^2$，$2576\text{cm}^2$，$2584\text{cm}^2$，$2592\text{cm}^2$，$2600\text{cm}^2$

### 解　説

**1 四則計算，逆算**

(1) $6.875-\left(4\frac{2}{3}-3\frac{2}{3}\div1.125\right)\times4.5=6\frac{7}{8}-\left(\frac{14}{3}-\frac{11}{3}\div1\frac{1}{8}\right)\times4\frac{1}{2}=6\frac{7}{8}-\left(\frac{14}{3}-\frac{11}{3}\div\frac{9}{8}\right)\times\frac{9}{2}=6\frac{7}{8}-\left(\frac{14}{3}-\frac{11}{3}\times\frac{8}{9}\right)\times\frac{9}{2}=6\frac{7}{8}-\left(\frac{14}{3}-\frac{88}{27}\right)\times\frac{9}{2}=6\frac{7}{8}-\left(\frac{126}{27}-\frac{88}{27}\right)\times\frac{9}{2}=6\frac{7}{8}-\frac{38}{27}\times\frac{9}{2}=6\frac{7}{8}-\frac{19}{3}=6\frac{7}{8}-6\frac{1}{3}=6\frac{21}{24}-6\frac{8}{24}=\frac{13}{24}$

(2) $8\frac{6}{7}\div\left\{\left(\square-\frac{3}{4}\right)\times0.4-2.5\right\}=7.75$より，$\left(\square-\frac{3}{4}\right)\times0.4-2.5=8\frac{6}{7}\div7.75=\frac{62}{7}\div7\frac{3}{4}=\frac{62}{7}\div\frac{31}{4}=\frac{62}{7}\times\frac{4}{31}=\frac{8}{7}$，$\left(\square-\frac{3}{4}\right)\times0.4=\frac{8}{7}+2.5=\frac{8}{7}+2\frac{1}{2}=\frac{8}{7}+\frac{5}{2}=\frac{16}{14}+\frac{35}{14}=\frac{51}{14}$，$\square-\frac{3}{4}=\frac{51}{14}\div0.4=\frac{51}{14}\div\frac{2}{5}=\frac{51}{14}\times\frac{5}{2}=\frac{255}{28}$　よって，$\square=\frac{255}{28}+\frac{3}{4}=\frac{255}{28}+\frac{21}{28}=\frac{276}{28}=\frac{69}{7}=9\frac{6}{7}$

**2 比の性質**

料理代と果物代の比が9：2なので，はじめにAが払《はら》った金額を⑨，Bが払った金額を②とする。また，AはB，C，Dから合わせて，1400＋1000＋1800＝4200(円)もらい，BはAに1400円渡《わた》して払った金額が等しくなったので，⑨－4200＝②＋1400と表せる。すると，⑨－②＝⑦が，4200＋1400＝5600(円)にあたるから，①＝5600÷７＝800(円)で，はじめにAが払った金額は，⑨＝800×９＝7200(円)とわかる。したがって，４人が最終的に払った金額は，7200－4200＝3000(円)ずつになるから，はじめにCが払ったケーキ代は，3000－1000＝2000(円)である。

**3 割合，相当算**

この本のページ数を１とすると，２日目に読んだページ数は１日目と等しく$\frac{1}{6}$になる。また，１日目に読んだ後の残りのページ数は，$1-\frac{1}{6}=\frac{5}{6}$だから，２日目に読んだページ数は，前日までに残ったページ数の，$\frac{1}{6}\div\frac{5}{6}\times100=20$(％)となる。次に，２日目に読んだ後の残りのページ数は，$1-\frac{1}{6}\times2=\frac{2}{3}$なので，３日目に読んだページ数は，$\frac{2}{3}\times0.2=\frac{2}{15}$である。よって，３日目までに読んだページ数の合計は，$\frac{1}{6}\times2+\frac{2}{15}=\frac{7}{15}$だから，$\frac{1}{2}-\frac{7}{15}=\frac{1}{30}$が７ページとわかる。したがって，この本のページ数は，$7\div\frac{1}{30}=210$(ページ)と求められる。

**4 平面図形―長さ，面積**

(1) 下の図で，紙を折ったときに中心Oと重なる点をCとすると，OAとOCはどちらも円の半径な

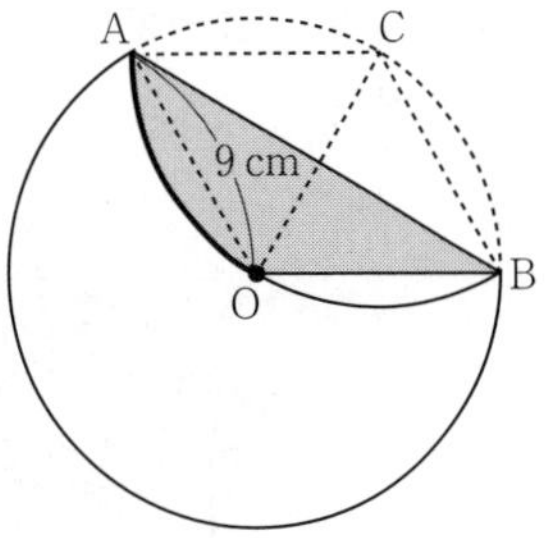


ので，長さは9 cmである。また，CAとOAが重なるので，CAの長さも9 cmとなる。よって，三角形AOCは正三角形だから，角ACOの大きさは60度とわかり，曲線AOの長さは，$9\times2\times3.14\times\frac{60}{360}=9.42$(cm)と求められる。

(2) (1)と同様に考えると，三角形COBも正三角形になるから，四角形AOBCはひし形とわかる。すると，三角形AOBと三角形AOCの面積は等しいので，色のついた部分の面積は，おうぎ形CAOの面積と等しくなる。したがって，その面積は，$9\times9\times3.14\times\frac{60}{360}=42.39$($cm^2$)である。

## 5 通過算

(1) 右の図1のように，通過する順番に信号をA，B，C，D，Eとする。電車がAB間から完全に抜《ぬ》けるとAの信号は赤から橙《だいだい》に変わり，BC間から完全に抜けるとAの信号は黄に変わり，CD間から完全に抜けるとAの信号は青に戻《もど》る。つまり，Aの信号が青に戻るのは，電車の先頭がAの信号を通過してから，300×3＋200＝1100(m)進んだときである。また，前を走る電車がいないので，どの信号を通過するときも信号は青であり，常に時速72kmで走ることができる。よって，時速72kmは秒速，72×1000÷60÷60＝20(m)だから，求める時間は，1100÷20＝55(秒後)とわかる。

図1

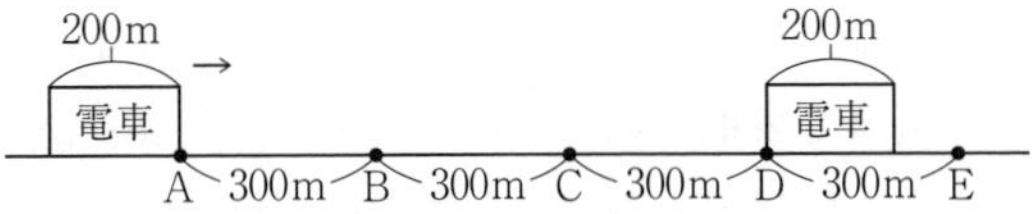


(2) (1)より，2本目の電車がCD間から完全に抜けると，Aの信号は青に戻る。また，(1)の場合，電車がAB間から完全に抜けるのは，(300＋200)÷20＝25(秒後)であり，その後は，300÷20＝15(秒)ごとに次の区間を完全に抜けるから，それぞれの信号は右上の図2のように変化する。図2より，50秒後に2本目の電車の先頭がAに来たとき，Aの信号は黄だから，2本目の電車はAB間を時速60kmで進む。時速60kmは秒速，$60\times1000\div60\div60=\frac{50}{3}$(m)なので，2本目の電車はAB間を進むのに，$300\div\frac{50}{3}=18$(秒)かかり，50＋18＝68(秒後)に先頭がBに来る。すると，68秒後のBの信号は黄だから，2本目の電車はBC間を進むのに18秒かかり，68＋18＝86(秒後)に先頭がCに来る。さらに，86秒後のCの信号は青なので，2本目の電車はCD間を時速72km(秒速20m)で15秒かけて進み，86＋15＝101(秒後)に先頭がDに来る。最後に，101秒後のDの信号は青だから，2本目の電車の最後尾《さいこうび》がDを完全に抜けるまで，200÷20＝10(秒)かかる。したがって，Aの信号が青に戻るのは，101＋10＝111(秒後)である。

図2

| 信号 | 赤 | 橙 | 黄 | 青 |
|---|---|---|---|---|
| A(秒後) | 0～25 | 25～40 | 40～55 | 55～ |
| B(秒後) | 15～40 | 40～55 | 55～70 | 70～ |
| C(秒後) | 30～55 | 55～70 | 70～85 | 85～ |
| D(秒後) | 45～70 | 70～85 | 85～100 | 100～ |

## 6 立体図形—体積，構成，表面積

(1) 1辺が8 cmの立方体の体積は，8×8×8＝512($cm^3$)である。また，等しい2辺が4 cmの直角二等辺三角形の面積は，4×4÷2＝8($cm^2$)だから，三角柱の体積は，8×8＝64($cm^3$)となる。よって，三角柱をくり抜いた立体の体積は，512－64＝448($cm^3$)とわかる。

(2) 下の図①のように，それぞれの頂点をA～Hとする(見えない部分の頂点はEである)。また，図①を真下から見たときに，問題文中の図3のようにするには，頂点の位置を下の図②のようにすればよい。よって，このとき穴があいている部分はア，イ，ウ，エであり，穴の形は下の図③のようになる。

図①

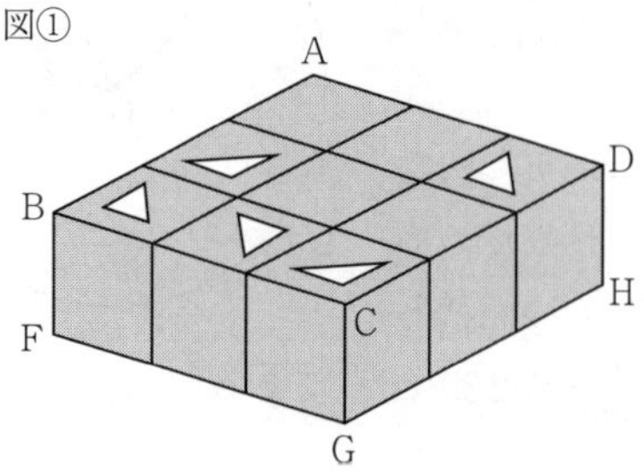


図②

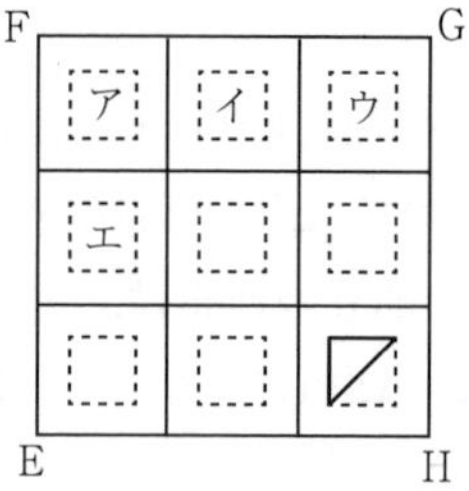


図③

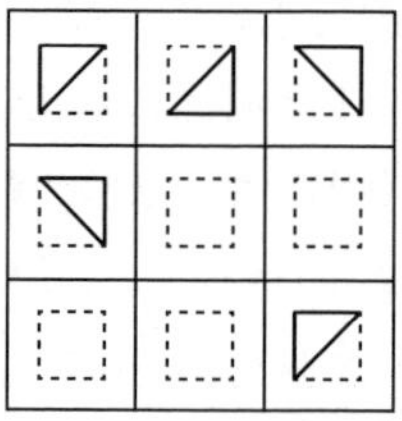

(3)　下の図④で，真上と真下からは１辺８cmの正方形が９個ずつ，前後左右からは６個ずつ見えるから，正方形は全部で，$9 \times 2 + 6 \times 4 = 42$(個)見える。そこで，図④の立体に穴があいていない場合，表面積は，$(8 \times 8) \times 42 = 2688$($cm^2$)になる。次に，穴のあいている面の数を考える。上から１段目の立方体は５個の面が見えており，そのうち穴のあいている面の数は２個である。また，上から２段目の立方体のうち，３個の面が見えているものは，穴のあいている面の数が１個であり，２個の面が見えているものは，穴のあいている面の数が０個か１個になる。同様に考えていくと，それぞれの立方体で，穴のあいている面の数は下の図⑤のようになる。図⑤より，穴のあいている面の数は11個から15個まで考えられるから，穴の部分の面積の合計は，最大で，$8 \times 15 = 120$($cm^2$)，最小で，$8 \times 11 = 88$($cm^2$)となる。したがって，赤く塗《ぬ》られた部分の面積として考えられるものは，$2688 - 120 = 2568$($cm^2$)から，$2688 - 88 = 2600$($cm^2$)まで８$cm^2$ごとになるので，2568$cm^2$，2576$cm^2$，2584$cm^2$，2592$cm^2$，2600$cm^2$である。

図④

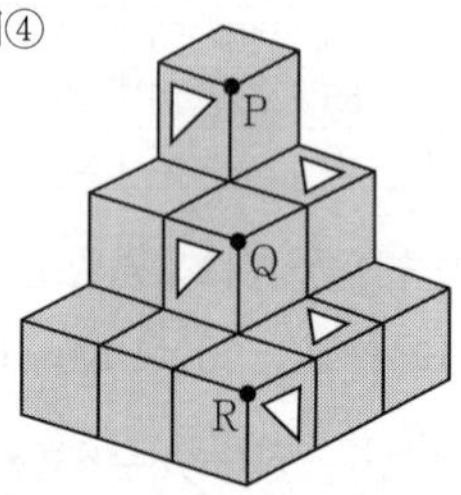


図⑤

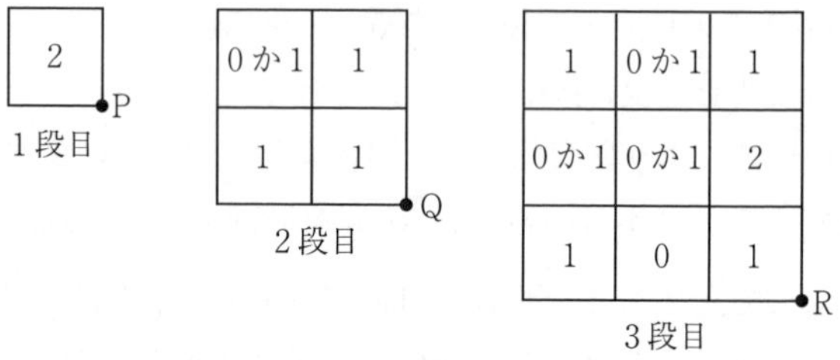


## 社　会　＜Ａ入試＞（30分）＜満点：60点＞

**解　答**

**1** 問1　1　菅原道真　2　足利義満　3　オランダ　問2　イ　問3　(例)　日本と敵対する新羅が，朝鮮半島を統一したから。　問4　(1)　a　富岡　b　立憲改進　c　伊藤博文　(2)　A　え　B　あ　C　い　問5　エ→イ→ウ→ア　問6　(1)　農地改革　(2)　(例)　政府が地主の土地を買い上げて小作農に安く売り渡したため，自作農が大幅に増えた。　問7　(1)，(2)　ロシア，北方領土(韓国，竹島)　**2** 問1　A　エ　B　ウ　C　キ　D　オ　E　ク　F　ア　G　カ　H　イ　問2　①　エ→ア→イ→ウ

② ウ→ア→イ→エ　③ ア→ウ→イ→エ　④ ウ→ア→イ→エ　**問３** ⑴ ぼんち
⑵ （例） 川や湖に面した平地なので，飲料水や農業用水が得やすく，食料を生産するための耕地も整備しやすかったから。　**3** **問１** **1** エ　**2** コ　**3** ソ　**4** オ　**5** ア　**6** チ　**7** キ　**8** セ　**9** タ　**問２** （例） 原則として全ての国民に加入が義務づけられており，税金と同じように納める保険料を元手としているから。　**問３** 東京都，新宿区　**問４** ⑴ 厚生労働　⑵ イ　**問５** （例） プライバシーの権利，表現の自由
**問６** （例） 役所の窓口に行かなくても，近くのコンビニで住民票などを取得できる。

## 解　説

### 1 各時代の外交関係についての問題

**問１** **1** 菅原道真は平安時代前半に活躍《かつやく》した貴族・学者で，894年に遣唐使の廃止《はいし》を朝廷に進言して受け入れられるなど，宇多天皇の信任が厚く右大臣にまでなったが，左大臣の藤原時平《ときひら》のはかりごとにより北九州の大宰府《だざいふ》に左遷《させん》された。学問や詩文にすぐれ，のちに「学問の神様」として信仰されるようになった。　**2** 室町幕府の第３代将軍足利義満は，京都室町に「花の御所」を造営して政治を行い，南北朝の合一に成功するなど幕府の全盛期を築いた。また，明(中国)と正式な国交を開き，日明貿易(勘合《かんごう》貿易)を行って大きな利益を上げた。　**3** 江戸時代の鎖国中，長崎を唯一《ゆいいつ》の貿易港として，清(中国)とキリスト教の布教を目的としないオランダにかぎり貿易を認めた。ただし，中国人は長崎郊外の唐人屋敷《やしき》，オランダ人は出島に居住が限定され，自由な行動は許されなかった。

**問２** 卑弥呼《ひみこ》は３世紀に存在した邪馬台《やまたい》国の女王で，239年に魏《ぎ》(中国)に使いを送り，魏の皇帝から「親魏倭王《わおう》」と刻まれた金印や銅鏡100枚などを授《さず》けられた。なお，ア，ウ，エは魏以前の中国の王朝で，秦→前漢→後漢→魏の順に王朝が移っていく。

**問３** 遣唐使は630年を第１回目として，894年に廃止されるまでの約260年間に十数回，唐(中国)に派遣された。初期は航海の安全な朝鮮半島沿岸を航路(北路)としたが，日本と敵対する新羅《しらぎ》が朝鮮半島を統一してから，東シナ海を航行する危険な航路(南路・南島路)をとるようになった。そのため，嵐《あらし》にあって遭難《そうなん》することが多かった。

**問４** ⑴，⑵ **a，A** 富岡製糸場は明治政府の殖産興業《しょくさんこうぎょう》政策の一環《いっかん》として，1872年に群馬県の富岡に建設された官営工場で，フランス製の機械とフランス人技師ブリューナの指導により，外貨獲得《かくとく》と製糸産業の近代化を目指すとともに，熟練工女を養成した。　**b，B** 大隈重信《おおくましげのぶ》は佐賀藩(佐賀県)出身の政治家で，イギリスの政党を手本にして，1882年に立憲改進党を結成した。また，重信は東京専門学校(現在の早稲田大学)の創立者としても知られる。なお，板垣退助が1881年に結成した自由党は，フランスの政党を手本にしている。　**c，C** 伊藤博文は長州藩(山口県)出身の政治家で，1885年に内閣制度を創設してみずから初代内閣総理大臣となった。また，君主権の強いドイツ(プロイセン)憲法を参考に大日本帝国憲法の草案を作成し，1889年の憲法発布にも貢献《こうけん》した。

**問５** アの韓国併合《へいごう》は明治時代の1910年，イの豊臣秀吉の朝鮮出兵は安土桃山時代の1592年(文禄の役)と1597年(慶長の役)，ウの江戸幕府に向けた朝鮮通信使の最初の来日は江戸時代の1607年，エの元寇《げんこう》(元軍の襲来《しゅうらい》)は鎌倉時代の1274年(文永の役)と1281年(弘安の役)である。よって，年代

順はエ→イ→ウ→アになる。

**問6**　(1)　敗戦後の日本は連合国軍の占領《せんりょう》下に置かれ，GHQ(連合国軍最高司令官総司令部)の指令により日本の民主化政策が行われ，農村の民主化として農地改革が実施された。　(2)　農地改革では，政府は地主の土地を一部残して買い上げ，小作農に安く売り渡《わた》した。これにより，自分の農地を持つ自作農が大幅に増えることとなった。

**問7**　(1)，(2)　現在，日本がかかえる領土問題としては，ロシアが不法占拠《せんきょ》している択捉《えとろふ》島・国《くな》後《しり》島・色丹《しこたん》島・歯舞《はぼまい》群島の北方領土(北海道)，韓国(大韓民国)が不法占拠している竹島(島根県)がある。なお，中国(中華人民共和国)と台湾が領有権を主張する尖閣《せんかく》諸島(沖縄県)について，日本政府は，日本が実効支配している日本固有の領土であることから，解決するべき領土問題は存在しないという立場をとっている。

**2　日本の農業や都市の人口・位置，世界の都市と緯度についての問題**

**問1**　**A**　米の生産量は新潟県が全国の8.7％を占《し》めて最も多く，以下，北海道，秋田県が続く。

**B**　小麦の生産量は北海道が全国の61.8％を占めて最も多く，以下，福岡県，佐賀県が続く。

**C**　りんごの生産量は青森県が全国の62.8％を占めて最も多く，以下，長野県，岩手県が続く。

**D**　すいかの生産量は熊本県が全国の15.4％を占めて最も多く，以下，千葉県，山形県が続く。

**E**　レタスの生産量は長野県が全国の32.7％を占めて最も多く，以下，茨城県，群馬県が続く。

**F**　いちごの生産量は栃木県が全国の14.8％を占めて最も多く，以下，福岡県，熊本県が続く。

**G**　ぶどうの生産量は山梨県が全国の24.6％を占めて最も多く，以下，長野県，岡山県が続く。

**H**　かきの生産量は和歌山県が全国の21.1％を占めて最も多く，以下，奈良県，福岡県が続く。

**問2**　①　都市の人口について，アの大阪市は約273万人，イの札幌市(北海道)は196万人，ウの仙台市(宮城県)は約107万人，エの横浜市(神奈川県)は約376万人である。よって，人口の多い順にエ→ア→イ→ウになる。　②　東京都庁からの距離《きょり》について，最も近いのはウの新潟市で，最も遠いのはエの那覇《なは》市(沖縄県)である。また，アの大阪市とイの札幌市を比べると，大阪市の方が近い。よって，近い順にウ→ア→イ→エになる。　③　緯度について，アのシンガポールは０度(赤道)付近にあり，イのペキン(中国)は北緯40度付近，ウの東京は北緯35～36度，エのロンドン(イギリス)は北緯51～52度に位置する。よって，緯度の低い順にア→ウ→イ→エになる。　④　東京駅からの距離について，アの郡山《こおりやま》駅は福島県，イの白石蔵王《しろいしざおう》駅は宮城県，ウの那須塩原《なすしおばら》駅は栃木県，エの八戸《はちのへ》駅は青森県にある。よって，近い順にウ→ア→イ→エになる。

**問3**　(1)　長野県は海のない内陸県で，人口の多い長野・松本・上田・佐久・飯田・諏訪《すわ》などの都市は，全て盆地《ぼんち》に位置している。盆地は，周りを山々に囲まれた平地のことをいう。　(2)　人々が生活する上で欠かせないのは，飲料水などの生活用水であり，食料を生産する水田や畑などの耕地である。そして，食料を確保するには，広く平らな土地がよく，作物を育てるためにも水が欠かせない。(1)の都市は，川の流域や湖に面しており，比較的広い平地が広がっているので，古くから人々が集まり，発展してきた。

**3　「マイナンバーカード」についての問題**

**問1**　**1**　佐藤栄作は山口県出身の政治家で，1964年に内閣総理大臣に就任してから７年８か月の長期にわたり政権を担当した。「非核三原則」の提唱などが評価され，1974年にはノーベル平和賞を受賞している。　**2**　1999年に住民基本台帳法が改正され，「住民基本台帳ネットワークシステム(住基ネット)」が構築されたが，情報漏洩《ろうえい》やサイバー攻撃《こうげき》などの危険性が指摘された。　**3**　2000年代，厚生労働省の下に置かれ，年金などの支給を行う社会保険庁の記録の不備(「消えた年金」問題)が起こり，そのずさんな管理体制に国民からの批判が高まった。　**4**　ICT(情報通信技術)の進展を背景に，政府は住基ネットを土台にしたマイナンバー制度の導入を進めた。　**5**　安倍晋三内閣の下で，2015年から住民票を持つ全ての国民・外国人に12ケタの個人番号の通知を始めた。なお，安倍晋三は山口県出身の政治家で，首相の通算在職期間は約８年８か月(3188日)で，戦前・戦後を通じて歴代最長記録を持つ。　**6**　政府は，マイナンバーの主な利用範囲として，社会保障・税制・災害対策を挙げていた。　**7**　サイバー攻撃とは，コンピューターシステムに対し，ネットワークを通じて破壊《はかい》活動をしたり，データの盗《ぬす》み取りや改ざんをしたりする行為《こうい》をいう。　**8**　福祉国家とは，国家の機能を安全保障や治安維持《いじ》などに限定するのではなく，社会保障制度の整備を通じて，国民の生活の安定をはかることを目的にした国家のことをいう。　**9**　国民への福祉サービスを円滑《えんかつ》に行うには，国民の所得・納税額・医療《いりょう》費・年金額・銀行口座・住所などをひもづける必要があり，マイナンバーカードはそのために必要不可欠のものといえる。

**問２**　「健康保険」は会社員や公務員などの加入が義務づけられており(自営業者は「国民健康保険」)，国民の健康保持や健康増進を目的にしている。全ての保険加入者が税金と同じように納入している保険料を元手にしているので，病気やけがをしても病院で健康保険証を提示することで，本来の医療費の１～３割程度の負担で医療を受けることができる。

**問３**　日本国内では，必ず２つの地方公共団体に属することになる。つまり，都道府県と市町村・特別区(東京23区)である。学習院女子中等科は東京都新宿区にあるので，東京都と新宿区になる。

**問４**　(1)　社会保障制度の運用は，厚生労働省が担当する。　(2)　国家財政の一般会計歳出(2023年度当初予算)は約114兆3800億円で，そのうち社会保障関係費が最も多く，全体の32.3％を占める。よって，イが最もこれに近い。

**問５**　政府や警察などの国家権力による過剰《かじょう》な監視がもたらす社会を「監視社会」という。マイナンバーカードのように国家が個人のあらゆる情報をひもづけて管理するシステムは，国民の生活を便利にする一方で，管理の方法や情報の使い方が適切でない場合，基本的人権の侵害につながるおそれがある。具体的には，個人情報が他人に知られるというプライバシーの権利や，国民それぞれの自由なものの考え方や行動に圧力が加えられることで思想・良心の自由や表現の自由が侵害されることがあると考えられる。

**問６**　マイナンバーカードには写真と個人番号が添付《てんぷ》されており，本人であることを確認する身分証明書として使える。また，本文中にある通り，健康保険証としても使えるようになる。これ以外のメリットとしては，役所のホストコンピューターとコンビニのネットワーク化が行われているので，本来役所で発行される住民票や印鑑証明書などを，24時間営業のコンビニで取り寄せられるので，忙しくて昼間に役所に行けない人でも，それらの入手が可能である。さらに，「マイナポータル」という国が運営するオンライン上のサービスポータルサイトを使うと，パソコンやスマートフォンでも行政サービスを利用できるようになる。

## 理　科　＜A入試＞（30分）＜満点：60点＞

### 解　答

1　**問1**　完全変態／A，D　**問2**　イ　**問3**　4枚　**問4**　(1)　25％　(2)　(例)　さなぎになる場所の表面が，つるつるしている場合は緑色，ざらざらしている場合は中間色や茶色になると考えられる。　(3)　緑色　2　**問1**　①　風　②　地震　③　いん石　④　高く　⑤　おそく　**問2**　(1)　(エ)　(2)　A　**問3**　(例)　奥から出口に向かって進む水の量が決まっているので，出口のはばがせまいほど，また水深が浅いほど，出口に水が集中して波の高さが高くなる。　3　**問1**　20cm³　**問2**　5cm　**問3**　80cm³　**問4**　80g　**問5**　0.8g　**問6**　0.5cm　4　**問1**　**色が変化した水よう液**…(か)，(き)，(く)　**色**…㋒　**問2**　アンモニア水　**問3**　**(あ)**　ほう酸水　**(え)**　アルコール水　**(お)**　食塩水　**問4**　**(い)**　炭酸水　**(う)**　塩酸　**(き)**　石灰水　**(く)**　水酸化ナトリウム水よう液　(1)　(い)，(き)，(く)　(2)　(う)，(く)　(3)　(う)

### 解　説

**1　アゲハチョウの生態についての問題**

**問1**　こん虫の育ち方で，卵→幼虫→さなぎ→成虫の順にすがたを変えながら成長することを完全変態という。チョウのなかまのほか，カブトムシのなかま，ハチやアリのなかま，ハエやカのなかまなどが完全変態の育ち方をする。なお，セミのなかま，バッタのなかま，トンボのなかまは，卵→幼虫→成虫の順にすがたを変えながら育ち，この育ち方を不完全変態という。

**問2**　アゲハチョウの若い幼虫は白黒模様をしていて，これは遠目に見ると，葉の上に落とされた鳥のフンに似ている。若い幼虫は鳥のフンに似た模様になることで，天敵に見つかりにくく(食べられにくく)している。

**問3**　アゲハチョウのからだは頭・胸・腹の3つの部分に分かれていて，胸には4枚(2対)のはねがついている。

**問4**　(1)　図の帯グラフで，「茶・紙やすり」のところを読み取ると，中間色が25％，茶色が75％となっている。　(2)　図の帯グラフを見比べると，さなぎは棒の色に関係なく，ガラスや竹ではほぼ緑色になり，紙やすりでは中間色や茶色になることがわかる。このことから，さなぎの色は主にさなぎになる場所の表面のようすで決まり，ガラスや竹のように表面がつるつるしたところでは緑色になり，紙やすりのように表面がざらざらしたところでは中間色や茶色になると考えられる。

(3)　液しょう画面に何が映し出されているかに関係なく，液しょう画面の表面はつるつるしているので，さなぎはガラスや竹のときと同じ，緑色になると考えられる。

**2　津波《つなみ》についての問題**

**問1**　①　ふつうに見られる海の波は，海上を風がふくことで海水面が上下に動き，その動きが伝わることで起こる。よって，風のエネルギー(風力)によって発生するといえる。　②　津波は，海底の地形が急変したとき，その変動が海水に伝わることで起こる。海底の地形の急変は主に大きな地震《じしん》や海底火山の噴火《ふんか》などによって引き起こされる。そのほかにも，海岸付近の火山の噴火や山くずれなどによって，大量の土砂などが急に海に流れこむことで津波が発生することがある。

③　静かな水面に石を投げ入れたときに波紋《はもん》が広がるのと同様に，大きないん石が海に落下すると，そこから巨大《きょだい》な波紋が広がる。このようにして津波が発生する可能性もある。なお，きょうりゅうやアンモナイトなどが栄えていた中生代という時代が終わったのは，大きないん石が落下したことによって自然環境《かんきょう》が激変したのが原因だと考えられている。　④　津波の高さは，水深が浅くなるほど高くなる。　⑤　津波の伝わる速さは，水深が深いほど速い。よって，海岸線近くでの波の速さは，沖合《おきあい》での速さよりはおそくなる。ただし，それでも人が走るより速い。

**問２**　(1)　奥《おく》の方からおし出される水の量が一定で，水路の深さも一定なので，水路がせまくなっているところほど波が高くなる。したがって，水路の出口の部分が最もせまくなっている(エ)で，その部分での波の高さが最も高くなる。　(2)　水路の形状を変えずに，水路に流れる水の量を一定にしたときには，水深が浅くなるほど波が高くなる。よって，水路の出口の部分での波が最も高くなるのは，水路の出口の部分の水深が最も浅いＡとなる。

**問３**　奥の方から出口に向かっておし出される水の量が決まっているので，水路の出口の部分のはばがせまいほど，また水深が浅いほど，そのぶん波が高くならないと水が出口を通過できない。

**３　浮力《ふりょく》についての問題**

**問１，問２**　グラフより，水にうかない円柱Ａの場合，時刻５秒のところを境に水位の増え方が変わっている。このことから，円柱Ａの高さは５cmであり，時刻５～10秒の５秒間に，40×(7.5−5.0)＝100(cm$^3$)の水が入ったことがわかる。したがって，水は１秒あたり，100÷５＝20(cm$^3$)入れられている。なお，時刻０～４秒の４秒間に，(40−20)×4.0＝80(cm$^3$)の水が入ったので，１秒あたり，80÷４＝20(cm$^3$)であるとも考えることができる。

**問３**　グラフで，水にうく円柱Ｂの場合，時刻４秒のところを境に水位の増え方が変わっている。これは，水位が4.0cmをこえたところで円柱Ｂがうき始めたことを表している。よって，時刻４秒は円柱Ｂがちょうど水にうく瞬間《しゅんかん》で，このとき円柱Ｂがおしのけている水の体積は，20×4.0＝80(cm$^3$)とわかる。

**問４**　時刻４秒以降では，円柱Ｂの重さと，円柱Ｂが受ける浮力がちょうどつり合ってういている。このとき円柱Ｂがおしのけている水の体積は80cm$^3$で，その重さ(つまり浮力)は80ｇだから，円柱Ｂの重さは80ｇとなる。

**問５**　円柱Ｂは，重さが80ｇ，体積が，20×５＝100(cm$^3$)なので，１cm$^3$あたりの重さは，80÷100＝0.8(ｇ)である。

**問６**　図４で，ういているコップの重さが90ｇだから，コップが受けている浮力も90ｇである。よって，コップがおしのけている水の重さは90ｇ，その体積は90cm$^3$なので，コップの水面より下にある部分の体積も90cm$^3$とわかる。したがって，コップの水面より下にある部分の長さは，90÷20＝4.5(cm)だから，水面より上に出ている長さは，５−4.5＝0.5(cm)と求められる。

**４　水よう液の性質についての問題**

**問１**　BTB液は酸性で黄色，中性で緑色，アルカリ性で青色をそれぞれ示す。よって，(あ)，(い)，(う)は酸性，(え)，(お)は中性，(か)，(き)，(く)はアルカリ性である。また，フェノールフタレイン液はアルカリ性にのみ反応し，赤色に変化する。

**問２**　アンモニア水を蒸発皿に入れて加熱すると，とけているアンモニアが気体となって発生する。このアンモニアは水に非常にとけやすいため，蒸発皿の上に水でぬらした赤色リトマス紙をかざすと，発生したアンモニアが赤色リトマス紙にふくまれた水にとけこみ，アルカリ性のアンモニア水となるため，赤色リトマス紙の色が青色に変化する。

**問３**　８種類の水よう液のうち，酸性の水よう液は塩酸，炭酸水，ほう酸水である。これらを加熱したとき，あとに白い固体が残るのはほう酸水だけなので，(あ)はほう酸水とわかる。次に，中性の水よう液はアルコール水と食塩水であるが，加熱したあとに白い固体が残るのは食塩水だけなので，(え)はアルコール水，(お)は食塩水となる。

**問４**　石灰水は二酸化炭素と反応して白いにごりを生じる。このとき，炭酸水は二酸化炭素の水よう液なので，炭酸水と石灰水を混ぜても白いにごりを生じる。よって，酸性の(い)は炭酸水で，アルカリ性の(き)は石灰水と決まる。すると，(う)は塩酸，(く)は水酸化ナトリウム水よう液となる。　(1)　塩酸にはにおいがあるが，炭酸水，石灰水，水酸化ナトリウム水よう液にはにおいがない。　(2)　塩酸と水酸化ナトリウム水よう液にアルミニウムを入れると，アルミニウムがさかんに水素のあわを出しながらとける。　(3)　鉄を入れたとき，鉄が水素のあわをさかんに出しながらとけるのは，塩酸だけである。

## 国　語　＜Ａ入試＞（50分）＜満点：100点＞

### 解　答

一　**問１**　（例）　遠藤を噛んだことを覚えていないと言った唯奈に対して，遠藤の母親が向けた驚きと非難の視線にいたたまれず，お父さんに助けを求める気持ち。　**問２**　（例）　高圧的な相手が苦手なのに，非難する遠藤の母親の前でふみとどまり，唯奈が自分のしたことを覚えていないわけを伝えようと必死な気持ち。　**問３**　（例）　学校での張りつめていた気持ちがゆるみ，涙が出てきたことに自分でも驚いて，唯奈のせいではないことをうまく話せずあせっている。

**問４**　（例）　子どもが，つらい現実から逃げてきたことを心の底では否定的に見ており，学校には通うものだという世間の常識にとらわれているという意味。　**問５**　(1)　（例）　大事なものをぐしゃぐしゃにした遠藤に腹を立て，傷つき，遠藤のことも同じくらい傷つけてやりたかったが，あまりにもつらく，忘れたと思いこもうとしていた。　(2)　（例）「自分は，自分の一番の味方でいなくちゃいけない」とお母さんに言われて自分をふり返り，本心を捻じ曲げてきたこと，今日の嫌なできごとも忘れたと思いこもうとしたことを直視した。　**問６**　（例）　うね雲に乗って地上を見下ろす自分を想像するうちに，うね雲が姿を変えて晴れ間を見せるように，自分も自分の味方ができるように変わっていけそうだという明るい気持ちになったから。　**問７**　（例）　Ａでは空の光はまだ遠く，厚くたれこめた雲に唯奈のしずんだ気持ちが重ねられている。Ｂでは空全体にうね雲が広がって雲の合間から光が差しこんで，前向きになり始めた唯奈の気持ちと同じように明るくなってきた。うね雲は風で少しずつ流れ，Ｃで現れた太陽が「自分が，自分の一番の味方になろう」と心に決めた唯奈の顔を「照ら」している。空の明るさと，唯奈の心の変化を結びつけて表しているのである。　二　①～⑮　下記を参照のこと。　⑯　ぼぜん　⑰　こんりんざい　⑱　がんか　⑲　たかびしゃ　⑳　かんれい

**●漢字の書き取り**

二 ① 規則　② 激痛　③ 寒暖　④ 私財　⑤ 放牧　⑥ 序　⑦ 晴耕　⑧ 権限　⑨ 恩着(せ)　⑩ 律(する)　⑪ 最適　⑫ 暗証　⑬ 重箱　⑭ 編(み)　⑮ 蒸気

**解　説**

一　**出典：尾崎英子《おざきえいこ》『きみの鐘《かね》が鳴る』**。中学受験をひかえる唯奈《ゆいな》が，学校で過去問を解いていたことに対し，クラスメイトの遠藤《えんどう》が嫌《いや》がらせをして騒動《そうどう》が起きる。唯奈の父は学校に呼び出され，遠藤の母親から責《せ》められて気まずい雰囲気《ふんいき》になるが，唯奈は，両親との帰り道に父の昔の話を聞いて，自分をふり返る。

**問１**　嫌がらせをする遠藤の腕《うで》に唯奈が噛《か》みつき，唯奈と遠藤の保護者が呼び出された状況《じょうきょう》をおさえる。「その視線」とは，直前にある遠藤の母親の視線であり，遠藤の母親が「唯奈ちゃん，噛んだことを覚えていないんですか？」と「目を丸く」した「驚《おどろ》きの表情のその奥《おく》」に，「非難」の色が見てとれた。その視線に耐《た》えられず，お父さんのほうを向いた唯奈が，この後で，遠藤の母親がお父さんに非難の言葉を畳《たた》みかけるのを「いたたまれない」思いで聞いていることもふまえ，「唯奈が遠藤を噛んだことを覚えていないと聞いたときの，驚きと非難をこめた遠藤の母親の視線に居心地《いごこち》の悪さを感じ，父に助けを求めている」のようにまとめる。

**問２**　問１でもみた，遠藤を噛んだことを唯奈が覚えていないと聞いた遠藤の母親が，驚きの言葉と非難をこめた視線を向けてきた場面である。それに対し，お父さんは「みたいです……この子，大きな声が苦手で～嘘《うそ》ではなく……ほんとに，そうなんです」と，とぎれとぎれではあるが「懸《けん》命《めい》」に説明している。後のほうで，学生のころ「人のよさにつけ込《こ》まれて，いいように使われていた」お父さんが，お母さんに「嫌なやつからは逃《に》げろ」と言われたことを唯奈に話していることなどから，お父さんは「大きな声が苦手」な唯奈と似たところがあって，高圧的な相手をかわすのが得意でないことが読み取れる。そのお父さんが，遠藤の母親から「畳みかけるよう」に責められても逃げずにいた点をおさえ，「きびしく責められたり，要求されたりすることが苦手なのに，非難されている唯奈を守るため，逃げずになんとか事情を伝えようと必死な気持ち」のようにまとめればよい。

**問３**　お父さんは中学校一年の途中《とちゅう》から学校へ行けなくなって，親から「学校に通えない子だ，かわいそうだ」と何度も言われたことを「遠藤くんのお母さん」と話すうちに思い出し，息苦しさを感じていたが，「学校から離《はな》れたらほっとして涙《なみだ》が出てきた」のだと，お母さんと合流した後で説明している。お父さんは，唯奈に「唯奈のせい」じゃないと伝えたいのだが，泣いたことに「自分でもびっくり」してうまく話せず，あせっているのである。

**問４**　不登校のお父さんに「学校に通えない子だ，かわいそうだ」と何度も言っていたお父さんの両親には，“学校に毎日通うのは当然であり，そうしないのはどこかおかしいからで，かわいそうな子供なのだ”という思いこみがあったと想像できる。大学のころ「人のよさにつけ込まれて」パシリのようにあつかわれ「過呼吸になって」いたお父さんに，「嫌なやつからは逃げろ」と言ったお母さんは，「逃げ」ることに対して否定的なお父さんの両親を「まじめ」と言ったのである。また，お母さんは「自分は，自分の一番の味方でいなくちゃいけない」とも言っており，つらい場所から逃げてきた我《わ》が子の「味方」になれなかった，お父さんの両親の「まじめ」さを批判《ひはん》していることもわかる。これをふまえ，「子どもが自分を守るための不登校なのに，学校に行くのが当然と思いこんで『かわいそう』としか受け止められないという意味」，「つらい場所から逃げてきた我が子の味方をせず，学校に通えない子を否定的にみる固定観念にとらわれているという意味」のように書くとよい。

**問５**　⑴「この本心」は，直前の一文「忘れたいほどのことだから，忘れたと思い込もうとしていた」気持ちのことで，具体的には，唯奈が「大事な過去問のコピー」を遠藤に取られて唾《つば》をかけられ，ぐしゃぐしゃにされたときに「身体《からだ》がカッと熱く」なって「頭のてっぺんにまで達した」怒《いか》り，自分がぐしゃぐしゃにされたようで「ものすごく傷ついた」気持ち，遠藤も「同じくらい傷つけてやりたい」という復讐《ふくしゅう》心である。これらの強すぎる気持ちを唯奈は「忘れた」ことにして，覚えていないと言ったが，遠藤の腕に噛みつくまでのできごとと，それにともなう感情を「本当」は「全部，覚えて」いる。これをもとに，「大事なものをぐしゃぐしゃにされて自分も傷つけられたようで腹が立ち，遠藤にやり返したいと思ったが，つらすぎて自分をごまかすために忘れたと思いこもうとしていた」などとまとめる。　⑵　唯奈が「この本心」に気づく前に，お母さんから「自分は，自分の一番の味方でいなくちゃいけない」と教えられたことに注目する。その後で唯奈は，「あたしは，あたしの一番の味方に」「なれていないかもしれない」と気がつき，これまで「自分の本当の気持ち」を「捻《ね》じ曲げて，気づかないようにしてきた」こと，今日の遠藤とのトラブルで感じたこと，それも「忘れたと思い込もうと」したことを回想している。これらを，順を追ってまとめればよい。

**問６**　天気のことが好きな唯奈は，珍《めずら》しくはっきり見えたうね雲の上に乗る自分を想像している。そのとき自分の胸から「蝶々《ちょうちょう》のようなものが飛び出す」のを感じており，気持ちが解放されていったことがわかる。また，唯奈は，好きな雲の上から地上を見下ろす自分を想像するうち，地上の自分の「心」も，風を受けて変わっていくうね雲のように変化していき，晴れ間が見えそうな希望を感じたのである。

**問７**　ＡからＣへ，「曇《くも》っているような，晴れているような，はっきりとしない空」に「縞々《しましま》模様」の「うね雲」ができて光が差し，太陽がのぞいて「みかん色の光の帯」がはっきり出てくるにつれ，唯奈の気持ちも前向きになっていくことに着目する。それぞれの空のようすと唯奈の心情を対応させ，作者が空と唯奈の心情の変化を重ねて表そうとしたという内容でまとめればよい。

**二　漢字の書き取りと読み**

①　それに基《もと》づいてものごとが行われるように定められた約束ごと。　②　はげしい痛み。「劇《げき》痛《つう》」とも書く。　③　寒さと暖かさ。　④　個人が所有する財産。　⑤　牛や馬などの家畜《かちく》を草地で放し飼いにする方式。　⑥　「序の口」で，ものごとが始まったばかりのところを指す。⑦　「晴耕雨読」は，晴れた日は畑を耕し，雨の日は家で読書をして過ごすような，自然にまかせたのどかな暮らしをすること。　⑧　ある立場のものが行使できる権利や権力の範囲《はんい》。　⑨　「恩着せがましい」とは，相手に何らかの利益を与《あた》えたことに対して，いかにも感謝しろと言いたげなようす。　⑩　「自らを律する」は，“自分自身で決めたルールに従って行動する，自分の衝動《しょうどう》や欲求などをコントロールする”という意味。　⑪　いちばん適しているようす。　⑫　本人であることを証明する暗号としてあらかじめ登録し，使用時に確認《かくにん》するために使う文字や数字。

⑬ 「重箱」は，料理をつめる箱型のふたつき容器で，二段，三段，五段に積み重ねて用いる。うるし塗《ぬ》りが多い。「重箱のすみをつつく」は，“どうでもいいような細かいことまで取り立てて，口出しする”という意味。　⑭ 音読みは「ヘン」で，「編集」などの熟語がある。　⑮ 「蒸気機関車」は，水を沸騰《ふっとう》させたときに発生する蒸気の力を利用して車輪を動かす機関車。　⑯ お墓の前。　⑰ 「金輪際」は，後に打ち消しの語をともない，けっして，二度と，絶対になど強く否定するようすを表す。　⑱ 目の前，見おろした辺り一帯。　⑲ 高圧的な態度をとるようす。頭ごなしに相手を押《お》さえつけるさま。　⑳ くり返し行われてきて，習慣やしきたりのようになっていることがら。

## Dr.福井の

# 入試に勝つ！ 脳とからだのウルトラ科学

### 入試当日の朝食で，脳力をアップ！

朝食を食べない学生は，朝食をきちんと食べる学生に比べて成績が悪かった――という研究発表がある。まあ，ちょっと考えればわかると思うけど，朝食を食べないということは，車にガソリンを入れないで走らせようとするようなものだ。体がガス欠になった状態では，頭が十分に働くわけがない。入試当日の朝食はちゃんと食べよう！　朝食を食べた効果があらわれるように，試験開始の２時間以上前に食べるようにするとよい。

では，入試当日の朝食にふさわしいものは何か？

まず，脳の直接のエネルギー源はブドウ糖だけであるから，それを補給するためのご飯やパン，これは絶対に必要だ。また，砂糖や果物の糖分は吸収されやすく，効果が速くあらわれやすいので，パンにジャムをぬったり果物を食べたりするのもよいだろう。

次に，タンパク質。これは脳の温度を上げる作用がある。温度が低いままでは十分に働かないからね。タンパク質を多くふくむのは肉や魚，牛乳，卵，大豆などだが，ここでは大豆でできたとうふのみそ汁や納豆をオススメする。そして，記憶力がアップするDHAを多くふくんでいる青魚，つまりサバやイワシなども食べておきたい。

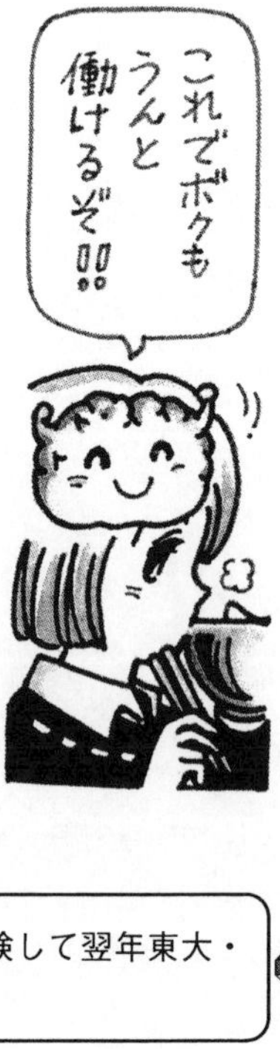


生野菜も忘れてはならない。その中にふくまれるビタミンBは，ブドウ糖を脳に吸収しやすくする働きを持つので，結果的に脳力アップにつながるんだ。

コーヒーや紅茶，緑茶は，カフェインという成分の作用で目覚めをうながすが，トイレが近くなってしまうので，飲みすぎに注意！　試験当日はひかえたほうがよいだろう。眠気を覚ましたいときはガムをかむといい。脳が刺激《しげき》されて活性化し，目が覚めるんだ。

Dr.福井(福井《ふくい》一成《かずしげ》)…医学博士。開成中・高から東大・文Ⅱに入学後，再受験して翌年東大・理Ⅲに合格。同大医学部卒。さまざまな勉強法や脳科学に関する著書多数。

# 2024年度 学習院女子中等科

**【算　数】**〈B入試〉(50分)〈満点：100点〉

［注意］ どの問題にも答えだけでなく途中《とちゅう》の計算や考え方を書きなさい。

**1** (1)は□，(2)は$A$～$D$にあてはまる数を求めなさい。

(1) 2.024×73.51＋49.37×2.024－1.012×45.76＝□

(2)

$$
\begin{array}{rrrrr}
 & & A & B & C \\
\times & & & A & D \\ \hline
 & 1 & A & 8 & 1 \\
B & 6 & D & A & \\ \hline
B & C & 9 & D & 1
\end{array}
$$

($A$～$D$はたがいに異なる1けたの整数です)

**2** 池の周りを，兄と弟が同時に出発して3周します。兄は，1周目を分速60m，2周目を分速80m，3周目を分速100mで歩き，弟は一定の速さで歩いたところ，兄と弟は同時に3周を終えました。弟の歩く速さを求めなさい。

**3** 円柱の容器に水を入れて，図1のように平らな床の上に横にして置きました。図1の容器を正面，真横のそれぞれから見ると，水の入った部分は図2のようになっていました。図2の点Oは底面の中心で，三角形OABはAB＝8cmの直角二等辺三角形，CD＝15cmです。この容器に入っている水の体積は何$cm^3$か求めなさい。ただし，円周率は3.14とします。

図1

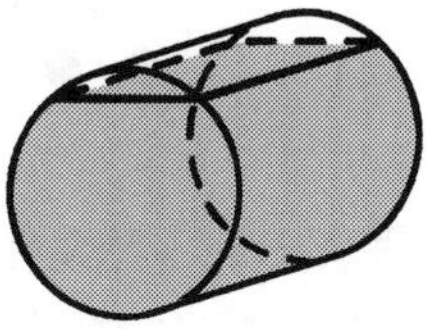

図2

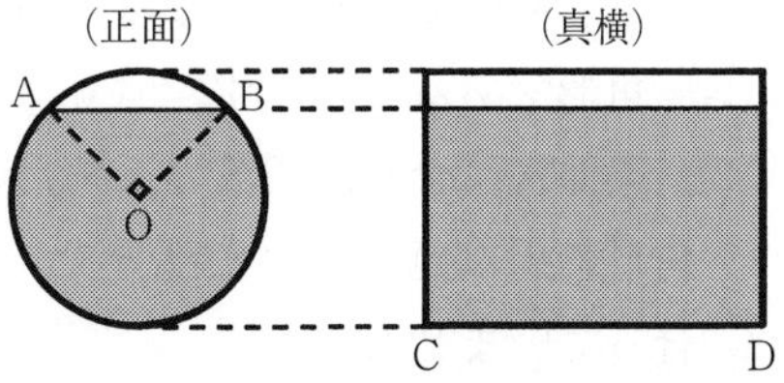


**4** 次の問いに答えなさい。

(1) 右の図1の長方形ABCDで，三角形ABEの面積は7$cm^2$，三角形ADEの面積は11$cm^2$，三角形BCEの面積は25$cm^2$です。三角形CDEの面積を求めなさい。

図1

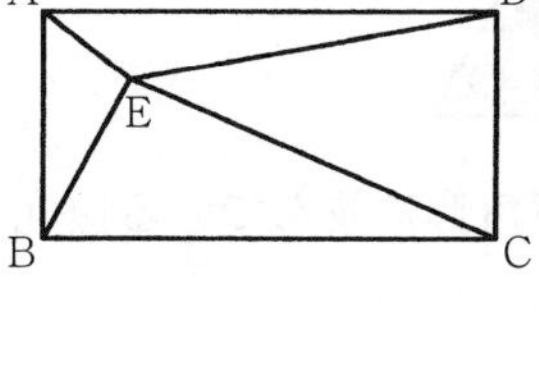


(2) 右の図2の正六角形ABCDEFで，点Gは四角形ACDFの内側の点です。四角形ABCGの面積が47$cm^2$，四角形DEFGの面積が37$cm^2$であるとき，正六角形ABCDEFの面積を求めなさい。

図2

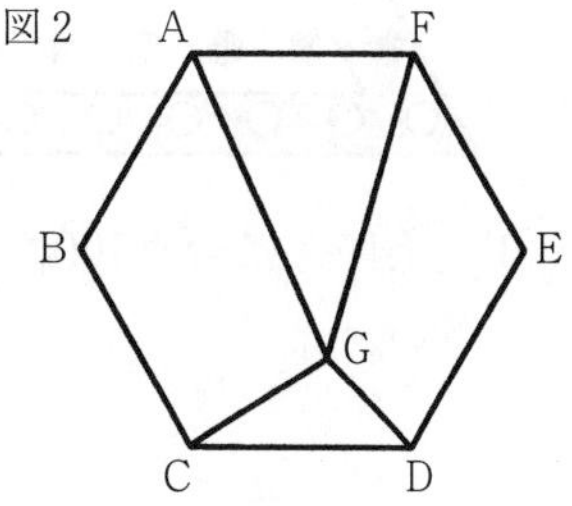

**5** 次の問いに答えなさい。

(1) 整数$A$，$B$，$C$は$1<A<B<C$で，$A\times B\times C=952$です。このような$A$，$B$，$C$の組み合わせは何通りあるか求めなさい。ただし，$952=2\times2\times2\times7\times17$です。

(2) 次のように，分母が952で，これ以上約分できない分数を小さい順に並べていきます。

$\frac{1}{952}$，$\frac{3}{952}$，$\frac{5}{952}$，$\frac{9}{952}$，$\frac{11}{952}$，……

$\frac{951}{952}$は，はじめから数えて何番目の分数か求めなさい。

**6** 図1のように白丸か黒丸を，1段目に1個，2段目に2個，3段目に3個…と並べて，三角形をつくります。図1は3段の三角形で，以下の条件Aに合っています。下の問いに答えなさい。

| |
|---|
| 条件A：「図2のように，どの2段の三角形を見ても，黒丸2個と白丸1個が並んでいる。」 |

図1

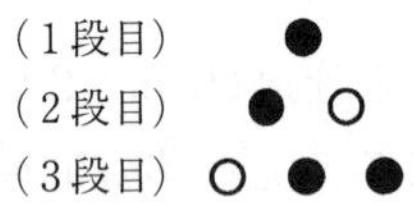


図2

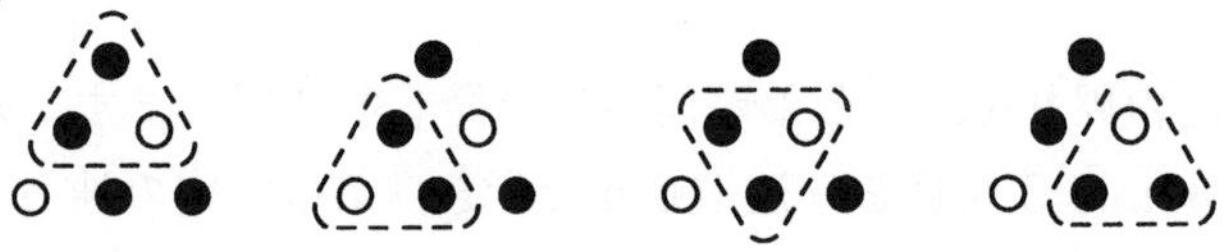

(1) 条件Aに合う，4段と5段の三角形をすべてかきなさい。ただし，図3のように，裏返しや回転で同じになる三角形は，同じ三角形であるとします。

図3

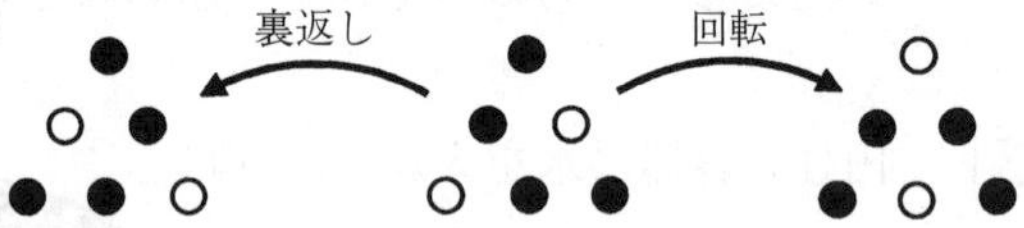


(2) 条件Aに合う，10段の三角形の周に並んでいる黒丸の個数を求めなさい。例えば，〈例〉の三角形の周は色のついた部分で，9個の黒丸が並んでいます(ただし，〈例〉の三角形は条件Aに合っていません)。

〈例〉

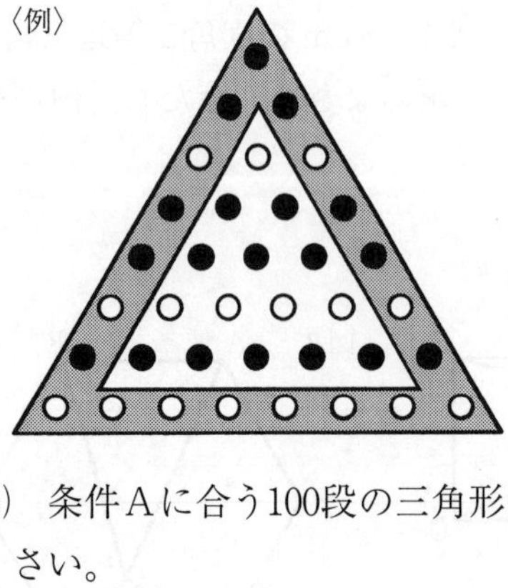

(3) 条件Aに合う100段の三角形に並んでいる白丸の個数として考えられるものをすべて求めなさい。

**【社　会】**〈Ｂ入試〉(30分)〈満点：60点〉

**1**　次のＡ～Ｈの文章を読み，以下の問いに答えなさい。

Ａ　この寺院は，①飛鳥時代に聖徳太子によって建てられました。金堂や塔(とう)などは，現存する世界最古の木造建築です。

Ｂ　この寺院は，②北条時宗により創建されました。舎利殿(しゃりでん)は，禅宗様(ぜんしゅうよう)を代表する建築物です。

Ｃ　この寺院は12世紀，奥州藤原氏により現在の岩手県(　１　)町に創建されました。金色堂は阿弥陀仏(あみだぶつ)の極楽世界を表現した建物です。

Ｄ　この建物の近くにある東求堂には，現在の和風住宅の原型になった(　２　)造の部屋があります。

Ｅ　滋賀県にある城です。③井伊直弼が城主だった時代もあります。天守は国宝に指定されています。

Ｆ　栃木県にある徳川家康をまつった神社です。主な建物は，④徳川家光の時代に建てかえられました。陽明門は「日暮(ひぐらし)の門」ともよばれます。

Ｇ　⑤この建物は明治時代，東京の日比谷に建てられた社交場です。イギリス人建築家コンドルが設計しました。

Ｈ　この建物は，コンドルの弟子だった辰野金吾の設計で建てられ，大正時代に開業しました。⑥空しゅうの被害(ひがい)にあいましたが，2012年には創建当時のドーム屋根を復元するなどの工事が終了しました。

問１　Ａ～Ｈが表す建築物をそれぞれ答えなさい。

問２　空らん(１)，(２)にあてはまる語句を答えなさい。

問３　下線部①に関連して，次のア～エのできごとを古いものから年代順になるように，記号を並べかえなさい。

　ア．大宝律令の制定　　　イ．壬申の乱

　ウ．十七条の憲法の制定　エ．大化の改新

問４　下線部②は将軍を助ける役職，下線部③は将軍に次ぐ臨時の役職についていた。それぞれの役職を答えなさい。

問５　下線部④の時代のできごとではないものを次のア～エより１つ選び，記号で答えなさい。

　ア．長崎に出島をつくる　　イ．参勤交代を義務化する

　ウ．公事方御定書を定める　エ．島原・天草一揆をおさえる

問６　下線部⑤について，明治政府がこの社交場を建てた目的を説明しなさい。

問７　下線部⑥に関連して，第二次世界大戦で日本本土の空しゅうに使用された焼夷弾(しょういだん)は，クラスター爆弾(ばくだん)の一種である。クラスター爆弾は，現在のウクライナ戦争でも使用されているとされ，国際的に批判が高まっている。クラスター爆弾の問題点を説明しなさい。

問８　Ａ～Ｈのうち，世界文化遺産に登録されている建築物の組み合わせとして正しいものを次のア～オより１つ選び，記号で答えなさい。

　ア．Ａ・Ｂ・Ｆ・Ｇ　イ．Ａ・Ｃ・Ｄ・Ｆ　ウ．Ａ・Ｄ・Ｆ・Ｈ

　エ．Ｃ・Ｄ・Ｆ・Ｇ　オ．Ｃ・Ｅ・Ｆ・Ｈ

**2**　次の文章を読み，以下の問いに答えなさい。

日本は国土の約７割が山地で，本州の中央部には3000ｍ級の山々からなる飛驒山脈，(　１　)山脈，①赤石山脈の日本アルプスがそびえています。日本アルプスには，多くの人々が美しい景観を楽しむために登山や観光に訪れています。②日本アルプスに降った雨や雪は河川となって，下流に住む人々の飲み水や農業用水として使われています。日本の河川は，大陸の河川に比べて長さが【　Ａ　】，河川のかたむきが【　Ｂ　】であるため，大量の土砂を下流に運びます。③河川が山間部から平野や盆地(ぼんち)に流れ出た所には，粒(つぶ)の大きい砂や石がたまってできた扇状地(せんじょうち)という地形がみられます。河川の河口部には，粒の小さい砂や泥(どろ)からなる(　２　)という地形がみられ，昔から主に水田として利用されています。

自然環境(かんきょう)の保全と活用に関する近年の取り組みとして，④ジオパークをあげることができます。ジオパークでは，地質や地形，景観などを保ちつつ，地域の生活や文化，歴史などを教育や観光などに活用しながら，⑤持続可能な開発を目指す取り組みが行われています。

⑥鹿児島県の桜島・錦江湾(きんこうわん)ジオパークには，約２万９千年前の巨大噴火(ふんか)でできたカルデラとよばれる火山地形がみられ，ここに海水が流れこんで錦江湾がつくられました。また，そのときの火山噴出物が厚くつもってできたのが(　３　)台地です。桜島はカルデラの南に位置し，現在も活発に活動しています。火山の多い日本では，噴火によって多大な被害を受けてきましたが，その一方で⑦火山からさまざまなめぐみも受けています。

問１　空らん(１)～(３)にあてはまる語句をそれぞれ答えなさい。

問２　文中【Ａ】・【Ｂ】の組み合わせとして正しいものを次のア～エより１つ選び，記号で答えなさい。

ア．【Ａ】　長く　【Ｂ】　急　　イ．【Ａ】　長く　【Ｂ】　ゆるやか
ウ．【Ａ】　短く　【Ｂ】　急　　エ．【Ａ】　短く　【Ｂ】　ゆるやか

問３　下線部①について，赤石山脈に位置する山を次のア～エより１つ選び，記号で答えなさい。

ア．北岳　　イ．奥穂高岳(おくほたかだけ)
ウ．槍ヶ岳(やりがたけ)　　エ．御嶽山(おんたけさん)

問４　下線部②について，次のア～エの河川のうち，日本アルプスに降った雨が流れこまないものを１つ選び，記号で答えなさい。

ア．信濃川　　イ．天竜川　　ウ．大井川　　エ．利根川

問５　下線部③について，山形盆地には扇状地が広がっている。山形盆地に関する次の文章を読み，空らん〈Ｃ〉～〈Ｆ〉にあてはまる語句をそれぞれ「ひらがな」で答えなさい。

山形盆地では，明治から昭和の初めにかけて，〈　Ｃ　〉の葉をえさとしてあたえながら〈　Ｄ　〉を育て，生糸をつくる製糸業が発達しました。しかし，化学〈　Ｅ　〉の普及(ふきゅう)などで製糸業が衰退(すいたい)すると，山形盆地では果樹栽培(さいばい)を行うようになりました。現在，山形県は，さくらんぼや，西洋〈　Ｆ　〉の生産量がそれぞれ日本第１位(2021年産)です。

問６　下線部④について，ジオパークと都道府県の組み合わせとして正しくないものを次のア～エより１つ選び，記号で答えなさい。

ア．洞爺湖有珠山－北海道　　イ．伊豆半島－静岡県

ウ．糸魚川―新潟県　　　　　エ．島原半島―佐賀県

問７　下線部⑤について，持続可能な開発とは，どのような開発をしていこうとする考え方であるかを説明しなさい。

問８　下線部⑥について，鹿児島県では畜産(ちくさん)がさかんである。右の表は，家畜の都道府県別頭数の割合(2022年)を示している。以下の問いに答えなさい。

| ア | | イ | | ウ | |
|---|---|---|---|---|---|
| X | 21.2% | Y | 20.2% | Y | 13.4% |
| Y | 12.9% | Z | 19.8% | Z | 8.5% |
| Z | 9.7% | 岩手県 | 15.2% | X | 8.1% |
| 熊本県 | 5.1% | 青森県 | 5.8% | 群馬県 | 6.8% |
| 岩手県 | 3.4% | X | 3.7% | 千葉県 | 6.5% |

『日本国勢図会 2023/24』による

(1)　表中Ｘ～Ｚは，鹿児島県，宮崎県，北海道のいずれかを示している。表中Ｘ～Ｚのうち，鹿児島県にあてはまるものを１つ選び，記号で答えなさい。

(2)　表中ア～ウは，ぶた，肉用牛，肉用若どり(ブロイラー)のいずれかを示している。表中ア～ウのうち，ぶたにあてはまるものを１つ選び，記号で答えなさい。

問９　下線部⑦について，火山から受けているめぐみを２つあげなさい。

**3**　次の文章を読み，以下の問いに答えなさい。

①台湾は日本の南西に位置しており，日本最西端(たん)の(　１　)島と台湾本島とのきょりは約 110km で，とても近くにあります。台湾と日本の間には正式な【　Ａ　】はありませんが，②貿易や(　２　)などで民間の交流がさかんです。

1949年，中国大陸で毛沢東のひきいる(　３　)党に政治の主導権をあらそって敗れた(　４　)党が台湾へ来て，現在につながる台湾の政治が始まりました。1971年には③中華人民共和国(中国)が国際【　Ｂ　】に加盟したため，台湾はここから脱退(だったい)することになり，その後，台湾は多くの国から独立国とはみなされなくなったのです。

そして現在，この台湾と中国の関係に世界から注目が集まっています。中国の政治家は台湾を自分たちの国の一部だと考えています。そのため中国が軍事力によって無理やり台湾を統一するのではないかという見方があります。2022年３月のロシアのウクライナ侵攻(しんこう)で，この見方をする人が増え，台湾と友好関係にあるアメリカも警かいを強めました。同じ年の８月にはアメリカの(　５　)下院議長が台湾を訪問して(　６　)総統と会談を行いました。中国はこれに激しく反発して，台湾周辺で軍事演習を行って発射されたミサイルが，日本の④はい他的経済水域内に落下しました。その後，中国では(　７　)が【　Ｃ　】期目の国家主席に就任し，長期にわたって権力を持つことになって，きん張がさらに高まりました。

かつて安倍晋三元首相が「台湾(　８　)は日本(　８　)」と発言しました。そのような危機感から，国会では⑤防衛力を強めることについて議論が交わされています。一方で，こうした動きに不安をいだいている国民もいます。日本国憲法の第【　Ｄ　】条は平和主義を定めています。防衛については，日本国憲法の原則との関係を大切に考え続けていくことが必要です。

問１　空らん【Ａ】～【Ｄ】にあてはまる語句あるいは数字を答えなさい。

問２　文中の空らん(１)～(８)にあてはまるものを次のア～テより１つ選び，記号で答えなさい。

ア．沖縄　　　　イ．沖ノ鳥　　ウ．南鳥　　エ．与那国

オ．オースティン　カ．ハリス　　キ．ペロシ　　ク．江沢民

ケ．蔡英文　　　コ．習近平　　サ．鄧小平　　シ．共産

ス．国民　　セ．有事　　ソ．戦争　　タ．進出
チ．外交　　ツ．組合　　テ．観光

問３　下線部①について，台湾を1895年から1945年までの間，統治していた国はどこか，答えなさい。

問４　下線部②について，日本が台湾から最も多く輸入しているもの(輸入額2021年)を次のア～オより１つ選び，記号で答えなさい。

ア．プラスチック　　イ．集積回路　　ウ．鉄鋼　　エ．魚かい類　　オ．金属製品

『日本国勢図会 2023/24』による

問５　下線部③について，中国にはイギリスから返還(へんかん)された後も資本主義経済体制がとられ，独自の政治が行われていた地域がある。しかし，この地域は2020年ごろより中国から政治上，干渉(かんしょう)されるようになった。この地域の名前を答えなさい。

問６　下線部④について，「はい他的経済水域」とは，どのようなものか説明しなさい。

問７　下線部⑤について，「防衛力を強める」ために岸田内閣が提案したことを１つ説明しなさい。

**【理　科】〈Ｂ入試〉**（30分）〈満点：60点〉

**1**　日時計は，太陽の１日の動きを利用して，棒状の「指《し》時《じ》針《ばり》」の影《かげ》の向きで時刻を読み取る装置です。さくら子さんは夏休みの宿題で，大きな日時計を作ることにしました。時刻を表す時計盤《ばん》が遠くからでも見えるように，地面に垂直に立てた直方体の板に垂直に細い棒を取り付けて，時刻によって棒の影の向きが変化する様子を記録して，時刻を表す目盛りにしました(右図)。

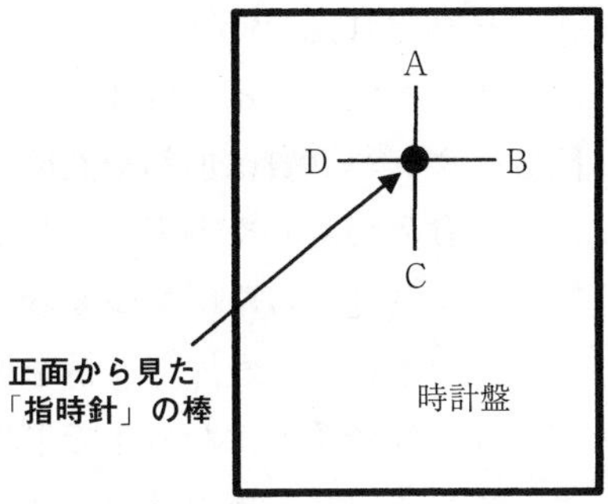


問１　この日時計で１日にできるだけ長く時間を測るためには，「指時針」をどの方位に向ければよいですか。次の①～④から選び，番号で答えなさい。

①　東　　②　西　　③　南　　④　北

問２　正午には，時計盤にうつる「指時針」の影はどの向きを指しますか。図中のＡ～Ｄから近いものを選び，記号で答えなさい。

問３　この日時計の，「指時針」の影の動きは，図中のＢからＣの時計回りとなるか，ＣからＢの反時計回りとなるか答えなさい。

問４　夕方には，「指時針」の影はどの向きを指しますか。図中のＡ～Ｄから近いものを選び，記号で答えなさい。

問５　８月ごろの１時間ごとの「指時針」の影の向きはどうなりますか。次の㈠～㈣から近いものを選び，記号で答えなさい。また，選んだ理由を説明しなさい。

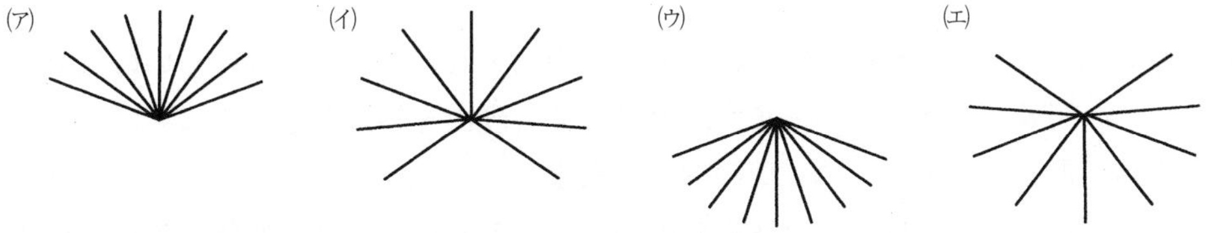


問６　８月には，日の出から日の入りまで日差しがあっても「指時針」の影が観察できない時間帯がありました。それは１日の中でいつごろですか。

問７　日の出から日の入りまで「指時針」の影が観察できるようになるのは，いつごろからですか。次の(あ)～(か)から選び，記号で答えなさい。

(あ)　９月上旬《じゅん》　　(い)　９月下旬　　(う)　10月上旬

(え)　10月下旬　　(お)　11月上旬　　(か)　11月下旬

**2**　食品にふくまれる五大栄養素には①炭水化物，②脂《し》質，③タンパク質，④無機質，⑤(　Ａ　)があります。

問１　文中の(Ａ)に当てはまる栄養素を答えなさい。

問２　炭水化物，タンパク質の体内での主なはたらきをそれぞれ答えなさい。

問３　次のア～エに最も多くふくまれる栄養素を，文中の①～⑤から選び，番号で答えなさい。

ア．動物の筋肉　　イ．ジャガイモの「いも」の部分

ウ．ゴマの種子　　エ．イネの種子

問4　デンプンとタンパク質を分解するはたらきをするヒトの消化液を，次のア～ウから選び，それぞれ記号で答えなさい。

ア．だ液　　イ．胃液　　ウ．胆汁《たんじゅう》

問5　タンパク質は加熱や液性の変化によって固まる性質があります。それぞれの性質を利用した食品づくりや調理法として適当なものを，次のア～クから選び，記号で答えなさい。

ア．豆乳からゆばをつくる

イ．水にといた片くり粉を加えて加熱してとろみをつける

ウ．乳酸菌《きん》のはたらきで牛乳からヨーグルトをつくる

エ．イースト菌のはたらきでパン生地をふくらませる

オ．卵白をあわ立ててメレンゲをつくる

カ．温めた牛乳にレモン汁《じる》を加えてカッテージチーズをつくる

キ．水に寒天を入れて煮《に》てとかした後，冷やして固める

ク．もちを焼いてふくらませる

**3**　水1 $cm^3$ の重さを1.00g，氷1 $cm^3$ の重さを0.92gとして，以下の問いに答えなさい。

問1　水が氷になると，体積は何倍になりますか。割り切れない場合には，小数第2位を四捨五入して答えなさい。

問2　高さ20cm，底面積50 $cm^2$ の直方体の容器に，水200gと1個あたり4.6gの氷を5個入れました。このとき，容器の底面から水面までの高さは何cmになりますか。ただし，氷全体が水の中に入っているものとし，容器の厚さおよび水の蒸発，表面張力は考えないものとします。

問3　同体積の(ア)，(イ)を，それぞれ同条件下で水の中に入れたとき，とけにくいのはどちらですか。(ア)，(イ)の記号で答えなさい。また，とけにくい理由を答えなさい。

(ア)　立方体の形をした氷　　(イ)　球の形をした氷

問4　エタノールというアルコールを凍《こお》らせて固体にしました。これを液体のエタノールの中に入れると，うきますか，しずみますか。次の(a)，(b)より選び，記号で答えなさい。また，そのようになる理由を答えなさい。

(a)　うく　　(b)　しずむ

**4**　長さ120cmの一様な細い棒があります。棒の重さは120gであり，棒には端《はし》から10cm間隔《かく》で点が打ってあります。図1のように，棒の中心であるG点を糸でつるすと，水平になりました。この問題では，棒が水平になった状態を，「つり合う」と言うものとします。

[参考]　物体のつり合いなどを考えるとき，物体の重さがすべて「重心」という点に集まっていると仮定して計算を進めることができます。

細い一様な棒の重心は，棒の真ん中です。したがって図1の場合，棒の中心Gに120gの重さが集中していると見なすことができます。また，別の見方として，図1の棒をG点で左右の2つの部分に分け，D点(左半分の中心)に60g，J点(右半分の中心)に60gのおもりがあると見なして，つり合いを考えることもできます。

図１
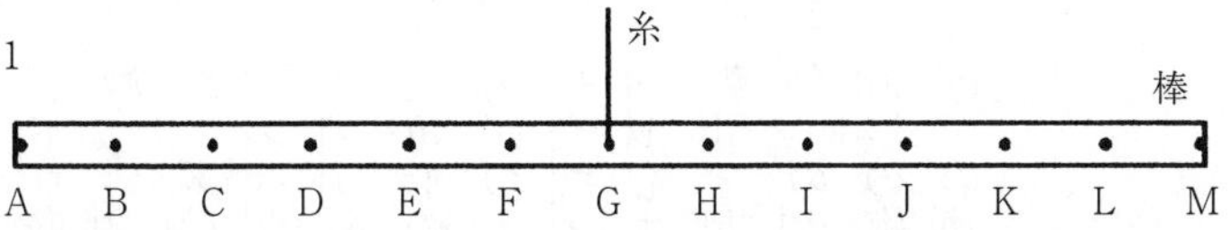


図２
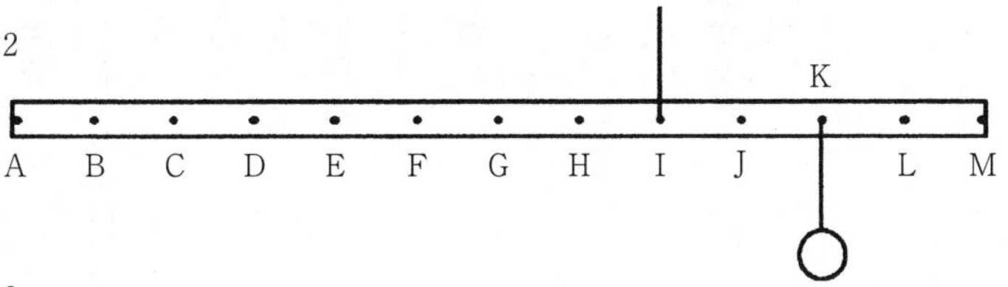


図３
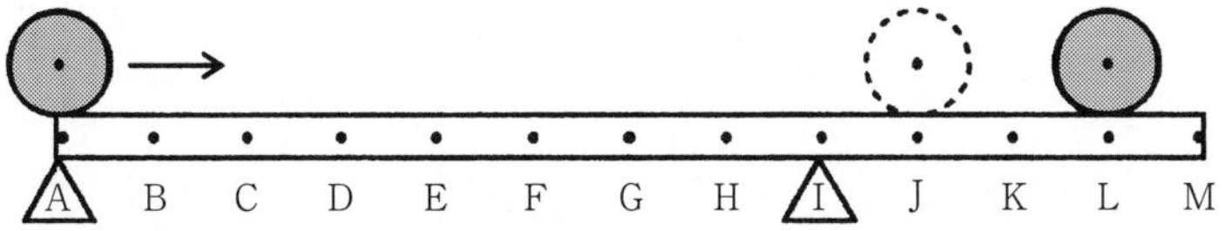


問１　Ｉ点を糸でつるとつり合いませんが，図２のように，Ｋ点におもりをさげるとつり合わせることができます。

⑴　糸の左側部分(Ａ～Ｉ)の棒の重さは何ｇですか。また，糸の左側部分の重心の位置は，Ａ～Ｉのどこですか。記号で答えなさい。同様に，糸の右側部分(Ｉ～Ｍ)の棒の重さと，糸の右側部分の重心の位置を答えなさい。

⑵　Ｋ点にさげるおもりは何ｇにすればよいですか。

⑶　おもりはＫ点に限らず，棒のどこにさげてもよいとします。棒をつり合わせるためには，少なくとも何ｇ以上のおもりが必要ですか。

問２　図３のように，棒のＡ点とＩ点を木片で支え，同じ重さの２つのボールを棒の左端から順にゆっくりころがしました。１個目のボールは，Ｌ点で止まりました。さらに２個目のボールがＪ点を通過した後，棒がかたむき始めました。このボールの重さは何ｇですか。

⑥ ケンアクな顔つきになる。

⑦ 首長選挙がコクジされた。

⑧ ジドウ向けの図書。

⑨ 激しいロンセンをくり広げる。

⑩ おアズけを食う。

⑪ ケンポウを定める。

⑫ カブカを調べる。

⑬ 三角形のチョウテン。

⑭ 入試のナンイド。

⑮ ゼイキンを納める。

⑯ 一寸先は闇《やみ》。

⑰ 費用を折半する。

⑱ 争いの火種。

⑲ 遠浅の海が広がる。

⑳ けがの功名だ。

って。

だけど、それくらいしか、自分たちが今できることはないらしい。

あとは、アルコールによるこまめな消毒。手洗い。大真面目な話、感染してるかどうかが自分たちですらわからないこの病気を前にしては、そういう地道でシュールな方法で対抗《たいこう》するしかないらしい。

集まらないこととか、歌わないことも、そこでは重要になる。起こらないかもしれないけれど、起こってしまう可能性を最初から潰《つぶ》すことができるのなら、それに越《こ》したことはないから。

ゆっくりと時間をかけて考えて、次の瞬間、がばっと跳《は》ね起《お》きる。

コンクールが中止になった友達に、かけたい言葉。

電話しようかと思ったけど、残る形になってほしくて、美琴にLINEを送る。

『悲しみとかくやしさに、大きいとか小さいとか、特別とかないよ』

すぐには返せなかったけど、たぶん、亜紗はこういうことが言いたかった。強豪だから悲しむ権利があるとかないとか、そういうことでもない。だって、誰とも比べられない。

すぐに言えなくてごめん、と念じていると、すぐに、美琴から既読《きどく》がついた。返事が来る。

『ありがと』

それからすぐにもう一文。

⑤『亜紗に会いたいな』

会いたい、という言葉が、こんなに意味を持つようになるなんて。スマホを握《にぎ》りしめて、亜紗は静かに深く、息を吸い込む。

学校に行きたい、なんて気持ちが自分の中にあるなんて夢にも思わなかった。

（辻村《つじむら》深月《みづき》『この夏の星を見る』）

問1　傍線①「――去年まで、というのは『今年』がまだないからだ」とあるが、「『今年』がまだない」とはどういうことか、説明しなさい。

問2　傍線②「『できてほしいな。天文部、屋外だし』／呟くような言い方だった。亜紗はまた言葉に詰まる。思いがけない言葉だったからだ」とあるが、亜紗が美琴の言葉を「思いがけない」と感じたのはなぜか、説明しなさい。

問3　傍線③「思い出したら、そうか、と思った。図々しい、の前。美琴は、たぶんものすごく落ち込んでいる」とあるが、すぐに「落ち込んでいる」とは言わず、わざわざ「図々しい、の前」としていることから、作者は亜紗のどのような様子を表現しようとしていると考えられるか、説明しなさい。

問4　傍線④「胸がぎゅっとなる」とあるが、これは亜紗のどのような気持ちを表しているか、説明しなさい。

問5　傍線⑤「『亜紗に会いたいな』／会いたい、という言葉が、こんなに意味を持つようになるなんて。スマホを握りしめて、亜紗は静かに深く、息を吸い込む」について、

(1)「亜紗に会いたいな」という言葉に込められた美琴の気持ちを説明しなさい。

(2)「スマホを握りしめて、亜紗は静かに深く、息を吸い込む」とあるが、この時の亜紗の気持ちを説明しなさい。

三　次の傍線のカタカナは漢字に、漢字はひらがなに直しなさい。

① イゾクに謝罪する。
② ケイカンを大切にする。
③ 気持ちをフルい立たせる。
④ リョウシの船に乗る。
⑤ カイサツを通る。

気の利《き》いたことを言える瞬発力《しゅんぱつりょく》が高い同年代の子もたくさんいるけど、ＬＩＮＥでも返事にゆっくり時間をかける方だ。だから今も、文章で来てたら、何か気の利いたことを返せたんじゃないか、と考えてしまう。

だけど――。

クリーム色の天井《てんじょう》を見つめながら、気づいた。

普段《ふだん》は文章のやり取りが中心で、電話も「かけていい？」ってまずはＬＩＮＥで聞いてくるはずの美琴が、急に電話してきた。それこそが、美琴の今の気持ちそのものなんじゃないか。

電話で聞いたばかりの、親友の言葉を耳の奥《おく》から拾い集める。

――まあ、仕方ないよね。

――覚悟してたし。

――うちの部は別に強豪ってわけじゃないし、

――こんなことで落ち込むのも図々しいのかもしれないけど。

③思い出したら、そうか、と思った。図々しい、の前。美琴は、たぶんものすごく落ち込んでいる。

自分に言い聞かせるようにしていたたくさんの言葉は、ひょっとすると、合唱部の他のメンバーとの会話の中で出たものもたくさんあるのかもしれない。みんなが、互《たが》いの言葉を言い聞かせるように自分のものにして、無理矢理《むりやり》にでも納得《なっとく》しようとしている。

合唱だけ特別、甲子園だけ特別、という話題が出たのもそうなのかもしれない。特別なんてないって、言い聞かせている。だけど、美琴も――今、この瞬間、うちの高校にはないけれど、どこかにいる全国の野球部の人たちだって――、誰も自分たちが特別かどうかなんて考えてないはずだ。そんなことを思う間もなく、三月からはもうずっと、私たちは決められたことに従うしかなくて、考える自由なんてなかったのに。

「分断が進むなぁ……」

口から勝手に呟きが出た。分断。この言葉も、三月以降、テレビとかネットで多く使われるようになって、亜紗の日常に降りてきた言葉のひとつだ。学校が休校になっていたのと同じ時期、世界のあちこちでも大規模なロックダウンがあり、さまざまなイベントが中止、延期を余儀《よぎ》なくされた。国と国とが入国制限を行い、皆《みな》が家にこもる日々は、これまで誰も経験したことがない未曽有《みぞう》の事態で、つまり、今いる人類の誰もどうしていいのかわかっていない。正解がない中で、さまざまな意見があり、対立もまたある。

④胸がぎゅっとなる。天文部の合宿は、亜紗が、とても楽しみにしているものだった。夏と冬、年に二回あって、茨城県北の天文台を有する研修センターで行われる。亜紗の家の周辺や学校の屋上でも星は見られるけれど、山の上の研修センターからの眺《なが》めは格別に素晴《すば》らしくて、去年初めて参加できた時には、心の底から天文部に入ってよかった、と思った。

ベッドに寝転《ねころ》んだまま顔を横に向けると、勉強机が見えた。座《すわ》ると目に入る高さに、望遠鏡の設計図が貼《は》ってある。亜紗たちが去年から取り組んでいる望遠鏡作りのプロジェクトは、順調にいけば、今年のうちに完成するはずだった。天文部の活動は確かに屋外だけど、望遠鏡作りは地学室でやる屋内作業だから、今後どうなるかはまだわからない。

屋内作業で密閉状態になるのがダメとか、飛沫《ひまつ》が飛ぶ活動が最もよくないとか、今年の初めには誰も知らなかった〝常識〟が、この身に沁《し》み込んでいる。距離《きょり》を取るとか、マスクをするとか、人と会わない、とか、初めは、「嘘《うそ》でしょ？」って思うくらいナンセンスな対策だと思った。だって、相手も自分も感染していないかもしれないのに、それなのに互いを避《さ》け合ってるって、なんかシュールでおかしくない？

「え！　それ、クールっていうか……」
『放送コンは先月にはもう中止の決定、出てたんだよね』
「そうだったんだ」
　電話の向こうから、美琴の小さなため息が聞こえた。
『まー、仕方ないよ。放送コンと合唱コン、主催《しゅさい》団体が一緒だからさ。放送の方は早々に中止が決まったのに、なんで合唱だけ特別なの？　って思ってたんじゃないかなぁー。同じこと、甲子園《こうしえん》とかも言われてるよね。インターハイ中止になったのに、野球だけ特別なのか？　みたいな』
「うちは野球部、ないけどね」
『うん。でも、あったら、そういうこと、言われたりしてたのかな』
　亜紗たちが通う砂浦第三高校は五年前まで女子校だった。五年前から、県の学校再編だとかで共学化され、男子の入学も可能になったのだ。――と言っても、それまで長く女子校だったイメージが強いせいか、男子生徒は全校でもたった十二人で、亜紗の学年にも三人しかいない。甲子園を目指す野球部もない。
「いつになったら、学校、普通《ふつう》に毎日行けるのかな」
　亜紗が思わず言うと、それまで沈《しず》んだ雰囲気《ふんいき》だった美琴が、かかっと笑った。
『なんかうちら、後の世に〝コロナ世代〟って呼ばれるのかもって、テレビで言ってたよ。コロナで休校になって、勉強も遅《おく》れちゃう世代だから』
「後の世って、美琴さぁ」
『ねえ、知らんよね。この後にどう歴史になるかなんて関係ない。うちらには今しかないのに』
　言葉に詰《つ》まった。美琴が軽い声で『あー、あー』と呟《つぶや》く。
『なんで、うちの代なんだろ』
　美琴は気づいているだろうか。たったその二音だけなのに、美琴の長い『あー、あー』は、亜紗や菜南子や、他の子たちと違う。発声練習でずっとそうしているくせなのか、腹式呼吸のおなかから出ている感じがする。歌うようなその感じが、亜紗は好きだ。好きだと思っている自覚すらなかったけど、今、気づいた。
『天文部はどうなの？　学校再開したら、活動ありそう？』
　美琴からふいに聞かれ、亜紗は「わかんない」と答える。
「綿引《わたびき》先生とも新学期はまだ一度も会えてないし。夏の合宿までにコロナが収まっててくれるといいけど」
　言いながら、なんだか後ろめたい気持ちがこみ上げてくる。コンクールがなくなった美琴にしてみたら、天文部の合宿なんて、遊びみたいに思えるかもしれない。
　けれど、美琴が言った。
②『できてほしいな。天文部、屋外だし』
呟くような言い方だった。亜紗はまた言葉に詰まる。思いがけない言葉だったからだ。うまく返せずにいると、電話の向こうで、美琴が誰《だれ》かに呼ばれる気配がして、『はあーい』と返す声が聞こえた。
『ごめん、ママだ。亜紗、急に電話してごめんね。また今度』
「あ、うん」
『次の登校日にまた話そうねー。あ、会ってもあんまり話しちゃダメなんだっけか。ま、いっか』
　電話越《ご》しに美琴が笑う気配がして、ＬＩＮＥの音声通話が切れる、トゥン、という音がした。
　通話を終えてからも、スマホをベッドに投げ出して、亜紗は仰向《あおむ》けになり、ずっと考え続けた。どんな言葉をかけたら、よかったんだろう。
　亜紗はもともと、すぐに言葉が出てくるタイプじゃない。その場で

問2　傍線②「ますます『やばい』の連発を許したくなる、『すごい』世代なのでした」について、

(1)　筆者が「やばい」の連発を許したくなるのはなぜか、説明しなさい。

(2)　この文章全体を『すごい』世代なのでした」と締《し》めくくっていることから、筆者の若い世代に対するどのような思いが感じられるか、説明しなさい。

## 二

次の文章を読んで、後の問いに答えなさい。

『中止だって、コンクール』

電話の向こうで、美琴《みこと》がそう言った後、どう答えるのが正解だったのか。

通話を終えた今も、溪本《たにもと》亜紗《あさ》はまだずっと考えている。

正解――なんてたぶん、ない。だけど、あの瞬間《しゅんかん》の美琴にとって欲《ほ》しかった言葉、一番、心に寄《よ》り添《そ》う言葉が何かきっとあった。だけど、電話は唐突《とうとつ》で、咄嗟《とっさ》に受け答えをするには心の準備ができていなさすぎた。

「え、そうなの？」

亜紗が反射的に尋《たず》ね返すと、美琴が『うん』と言った。静かな声だった。泣いたり、怒《おこ》ったり、大騒《おおさわ》ぎする感じがまるでなくて、それが美琴らしくない。

『まあ、仕方ないよね。合唱って今、一番やりにくいことになっちゃったし』

「や、でもさ」

『覚悟《かくご》してたし。インターハイだってなくなって、なっちゃん、泣いてたじゃん。ダブルス組んでた先輩《せんぱい》、今年がラストチャンスだったから』

「あ――うん」

亜紗と美琴と、今名前が出たなっちゃん――菜南子《ななこ》は小学校から一《いっ》緒《しょ》の幼馴染《おさななじ》みだ。高校でも、クラスこそ違《ちが》うけど、昼休みは去年まで中庭か音楽室に集まって一緒にお弁当を食べていた。

①――去年まで、というのは「今年」がまだないからだ。

今年――正確には、今年度。つまり、二〇二〇年度。

三月、新型コロナウイルス感染症《かんせんしょう》(COVID-19)が世界的に流行したことに伴《ともな》い、日本では感染予防のため小中高の学校は全国一斉《いっせい》休校の措置《そち》が取られた。新型コロナウイルス感染症の主な症状《しょうじょう》は発熱やせき、喉《のど》の痛み、急性呼吸器疾患《しっかん》等。重症《じゅうしょう》化し死亡する例も世界的に多い。そのため、高齢者《こうれいしゃ》や持病を持つ人は特に注意が呼びかけられている。

感染予防のための休校で、亜紗たちの学校は「三月」と「四月」がごそっと消えた。いつの間にやら一年生が終わり、亜紗たちは茨城県立砂浦《すなうら》第三高校の二年生に進級したらしい。五月になっても、まだ限られた登校日にしか学校に行っていないから、全然実感が湧《わ》かないけれど。

『バド部はさ、うちの高校強豪《きょうごう》だし、特になっちゃんは去年、一年だけど県大会で結構いいところまで行ったから、悔《くや》しくて当然だと思う。それに比べたら、うちの部は別に強豪ってわけじゃないし、コンクール、出られたとしても上位には食《く》い込《こ》めなかったと思うから、こんなことで落ち込むのも図々《ずうずう》しいのかもしれないけど』

「そんなことないでしょ。だって」

『あ、あと、さっき、うちの先輩がクラスのグループＬＩＮＥで中止のこと書いたら、放送部の子に、めっちゃクールなこと書かれたって言ってた。「私たちにとったら、〝コンクール〟って放送コンクールの意味なのに、合唱は扱《あつか》い大きくていいよね」って』

# 2024年度 学習院女子中等科

## 【国語】〈B入試〉（五〇分）〈満点：一〇〇点〉

一 次の文章を読んで、後の問いに答えなさい。

往年の向田邦子《むこうだくにこ》ドラマ「阿修羅《あしゅら》のごとく」を、先日見てみました。1979年にNHKで放送され、翌年にはパート2もできたこのドラマ。高齢《こうれい》の父親に愛人と子供がいることがわかり、四姉妹《しまい》がそれぞれ悶々《もんもん》とする、というところから始まります。

40年以上前の放送ということで、さすがに時代を感じさせるものの、変わらぬ人間の普遍性《ふへんせい》を炙《あぶ》りだすのが、向田作品。その中で①私が「おっ」と思ったのは、次女役の八《や》千草《ちぐさ》薫《かおる》と、その中学生の娘《むすめ》との会話でした。

「〇〇さんって、すっごく素敵《すてき》なのよ」

などと言う娘に対して、

「『すごい』とか『素敵』なんて言葉、お母さん、いやよ」

と、母役の八千草薫がたしなめたのです。

この時代、大人からすると「すごい」も「素敵」も、耳障《みみざわ》りな若者言葉だった模様。私もこのドラマが放送された頃《ころ》は中学生だったのですが、確かに何かというと、「すごい！」と言っていました。

しかしそれから40年が経《た》った今となっては、「すごい」も「素敵」も、むしろ古風な響《ひび》きを持つ言葉と化しています。何かを褒《ほ》める時、

「あら素敵」

とつい呟《つぶや》いたら、

「『素敵』って、レトロでいいですね」

と、若者から言われたことがありましたっけ。

今、かつての「すごい」の役割を果たす言葉は、「やばい」です。「阿修羅のごとく」が放送された頃、若者は驚《おどろ》いた時も感動した時も「すごい！」と言っていましたが、今は「やばい！」と言えばいい。

「やばい」は、「すごい」よりも汎用性《はんようせい》が高い言葉です。「すごい」の場合は、単体で使える場合もあれど、「すごく美味《おい》しい」「すごく怖《こわ》い」などと、もう一ワード足して使用することも多いもの。対して「やばい」は、美味しい時も怖い時も嬉《うれ》しい時も焦《あせ》った時も全て、「やばい」だけで済む、オールインワンのワードなのです。

娘の「すごい」をたしなめた八千草薫のように、今時の大人達《たち》も、若者の「やばい」には眉《まゆ》をひそめます。しかし、かつて「すごい」を連発していた身としては、「やばい」を連発したくなる気持ちも、わかるのでした。

若者は大人よりも敏感《びんかん》な心を持ち、何にでも激しく反応しがち。だからこそ美味しさや怖さ等の感情を詳細《しょうさい》に説明する暇《ひま》などなく、とりあえず「やば！」で、〝程度の著《いちじる》しさ〟のみを表現しておきたいのではないか。

今の若者達が大人になった頃には、〝程度の著しさ〟を表現する新語が、また登場するでしょう。もしくは、少子化が行くところまで行って若者の数が減少し、若者言葉というものが成立しなくなる可能性もある。

そう考えると、我《わ》が国《くに》にとって若者言葉はもはや風前のともしび的な存在なのかもしれず、②ますます「やばい」の連発を許したくなる、「すごい」世代なのでした。

（酒井順子『「すごい」と「やばい」』）

問1 傍線《ぼうせん》①「私が『おっ』と思ったのは、次女役の八千草薫と、その中学生の娘との会話でした」とあるが、「私が『おっ』と思った」のはなぜか、説明しなさい。

2024年度

# 学習院女子中等科 ▶解説と解答

## 算　数　＜Ｂ入試＞（50分）＜満点：100点＞

### 解　答

1 (1) 202.4　(2) $A$…5，$B$…2，$C$…7，$D$…3　2 分速$76\frac{28}{47}$m　3 1370.4 cm³　4 (1) 29cm²　(2) 126cm²　5 (1) 7通り　(2) 384番目　6 (1)（例）**4段**…解説の図Ⅲ，図Ⅳを参照のこと。／**5段**…解説の図Ⅴを参照のこと。　(2) 18個　(3) 1683個，1684個

### 解　説

**1 計算のくふう，条件の整理**

(1) $2.024\times73.51+49.37\times2.024-1.012\times45.76=2.024\times73.51+2.024\times49.37-2.024\times\frac{1}{2}\times45.76=2.024\times73.51+2.024\times49.37-2.024\times22.88=2.024\times(73.51+49.37-22.88)=2.024\times100=202.4$

(2) 右の筆算で，答えの千の位に注目すると，$C$は，$1+6=7$か，$7+1=8$になる。また，$(C\times D)$の一の位が1なので，$C=7$，$D=3$と決まる。次に，答えの十の位に注目すると，$(8+A)$の一の位が3になるから，$A=13-8=5$とわかる。よって，$ABC\times D=5B7\times3=1581$となるから，$1581\div3=527$より，$B$は2である。

```
      A B C
  ×     A D
  ---------
    1 A 8 1
  B 6 D A
  ---------
  B C 9 D 1
```

**2 速さ**

池1周の道のりを，60，80，100の最小公倍数の1200mとする。このとき，兄は1周目に，$1200\div60=20$(分)，2周目に，$1200\div80=15$(分)，3周目に，$1200\div100=12$(分)かかるから，3周するのに，$20+15+12=47$(分)かかる。よって，弟は，$1200\times3=3600$(m)歩くのに47分かかるので，弟の速さは分速，$3600\div47=\frac{3600}{47}=76\frac{28}{47}$(m)とわかる。

**3 水の深さと体積**

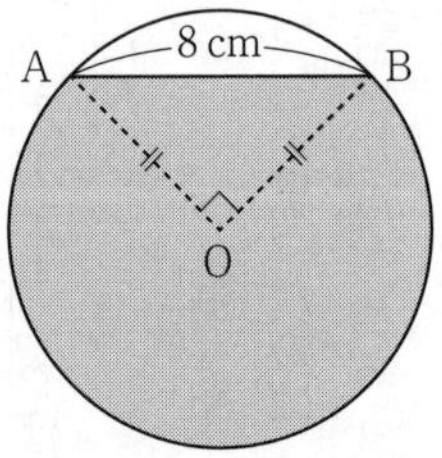


容器に入っている水の部分は，右の図のかげをつけた部分を底面とする高さ15cmの柱体となる。三角形OABの面積は，ABを対角線とする正方形の面積の半分なので，$(8\times8\div2)\div2=16$(cm²)である。また，円の半径を□cmとすると，$□\times□\div2=16$(cm²)より，$□\times□=16\times2=32$になるから，おうぎ形OAB(大きい方)の面積は，$□\times□\times3.14\times\frac{3}{4}=32\times3.14\times\frac{3}{4}=24\times3.14=75.36$(cm²)とわかる。したがって，かげをつけた部分の面積は，$16+75.36=91.36$(cm²)なので，水の体積は，$91.36\times15=1370.4$(cm³)と求められる。

**4 平面図形―面積**

(1) 下の図1のように，点Eを通り，長方形ABCDの辺に平行な直線を2本引くと，合同な直角三角形が4組できる。すると，かげをつけた部分の面積の和は，$11+25=36$(cm²)であり，これは長

方形ABCDの面積の半分になるから，三角形ABEと三角形CDEの面積の和も$36cm^2$になる。よって，三角形CDEの面積は，36－７＝29($cm^2$)とわかる。

図１

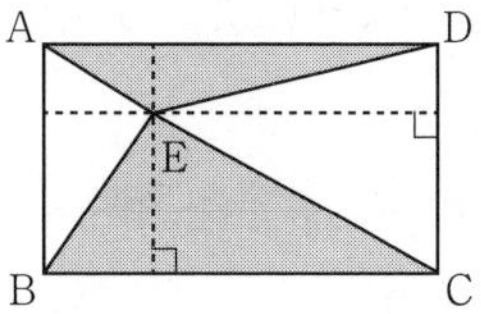


図２

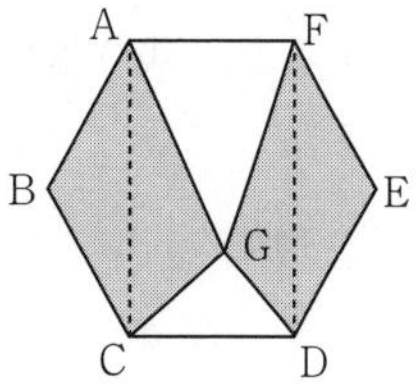


(2)　右の図２で，正六角形ABCDEFの面積を１とすると，三角形ABCと三角形DEFの面積はどちらも$\frac{1}{6}$になる。すると，長方形ACDFの面積は，$1-\frac{1}{6}\times 2=\frac{2}{3}$であり，(1)と同様に考えると，三角形ACGと三角形FGDの面積の和は，長方形ACDFの面積の半分だから，$\frac{2}{3}\div 2=\frac{1}{3}$となる。よって，図２のかげをつけた部分の面積の和は，47＋37＝84($cm^2$)であり，これが，$\frac{1}{6}\times 2+\frac{1}{3}=\frac{2}{3}$にあたるので，正六角形ABCDEFの面積は，$84\div\frac{2}{3}=126$($cm^2$)と求められる。

## 5　数の性質，約数と倍数

(1)　952＝２×２×２×７×17より，｛2，2，2，7，17｝の５個の数を３組に分けることを考える。そこで，２の分け方に注目すると，$A\times B\times C=2\times□\times□$となる場合は右の図のア～エの４通り，それ以外の場合はオ～キの３通りあるから，全部で，４＋３＝７(通り)とわかる。なお，図の(　)内の値を小さい順に$A$，$B$，$C$とすればよい。

(２)×(２×２)×(７×17)…ア
(２)×(２×２×７)×(17)…イ
(２)×(２×７)×(２×17)…ウ
(２)×(７)×(２×２×17)…エ
(２×２)×(２×７)×(17)…オ
(２×２)×(７)×(２×17)…カ
(２×２×２)×(７)×(17)…キ

(2)　分子が２，７，17のいずれの倍数でもないときに，これ以上約分できない分数になる。まず，２と７の最小公倍数は14なので，１～14の中で２の倍数でも７の倍数でもない整数を調べると，｛1，3，5，9，11，13｝の６個ある。この後は，15～28，29～42，…の中にも６個ずつあるから，１から952までの整数で，２の倍数でも７の倍数でもない数は，952÷14×６＝408(個)あることがわかる。次に，この408個の整数から17の倍数を除くことを考える。17の倍数は(17×□)と表すことができ，952÷17＝56より，□は１～56の56個の整数が考えらえる。ただし，□が２または７の倍数のときは408個の整数にふくまれないので，□は，｛1，3，5，9，11，13，…｝となる。これは，＿の周期と同じだから，□にあてはまる整数は，56÷14×６＝24(個)とわかる。よって，１から952までの整数で，２，７，17のいずれの倍数でもない数は，408－24＝384(個)あり，この中に952はふくまれないから，$\frac{951}{952}$は384番目の分数である。

## 6　図形と規則

図Ⅰ

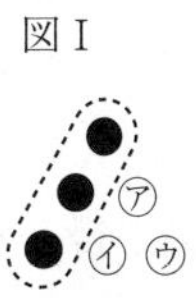


図Ⅱ

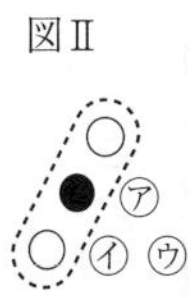


(1)　白丸が横やななめに２個連続すると条件に合わない。また，右の図Ⅰのように，黒丸が横やななめに３個以上連続すると，㋐と㋑がどちらも白丸になるので，条件に合わない。さらに，右の図Ⅱのように，｛白丸，黒丸，白丸｝と並ぶと，㋐と㋑がどちらも黒丸になり，中央の三角形がすべて黒丸になるから，条件に合わない。そこで，連続する一列の並びは，｛白丸，黒丸，黒丸，白丸，黒丸，黒丸，…｝となることがわかる。４段の三角形の場合，下の図Ⅲのように中央を白丸にすると，㋐，㋑，㋓，㋔，㋖，㋗が黒丸に決まるから，残りの㋒，㋕，㋘は白丸になる。また，下の図Ⅳのように中央を黒丸にすると，㋐と㋑のどちらかが白丸になる。このとき，㋐を白丸にすると，残りは図Ⅳのように決まる(㋐を黒丸にすると，図Ⅳを裏返した三角形ができる)。次に，５段の三

角形の場合，下の図Ⅴのように中央の３個を決めると，㋐，㋑，㋙，㋚が黒丸，㋕が白丸になる。すると，残りは図Ⅴのように決まる(中央の３個の並びをかえると，図Ⅴを回転した三角形ができる)。

図Ⅲ

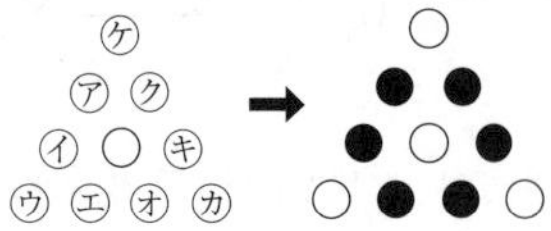


図Ⅳ

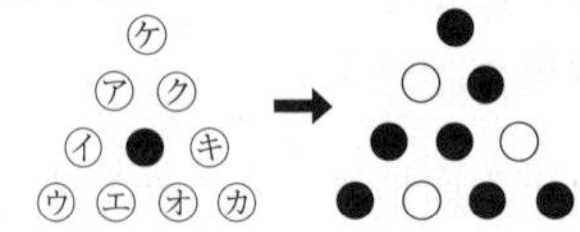


図Ⅴ

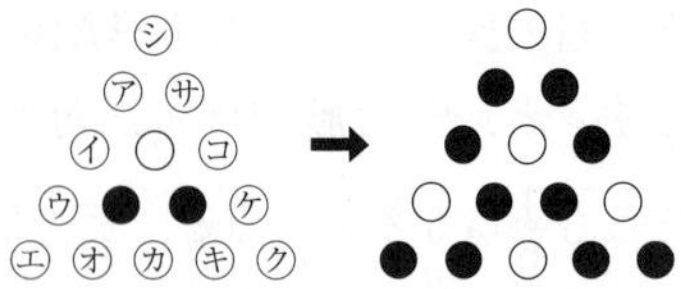


⑵　10段の三角形の周には，(10－１)×３＝27(個)の丸が並ぶ。また，⑴より，三角形の周に並ぶ白丸と黒丸の個数の比は１：２になるから，このうち黒丸の個数は，$27\times\frac{2}{1+2}=18$(個)とわかる。

⑶　100段の三角形の周には，(100－１)×３＝297(個)の丸が並び，このうち白丸の個数は，$297\times\frac{1}{1+2}=99$(個)である。次に，100段の三角形から周の297個を取り除くと，上から２段，下から１段取り除くことになるので，100－(２＋１)＝97(段)の三角形になる。すると，この97段の三角形の周には，(97－１)×３＝288(個)の丸が並び，そのうち白丸の個数は，$288\times\frac{1}{1+2}=96$(個)となる。同様に考えていくと，右の図Ⅵのようになる。図Ⅵで，100段から４段までは，(100－４)÷３＋１＝33(個)あり，それらの周の白丸の合計は，99＋96＋93＋…＋３＝(99＋３)×33÷２＝1683(個)となる。また，最後の１段には中央の１個が残り，図Ⅲ，図Ⅳのように，白丸と黒丸の２通り考えられる。したがって，100段の三角形に並んでいる白丸の個数は，1683個か1684個である。

図Ⅵ

| 段数(段) | 周の白丸(個) |
|---|---|
| 100 | 99 |
| 97 | 96 |
| 94 | 93 |
| 91 | 90 |
| ⋮ | ⋮ |
| 4 | 3 |
| 1 | 0または1 |

## 社　会　＜Ｂ入試＞（30分）＜満点：60点＞

### 解　答

**1**　**問１**　**A**　法隆寺　**B**　円覚寺　**C**　中尊寺　**D**　銀閣　**E**　彦根城　**F**　日光東照宮　**G**　鹿鳴館　**H**　東京駅舎　**問２**　**1**　平泉　**2**　書院　**問３**　ウ→エ→イ→ア　**問４**　②　執権　③　大老　**問５**　ウ　**問６**　(例)　欧米諸国と結んだ不平等条約を改正すること。　**問７**　(例)　親爆弾から周囲に飛散した子爆弾には不発弾が多く，長期にわたり人々を危険にさらすこと。　**問８**　イ　**2**　**問１**　**1**　木曽　**2**　三角州(デルタ)　**3**　シラス　**問２**　ウ　**問３**　ア　**問４**　エ　**問５**　**C**　くわ　**D**　かいこ　**E**　せんい　**F**　なし　**問６**　エ　**問７**　(例)　現在の世代はもとより，将来の世代にも利益が得られるように，環境に配りょした開発を行うこと。　**問８**　⑴　Y　⑵　ウ　**問９**　(例)　温泉がわき出る保養地／地熱を利用した発電(景色のよい観光地)　**3**　**問１**　**A**　国交　**B**　連合　**C**　３　**D**　９　**問２**　**1**　エ　**2**　テ　**3**　シ　**4**　ス　**5**　キ　**6**　ケ　**7**　コ　**8**　セ　**問３**　日本　**問４**　イ　**問５**　ホンコン(香港)　**問６**　(例)　領海を除いた沿岸から200海里の範囲内で，沿岸国が水産資源や海底の地下資源を独占的に管理できる海域。　**問７**　(例)　防衛関係費の増額

**解説**

## 1 歴史的建造物をもとにした問題

**問1**　**A**　法隆寺は飛鳥時代に聖徳太子(厩戸《うまやどの》王)が大和《やまと》国の斑鳩《いかるが》(奈良県)に建てた寺で，現存する世界最古の木造建築物として知られる。　**B**　円覚寺《えんがくじ》は鎌倉幕府の第８代執権北条時宗が鎌倉(神奈川県)に創建した禅宗の寺で，国宝の舎利殿《しゃりでん》は禅宗様(唐様)の建築物として知られる。　**C**　中尊寺は，平安時代後半に東北地方で大きな勢力を築いた奥州藤原氏が根拠《こんきょ》地の平泉(岩手県)に創建した浄土教信仰にもとづく寺で，金色堂は金箔《きんぱく》で飾《かざ》られ，中には奥州藤原氏三代(清衡《きよひら》・基衡《もとひら》・秀衡《ひでひら》)の遺体が安置されている。　**D**　慈照寺《じしょうじ》の銀閣は室町幕府の第８代将軍足利義政が京都東山に営んだ山荘で，同じ境内にある東求《とうぐ》堂は現在の和風住宅の原型となった書院造の建物として知られる。　**E**　彦根《ひこね》城は江戸時代初期に建てられた彦根藩(滋賀県)の井伊家の居城で，築城当時のまま現存する城として，天守閣と多聞櫓《たもんやぐら》などは国宝に指定されている。松本城(長野県)・犬山城(愛知県)・姫路《ひめじ》城(兵庫県)・松江城(島根県)とともに，「国宝五城」に数えられる。　**F**　日光東照宮(栃木県)は徳川家康をまつった神社で，陽明門は日が暮れるまで見とれるほど立派なことから「日暮《ひぐらし》の門」と呼ばれている。　**G**　鹿鳴《ろくめい》館は明治時代の1883年に東京日比谷に建てられた国際社交場で，イギリス人のコンドルが設計した。これは外務卿《きょう》(のち外務大臣)であった井上馨《かおる》の欧化政策によるもので，欧米の大使や公使・商人たちを招いて，毎晩のように舞踏《ぶとう》会が開かれたという。しかし，西洋のまねをしすぎると人々から非難された。　**H**　東京駅舎は日本の鉄道の中心である東京駅の建物で，大正時代の1914年に完成した。丸の内口駅舎はコンドルの弟子であった辰野金吾《たつのきんご》らが設計した赤レンガの洋風建築で，国の重要文化財に指定されている。

**問2**　**1**　問１のCの解説を参照のこと。　**2**　問１のDの解説を参照のこと。なお，書院造は，床の間・違い棚《だな》・付け書院を備え，明かり障子・ふすまを多用し，床は全て畳敷《たたみじ》きという特徴《とくちょう》がある。

**問3**　アは701年(大宝律令の制定)，イは672年(壬申の乱)，ウは604年(十七条の憲法の制定)，エは645年(大化の改新)の出来事であるので，年代の古い順にウ→エ→イ→アとなる。

**問4**　②　鎌倉幕府では，将軍を補佐する役職として執権が置かれた。代々北条氏が執権に就任し，源氏の正系が３代で絶えると，北条氏が執権のままで政治の実権をにぎった(執権政治)。　③　江戸幕府では，将軍を補佐して政務を行う役職は老中であるが，この上に臨時の最高職として大老を置くことがあった。幕末の1858年には，彦根藩主の井伊直弼《なおすけ》が大老に就任している。

**問5**　徳川家光は江戸幕府の第３代将軍で，大名の参勤交代を制度化するなど，幕府の諸制度・諸法度を整備し，幕府の基礎を築いた。また，キリスト教徒らによる島原・天草一揆《いっき》(1637～38年)を平定すると，禁教政策を強化するため鎖国を行った。公事方御定書《くじかたおさだめがき》は裁判の基準となる法令で，第８代将軍吉宗が享保の改革のさいに定めた(ウ…×)。

**問6**　問１のGの解説を参照のこと。江戸幕府が幕末に結んだ安政の五か国条約では，欧米諸国に領事裁判権(治外法権)を認め，日本に関税自主権がないなど，日本にとって不平等な内容がふくまれていて，これを改正するのが政府の重要課題であった。そのため，明治政府は日本が欧米諸国に並ぶ近代国家であることを示すため，欧化政策と呼ばれる外交政策をとり，鹿鳴館の舞踏会はその象徴となった。

**問7**　クラスター爆弾《ばくだん》とは，容器となる大型の弾体(親爆弾)の中に大量の子爆弾をつめこみ，爆発の効果を広範囲におよぼそうとするものである。しかし，子爆弾の中には不発弾が多く，投下後の処理に時間がかかり，爆発事故も発生するなど，長期にわたり人々を危険にさらすことになる。そのため，2008年にクラスター爆弾禁止条約が採択されたが，ロシアやアメリカ，中国(中華人民共和国)などは参加していない。

**問８**　Ａ～Ｈの建造物のうち，ユネスコ(国連教育科学文化機関)の世界文化遺産に登録されているのは，Ａの法隆寺，Ｃの中尊寺，Ｄの銀閣，Ｆの日光東照宮の４つである(イ…○)。

## 2 日本の国土と自然についての問題

**問１**　**1**　飛驒《ひだ》山脈(北アルプス)・木曽《きそ》山脈(中央アルプス)・赤石山脈(南アルプス)は中央高地にそびえる3000ｍ級の山々からなり，ヨーロッパのアルプス山脈にちなんで「日本アルプス」と総称される。　**2**　川の河口に上流から運ばれた砂や泥《どろ》が平らに堆積《たいせき》してできる地形を三角州(デルタ)といい，水の便がよいため水田に利用されることが多い。なお，川が山間部から平地に出るところに土砂が堆積してできる地形は扇状《せんじょう》地と呼ばれ，水はけがよいことから，かつてはくわ畑，現在では果樹園などに利用されている。　**3**　鹿児島県の大半の地域は，シラスと呼ばれる火山灰土が堆積した台地が広がる。水持ちが悪く稲作に適さないため，さつまいもや茶などの畑作，ぶた，にわとりなどの畜産業がさかんである。

**問２**　日本の国土はせまいうえに山がちであるため，川は長さが短く，流れも急である(ウ…○)。

**問３**　北岳(白根山)は赤石山脈の最高峰で，標高(3193ｍ)は富士山に次ぐ高さである。なお，イの奥穂高《おくほたか》岳，ウの槍ヶ《やりが》岳は飛驒山脈に属している。エの御嶽《おんたけ》山は飛驒山脈の南の長野・岐阜県境に位置している。

**問４**　利根川(全長322km)は越後山脈の大水上《おおみなかみ》山(1834ｍ)を水源とし，関東平野をおおむね北西から南東へ向かって流れ，千葉県銚子《ちょうし》市で太平洋に注ぐ。よって，日本アルプスに降った雨は流れこまない。なお，アの信濃《しなの》川は長野県から新潟県，イの天竜川は長野県から静岡県，ウの大井川は静岡県を流れ，いずれも日本アルプスに降った雨が流れこんでいる。

**問５**　**C，D**　山形盆地ではかつて，くわを栽培《さいばい》してその葉をえさとして蚕を飼い，蚕のまゆから生糸をつくる製糸業がさかんであった。生糸は明治時代から昭和時代の前半にかけて，日本の重要な輸出品となっていた。　**E**　戦後になり化学せんいが発明され普及《ふきゅう》すると，製糸業は衰退《すいたい》していった。　**F**　製糸業が衰退した後，山形県では果樹栽培がさかんになり，さくらんぼ(おうとう)や西洋なしの生産量が全国一となっている(2022年)。

**問６**　ジオパークとは，地球科学的な価値を持つ遺産を保全し，学校教育や観光に活用するユネスコ(国連教育科学文化機関)のプログラムで，「大地の公園」とも訳される。日本で世界ジオパークに認定されているのは10か所で(2023年末現在)，長崎県の島原半島もその１つである(エ…×)。

**問７**　持続可能な開発とは，将来の世代のニーズ(欲求)を満たす能力をそこなうことなく，現在の世代のニーズを満たすような開発のことで，地球環境はもとより，貧困や平和，人権，保健・衛生など多方面にわたる。これらは，2015年に国連総会で採択されたSDGsの17の目標に集約される。

**問８**　(1)　鹿児島県は，肉用牛の飼養頭数が北海道に次ぎ全国２位で，ぶたと肉用若どり(ブロイラー)の飼養頭数・羽数が全国一である。よって，２つの項目で第１位となっているＹが当てはまる。なお，Ｘは北海道，Ｚは宮崎県である。　(2)　ぶたの飼養頭数は関東地方の県も多いので，群馬県や千葉県の割合が高いウが当てはまる。なお，アは肉用牛，イは肉用若どりである。

**問９**　火山地帯から噴き出す熱水や水蒸気は，温泉や地熱発電に利用される。また，火山はその特別な景観から，保養地や観光地にもなっている。

## 3　台湾をめぐる東アジア情勢についての問題

**問１**　**Ａ**　台湾(中華民国)を独立国とみなしている国は少なく，中国(中華人民共和国)の一部と解《かい》釈《しゃく》されている。そのため，台湾と日本とは国どうしの正式な国交はない。　**Ｂ**　台湾が独立国とみなされなくなった背景には，1971年に中国が国際連合に加盟したため，台湾の代表権が失われたことがある。　**Ｃ**　中国は共産党による一党独裁体制であり，政治の最高指導者は国家主席と呼ばれる。その任期は５年とされていたが，習近平が2013年に初めて国家主席に就任して以来，2023年に３期目に入るなど，任期を撤廃《てっぱい》して独裁政権を継続《けいぞく》・強化している。　**Ｄ**　日本国憲法の「平和主義」の原則は，前文と第９条に明記されている。

**問２**　**１**　日本の最西端は与那国《よなぐに》島(沖縄県)で，台湾との距離《きょり》は約110kmととても近い。　**２**　日本は台湾と国交がないといっても，民間での貿易がさかんで，観光など人的交流も活発である。　**３，４**　中国本土と台湾に別の政権が生まれたのは，第二次世界大戦後の中国で，毛沢東の率いる共産党と蔣介石《しょうかいせき》の率いる国民党の間で内戦が起こり，敗れた国民党が台湾にのがれて政権を維持したことによる。一方，勝利した共産党は1949年，中国本土に中華人民共和国を建国した。　**５，６**　中国は台湾を武力を用いてでも，本土に併合しようとする動きを示しており，台湾と友好関係にあるアメリカがこれを警戒《けいかい》している。2022年には，アメリカのペロシ下院議長が台湾を訪問し，台湾の最高指導者である蔡英文《さいえいぶん》総統と会談した。　**７**　問１のＣの解説を参照のこと。　**８**　日本にとって最大の貿易相手国は中国であり，経済的な結びつきが強い。一方で日本は台湾と友好関係を持ち，かつアメリカと日米安全保障条約を結んで同盟関係にあるため，隣国のこうした状況にどう対処するか，きわめて微妙《びみょう》な問題である。かつて安倍晋三首相が「台湾有事は日本有事」と危機感を持って発言したことからもわかるように，日本政府は防衛関係費を増額して，防衛力を強化する方針を示している。台湾有事(台湾が中国から武力攻撃を受ける事態)のさい，これを日本有事として日米同盟にもとづき武力を行使することは，戦争放棄《ほうき》をかかげる憲法に違反しているという指摘《してき》もある。

**問３**　日清戦争(1894～95年)の下関条約により日本が台湾を清(中国)からゆずり受けて以来，第二次世界大戦で日本が1945年に敗戦するまでの50年間，台湾は日本の植民地となっていた。

**問４**　日本と台湾との貿易において，日本の最大の輸入品は集積回路(IC)である。

**問５**　ホンコン(香港)はアヘン戦争(1840～42年)後のナンキン(南京)条約により，イギリスの植民地となっていたが，1997年に中国に返還された。そのさいの返還協定では，中国本土は社会主義体制であるが，ホンコンは返還後の50年間はそれまでの資本主義体制を維持するとした(１国２制度)。しかし，中国はこの協定を一方的に破棄し，民主化運動を弾圧して強制的に本土の体制に組みこんでいる。

**問６**　排他《はいた》的経済水域とは，領海を除いた沿岸から200海里(約370km)の範囲内において，水産資源や海底の地下資源を沿岸国が独占《どくせん》的に管理できる海域のことである。日本は島国なので，日本の排他的経済水域は国土面積(約37.8万km$^2$)の10倍以上になる(北方領土をふくむ)。

**問７**　問２の８の解説も参照のこと。2023年11月，岸田首相は参議院の予算委員会で，2027年度までの防衛費を総額43兆円に増やすことを提案した。

## 理　科　＜Ｂ入試＞（30分）＜満点：60点＞

### 解　答

**1** **問１**　③　**問２**　Ｃ　**問３**　ＣからＢの反時計回り　**問４**　Ｂ　**問５**　**記号**…(ウ)　**理由**…（例）　太陽が指時針をつねに上から照らすので，影が指時針の下側にできるから。　**問６**　日の出と日の入りのころ　**問７**　(い)　**2** **問１**　ビタミン　**問２**　（例）　**炭水化物**…活動するためのエネルギー源となる。　**タンパク質**…体をつくる材料になる。　**問３**　**ア**　③　**イ**　①　**ウ**　②　**エ**　①　**問４**　**デンプン**…ア　**タンパク質**…イ　**問５**　**加熱によって固まる**…ア　**液性の変化によって固まる**…カ　**3** **問１**　1.1倍　**問２**　4.5cm　**問３**　**記号**…(イ)　**理由**…（例）　同体積の立方体と球では球の方が表面積が小さく，表面積の小さい方が熱の伝わり方がおそくなるから。　**問４**　**記号**…(b)　**理由**…（例）　エタノールは液体から固体になると体積が小さくなり，1 $cm^3$あたりの重さが大きくなるから。　**4** **問１**　(1)　（棒の重さ，重心の位置の順に）　**左側**…80ｇ，Ｅ　**右側**…40ｇ，Ｋ　(2)　120ｇ　(3)　60ｇ　**問２**　60ｇ

### 解　説

**1** **太陽の動きと日時計についての問題**

**問１**　時計盤《ばん》が地面に垂直に立っており，太陽は東からのぼると南の空を通って西へしずむので，指時針が南を向いていると，太陽光が指時針に最も長い時間当たる。

**問２**　正午には，太陽は南の高い空にあり，指時針は上の方から太陽に照らされる。よって，指時針の影《かげ》はＣの方向にできる。

**問３**　時計盤が南を向いているので，東はＢの方向，西はＤの方向である。したがって，指時針の影はＤ→Ｃ→Ｂの向き，つまりＣからＢの反時計回りに動いていく。

**問４**　夕方には，太陽はＤ(西)の方向にあるので，指時針の影はＢの向きにできる。

**問５**　８月ごろは，太陽が真東より北寄りからのぼるため，太陽が真東にくるときにはある程度の高さまでのぼっている。よって，このときの指時針の影はＤから少しＣの方向に寄った向きにできる。そして，正午には指時針の影がＣの方向にできるので，(ウ)が選べる。

**問６**　８月ごろは，太陽が真東より北寄りからのぼるため，太陽がのぼってから真東にくるまでの間(つまり日の出のころ)は，南に向けた時計盤の裏側が太陽に照らされ，指時針の影ができない。これは，太陽が真西にきてからしずむまでの間(つまり日の入りのころ)も同様になる。

**問７**　秋分の日(９月23日ごろ)には太陽が真東からのぼって真西にしずみ，それ以降は太陽が真東より南寄りからのぼって真西より南寄りにしずむので，９月下旬《げじゅん》以降は日の出から日の入りまで指時針の影が観察できる。

**2** **食品にふくまれる栄養素についての問題**

**問１**　食品にふくまれる五大栄養素とは，炭水化物，脂質《ししつ》，タンパク質，無機質(ミネラル)と，もう一つはビタミンである。

**問２**　炭水化物や脂質は活動するためのエネルギー源となる。タンパク質はおもに体をつくる材料になる。無機質(ミネラル)とビタミンは体の調子を整えるのに役立ち，無機質の一部は骨や歯などの材料となる。

**問３**　動物の筋肉は，おもにタンパク質でできている。ジャガイモのいもや，イネの種子である米には，デンプンが多くふくまれている。デンプンは炭水化物のなかまである。ゴマの種子は，ふくまれる成分の半分以上が脂質となっている。

**問４**　デンプンは，口に出されるだ液によって消化され，麦芽糖に分解される。また，タンパク質は，胃に出される胃液によって消化され，ペプトンに分解される。なお，胆汁《たんじゅう》は十二指腸に出され，脂肪《しぼう》を細かくして消化しやすくしている。

**問５**　ア　ゆばは，豆乳を加熱したとき，その表面にタンパク質と脂質が固まってできる。　イ　片くり粉はデンプンでできており，これを水にといて加熱するとのり状になる。　ウ　ヨーグルトは，牛乳を乳酸菌《きん》などで発酵《はっこう》させたものである。　エ　イースト菌を加えたパン生地を置いておくと，イースト菌のはたらきで二酸化炭素が発生し，生地がふくらむ。　オ　メレンゲは，卵白に砂糖などを入れてあわ立て，非常に細かいあわ状にしたものである。　カ　温めた牛乳にレモン汁《じる》や酢《す》などの酸性のものを加えると，牛乳にふくまれるカゼインというタンパク質が集まって固まり，カッテージチーズとなる。　キ　寒天は，テングサなどの海藻《かいそう》にふくまれる炭水化物(食物繊維《せんい》)からできている。なお，ゼリーに使うゼラチンはタンパク質である。　ク　もちを焼くとふくらむのは，もちの中の水分が熱せられて水蒸気になり，それがもちの中で空どうをつくるからである。

## 3　水と氷についての問題

**問１**　水1.00ｇが氷になると，重さは変わらないが，体積は１$cm^3$だったものが，1.00÷0.92＝1.08…より，1.1$cm^3$になる。よって，水が氷になると，体積は，1.1÷１＝1.1(倍)になる。

**問２**　１個あたり4.6ｇの氷５個は，重さが，4.6×５＝23(ｇ)なので，体積は，23÷0.92＝25($cm^3$)である。また，水200ｇの体積は，200÷1.00＝200($cm^3$)になる。したがって，氷全体が水の中に入っているものとすると，水と氷の体積は全部で，200＋25＝225($cm^3$)だから，底面積50$cm^2$の容器にそれらを入れたときの底面から水面までの高さは，225÷50＝4.5(cm)となる。

**問３**　同じ体積の立方体と球では，表面積は球の方が小さい。また，表面積が小さいほど，ふれた部分からの熱の伝わり方がおそくなる。よって，球の形をした氷の方が立方体の形をした氷よりも，表面積が小さいためとけにくい。

**問４**　エタノールは液体から固体になると体積が小さくなる。よって，１$cm^3$あたりの重さで比べると，固体の方が液体よりも重いので，固体のエタノールは液体のエタノールにしずむ。

## 4　てんびんのつり合いについての問題

**問１**　(1)　一様な細い棒の重さは長さに比例するので，長さが80cmある糸の左側部分の重さは，$120\times\frac{80}{120}$＝80(ｇ)，長さが40cmある糸の右側部分の重さは，$120\times\frac{40}{120}$＝40(ｇ)となる。また，糸の左側部分の重心の位置は，Ａ点からＩ点までの真ん中に当たるＥ点，糸の右側部分の重心の位置は，Ｉ点からＭ点までの真ん中に当たるＫ点である。　(2)　棒の重さが，Ｅ点に80ｇ，Ｋ点に40ｇとわかれてかかっているとする。おもりの重さを□ｇとすると，Ｉ点を支点としたつり合いの式は，80×40＝40×20＋□×20となる。これより，3200＝800＋□×20，□＝(3200－800)÷20＝120(ｇ)と求められる。なお，棒全体の重心の位置がＧ点にあり，そこに棒の重さ120ｇがかかっていると考えて，120×20＝□×20，□＝120(ｇ)と求めることもできる。　(3)　おもりによる棒を回転させようとするはたらきは，（おもりの重さ）×（支点からのきょり）で求められるため，支点であるＩ点からのきょりが大きいほど，おもりの重さを小さくすることができる。よって，ここでは，支点であるＩ点から右側に最もはなれたＭ点にさげる場合に，おもりの重さが最も小さくなる。このときのつり合いの式は，80×40＝40×20＋□×40となるから，□＝(3200－800)÷40＝60(ｇ)とわかる。

**問２**　２個目のボールがＪ点にきたとき，２個のボールの重心の位置はＪ点とＬ点の真ん中のＫ点上にあり，ここにボール２個分の重さがかかっていると考える。このときのつり合いの式は，１個のボールの重さを△ｇとすると，80×40＝40×20＋△×２×20となるから，△＝(3200－800)÷40＝60(ｇ)と求められる。

## 国　語　＜Ｂ入試＞（50分）＜満点：100点＞

### 解　答

一　**問１**　（例）　筆者が，悪い印象を持たずにずっと使ってきた「すごい」「素敵」という言葉も，40年前の大人にとっては耳ざわりな若者言葉だったことが意外で興味深かったから。　**問２**　⑴　（例）　かつて若者言葉の「すごい」を連発していた筆者は，何にでも敏感に反応する若者が，感じたことをまずは「やばい」で表したくなる気持ちに共感でき，消えそうな若者言葉を応えんしたいと考えているから。　⑵　（例）　若いころに「すごい」を連発した旧世代として，若い感性そのものの若者言葉が時代とともに消え，「やばい」を使う今の世代が大人になったころには，少子化で若者言葉自体が成立しなくなるかもしれないと心配している。　二　**問１**　（例）　新型コロナウイルス感染症の世界的な流行のせいで，日本の小中高では感染防止のため全国一斉休校となり，亜紗たちの高校も今年度まだ休みが続いていること。　**問２**　（例）　合唱部から見れば亜紗の天文部の活動は遊びみたいなものなのに，コンクールの中止で落ちこんでいるはずの美琴が天文部の再開を望んでくれたから。　**問３**　（例）　美琴は，合唱部は強豪じゃないからと理由をつけて，コンクールが中止になって落ちこんでいるとはっきり言わなかったが，その理由の不自然さに亜紗が気づいたようす。　**問４**　（例）　感染予防のため多くの活動が制限され，皆が等しく家にこもる中で，亜紗の周りでも人の心に分断が見え始め，楽しみにしていた天文部の活動もいつ再開できるかわからず，息苦しい気持ち。　**問５**　⑴　（例）　友人や放送部などへの気兼ねから，つらい感情をおしころしてきたが，誰とも比べず悲しんでいいと言ってくれた亜紗のおかげで心が軽くなり，会って今の思いを伝えたい気持ち。　⑵　（例）　感染予防という理由で休校が続き，以前のように気軽に学校で会って話すことができない今，どんなに美琴に会いたいと思ってもスマホしか気持ちを伝え合う手段がなくて，やるせない気持ち。

三　①～⑮　下記を参照のこと。　⑯　いっすんさき　⑰　せっぱん　⑱　ひだね　⑲　とおあさ　⑳　こうみょう

**●漢字の書き取り**

三　①　遺族　②　景観　③　奮(い)　④　漁師　⑤　改札　⑥　険悪　⑦　告示　⑧　児童　⑨　論戦　⑩　預(け)　⑪　憲法　⑫　株価　⑬

**頂点　⑭　難易度　⑮　税金**

**解　説**

**一** **出典：酒井順子《さかいじゅんこ》「『すごい』と『やばい』」（『ベスト・エッセイ　2022』所収）**。40年以上前に放送されたドラマを見た筆者が，「すごい」「素敵《すてき》」という言葉を使う娘《むすめ》を母親がたしなめる場面を発見したことから，「若者言葉」について思いをめぐらす。

**問１**　「おっ」は，軽くおどろいたり感心したりしたとき，急に思い当たったときや何かを失敗しかけたときなど，瞬間《しゅんかん》的に発する言葉。筆者が「おっ」と思ったのは，40年以上も前に放送されたテレビドラマで，「すっごく素敵」と言った中学生の娘を母親が「『すごい』とか『素敵』なんて言葉，お母さん，いやよ」とたしなめる場面である。当時，大人にとって「耳障《みみざわ》り」だったこの若者言葉は，いま「古風な響《ひび》き」「レトロ」などと好意的に受け止められている。筆者が，ドラマ放送当時の中学生だったころに「すごい」を連発していたことや，今は「素敵」を純粋《じゅんすい》なほめ言葉として使っていることに注目する。つまり，ドラマの中にあった，この言葉に対する否定的な反応が目新しくて面白《おもしろ》かったのである。筆者が持っている語感とドラマのギャップをふくめて，「かつて『すごい』を連発し，今は古風な響きを持つ良いイメージで『素敵』を使う筆者にとって，これらの言葉を大人がたしなめる場面が昔のドラマにあったことが面白かったから」のようにまとめればよい。

**問２**　傍線《ぼうせん》②の二つ～三つ前の段落に，「やばい」を連発する世代や若者言葉への筆者の思いが述べられている。　(1)　かつて「すごい」を連発していた筆者は，今の若者が「やばい」を連発する気持ちが「わかる」として，「敏感《びんかん》」で「何にでも激しく反応」する若者には，その感情を「詳《しょう》細《さい》に説明する暇《ひま》」がなく，まず「やば！」で「程度の著《いちじる》しさ」を表しておきたいのではないかと分析《ぶんせき》している。また，「少子化」で「若者言葉」は「風前のともしび」かもしれないと推測していることから，「かつて若者言葉の『すごい』を連発していた筆者には，今の若者たちが，詳細な説明よりも『やばい』でとりあえず感情を表しておきたい気持ちがわかるし，風前のともしびであるかもしれない若者言葉を受け入れてあげたい思いがあるから」などとまとめるとよい。　(2)　「やばい」を使う今の若者に対して，筆者は古い若者言葉である「すごい」を使っていた旧世代にあたる。傍線②のすぐ前で，「若者言葉」が「少子化」によってゆくゆくは消えるかもしれない状態を，「風前のともしび」と表している。だから，「やばい」を連発する感性，(1)でもみたような「敏感」で「激しく反応」する若者の感性を大切にしたいのである。これらを整理して，「かつて若者言葉『すごい』を使った世代として，若い世代の感性から生まれる若者言葉が風前のともしびの状態であるのを案じ，ずっと続いてほしいという思い」のような内容でまとめる。

**二** **出典：辻村深月《つじむらみづき》『この夏の星を見る』**。合唱コンクールが中止になったことを電話でうったえる美琴《みこと》のようすや，その美琴にどう声をかければよかったのかについてあれこれと考える亜紗《あさ》の心情がつづられている。

**問１**　「今年」は，何がなぜ「ない」のか，傍線①の直後に書かれている。「今年度(二〇二〇年度)」は，世界的な「新型コロナウイルス感染症《かんせんしょう》」の流行にともない，「感染予防」のために日本の「小中高の学校は全国一斉《いっせい》休校」となった。亜紗たちの高校も今年度の「『三月』と『四月』がごそっと消え」，五月になっても限られた登校日があっただけである。これらを整理して，「新型コロナウイルス感染症の流行で，日本の小中高では感染防止のため全国一斉に休校となり，亜紗たちも今年度はまだふつうに登校できていないこと」のように書く。また，傍線①の直前に，いつも幼馴染《おさななじ》み三人でお弁当を食べていたことが書かれているので，「今年度は感染防止のために休校が続いていて，いつものように幼なじみ三人でお昼にお弁当を食べる機会がまだ一度もなかったということ」といった内容でもよい。

**問２**　亜紗に合唱コンクールの中止を伝え，周りの反応などを話した後，美琴は亜紗が所属する天文部の活動再開を望んでくれている。美琴の気づかいを亜紗がなぜ「思いがけない」と感じたのかについて，亜紗がとらわれていた思いこみを読み取る。美琴の話で，「放送コンクール」に比べ「合唱は扱《あつか》い大きくていいよね」と不満をあらわにする放送部の生徒がいたと聞き，亜紗が一瞬ひっかかりを感じたことに注目する。にもかかわらず，美琴にしてみたら「天文部の合宿なんて，遊びみたいに思えるかもしれない」と考えてもいる。傍線②は，この後で亜紗が順を追って考えを深め，自分が「悲しみとかくやしさ」に大小をつけていたことに気づく前の反応なので，「コンクールの中止で大きなショックを受けているはずの美琴が，天文部で亜紗がやっている遊びみたいな活動を気づかってくれたから」のようにまとめる。

**問３**　美琴が「こんなことで落ち込《こ》むのも図々《ずうずう》しいのかもしれないけど」の前に，「うちの部は別に強豪《きょうごう》ってわけじゃないし」と言ったことに着目する。バドミントンの強豪校として大会で上位をねらう「なっちゃん」(菜南子《ななこ》)なら「悔《くや》しくて当然」だが，強豪でもない合唱部の自分が，コンクールが中止になったからといって落ちこむのは図々しいと「無理矢理」自分に言い聞かせたのである。これは，問２でもみたように，「悲しみとかくやしさ」に大小はなく「誰《だれ》とも比べられない」もので，「強豪だから悲しむ権利がある」わけではないことに，亜紗が思い至るきっかけであったことが読み取れる。文章の終盤《しゅうばん》で明確に言語化する前の段階なので，「感染予防でインターハイもコンクールもみんな等しく中止なのに，強豪の部活の生徒以外は落ちこんではいけない雰囲気《ふんいき》であることが美琴の言葉から感じられ，亜紗が疑問に思ったようす」などと書くとよい。

**問４**　「胸がぎゅっとなる」とは，“切なさや不安で胸がしめつけられたようになる”という意味。傍線④の前後に，「未曾有《みぞう》の事態」によって起きた「分断」のようすや，亜紗が楽しみにしていた天文部の活動が再開できるか「まだわからない」ことが描かれている。「未曾有」は，いまだかつてなかったこと，非常にめずらしいようす。問３でもみたように，休校になり「皆が家にこもる日々」で，コンクールやインターハイの中止を余儀《よぎ》なくされたのに，「強豪」の部活でないのに中止になって落ちこむのは図々しいと思ったり，自分の部に比べてほかの部は「特別」扱いされているとねたんだりする，そういう「分断」が亜紗のまわりでも起きている。亜紗も，天文部の合宿を楽しみにしているが，「屋内作業」になれば部活動が再開するかはわからない。こんな状態がいつまで続くか見通しが立たず，亜紗は，胸が苦しくなったのである。これらの内容から，「感染症の流行で休校が続いて行動も制限されるなか，亜紗の周囲でさえ人の間に分断が見え始め，楽しみにしていた天文部の活動再開も期待できないことで，先行きが見えず息苦しい気持ち」のようにまとめる。

**問５**　⑴　美琴は，合唱部に対する放送部員の不満やねたみ，インターハイで上をねらえたはずの「なっちゃん」への気づかいなどから，合唱コンクールの中止くらいで「落ち込むのも図々しいのかも」と亜紗に話している。そういう美琴に「どんな言葉」をかけたらいいのかと，亜紗は美琴の言葉を思い返し，ゆっくり時間をかけて考え，「悲しみとかくやしさに，大きいとか小さいとか，特別とかないよ」とメッセージを送った。「強豪だから悲しむ権利」があるわけではなく，美琴の感情は「誰とも比べられない」ものなのだから素直《すなお》に悲しんでいいと伝えたかった亜紗の気持ちが通じて，美琴は「亜紗に会いたい」と返信をよこしたのである。これをふまえ，「周囲に気をつかって感情を表に出さず，つらいのは自分だけじゃないのだからとがまんしていた美琴が，悲しみや落ちこんだ気持ちを亜紗に認めてもらえたことがうれしく，会ってその思いを伝えたい気持ち」などと書く。　⑵「亜紗に会いたい」という美琴の返信を見て，亜紗は「会いたい，という言葉」の意味をかみしめ，「学校に行きたい，なんて気持ちが自分の中にあるなんて夢にも思わなかった」と感じている。感染予防のために休校が続いており，かつて当たり前だった，自由に友人と会って話をすることもできない状況《じょうきょう》で，亜紗が「スマホを握《にぎ》りしめ」たのは，それだけが美琴とつながる手段だからである。これらを整理して，「学校へ行き，友人と会って話すというふつうのことが制限されてできず，美琴とどんなに会いたくてもスマホを通してしか気持ちを伝えられないことがやりきれない思い」「以前は学校に行けば会え，一緒《いっしょ》にお弁当を食べたり楽しく話したりできた美琴と，今はスマホで連絡《れんらく》を取ることしかできないことが切なく，友人を恋《こい》しく思う気持ち」のようにまとめればよい。

## 三 漢字の書きと読み

①　亡くなった人の家族やごく近い親族。　②　目に入る景色《けしき》，風景。すばらしいながめ。　③　音読みは「フン」で，「興奮」などの熟語がある。　④　魚貝などをとる仕事をしている人。漁業で生計を立てている人。　⑤　駅の出入り口や列車内で，乗客の切符《きっぷ》などを調べること。　⑥　表情や性質がとげとげしいようす。　⑦　国や地方公共団体など公的な機関が，あることがらを広く一般《いっぱん》に知らせること。　⑧　心身ともにまだ十分発達していない子ども。ふつう満六歳《さい》から十二歳までの小学校に通う年齢《ねんれい》の者を指す。　⑨　おたがいに意見を主張し，議論をたたかわせること。　⑩　音読みは「ヨ」で，「預金」などの熟語がある。　⑪　国の政治や統治に関する原則を定める基礎《きそ》的な法。国民の権利や自由を守るために，国がやってはいけないこと，またはやるべきことについて定めたもの。　⑫　企業《きぎょう》が資金を集めるために発行している株式一株あたりの値段。　⑬　角をなす二直線が交わる点。　⑭　ものごとの難しさ，たやすさの度合い。　⑮　国または地方公共団体が，公的サービスなどに必要な経費をまかなうために国民から徴収《ちょうしゅう》するお金。　⑯「一寸先は闇《やみ》」は，これから先のことはどうなるのかまったく予測ができないことのたとえ。　⑰　半分ずつに分けること。　⑱　事件や騒動《そうどう》などの原因となるもののたとえ。　⑲　海や川の岸から遠くの方まで水が浅いこと。そのような所。　⑳「けがの功名」は，過失や事故が思いがけず良い結果になること。

Memo

# 2023年度 学習院女子中等科

**【算　数】**〈A入試〉(50分)〈満点：100点〉

［注意］どの問題にも答えだけでなく途中《とちゅう》の計算や考え方を書きなさい。

**1**　次の□にあてはまる数を求めなさい。

(1)　$2\frac{3}{7}-\left(20.25-19\times\frac{3}{4}\right)\div\frac{16}{5}=$ □

(2)　□×□+□+□=575　(4つの□には同じ整数が入ります。)

**2**　姉と妹が家を同時に出発して駅に向かいました。家から駅までの道のりのちょうど中間の地点にはポストがあります。姉はポストまでは時速6kmで行き，郵便物を入れてすぐに時速4kmで駅まで向かいました。妹は家から駅まで一定の速さで歩いたところ，姉と同時に駅に着くことができました。妹が歩いた速さを求めなさい。

**3**　1以上100以下の整数A，B，C，D，E，Fがあり，大小関係はA＜B＜C＜D＜E＜Fとなっています。AとBの平均は20.5，EとFの平均は82，AとBとCの平均は34，DとEとFの平均は79であるとき，次の問いに答えなさい。

(1)　CとDをそれぞれ求めなさい。

(2)　BとEの平均は最も小さくていくつと考えられますか。

**4**　さくらさんが使用しているタブレットには，1週間の合計使用時間が表示されます。ある日，さくらさんが確認すると，

今週の合計使用時間：5時間45分0秒

目的ごとの割合：ゲーム 40%　学習 30%　連絡 23.5%　その他 6.5%

と表示されました。次の1週間で，「ゲーム」の使用時間を1時間15分にして，「連絡」と「その他」の使用時間は今週と変えずに，合計使用時間を5時間ちょうどにすると，「学習」の使用時間は全体の何%になりますか。

**5**　図のように，25個の点が縦と横にそれぞれ1cmの間隔《かんかく》でならんでいます。この中の4個の点を頂点とする正方形をつくるとき，次の問いに答えなさい。

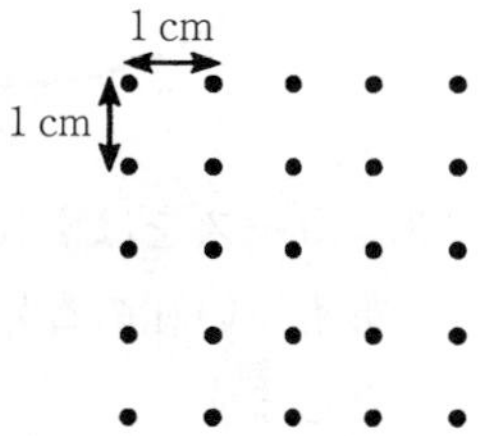


(1)　このようにして何$cm^2$の正方形をつくることができますか。考えられるものをすべて求めなさい。ただし，答えのらんはすべて使うとは限りません。

答え　$cm^2$，　$cm^2$，　$cm^2$，　$cm^2$，　$cm^2$，　$cm^2$，　$cm^2$，　$cm^2$，　$cm^2$，　$cm^2$

(2)　このようにしてつくった正方形のうち，面積が6$cm^2$より大きく，12$cm^2$より小さい正方形

は，全部で何個ありますか。ただし，面積が等しい正方形でも，異なる位置にあるものは別の正方形として数えるものとします。必要ならば，下の図を用いなさい。

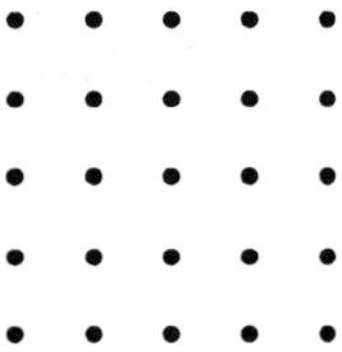
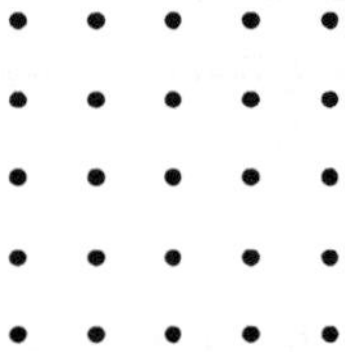
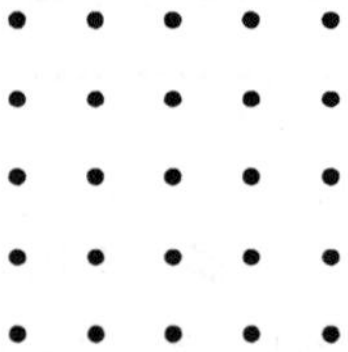

**6**　図のように，直線と円で作られたコースがあり，コース上に5地点A，B，C，D，Sがあります。直線のコースの長さはAD＝80m，CD＝120m，BC＝80mで，円のコースはAとBを結ぶ線を直径としています。また，SはBとCを結ぶ直線上にあり，SC＝20mです。円のコース上には2m40cmごとに番号のついた札が立てられていて，Aに「1」，そこから時計の針の回転と同じ向きに「2」，「3」…と続くとき，次の問いに答えなさい。ただし，円周率は3.14とします。

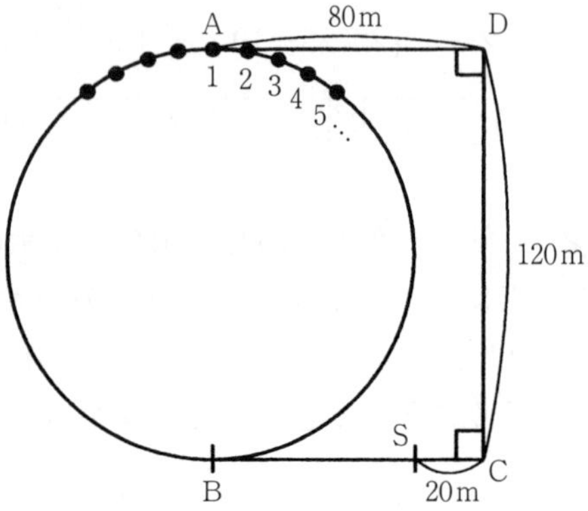


(1)　円のコース一周の長さと，円のコースに立てられている札の本数をそれぞれ求めなさい。

(2)　コースをはずれて自由に歩くことができるとき，円のコース上で，S地点から最も遠い地点Tを，下の図に作図しなさい。ただし，遠回りはしないものとします。また，作図に用いた線は消さずに残しておきなさい。

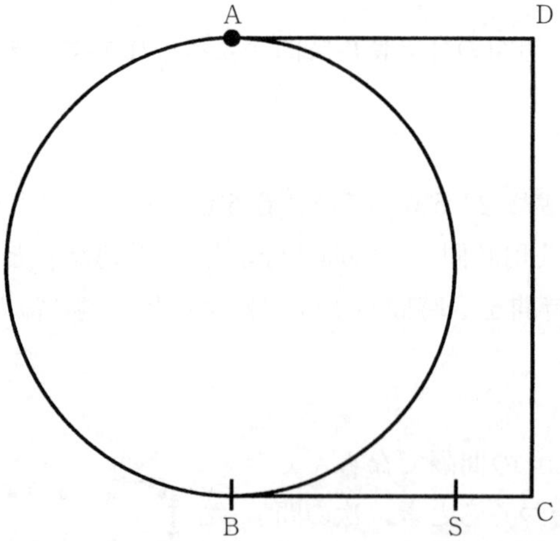


(3)　コースをはずれて自由に歩くことができるとき，S地点から最も遠い札の番号を求めなさい。ただし，遠回りはしないものとします。

(4)　コースだけを歩くことができるとき，S地点から最も遠い札の番号をすべて求めなさい。ただし，遠回りはしないものとします。

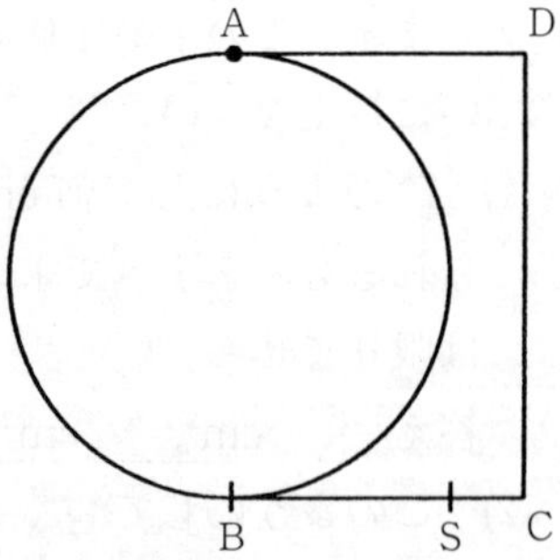

**【社　会】**〈**A入試**〉(30分)〈満点：60点〉

**1**　次の文章を読み，以下の問いに答えなさい。

稲作が日本に伝わったのは，縄文時代の終わりごろだと考えられています。稲作が始まると，人々は共同で農作業を行うようになり，むらをまとめる指導者が現れました。また，とれた米を( 1 )にたくわえるようになったため，人々の間に貧富(ひんぷ)の差が生まれました。土地や水をめぐる①戦いも起こるようになり，強いむらが周辺のむらを従えて，くにが成立しました。

7世紀には，大化の改新によって稲作が政府の管理のもとで行われるようになりました。人々は( 2 )法によって口分田をわりあてられ，②とれた稲の一部を税として納めました。米は財政や人々の生活を支える作物となり，③各時代で米の収かく量を増やす努力が重ねられました。また，豊臣秀吉が太閤検地を行ったことで，全国の土地の生産力が「( 3 )」という米の収かく高で表されるようになりました。江戸時代の将軍④徳川吉宗は財政再建のため，米に関する政策に力を入れ，「米将軍」と呼ばれました。吉宗の時代，⑤全国の年貢米は大阪に運ばれ，堂島の米市場で売買される米の値段が全国に大きな影響(えいきょう)をあたえました。

⑥明治時代には西洋の生活様式が取り入れられ，洋食も広まりましたが，米は日本人の主食であり続けました。第二次世界大戦中は米の生産が落ち込み，政府が管理する( 4 )制がとられたものの，1960年代以降は米の生産量が消費量を上回り，⑦米の生産調整が行われるようになりました。近年，日本の食料自給率の低さが問題になっていますが，米の自給率は100%に近い状態が続いています。⑧最近では輸入小麦の値段が上がっているため，米や米粉が代用品としても注目されています。

問1　空らん(1)～(4)にあてはまる語句を答えなさい。

問2　下線部①について，当時の集落のあとや出土品から，戦いがあったことがわかる。戦いがあったことを示す例を1つあげなさい。

問3　下線部②について，とれた稲の一部を納める税は何と呼ばれたか，答えなさい。

問4　下線部③について，米の収かく量を増やすためにさまざまな農業技術や農具，肥料が用いられた。鎌倉時代に用いられたものを次のア～オよりすべて選び，記号で答えなさい。

ア．千歯こき　　イ．牛馬耕　　ウ．とうみ　　エ．備中ぐわ　　オ．草木灰

問5　下線部④に関連して，徳川吉宗は財政を安定させるため，年貢を納めるしくみを見直した。それまでのしくみとどのように変わったか，説明しなさい。

問6　下線部⑤について，東北や北陸の年貢米は船に積まれ，日本海まわりで大阪へ運ばれた。この航路を開発した商人の氏名を答えなさい。

問7　下線部⑥について，西洋の生活様式が取り入れられたのは，外国と対等な立場で外交を行うためでもあった。明治時代の外交に関するア～エのできごとを古いものから年代順になるように，記号を並べかえなさい。

ア．ポーツマス条約の締結(ていけつ)　　イ．ノルマントン号事件

ウ．岩倉使節団の派遣(はけん)　　エ．三国干渉

問8　下線部⑦について，米の生産調整を目的として行われた政策を何と呼ぶか，答えなさい。

問9　下線部⑧について，近年，輸入小麦の値段が上がっているのはなぜか，理由を2つ答えなさい。

**2**　次の問いに答えなさい。

問１　次の①～⑦に関係が深い都道府県名をそれぞれ答えなさい。

①　渡島半島　　②　室戸岬　　③　五島列島

④　西陣織(にしじんおり)　　⑤　信楽焼(しがらきやき)　　⑥　きりたんぽ鍋(なべ)

⑦　ます寿司(ずし)

問２　次の表は，日本における農産物の生産量(万トン)と都道府県別生産割合(％)(2020年産)を示している。

| | | | | | |
|---|---|---|---|---|---|
| Ａ(17万トン) | Ｘ　10.7％ | 長野県　8.0％ | Ｙ　7.9％ | 福島県　7.6％ | 栃木県　6.6％ |
| Ｂ(56万トン) | 長野県　32.3％ | Ｙ　16.3％ | 群馬県　9.7％ | 長崎県　6.4％ | 兵庫県　5.2％ |
| Ｃ(31万トン) | 熊本県　16.1％ | Ｘ　12.2％ | 山形県　9.2％ | 鳥取県　5.8％ | 新潟県　5.7％ |
| Ｄ(44万トン) | Ｘ　12.9％ | 埼玉県　11.5％ | Ｙ　11.1％ | 北海道　5.0％ | 群馬県　4.4％ |

『日本国勢図会 2022/23』による

(1)　表中Ａ～Ｄにあてはまる農産物を，次のア～キよりそれぞれ１つ選び，記号で答えなさい。

ア．キャベツ　　イ．ねぎ　　ウ．レタス　　エ．ほうれんそう

オ．日本なし　　カ．トマト　　キ．すいか

(2)　表中Ｘ・Ｙにあてはまる都道府県名をそれぞれ答えなさい。

問３　次のア～オのうち，製造品出荷額が最も大きい都市(2018年)を１つ選び，記号で答えなさい。

ア．川崎市　　イ．横浜市　　ウ．浜松市　　エ．豊田市　　オ．大阪市

問４　もちの形をみると，西日本では丸もち，東日本では角もちが多いが，北海道では丸もちと角もちの両方がある。北海道に丸もちと角もちの両方がある理由を，歴史的背景をふくめて説明しなさい。

**3**　次の文章を読み，以下の問いに答えなさい。

世界の総人口は20世紀後半から人口【　Ａ　】と呼ばれるほど急激に増加し，2022年にはついに【　Ｂ　】億人をこえました。これまでは中国の人口が世界最多でしたが，早ければ2023年にも(　１　)が最多になると言われています。中国は約35年にわたって(　２　)政策を行った結果，まもなく人口が減少に転じるみこみです。

人口の増減は，国や地域によっても差があります。特にアジアやアフリカの途上(とじょう)国の一部では，今後もさらに人口が増加するみこみで，食料不足や貧困(ひんこん)，環境破壊(かんきょうはかい)などが問題とされています。こうした国々の多くは失業率が高く，特に，世界のこどもの約10人に１人と言われている①児童労働の問題は深刻です。国内の産業をさかんにするためには海外からの支援(しえん)も必要ですが，それによって②経済的自立や環境保護を実現できる取り組みが求められています。

世界全体でみると人口の増加率は下がりつつあり，今世紀中にも世界の総人口は減少に転じると予測されています。③日本の人口はすでに減少が進み，2021年の出生数は約【　Ｃ　】万人と６年連続で過去最少となりました。15才未満のこどもの人口は40年以上連続で減少しており，少子化に歯止めがかからなくなっています。政府は少子化問題などへの対策として，こどもの

権利を守りこどもに関する行政の中心となる（　3　）庁を2023年４月に新設します。しかしこれまでと役割が変わらない省庁もあり，【　Ｄ　】行政を完全に改めることは難しそうです。また今後，さらに④人口が都市に集中すると言われています。地方と都市の格差によって，経済面だけでなく医療(いりょう)や教育などさまざまな問題が引き起こされていますが，⑤新型コロナウイルスの感染(かんせん)拡大による変化もみられています。国や地方自治体は地方への移住支援制度の充実もはかっています。

問１　空らん【A】にあてはまる語句を次のア～エより１つ選び，記号で答えなさい。

ア．暴発　　イ．はんらん　　ウ．バブル　　エ．爆発(ばくはつ)

問２　空らん【B】にあてはまる数字を次のア～エより１つ選び，記号で答えなさい。

ア．60　　イ．70　　ウ．80　　エ．90

問３　空らん【C】にあてはまる数字を次のア～エより１つ選び，記号で答えなさい。

ア．61　　イ．81　　ウ．101　　エ．121

問４　空らん【D】にあてはまる語句を次のア～エより１つ選び，記号で答えなさい。

ア．地方　　イ．中央　　ウ．横ならび　　エ．たてわり

問５　空らん（１）～（３）にあてはまる語句を答えなさい。

問６　下線部①について，次の問いに答えなさい。

⑴　チョコレートの原料となる農産物の産地では，児童労働が行われていると報告されている。この農産物を答えなさい。

⑵　国際協力機構(JICA)はODAを行う機関としてチョコレートに関係する会社や民間団体とともに問題の解決をはかっている。ODAとは何か，解答らんにあてはまるように漢字で答えなさい。

⑶　2021年は「児童労働撤廃(てっぱい)国際年」であった。2021年のできごとを次のア～エより１つ選び，記号で答えなさい。

ア．レジ袋の有料化　　　　イ．核兵器禁止条約が発効

ウ．安全保障関連法が成立　　エ．マイナンバーカードの交付開始

問７　下線部②について，途上国の経済的自立を目的とする取り組みを次のア～エより１つ選び，記号で答えなさい。

ア．フードロス　　　イ．フェアトレード

ウ．オーガニック　　エ．ユニバーサルデザイン

問８　下線部③について，人口の減少による労働力不足に対して，AI(人工知能)の導入や外国人労働者の受け入れ増加が期待されている。次の問いに答えなさい。

⑴　AIの発達によって今ある仕事が将来なくなる，という意見がある。身の回りでAIでは代用できない仕事を１つあげ，その理由を説明しなさい。

⑵　外国人労働者は2021年に過去最多となり，ベトナムや中国などアジアの出身が多いが，南アメリカからの労働者も多い。南アメリカのなかで，特に多くの労働者が来日している国はどこか，答えなさい。

⑶　南アメリカ出身の外国人労働者は永住や定住をすることが多い。その理由を答えなさい。

問９　下線部④について，次の衆議院議員選挙では，都市と地方の選挙区数が調整される。どのように調整されるか，説明しなさい。

問10　下線部⑤について，新型コロナウイルスへの対策として，インターネットを利用し自宅で仕事をする方法も定着した。このような働き方を何と呼ぶか，答えなさい。

**4**　観光地では，観光客が増えることによる地域経済の活性化が期待されている。しかし，多くの観光客が集まることで，さまざまな悪影響もおこっている。これについて，どのような悪影響がおこっているか，具体例を１つあげたうえで，それを解消するためにどのような対策をとればよいか，案を１つあげなさい。

**【理　科】〈A入試〉**（30分）〈満点：60点〉

**1**　近年の海洋酸性化や海洋プラスチックごみ問題について，以下の問いに答えなさい。

問1　海水の性質としてあてはまるものを，次の(ア)～(オ)から選び，記号で答えなさい。

(ア)　強い酸性　　(イ)　弱い酸性　　(ウ)　中性

(エ)　弱いアルカリ性　　(オ)　強いアルカリ性

問2　海洋酸性化の主な原因は何ですか。

問3　海洋酸性化は貝やサンゴ，エビやカニなどの減少をもたらす可能性があると考えられています。その理由を答えなさい。

問4　海洋プラスチックごみは，時間とともに紫《し》外線を浴びてれっ化し，さらに波にもまれて小さくくだけていきます。特に5mm以下の小さな破片になったプラスチックを何といいますか。

問5　海洋生物がプラスチックを飲みこむと，その生物にどのような悪影響《えいきょう》があると考えられますか。次の(A)～(D)から2つ選び，記号で答えなさい。

(A)　プラスチックにふくまれる有害物質や吸着された有害物質が体内に移る。

(B)　プラスチックが消化・吸収されて体内にちく積される。

(C)　大きなプラスチックは胃にたまり，栄養がとれなくなってしまう。

(D)　プラスチックが消化されたときに，体内に有害物質が発生する。

問6　海洋プラスチックごみは長期間にわたって海洋の生態系に影響をおよぼすと考えられています。その理由を答えなさい。

**2**　ある物質がまったく別の物質に変化することを化学変化といいます。化学変化について，以下の問いに答えなさい。

問1　次の(ア)～(オ)の現象のうち，化学変化をすべて選び，記号で答えなさい。

(ア)　ろうそくのしんに火をつけると，ろうは減ってゆく。

(イ)　朝あった水たまりが，夕方には消えていた。

(ウ)　砂糖を紅茶に入れてよくかき混ぜると，砂糖のつぶは見えなくなった。

(エ)　生卵を加熱すると，黄身と白身が固まった。

(オ)　重そうにお酢《す》を加えるとあわが出た。

問2　砂鉄と黄色い硫黄《いおう》の粉をよく混ぜて加熱すると化学変化が起こり，黒色のかたくてもろい物質が生じました。

(1)　化学変化が起こったと確かめる方法と，その結果を答えなさい。ただし，見た目の観察以外の方法を答えなさい。

(2)　砂鉄7gと硫黄4gをよく混ぜ合わせて加熱すると，11gの黒色の物質になり，砂鉄や硫黄は残っていませんでした。

①　硫黄10gと過不足なく化学変化を起こす砂鉄は何gですか。また，そのとき黒色の物質は何g生じますか。小数で答えなさい。

②　砂鉄10gと硫黄5gをよく混ぜ合わせて加熱すると，黒色の物質は何g生じますか。小数で答えなさい。

**3**　右の図は，８月10日の21時頃に東京で星空観察をしたときにかいた北の空の様子を示すスケッチです。よく目立つ明るい星をつないで星座を表しています。

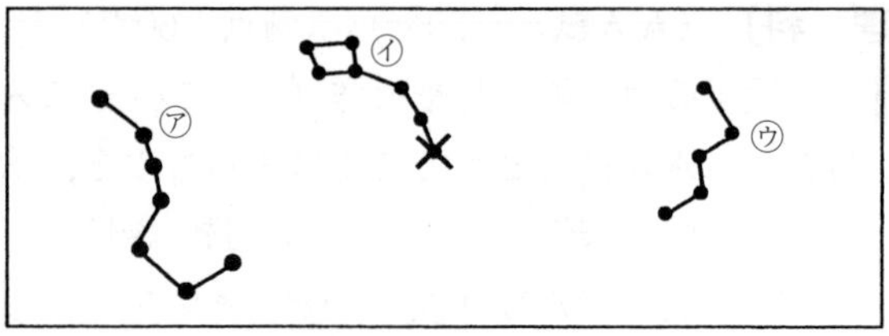


問１　この星空観察をしたときに，南の空や天頂には他にも様々な星座が観察できました。８月10日の21時頃の夜空では見られない星座を次の①～⑥から２つ選び，番号で答えなさい。

①　こと座　　②　おうし座　　③　わし座

④　はくちょう座　　⑤　ふたご座　　⑥　さそり座

問２　㋐～㋒の星座と×の位置にある星の名前をそれぞれ答えなさい。

問３　㋐～㋒の星座のうち，半年後の２月10日の21時頃には水平線下にしずんでいて見えない星座を選び，記号で答えなさい。そのような星座が無い場合には「なし」と答えること。

問４　８月11日の午前３時頃に南中する星座(最も高い位置に来る星座)を㋐～㋒から選び，記号で答えなさい。

問５　１か月後の９月10日に北の空の星座の様子がスケッチと同じになるのは何時頃ですか。次の①～⑦から最も適するものを選び，番号で答えなさい。

①　18時　②　19時　③　20時　④　21時　⑤　22時　⑥　23時　⑦　24時

問６　３か月前の５月10日の21時頃には，㋑の星座はどの位置にありますか。上の図にかき加えなさい。

**4**　ソーラーライトは，庭などに設置して太陽電池で発電した電気を充《じゅう》電池や①コンデンサーにたくわえ，②周囲が暗いときだけLED(発光ダイオード)を点灯させるしくみをもつ器具です。

問１　下線部①の，電気をたくわえる部品であるコンデンサーについて答えなさい。

同じコンデンサーが２個あり，それぞれのコンデンサーを同じ乾《かん》電池を用いて十分に充電しました。その後，以下のア～ウのようにつないで，豆電球を流れる電流の大きさを測定したものが，図１のグラフです。このグラフの線と縦じく，横じくで囲まれる面積は，豆電球に流れた電気の量を表しています。また，この豆電球は流れている電流が100mA以下になると光らないことがわかりました。

図１

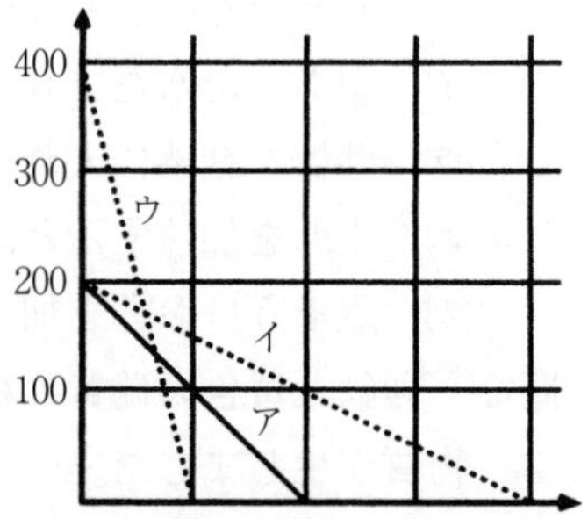


ア．１個のコンデンサーと豆電球をつなぐ

イ．２個のコンデンサーを並列接続し，豆電球につなぐ

ウ．２個のコンデンサーを直列接続し，豆電球につなぐ

(1)　イ，ウの場合，豆電球に流れた電気の量はアの場合の何倍ですか。

(2)　ア，イ，ウの場合，豆電球はそれぞれ何秒間光っていますか。整数または小数で答えなさい。

(3)　「１個のコンデンサーと，直列接続した２個の豆電球をつないだとき」に，豆電球に流れる電流のグラフを，図１にかき加えなさい。ただし，電流は一定の割合で減少するものとします。

問2　図2は，ソーラーライトの回路の一例を示しており，LEDが点灯している状態です。図2の金属棒は■のところで固定されています。この金属棒は力が加わると曲がりますが，力が加わらなくなるとまっすぐにもどります。また光センサーは「光が当たると電気を通し，光が当たらないと電気を通さない」はたらきをします。下線部②のしくみを，図2を参考にして解答らんの文に続けて説明しなさい。

昼間，光センサーに光が当たると，

暗くなって，光センサーに光が当たらなくなると，

図2

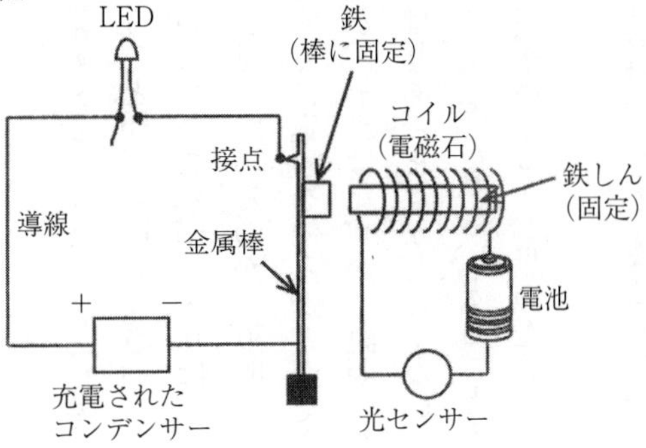

注1 遺憾の意…残念に思う気持ち

注2 疲労困憊…くたくたに疲《つか》れること

問1 傍線《ぼうせん》①「しかたないよ。大丈夫、来週の日曜日に延期しようよ。そう言ってくれはしたが、来週の日曜日はミリの誕生日ではない」とあるが、この部分からミリのどのような気持ちがわかるか、説明しなさい。

問2 傍線②「『いってきます。』に続いた『ごめんね。』は、聞こえなかったふりをした」とあるが、それはなぜか、説明しなさい。

問3 傍線③「買ったものなのか、もらったものなのか、なぜコラルド・フェルナンデスという名なのか、それが元から付いていた名なのか、はたまた両親のどちらかが付けた名なのか、ミリは知らない」とあるが、この部分から、作者はどのようなことを表現しようとしているのか、説明しなさい。

問4 傍線④「いちおう姉ですので、という思い」とはどのような思いか、「いちおう姉ですので」という表現に注意して説明しなさい。

問5 傍線⑤「そんな茶番がもうとっくにミリに通じなくなっている」とあるが、どういうことか、説明しなさい。

問6 傍線⑥「サラはずるいよ」とあるが、ミリは、サラのどのようなところを「ずるい」と思っているのか、説明しなさい。

問7 傍線⑦「どうしてもすぐに返事をすることができずに、しばらく黙っていた」とあるが、それはなぜか、説明しなさい。

問8 傍線⑧「サラはやっぱりあんまりかしこくないんだな、と思った。サラだけじゃなくてたぶん私も、とも」とあるが、ミリが「サラだけじゃなくてたぶん私も」と思ったのはなぜか、説明しなさい。

問9 ⑨ の部分から、作者はどのようなことを表現しようとしていると考えられるか、説明しなさい。

問10 傍線⑩「小さいな、すごく小さい手だなと、毎日見ているのに、今初めて見たようにミリはおどろいた」とあるが、それはなぜか、説明しなさい。

問11 傍線⑪「あおむけになったまま、サラのやわらかい髪に自分の頬をくっつけて、天井の小さな光をいつまでも見つめていた」とあるが、このときのミリの気持ちを、作品全体から考えて説明しなさい。説明するときには、「天井の小さな光」にも注目すること。

二 次の傍線のカタカナは漢字に、漢字はひらがなに直しなさい。

① ギゲイにすぐれた人。
② オクマン長者になる。
③ 別の問題がハセイする。
④ 暴風雨がショウコウ状態になる。
⑤ メイロウ快活な性格。
⑥ 学校のソウリツ記念日。
⑦ ドウゾウを建てる。
⑧ 建築シザイの置き場。
⑨ パスポートがシッコウする。
⑩ 人口カタな都市。
⑪ テッコウセキを輸入する。
⑫ 好きな曲のカシ。
⑬ ジョウケンを満たす。
⑭ よく似た兄弟。
⑮ パソコンのコウシュウ会。
⑯ 白羽の矢が立つ。
⑰ 家路につく。
⑱ 窓辺に立つ。
⑲ 酒屋で買い物をする。
⑳ 考えを練る。

ちゃんのほうがずるい。」とつぶやく。変なことを言う子だ。そんなわけがあるか。

「なんで。」

サラは答えない。なんで、なんで、ねえなんでなんで、としつこく質問を重ねて、ようやく「だって」という言葉を引き出した。

「だって、パパとママとミリちゃんはサラの知らない話ばっかりして、ずるい。」

⑦どうしてもすぐに返事をすることができずに、しばらく黙《だま》っていた。

ミリには両親との三人きりの時間が、十年分ある。先に生まれた。ただそれだけのことが、もしかしたら妹の目にはとてつもなく良いものに見えるのかもしれない。

⑧サラはやっぱりあんまりかしこくないんだな、と思った。サラだけじゃなくてたぶん私も、とも。かけぶとんの上に転がっていたコラルド・フェルナンデスを持ち上げると、いつのまにかスナップボタンが外れた帽子から、何かが転げ落ちた。

母が探していた、オパールのイヤリングだった。

「サラがここにかくしたの?」

「サラ、知らないもん。」

とぼける妹の頬をつんと突《つ》く。やわらかくて、少し冷たかった。もう熱はすっかり下がったようだ。

出産のため入院していた母が無事退院し、サラを連れて帰ってきた日のことを、ミリはよく覚えている。頭も手も何もかも全部小さくて、でも何もかもが、完璧《かんぺき》にそろっていた。かわいいサラ。私の妹。サラが生まれた日のことを、ミリは覚えている。でもサラはミリが生まれた日のことを知り得ない。

⑨オパールは不思議な色の石だ。乳白色のもやに包まれたその奥《おく》に、さまざまな色をかくし持つ。ミリが手をかたむけると、オレンジ色がかっていた部分が黄から緑に変化し、カーテンのすき間からもれる光に当てると、青みがかって見えた。早朝や真昼や夕暮れや、そんないくつもの空を少しずつ切り取って、雲でくるんで結晶《けっしょう》にしたみたいだ。

「ねえ、見て。」

サラが天井《てんじょう》を指差す。丸い光が、右から左にちらちらと動く。コラルド・フェルナンデスのジャケットに縫い付けられたかざりが、日光を反射している。サラはオパールではなく、そちらに夢中になっていたらしい。

「きれい。」

サラは手をのばして、光をつかまえようとしている。⑩小さいな、すごく小さい手だなと、毎日見ているのに、今初めて見たようにミリはおどろいた。

「つかまえた?」

「つかまえた!」

サラがぐっとにぎりこんだ手をコラルド・フェルナンデスの前でぱっと開いたから、ミリは急いで、彼の口を動かした。「わぁ、うれしいな。」と言ってみる。芝居がかった作り声ではない、本物の自分自身の声が出た。

そのうちにサラはまた眠ってしまったけれども、ミリは居間にも自分の部屋にも戻らなかった。⑪あおむけになったまま、サラのやわらかい髪に自分の頬をくっつけて、天井の小さな光をいつまでも見つめていた。

（寺地《てらち》はるな「コラルド・フェルナンデスと二人の娘《むすめ》」）

サラには自己主張が強すぎる一面もある。ミリが父や母と話しているとき、必ずと言っていいほど割りこんでくる。サラが生まれる前の話でもおかまいなしに「知ってる、それはね。」などと言いだすのだ。

この家では「痛いの痛いの飛んでいけ。」というおまじないが使われない。誰《だれ》かがけがをしたときや腹痛を起こしたときは、父も母も「痛いの痛いの、ぱくぱくぱく。」と言いながら、コラルド・フェルナンデスの口を動かす。誰かが失敗して落ちこんでいるときや苛立《いらだ》っているときなどもそうだ。悪いものは全部、コラルド・フェルナンデスが食べてくれる。

ミリは、サラに会話に割りこまれるたびに苛立つ。でもその気持はうまくかくしているつもりだ。④いちおう姉ですので、という思いがミリにはある。でも両親は気づいているらしい。ミリの苛立ちを察知するたびにパペットを持ち出す彼《かれ》らは、でも、⑤そんな茶番がもうとっくにミリに通じなくなっていることにはいまだに気づいていない。

朝食をものの五分で食べ終え、ミリはサラの部屋に向かう。水色のカーテンが数センチ開いていて、そこから差しこむ日光が床《ゆか》に散乱するぬいぐるみやクレヨンをくっきりと照らし出していた。踏《ふ》まないようにつま先立ちでベッドに近づき、のぞきこむ。サラは枕《まくら》を片頬《かたほお》に押《お》し付《つ》けるようにして眠《ねむ》っていた。いちばん熱が高かったときには赤い顔をしながらも元気に遊んでいたのに、少し熱が下がった昨晩からはずっと眠り続けている。じっと見ていたら、ぱっちりと目を開けた。

「ご飯食べてお薬飲もうか。」と声をかけると、首を横にふる。

「おかゆ、いや。」

そこから、怒濤《どとう》の「いや」が始まった。パンもいや、スープもいや、ミリちゃんいや、ママがいい。

「そんなこと言わないの。」

きつい口調で言ったつもりはなかったのに、サラはびくっと体を震《ふる》わせ、それから声を上げて泣きだした。ミリはその様子をながめながら、途方《とほう》に暮れる。

サラはずるい。

部屋を散らかしても、台所を水浸しにしても、いやいや言っても、全然おこられない。

ミリは再びつま先立ちで居間に取って返し、ソファーに転がっていたコラルド・フェルナンデスを連れてきて、サラのいやいやを食べつくした。茶番だと知りながらも、ミリはほかに妹を落ち着かせる方法を知らない。

「ほうら、サラちゃんの悲しい気持ちを、全部食べちゃうぞ。ぱくぱく。」

言いながら、ばかみたいだと思った。こんな芝居《しばい》がかった作り声を出したりして。もし誰かに聞かれたらはずかしくて三日は部屋から出られない。

それから何とかサラにりんごジュースを飲ませ、ミルクプリンにしのばせた薬を服用させた。歯みがきをさせてベッドに連《つ》れ戻《もど》すころにはミリはもう注2疲労困憊《ひろうこんぱい》の状態で、サラの隣《となり》にごろりと横になる。

ああ、いやだ。「姉」なんて何にもいいことがない。コラルド・フェルナンデスは腹が立たないのだろうか。他人の肉体的な痛みやネガティブな感情ばかり食べさせられて、いいかげんうんざりしているのではないだろうか。ミリならとっくに逃《に》げ出《だ》しているところだ。

でも、コラルド・フェルナンデスは逃げられない。だって人形は自力で動けないから。ミリがこの家の長女という立場から降りられないように、コラルド・フェルナンデスは人形であることから降りられない。

「⑥サラはずるいよ。」

言葉が勝手にこぼれ出た。ぱちぱちとまばたきをしたサラは「ミリ

# 2023年度 学習院女子中等科

【国　語】〈A入試〉（五〇分）〈満点：一〇〇点〉

一　次の文章を読んで、問いに答えなさい。

「コーポむらい」の二階のつきあたりの3LDK《エルディーケー》に、ミリとミリの両親はもう十四年近く住んでいる。ミリが生まれた年に引《ひ》っ越《こ》してきたというから、そういう計算になる。妹のサラは四歳《さい》だから、ここに住んで四年だ。コラルド・フェルナンデスの居住歴が何年であるかは、よく覚えていない。

「悪いけど、お願いね。」

玄関《げんかん》の鏡に向かってあわただしく髪《かみ》を整えながら言う母に、ミリは返事をしなかった。返事をしないことで、注1遺憾《いかん》の意を表明したつもりだった。日曜日の朝から留守番を頼《たの》まれた。友達との約束があったにもかかわらずだ。今日はミリの誕生日で、サラは熱を出してねこんでいる。遺憾でないほうがどうかしている。

友達三人が誕生日を祝ってくれるはずだった。みんながお金を出し合って買ってくれたケーキを食べ、プレゼントをもらう予定だった。ミリが彼女《かのじょ》たちの誕生日にそうしてきたように。行けなくなったと連《れん》絡《らく》したとき、みんなはなぐさめてくれた。①しかたないよ。大丈夫《だいじょうぶ》、来週の日曜日に延期しようよ。そう言ってくれはしたが、来週の日曜日はミリの誕生日ではない。

父は病院に勤めていて、日曜日に休めることはめったにない。母は働いている会社は基本的に土日休みであるのだが、しょっちゅう「急な仕事」というものが発生し、呼び出されて出かけていく。

「ねえ、お母さんのイヤリング見なかった？　片方ないの。」

母は玄関で靴《くつ》をはいている。ミリはキッチンに移動しながら「知らない。」と声を張り上げた。

「オパールの、楕円形《だえんけい》のやつなんだけど。」

「知らないってば。」

うんざりしながら、朝食のシリアルを皿にぶちまける。②「いってきます。」に続いた「ごめんね。」は、聞こえなかったふりをした。皿を持って居間に移動すると、ソファーに放り出されたコラルド・フェルナンデスが丸い目でミリを見上げていた。

コラルド・フェルナンデスはパペットだ。手を入れて、口をぱくぱくと開閉させられるようになっている。スナップボタンで取り外しできる黒い帽子《ぼうし》に丈《たけ》の短いはでなジャケットという、闘牛士《とうぎゅうし》風の衣装《いしょう》を身に着けている。ジャケットにはビーズやスパンコールや鏡を丸く小さく切りぬいたものがみっちり縫《ぬ》いこんである。口ひげをたくわえているので、コラルド・フェルナンデスはおじさん人形と呼ばれるときもある。③買ったものなのか、もらったものなのか、なぜコラルド・フェルナンデスという名なのか、それが元から付いていた名なのか、はたまた両親のどちらかが付けた名なのか、ミリは知らない。ミリが知らないのだから、サラも知らないだろう。

幼児であることを差し引いても、ミリの目には、サラがあまりものを知らない、かしこくない子に見える。サラはテレビの中の人にもこちらの声が聞こえると思いこんでおり、熱心に話しかける。そうかと思えば突然《とつぜん》「お姉ちゃん、ジュースにお水を入れたら、いっぱい飲めるんじゃない？」と言いだしたりもする。味がうすくなるだけだからやめときなよというミリの制止をよそにサラはりんごジュースのコップを片手にキッチンに突進し、何をどうしたものかそこら一帯を水浸《みずびた》しにして、なぜかミリが母にしかられた。

2023年度

# 学習院女子中等科　▶解説と解答

## 算　数　＜Ａ入試＞（50分）＜満点：100点＞

**解　答**

1 (1) $\frac{31}{56}$　(2) 23　2 時速4.8km　3 (1) *C* 61　*D* 73　(2) 47.5
4 40.5％　5 (1) 1 $cm^2$, 2 $cm^2$, 4 $cm^2$, 5 $cm^2$, 8 $cm^2$, 9 $cm^2$, 10$cm^2$, 16$cm^2$　(2) 7個　6 (1) **一周の長さ**…376.8m，**札の本数**…157本　(2) (例) 解説の図３を参照のこと。　(3) 138　(4) 7，152

**解　説**

### 1 四則計算，計算のくふう

(1) $2\frac{3}{7}-\left(20.25-19\times\frac{3}{4}\right)\div\frac{16}{5}=2\frac{3}{7}-\left(20\frac{1}{4}-\frac{57}{4}\right)\times\frac{5}{16}=2\frac{3}{7}-\left(\frac{81}{4}-\frac{57}{4}\right)\times\frac{5}{16}=2\frac{3}{7}-\frac{24}{4}\times\frac{5}{16}=2\frac{3}{7}-6\times\frac{5}{16}=\frac{17}{7}-\frac{15}{8}=\frac{136}{56}-\frac{105}{56}=\frac{31}{56}$

(2) □×□＋□＋□＝575より，□×□＋□×２＝575，□×(□＋２)＝575となる。すると，575＝23×５×５＝23×25より，□＝23とわかる。

### 2 速さと比

家からポストまでの道のりを６と４の最小公倍数より，12kmとすると，姉は家からポストまで，12÷６＝２(時間)，ポストから駅まで，12÷４＝３(時間)かかることになる。このとき，妹は家から駅までの，12×２＝24(km)を，２＋３＝５(時間)で進むことになるから，妹の速さは時速，24÷５＝4.8(km)と求められる。

### 3 平均とのべ

(1) (合計)＝(平均)×(個数)より，*A*と*B*の合計は，20.5×２＝41，*A*と*B*と*C*の合計は，34×３＝102なので，*C*＝102－41＝61となる。同様に，*E*と*F*の合計は，82×２＝164，*D*と*E*と*F*の合計は，79×３＝237だから，*D*＝237－164＝73とわかる。

(2) まず，*A*と*B*の平均が20.5で，*A*＜*B*だから，*B*が最も小さくなるのは，*B*＝21のときである。次に，*D*＝73で，*D*＜*E*なので，*E*＝74とすると，*E*と*F*の合計は164だから，*F*＝164－74＝90となる。これは100以下で，*E*より大きいから，条件に合っている。よって，*B*と*E*の平均は最も小さくて，(21＋74)÷２＝47.5である。

### 4 割合

今週の合計使用時間は，60×５＋45＝345(分)で，「連絡」と「その他」の割合の合計は，23.5＋6.5＝30(％)だから，その使用時間の合計は，345×0.3＝103.5(分)である。すると，次の１週間で，「ゲーム」の使用時間を，60＋15＝75(分)，合計使用時間を，60×５＝300(分)にすると，「学習」の使用時間は，300－75－103.5＝121.5(分)になる。よって，その割合は，121.5÷300×100＝40.5(％)とわかる。

## 5 平面図形─構成

⑴　下の図のア～クの８種類の正方形をつくることができる。アの面積は，１×１＝１(cm$^2$)，イの面積は，２×２＝４(cm$^2$)，ウの面積は，３×３＝９(cm$^2$)，エの面積は，４×４＝16(cm$^2$)である。また，オは対角線の長さが２cmの正方形なので，面積は，２×２÷２＝２(cm$^2$)，カは対角線の長さが４cmの正方形なので，面積は，４×４÷２＝８(cm$^2$)となる。さらに，キはウの正方形からかげの三角形を４つ取りのぞくと，面積は，９－２×１÷２×４＝５(cm$^2$)とわかる。同様に，クはエの正方形からかげの三角形を４つ取りのぞくと，面積は，16－３×１÷２×４＝10(cm$^2$)になる。

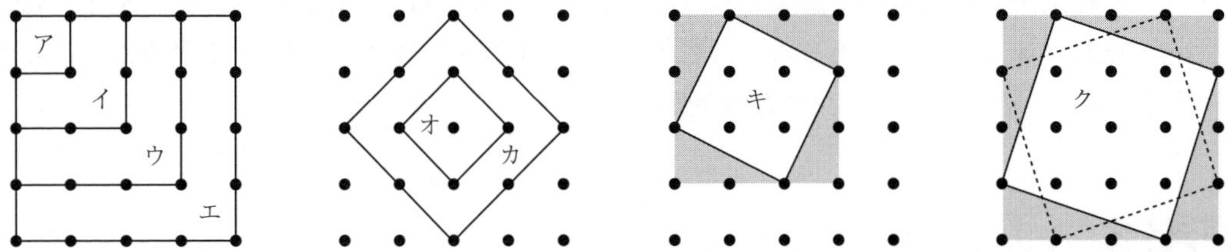


⑵　面積が６cm$^2$より大きく，12cm$^2$より小さい正方形は，図のウ，カ，クである。ウの正方形はたてに２段，横に２列移動できるから，２×２＝４(個)ある。また，カの正方形は図の１個で，クの正方形は点線の形もできるから２個ある。したがって，全部で，４＋１＋２＝７(個)とわかる。

## 6 平面図形─長さ

⑴　下の図１で，円のコースの直径は120ｍだから，円のコース一周の長さは，120×3.14＝376.8(ｍ)である。また，円のコース上に，２ｍ40cm＝2.4ｍごとに札を立てるので，札と札の間は，376.8÷2.4＝157(か所)できる。このとき，札の本数は間の数と同じになるので，157本とわかる。

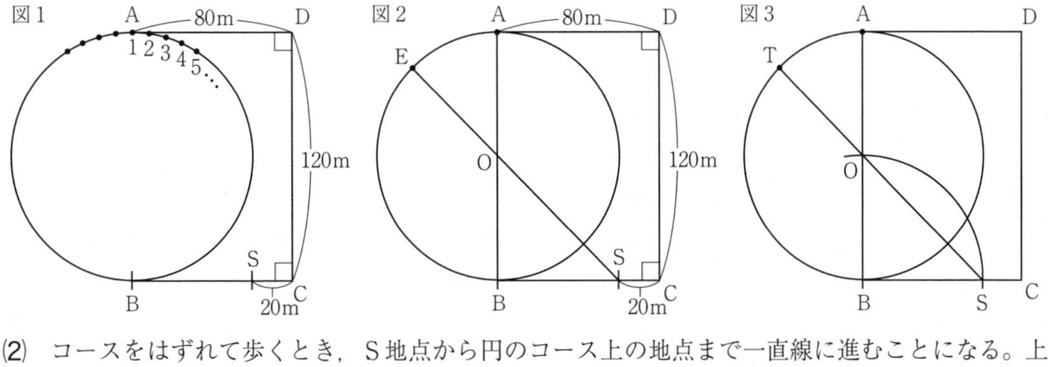


⑵　コースをはずれて歩くとき，Ｓ地点から円のコース上の地点まで一直線に進むことになる。上の図２のように，円の中心をＯとし，ＳとＯを通る直線が円のコースと交わる点のうち，Ｓから遠い方の点をＥとする。このとき，点Ｅが円のコース上でＳ地点から最も遠い地点となるので，点ＥをＴとすればよい。また，BOの長さは，120÷２＝60(ｍ)，BSの長さは，80－20＝60(ｍ)なので，BOとBSの長さは等しい。したがって，上の図３のように，点Ｂを中心としてＳを通る円をかき，ABと交わる点がOになる。さらに，ＯとＳを通る直線を引いて，円と交わる点のうちＳから遠い方の点をＴとすればよい。

⑶　図３で，三角形OBSは直角二等辺三角形だから，角BOSの大きさは45度である。すると，角AOTの大きさも45度になり，弧《こ》ATの長さは，$376.8\times\frac{45}{360}$＝47.1(ｍ)だから，Ｔ地点はＡから時計

回りに，376.8－47.1＝329.7(m)進んだところにある。したがって，329.7÷2.4＝137あまり0.9より，T地点は，1＋137＝138(番)の札からは0.9m，139番の札からは，2.4－0.9＝1.5(m)進んだところにあるので，S地点から最も遠い札(T地点から最も近い札)の番号は138とわかる。

⑷　S地点からコースを一周してS地点に戻《もど》ってくる道のりは，20＋120＋80＋376.8÷2＋60＝468.4(m)だから，コースだけを歩くことができるとき，S地点から最も遠い地点は，S地点からコース上を，468.4÷2＝234.2(m)進んだ地点となる。これは，A地点から円のコース上を，234.2－(20＋120＋80)＝14.2(m)進んだ地点であり，14.2÷2.4＝5あまり2.2より，A地点から時計回りに進んだ地点は，1＋5＝6(番)の札から2.2m，7番の札から，2.4－2.2＝0.2(m)のところにある。また，A地点から反時計回りに進んだ地点は，1→157→156→155→154→153より，153番の札から2.2m，152番の札から0.2mのところにある。これらの地点から最も近い札が，S地点から最も遠い札となるので，その番号は7，152とわかる。

## 社 会 ＜A入試＞（30分）＜満点：60点＞

### 解 答

[1] **問1**　**1**　高床倉庫　**2**　班田収授　**3**　石高　**4**　配給　**問2**　(例)　集落の周囲を濠や柵で囲んだ遺跡が発見されている。(墓から矢じりの刺さった遺体や，首のない遺体が見つかっている。)　**問3**　租　**問4**　イ，オ　**問5**　(例)　米の収穫量によって年貢の率を変える方法から，収穫量にかかわらず年貢の率を一定にする方法に変えた。　**問6**　河村瑞賢　**問7**　ウ→イ→エ→ア　**問8**　減反政策　**問9**　(例)　円安が進んだことで，輸入品の価格が上昇したから。／ロシアによるウクライナ侵攻の影響で，世界的に小麦の供給量が減ったから。　[2] **問1**　①　北海道　②　高知県　③　長崎県　④　京都府　⑤　滋賀県　⑥　秋田県　⑦　富山県　**問2**　⑴　**A**　オ　**B**　ウ　**C**　キ　**D**　イ　⑵　**X**　千葉県　**Y**　茨城県　**問3**　エ　**問4**　(例)　明治時代以降，屯田兵や開拓農民として全国各地から多くの人々が移住したから。　[3] **問1**　エ　**問2**　ウ　**問3**　イ　**問4**　エ　**問5**　**1**　インド　**2**　一人っ子　**3**　こども家庭　**問6**　⑴　カカオ　⑵　政府開発(援助)　⑶　イ　**問7**　イ　**問8**　⑴　(例)　**仕事**…教員　**理由**…子どもとの細かなコミュニケーションが必要な仕事であるから。　⑵　ブラジル　⑶　(例)　日系人は申請して「定住者」となれば，職種や期間などの制限がなく働くことができるから。　**問9**　(例)　小選挙区の定数を，都市部で10増やし，地方で10減らす。　**問10**　テレワーク
[4] **例**…(例)　交通渋滞が起き，地元の住民の日常生活に支障をきたす。　**対策の案**…(例)　観光客が特定の時期や時間に，特定の場所に集中しないように，平日の交通費や宿泊料金を値引きしたり，有名な観光スポット以外の魅力ある場所をもっと宣伝する。

### 解 説

**[1] 各時代の稲作を題材とした問題**

**問1**　**1**　弥生時代の集落では，収穫《しゅうかく》された米は高床倉庫に貯蔵された。床を高くしてあるのは，湿気などが入ることを防ぐための工夫である。　**2**　律令制度の下，6歳以上の男女に口分田を

支給し，死ぬと国に返させる班田収授法というしくみができあがった。　**3**　豊臣秀吉による太《たい》閤《こう》検地により，土地の生産力は石高で表されるようになった。これは，大人１人が１年間に食べる米の量を１石として計算するもので，予想されるその土地の米の収穫量の体積を石高で示した。この方法は江戸幕府にも引き継がれ，大名が領地から得る収入や家臣にあたえる俸禄《ほうろく》も石高で表された。　**4**　第二次世界大戦中には，多くの農民が兵士として戦地に向かったことなどから，日本の米の生産力が低下した。そのため，1938年に制定された国家総動員法にもとづいて1941年には米が配給制となった。1942年には食糧《しょくりょう》管理法が制定され，政府が米などの食糧を管理する食糧管理制度がとられ，食糧不足が続いた戦後も継続して行われた。

**問2**　弥生時代の集落の中には，吉野ケ里遺跡(佐賀県)のように周囲を濠《ほり》や柵《さく》で囲んだ環濠《かんごう》集落の跡が見つかっている。これは敵の攻撃から集落を守るための工夫であり，当時，水や土地，収穫物などをめぐって，むらどうしやくにどうしの戦いがあったことがわかる。また，やはり吉野ケ里遺跡で発掘された甕棺《かめかん》の中には，矢じりが刺《さ》さったままの遺体や首のない遺体が納められたものもあり，戦いの激しさがうかがえる。

**問3**　口分田を支給された農民には，米の収穫量の約３％を税として納める「租」が課せられた。

**問4**　鎌倉時代の農村では，牛や馬に鍬《すき》を引かせて田畑を耕すような牛馬耕が広まり，草や木を燃やしてその灰(草木灰)を肥料に用いることも行われるようになった。したがって，イとオがあてはまる。残りの３つは，いずれも江戸時代に広く使われるようになった農具である。

**問5**　徳川吉宗は幕府の財政を安定させるため，年貢の徴収《ちょうしゅう》方法をそれまでの検見《けみ》法から定免《じょうめん》法に切りかえた。検見法は毎年，役人が作柄《さくがら》を調査して年貢の率を決めるもので，年によって幕府の収入が異なる上，不正も起きやすかった。定免法は過去数年の作柄をもとに年貢の率を定め，作柄にかかわらず以後数年は率を一定とするものである。

**問6**　江戸時代，東北地方や北陸地方の米を大阪まで運ぶのに利用されたのは西廻《にしまわ》り航路。太平洋側を南下し江戸にいたる東廻り航路とともに，江戸の豪商河村瑞賢《ずいけん》が開いた。瑞賢は伊勢(三重県)出身で，江戸で材木商として成功して幕府の公共事業にかかわるようになり，全国各地の航路の整備や河川の治水工事に力をつくした。

**問7**　アは1905年，イは1886年，ウは1871～73年，エは1895年。エは下関条約の調印直後，遼東《リヤオトン》半島を清(中国)に返還するよう，ロシアなどが日本に勧告《かんこく》してきたできごとである。

**問8**　第二次世界大戦後，耕地整理や機械化，品種改良などが進んだことから米の生産量は増加を続けたが，国民の食生活が多様化したことから1960年代になると米の消費量が減り，米が余るようになった。そのため政府は1970年から稲の栽培面積を減らす減反政策を進めるようになり，農家に補助金を出して米以外の作物を栽培する転作を奨励《しょうれい》した。なお，減反政策は2018年に終了している。

**問9**　日本は小麦の消費量の９割以上を輸入に頼っている。また，小麦は政府が外国(アメリカ，カナダ，オーストラリアなど)から一括《いっかつ》して輸入し，国内の製粉会社などに売り渡すしくみがとられているが，近年の円安の進行により小麦の輸入価格が上がっており，政府が決定する小麦の販売価格も上昇傾向にある。さらに2022年２月，ロシアがウクライナに侵攻《しんこう》したことで，世界的な小麦輸出国であるウクライナからの小麦の輸出が滞《とどこお》ったことから世界の小麦市場が混乱し，小麦の取引価格が急上昇した。その影響から日本が輸入する小麦の価格もさらに上昇している。

## 2 日本の産業やならわしなどについての問題

**問１** ① 渡島《おしま》半島は北海道の南西部にのびる半島。その南端は津軽海峡に面しており，青森県の津軽半島と青函トンネルで結ばれている。 ② 室戸岬は高知県の南東部に位置する岬。 ③ 五島列島は長崎県の西部，東シナ海に浮かぶ150余りの島々で，ほぼ全域が西海国立公園に属している。多くのカトリック教会があり，2018年には「長崎と天草地方の潜伏キリシタン関連遺産」の１つとしてユネスコの世界文化遺産に登録された。 ④ 西陣織は京都市北西部で生産される絹織物。「西陣」という地名は応仁の乱で西軍の本陣があったことに由来するものであるが，現在は行政区画にその名称はない。古くから織物が生産されていたが，応仁の乱以後，各地から職人が集まり，絹織物がさかんにつくられるようになった。 ⑤ 信楽《しがらき》焼は滋賀県甲賀《こうか》市信楽で生産される陶器。鎌倉時代から続く焼き物で，室町時代には茶器の生産がさかんになり，その後はさまざまな日用陶器がつくられてきた。近年はたぬきの置物が有名になっている。 ⑥ きりたんぽは秋田県の郷土料理。すりつぶしたご飯をスギの棒に巻きつけて焼き，棒からはずして食べる。さまざまな食べ方があるが，鍋に入れたり，味噌《みそ》をつけたりして食べるのが一般的である。 ⑦ ます寿司《ずし》は富山県の郷土料理。笹の葉の上に塩漬《づ》けしたます(鱒)の切り身を並べ，その上に酢飯《すめし》を乗せ，笹で包み込んだもの。近年は駅弁としても売られている。

**問２** (1) Ａは日本なし。Ｘの千葉県とＹの茨城県が上位を占《し》めてきたが，近年は長野県の生産量が急増している。なお，鳥取県が第６位である。Ｂはレタス。長野県と茨城県で全国生産量の半分近くを占めている。Ｃはすいか。例年，熊本県と千葉県が上位を占めている。Ｄはねぎ。千葉・埼玉・茨城など関東地方の各県と北海道が上位を占めている。なお，キャベツは愛知県18.3％，群馬県17.9％，千葉県8.3％の順，ほうれんそうは埼玉県10.6％，群馬県10.5％，千葉県9.1％の順，トマトは熊本県19.3％，北海道9.4％，愛知県6.1％の順。上位の都道府県が共通している農産物が多いので，正確な知識が求められる。 (2) 関東地方の各県は野菜の栽培がさかんで，特に千葉県と茨城県は多くの野菜の生産量が上位に入っている。

**問３** 製造品出荷額が最も大きい都市は豊田市(愛知県)。世界有数の自動車メーカーの本社と工場があることで知られる都市で，市町村別の製造品出荷額では他を大きく引き離して全国第１位となっている。

**問４** 北海道は明治時代以降，屯田《とんでん》兵による開拓が各地で進められたほか，全国から多くの人々が移住したことで，それぞれの出身地の食文化が持ち込まれた。北海道で丸もちと角もちの両方が食べられるのは，そうした歴史的な背景があるからである。

## 3 世界の人口を題材とした問題

**問１** 20世紀半ばには20億人あまりであった世界の人口は，アジア・アフリカなどを中心に増加を続け，20世紀末には60億人を突破した。こうした状況は「人口爆発」とよばれ，将来の食料不足などが心配される事態となった。

**問２** 世界の人口は2010年に70億人をこえ，さらに2022年11月，国際連合は世界の人口が80億人を突破したと推定されると発表した。

**問３** 日本における出生数は，いわゆる第二次ベビーブームの時期であった1973年には約209万人であったが，その後はおおむね減少が続き，2016年には97万6979人と，統計が残る1899年以降で初めて100万人を割った。その後も減少が続き，2021年はおよそ81万人であった。なお，2022年にはおよそ79万人と，初めて80万人を下回っている。

**問４**　省庁などの行政機関はそれぞれ担当する業務が決まっているが，省庁間における横のつながりがうすいため，複数の省庁や機関に業務がまたがるような事案においては，連絡や調整の不備から行政事務の進め方が非効率的になってしまいやすい。このような状況は一般に「縦割《たてわ》り行政」とよばれる。たとえば，幼稚園は文部科学省，保育園は厚生労働省の管轄《かんかつ》に置かれており，職員も幼稚園では幼稚園教諭，保育園では保育士の資格がそれぞれ必要とされる。そのため，希望する保育施設にすぐに入れない「待機児童」問題への対応がすみやかにできないようなケースは，縦割り行政の弊害《へいがい》という一面もある。

**問５**　**1**　2023年４月，国連人口基金(UNFPA)は，2023年中にインドの人口は約14億2860万人となり，中国の約14億2570万人を抜いて世界一になることが予測されると発表した。　**2**　中国が人口抑制のために1979年から進めてきたのは，原則として１組の夫婦に子どもは１人までとする「一人っ子政策」。これは，子どもが１人の家庭は学費や医療費が免除されるなどの優遇措置《ゆうぐうそち》が受けられるが，２人以上の家庭では逆に出産費などを徴収するといった制度を設けることで，生まれる子どもの数を制限しようとしたものである。これにより中国の人口の増加率はおさえられてきたが，近年は急速な少子高齢化の進行が問題とされるようになったことから，一人っ子政策は2014年に廃止された。　**3**　2023年４月，新しい行政機関である「こども家庭庁」が発足した。これは，それまで多くの省庁の管轄にまたがっていた子どもをめぐる行政事務の一元化をはかることをめざし，内閣府の外局として設立されたものである。

**問６**　(1)　カカオは熱帯地方で生育する常緑樹で，果実から得られる種子がチョコレートやココアの原料となる。主産地であるガーナやコートジボワールなど西アフリカの貧しい農村地帯では子どもも重要な働き手となっており，重労働に従事させられ，学校にも通えないといった問題が起きている。　(2)　ODAは「政府開発援助」の略称。先進国が発展途上国に対して資金援助や技術援助などを行うもの。JICA(国際協力機構)は日本の外務省の所管の下，ODAを実施するために設立された独立行政法人で，児童労働の問題についても企業やNGO(非政府組織)などとともに取り組んでいる。　(3)　2017年７月，国連総会で122か国の賛成により採択された「核兵器禁止条約」は，2020年10月，批准《ひじゅん》(議会による承認)した国が50か国に達したことから，翌21年１月22日に発効した。したがって，イがあてはまる。なお，アは2020年，ウは2015年，エは2016年のできごとである。

**問７**　発展途上国が輸出する農産物や手工業製品などは，中間業者などが多くの利益を得る一方で，生産者にはわずかな利益しかもたらされない場合が多い。そうした状況を改善するため，生産者から直接買い入れる販売ルートを設けて，適正な価格で生産物を購入し，彼らの経済的自立を促すしくみをフェアトレードといい，コーヒーや茶，カカオなどにおける活動がよく知られる。なお，アはまだ食べられる食品が廃棄《はいき》されること。ウは有機農法で生産された食品などのこと。エは障がいの有無や年齢などに関係なく，だれでも使いやすいようにつくられた設備や製品の設計(デザイン)のことである。

**問８**　(1)　たとえば，セルフレジや無人店舗《てんぽ》が普及すれば，スーパーマーケットやコンビニエンスストアなどの店員は不要になるし，自動運転が普及すればバスやタクシーの運転手などの仕事もなくなる可能性がある。これに対し，医療や介護の仕事は，AIを活用することは増えても，患者《かんじゃ》や高齢者と直接触《ふ》れ合う中で判断することや，細かな配慮《はいりょ》をすることが必要であるから，すべてをAIで代用することは不可能だと考えられる。また，教員や保育士など教育や保育の仕事も，子どもとの細かなコミュニケーションが必要な仕事であるから，AIでは代用できないと思われる。

⑵　南アメリカの中で特に多くの労働者が来日しているのは，日系人が多いブラジルである。日系人とは，外国に移住した日本人（１世）とその子（２世），孫（３世）などのこと。日本に働きに来る日系人（２世や３世）が多いのは，日本語が話せる人が多いことによると考えられる。　⑶　現在の日本では，技能実習生として来日した者や特定技能を持つ外国人に一定期間の就労が認められているだけで，留学生などは短期のアルバイトしかできない。これに対し，３世までの日系人には，申請すれば「定住者」の資格を得ることが認められており，その場合，就労の制限はなくなるので，職種や期間を気にせずに日本で働くことができる。そのため，日系人の中には定住を選択する者も多く見られる。

**問９**　いわゆる「１票の格差」を解消するため，衆議院の小選挙区の数を「10増10減」する改正公職選挙法が2022年12月に成立した。これは，東京都や神奈川県など５都県で小選挙区の定数を10増やし，宮城県や新潟県など10県で小選挙区の定数を10減らすものである。

**問10**　インターネットを活用して自宅など職場以外で仕事をすることは，テレワークとよばれる。英語のtele（遠くの）とwork（働く）を組み合わせた造語であり，海外ではリモートワークとよばれることが多い。

**4　オーバーツーリズムについての問題**

観光地に過度の観光客が集まることで生じるさまざまな問題は，オーバーツーリズムとよばれる。交通渋滞《じゅうたい》やゴミの散乱，騒音《そうおん》，文化財などを傷つけるといった問題が起きており，特に地元の住民にとっては深刻な問題となっている。こうした問題が起きる最大の要因は，特定の時期や時間，特定の場所に観光客が集中することにあるので，対策としては，それらをいかに分散させるかがポイントになる。たとえば，平日の交通費や宿泊料金などをもっと下げたり，施設の開館時間を早めたりして時期や時間を分散させることや，人気の観光スポット以外にも魅力《みりょく》のある場所があることを積極的に宣伝することなどが考えられるだろう。

## 理　科　＜Ａ入試＞（30分）＜満点：60点＞

**解　答**

**1**　**問１**　㈓　**問２**　（例）　人間の活動によって大気中に放出される二酸化炭素が増加し，海水にとけこむ二酸化炭素が増えたこと。　**問３**　（例）　体のかたい表面部分にふくまれる炭酸カルシウムが海にとけ出してしまうから。　**問４**　マイクロプラスチック　**問５**　(A)，(C)　**問６**　（例）　プラスチックは自然になくならず，生物によって分解されないので，いつまでも海に残り続けるのに加え，プラスチックを飲みこんだ生物から食物連さを通して，多くの生物にプラスチックがちく積され続けることになるから。　**2**　**問１**　㈠，㈔　**問２**　⑴　（例）　**方法**…生じた物質が磁石につくかどうかを調べる。　**結果**…生じた物質は磁石につかない。⑵　①　**砂鉄**…17.5 g　**黒色の物質**…27.5 g　②　13.75 g　**3**　**問１**　②，⑤　**問２**

㋐　おおぐま座　㋑　こぐま座　㋒　カシオペヤ座　**×の位置にある星**…北極星　**問3**　なし　**問4**　㋒　**問5**　②　**問6**　下の図A　**4**　**問1**　(1)　**イ**　2倍　**ウ**　1倍　(2)　**ア**　10秒間　**イ**　20秒間　**ウ**　7.5秒間　(3)　下の図B　**問2**　(例)　(昼間，光センサーに光が当たると，)コイルに電流が流れ，電磁石がはたらいて金属棒を引きつける。すると，接点で金属棒がはなれるため，LEDには電流が流れない。よって，LEDは点灯しない。／(暗くなって，光センサーに光が当たらなくなると，)コイルに電流が流れなくなり，電磁石がはたらかなくなるので，金属棒はまっすぐにもどる。そのため，電流が流れるようになってLEDは点灯する。

図A

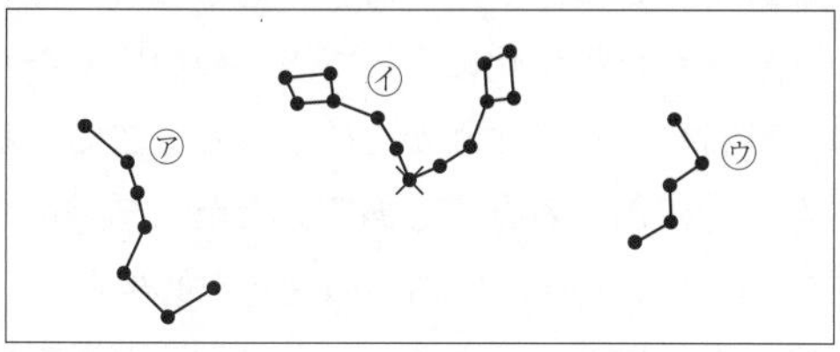


図B

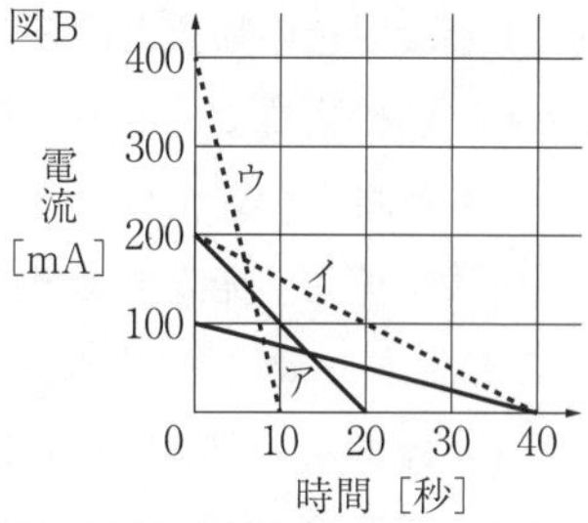


解　説

**1**　**近年の海洋酸性化や海洋プラスチックごみ問題についての問題**

**問1**　海水は，ナトリウムやカリウム，カルシウムなどをとかしこんでいるため，弱いアルカリ性になっている。

**問2**　近年，人間の活動により大気中の二酸化炭素濃度《のうど》が上昇《じょうしょう》しており，このため地球温暖化が進行していて，これと同時に海では，大気中の二酸化炭素が海にとけこむ量が増加している。二酸化炭素の水よう液が酸性の炭酸水であることからもわかるように，二酸化炭素のとけこむ量の増加は，それだけ海を酸性の方に近づける(酸性化する)ことにつながる。

**問3**　貝がらやサンゴの骨格，エビやカニなどのから(外骨格)には炭酸カルシウムが多くふくまれている。この炭酸カルシウムは酸性の水よう液にとける性質があるため，海が酸性化していくと，これらの生物は，体のかたい表面部分が弱くなって，体をたもつことができなくなるおそれがある。

**問4**　海洋プラスチックごみが小さくくだけ，大きさが5mm以下の小さな破片となったものは，マイクロプラスチックとよばれる。

**問5**　(B)と(D)では，プラスチックが消化されるとあるが，一般《いっぱん》に，生物はプラスチックを消化できない。生物がプラスチックを飲みこんだ場合，そのプラスチックは消化されないまま，ふくまれる有害物質などとともに体内にちく積されていくことになる。

**問6**　プラスチックは自然に分解されてなくなることはなく，また，生物が消化することができないので，いつまでも自然界に残り続ける。さらに，プラスチックを飲みこんだ生物の体内には，プラスチックがそのままちく積しているため，この生物をエサとして食べた生物は，そのちく積したプラスチックも飲みこむことになる。このようにして，食物連さによって多くの生物が体内にプラスチックをちく積するようになるため，生態系全体に長期間にわたって大きな影響《えいきょう》をおよぼす。

**2**　**化学変化についての問題**

**問1**　(ア)　ろうの成分である炭素や水素が空気中の酸素と結びついて，二酸化炭素と水ができる。

ろうはまったく別の物質に変化しているので，化学変化である。　(イ)　水たまりが消えたのは，水が蒸発したからである。このとき水は液体から気体にすがた(状態)を変えただけで，別の物質には変化していない。　(ウ)　砂糖が紅茶の水にとけこむ現象は，砂糖のつぶが水のつぶの間に入りこんで起こる。砂糖は別の物質に変わってもいないし，消えてなくなってもいない。　(エ)　生卵を加熱すると黄身と白身が固まるのは，黄身や白身をつくるタンパク質が変形し，タンパク質どうしがからみ合ってしまうためである。このときタンパク質は別の物質に変わっていない。　(オ)　重そうとお酢《す》の中和反応により，酢酸《さくさん》ナトリウムと水と二酸化炭素ができる。重そうもお酢もまったく別の物質に変化しているので，これは化学変化である。

**問２**　(1)　生じた黒色の物質と砂鉄(鉄)と硫黄《いおう》が混ざったものに対して同じことを行い，結果が異なれば，ともに別の物質であり，砂鉄(鉄)や硫黄が化学変化によって黒色の物質になったと考えられる。もっとも簡単かつ安全にできるのは，磁石につくかどうかを確かめる方法である。なお，両方にうすい塩酸を加え，発生する気体のちがいを確かめる方法もある。ただし，黒色の物質(硫《りゅう》化鉄)の方から発生する気体(硫化水素)は有毒なので，実験には細心の注意を必要とする。　(2)　①　砂鉄７ｇと硫黄４ｇが反応して11ｇの黒色の物質ができたので，硫黄10ｇが過不足なく化学変化を起こすとき，砂鉄の重さは，$10\times\frac{7}{4}=17.5$(ｇ)，できる黒色の物質の重さは，$10+17.5=27.5$(ｇ)となる。　②　硫黄５ｇと過不足なく化学変化を起こす砂鉄は，$5\times\frac{7}{4}=8.75$(ｇ)なので，$5+8.75=13.75$(ｇ)の黒色の物質が生じる。なお，一部の砂鉄は反応しないでそのまま残る。

## 3　星座の見え方についての問題

**問１**　８月10日の21時頃《ごろ》，天頂付近にはこと座のベガ，わし座のアルタイル，はくちょう座のデネブを結んでできる夏の大三角が，また真南から西寄りの空の低いところにはさそり座が見られる。おうし座とふたご座は冬の夜空に見られる星座で，このとき水平線下にある。

**問２**　㋐は北斗《ほくと》七星で，おおぐま座の一部分である。㋑はこぐま座で，尾《お》にあたる×の位置には北極星がある。㋒はＷ字形をしたカシオペヤ座で，北斗七星とともに北極星をさがす手がかりとなる。

**問３**　地球の自転じくの先に北極星があるため，北極星やその近くの星は，地球が１回自転しても水平線下にしずまない。つまり，㋐～㋒の星座はいずれも夜になれば水平線より上につねに見ることができる。

**問４**　図(スケッチ)から６時間後に南中する星座(図の最も高い位置に来る星座)を選ぶ。１日の星の動き(日周運動)は１時間あたり15度で，北の空では反時計回りに動くので，６時間後には反時計回りに，$15\times6=90$(度)動く。よって，最も高い位置に来るのは㋒の星座とわかる。

**問５**　１年の星の動き(年周運動)は１か月あたり30度で，北の空では反時計回りに動くので，１か月後の同じ時刻(21時頃)には，各星座が図の位置から反時計回りに30度移動したところに来る。よって，図と同じになるのは，１日の星の動きで30度ぶん時刻をもどしたとき，つまり，21時頃の，$30\div15=2$(時間)前の19時頃である。

**問６**　１年の星の動きより，３か月前の同じ時刻(21時頃)には，㋑の星座は，$30\times3=90$(度)だけ時計回りに移動した位置にある。北極星が回転の中心となることや，星座の形はくずれないことなどに注意しながらかくと，解答の図Ａのようになる。

## 4　ソーラーライトの回路についての問題

**問1**　(1)　豆電球に流れた電気の量は，グラフの線と縦じく，横じくで囲まれる面積で表されるので，アの場合は，20×200÷２＝2000，イの場合は，40×200÷２＝4000，ウの場合は，10×400÷２＝2000となる。したがって，イの場合は，アの，4000÷2000＝２(倍)，ウの場合は，アの，2000÷2000＝１(倍)である。　(2)　豆電球は100mA以下では光らないので，図１のグラフより，アの場合は10秒間，イの場合は20秒間，ウの場合は，$10\times\frac{3}{4}$＝7.5(秒間)光っている。　(3)　直列接続した２個の豆電球の電気抵抗《ていこう》は１個の豆電球の２倍となるので，電流を流し始めた直後に豆電球に流れる電流は，アの場合の半分の，200÷２＝100(mA)となる。また，コンデンサーの数がアの場合と同じ１個なので，豆電球に流れた電気の量はアの場合と同じ2000になる。よって，電流は，2000×２÷100＝40(秒間)流れると考えられるので，グラフは解答の図Ｂのようになる。

**問2**　昼間，光センサーに光が当たると，光センサーは電気を通すので，コイルに電流が流れる。すると，電磁石がはたらいて金属棒に固定された鉄を引きつけ，金属棒が曲がり，接点から金属棒がはなれる。したがって，LEDに電流が流れないので，LEDは点灯しない。一方，暗くなって，光センサーに光が当たらなくなると，光センサーが電気を通さなくなるので，コイルに流れていた電流がと切れる。よって，電磁石がはたらかなくなり，引きつけられていた金属棒がまっすぐにもどるため，接点に金属棒がつき，LEDに電流が流れるようになって，LEDが点灯する。

## 国　語　＜Ａ入試＞（50分）＜満点：100点＞

### 解　答

一　**問1**　(例)　友達が祝ってくれる誕生日を楽しみにしていたのに，母と妹のせいで延期させられてうらめしい気持ち。　**問2**　(例)　今日は友達が誕生日を祝ってくれる特別な日だったのに，仕事を優先する母に妹の看病をおしつけられたのが納得できないから。　**問3**　(例)　このパペット人形は，ミリにも来歴や名前の由来がわからないほど幼いときから，ミリの家にあったということを表そうとしている。　**問4**　(例)　自己主張が強く物知らずな妹のせいでがまんを強いられても，十四歳の姉として最低限，四歳の妹には苛立ちをかくし通すという思い。**問5**　(例)　ミリがサラに苛立つと，両親はパペット人形を持ち出しておさめようとするが，十四歳のミリはそんな子どもだましにうんざりしていること。　**問6**　(例)　がまんを強いられる姉の自分に比べ，幼いとはいえ，部屋を散らかしても，台所を水浸しにしても，いやいや言ってもおこられないところ。　**問7**　(例)　ミリには両親と三人きりの十年分の思い出があり，それがサラにはとてつもなく良いものに見えているらしいと知っておどろいたから。　**問8**　(例)　両親とミリとの会話にサラが割りこんでくることに苛立つばかりで，なぜサラがそうするのか察してやろうともしなかったから。　**問9**　(例)　さまざまな色をかくし持つオパールのように，苛立ちのもとだったサラの中にも存在する多様さにミリが気づいたことを暗に表そうとしている。　**問10**　(例)　姉としてがまんや世話を強いられていると思い，サラに苛立ってばかりだったミリは，サラが幼くかわいい妹であることをわすれていたから。　**問11**　(例)　小さな手のサラ，ミリと両親の会話にあこがれていたサラ，天井に映った光をつかまえようとするサラ，そういった幼くあどけないサラに気がついて，過ぎていってしまうこのときをおしむ気持

ちになっている。　二　①～⑮　下記を参照のこと。　⑯　しらは　⑰　いえじ　⑱　まどべ　⑲　さかや　⑳　ね(る)

**●漢字の書き取り**

二　①　技芸　②　億万　③　派生　④　小康　⑤　明朗　⑥　創立　⑦　銅像　⑧　資材　⑨　失効　⑩　過多　⑪　鉄鉱石　⑫　歌詞　⑬　条件　⑭　似(た)　⑮　講習

## 解　説

**一　出典は『青いスピン』所収の「コラルド・フェルナンデスと二人の娘《むすめ》（寺地《てらち》はるな作）」による。** 友達が十四歳《さい》の誕生日を祝ってくれる日だったのに，母に急な仕事が入ったせいで，熱を出した妹の看病をすることになったミリと，妹のサラのようすが描《えが》かれている。

**問１**　「今日はミリの誕生日」で「友達三人が誕生日を祝ってくれるはず」だった。しかし，妹が熱を出し，母が「急な仕事」で呼び出されたため「朝から留守番を頼《たの》まれた」のだから，お祝いが延期になって「遺憾《いかん》」な気持ちである。「遺憾」は，期待が外れて残念なこと，くやしいこと。

**問２**　問１でみたとおり，母が「急な仕事」に出なければ，妹の看病をミリがする必要はなく，自分は予定通り友達に誕生日を祝ってもらえる。だから，仕事に行く母に腹が立ち，謝《あやま》られたところで受け入れる気にならなかったのである。

**問３**　十四歳のミリが，人形がいつどこからきたもので，なぜその名前なのかも知らないのだから，赤ちゃんのころ，あるいは，それ以前から家にあったのだろうとわかる。あるいは，傍線《ぼうせん》③をふくむ段落全体で，パペット人形のくわしい外観を描き，名前の由来も来歴も不明だと述べている点に着目すれば，読者を意識した表現と考えることもできる。この三つ後の段落で，「悪いもの」を食べてくれるという設定で，子どもたちをあやす人形だと明かされるので，「何か特別な人形らしいと読み手に期待させるため，名前の由来も来歴も分からない，なぞめいた感じを表そうとしている」のような内容でもよい。

**問４**　「いちおう」は，十分ではないが最低限の条件は満たしているようす。前に，「あまりものを知らない」サラが「そこら一帯」を水浸《みずびた》しにしたのに，なぜかミリが母にしかられたこと，「自己主張が強すぎる」サラが両親とミリの会話に割りこんでくることなどに，「苛立《いらだ》ち」をつのらせてきたミリのようすが描かれていた。ただし，十四歳の「姉」としては，四歳の妹に対する苛立ちを最低限「かくしているつもり」なのである。

**問５**　「茶番」は，芝居《しばい》がかっている見えすいた行動を表す。ミリがサラに苛立つと，「悪いもの」を全部「食べてくれる」という設定のパペット人形を持ち出して，両親がなだめようとするのを「茶番」と言っている。ミリはもう十四歳で，むしろ，パペット人形を持ち出されるばかばかしさに，いやけがさしているのである。

**問６**　ミリの口から「サラはずるいよ」と出るまでの成り行きを整理する。サラの世話を頼まれたミリには，問１でみたように，うらめしい気持ちがある。それなのに，何か食べさせて薬を飲ませようとすると，サラは何でも「いや」と言い，ミリがとがめると泣き出したので，ミリは途方《とほう》に暮れ，「サラはずるい」，「部屋を散らかしても，台所を水浸しにしても，いやいや言っても，全然おこられない」と思っている。この後，サラをようやく落ち着かせたときには疲《つか》れ切っていたので，その思いが口から出たのである。また，直前の段落で，逃《に》げ出せないコラルド・フェルナンデス同様，姉の「立場から降りられない」と思っていることが書かれているので，自分は姉だからがまんしているのに，という内容を入れてもよい。

**問７**　「パパとママとミリちゃんはサラの知らない話ばっかりして，ずるい」とサラに言われ，思いがけない内容にミリが考えこんだようすである。次の段落に，ミリが考えたことが書かれているので，その内容をもとにまとめる。

**問８**　問７でみたように，サラが「ずるい」と言うまで，ミリは三人の話に割りこんでくるサラに苛立ち，「自己主張」が強すぎると考えていた。つまり，ミリが自分を「あんまりかしこくない」と思ったのは，サラの気持ちを察してやれなかったからである。これを整理してまとめる。

**問９**　ここまでに描かれてきたサラは，幼く自己主張が強いだけでなく，まだパペット人形のまじないが効く，ミリと両親が共有する思い出をうらやましがる，母を行かせたくなくてオパールのイヤリングをかくす，など，生まれたばかりの「かわいい」姿も思い出させるものだった。サラの多様な姿に気づいたことが，「さまざまな色」を奥《おく》にかくし持っているオパールと重ねることで表されていると考えられる。

**問10**　前で，生まれたての何もかも小さな「かわいいサラ」を回想しているのに着目する。その流れで，今ミリのとなりで光をつかまえようとしている四歳のサラの手も「すごく小さい」ことに，あらためておどろいたのである。ここにいたるきっかけを簡潔にまとめて説明する。

**問11**　問10で検討したように，ミリは手のかかるサラに苛立ち，生まれたばかりの「かわいいサラ」をわすれていたことに気づいている。天井《てんじょう》に映った光をつかまえようとしていた，あどけない今のサラも，生まれたばかりのサラと同じように，過ぎていってしまうのである。サラのせいでがまんを強《し》いられているという不満にとらわれて，まだ幼いサラのあどけなさやかわいらしさを見ていなかったことをくやみ，今をいつくしんでいるというような内容をまとめるとよい。

**二　漢字の書き取りと読み**

①　美術，工芸，手仕事などの技術。芸能のわざ。　②　数が非常に多いこと。　③　もとのものから別のものが分かれて生じること。　④　事態がしばらくの間，おさまっていること。　⑤　明るくほがらかなようす。　⑥　初めて組織や機関をつくりあげること。　⑦　人や動物などの姿を銅で形作った像。　⑧　物を作る材料。　⑨　効力を失うこと。　⑩　多すぎるようす。　⑪　鉄の原料となる天然の鉱物。　⑫　曲にのせて歌う言葉。　⑬　ある物事が成り立つために必要なことがら。　⑭　音読みは「ジ」で，「類似品」などの熟語がある。

⑮　集まって学問や技術などを学ぶこと。　⑯　「白羽の矢が立つ」で，多くの中から特別に選び出される意味。「白」の音読みは「ハク」で，「紅白」などの熟語がある。訓読みにはほかに「しろ」がある。「羽」の音読みは「ウ」で，「羽毛」などの熟語がある。訓読みにはほかに「はね」がある。　⑰　わが家へ帰る道。「家」の音読みは「カ」「ケ」で，「画家」「家来」などの熟語がある。訓読みにはほかに「や」がある。「路」の音読みは「ロ」で，「道路」などの熟語がある。

⑱　窓のそば。「窓」の音読みは「ソウ」で，「同窓会」などの熟語がある。「辺」の音読みは「ヘン」で，「平行四辺形」などの熟語がある。訓読みにはほかに「あた(り)」などがある。　⑲　酒を売る店。「酒」の音読みは「シュ」で，「梅酒」などの熟語がある。訓読みにはほかに「さけ」がある。「屋」の音読みは「オク」で，「屋上」などの熟語がある。　⑳　音読みは「レン」で，

「練習」などの熟語がある。

# 2023年度 学習院女子中等科

【算　数】〈B入試〉(50分)〈満点：100点〉

［注意］ どの問題にも答えだけでなく途中《とちゅう》の計算や考え方を書きなさい。

**1** 次の□にあてはまる数を求めなさい。

(1) $2\times2\times17\times19-2\times3\times17+3\times17\times19-2\times2\times2\times17=\square$

(2) $1-\frac{21}{5}\div\left(\frac{311}{\square}+\frac{2}{3}\right)=0.92$

**2** 【図1】のスプーンを使って，0から9までの数字を，【図2】のように表します。例えば，「0」は6本のスプーン，「1」は2本のスプーンを使って表されます。ちょうど9本のスプーンを使って表せる2けたの整数は，何通りありますか。

【図1】

【図2】

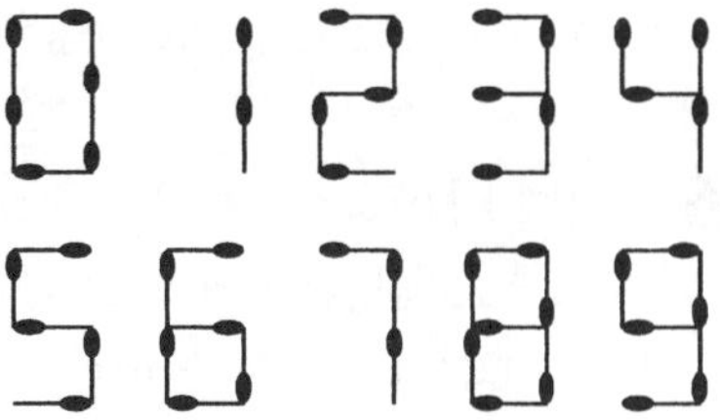

**3** 【図1】のように，点Oを中心とする半径5cmの円周上に点P，半径10cmの円周上に点Qがあり，点O，P，Qが同じ直線上に並んでいます。点Pは毎秒4cm，点Qは毎秒3cmの速さで円周上を【図1】の矢印の向きに進みます。【図1】の状態から，点Pと点Qが同時に動き始め，どちらもちょうど1周すると止まります。円周率を3.14として，次の問いに答えなさい。

【図1】

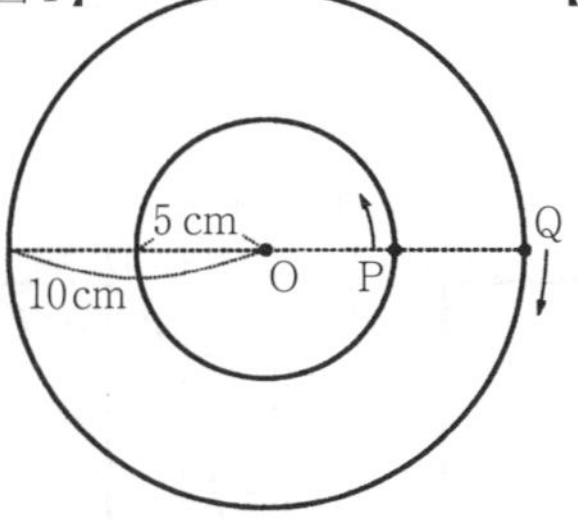


【図2】

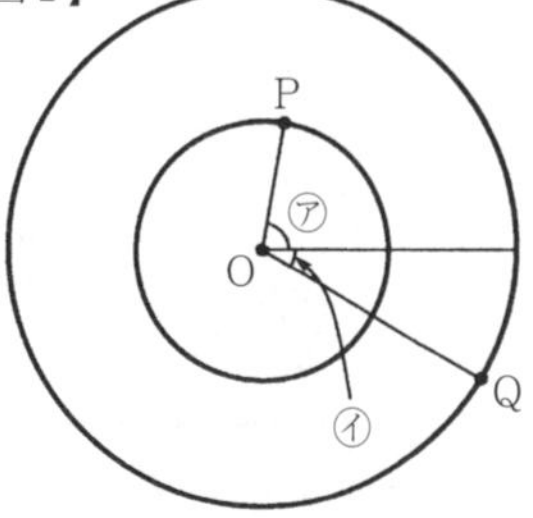


(1) ある時間が経過したとき，点Pと点Qの位置は【図2】のようになりました。㋐と㋑の角度の比㋐：㋑をできるだけ簡単な整数の比で表しなさい。

(2) 動き始めてから最初に点P，O，Qが同じ直線上に並ぶのは，何秒後ですか。答えは四捨五入して小数第1位まで求めなさい。

**4** 赤い玉と白い玉を合わせて17000個用意して，次のルールに従って箱A，Bに分けます。

赤い玉→97％は箱Aに，残りは箱Bに分ける。
白い玉→99％は箱Bに，残りは箱Aに分ける。

(1) 用意した玉のうち，100個が白い玉で，残りがすべて赤い玉であるとき，箱Bに分けられる赤い玉と白い玉の個数をそれぞれ求めなさい。

(2) 箱Bに分けられる赤い玉と白い玉の個数が等しくなるのは，赤い玉を何個用意したときですか。

**5** 　A地点からC地点を結ぶ道の途中にB地点があり，A地点からB地点までは720mです。桜子さんはA地点を出発して自転車で一定の速さで進み，5分15秒後にC地点に到着《とうちゃく》し，休まずにA地点に向かって折り返しました。

太郎さんは，桜子さんがA地点を出発するのと同じ時刻にB地点を出発し，C地点に向かって一定の速さで歩いたところ，3分後に桜子さんに追いこされ，その3分36秒後に出会いました。次の問いに答えなさい。

(1) 桜子さんがC地点に到着したとき，太郎さんはC地点まであと何mのところにいましたか。

(2) 桜子さんと太郎さんの速さは，それぞれ分速何mですか。

**6** 　【図1】のような一辺が4cmの正方形を6個組み合わせてできた画用紙を折って，【図2】のような立方体を作ります。【図2】の立体を6点P，Q，R，S，T，Uを通る平面で切りとると，【図3】のようになります。さらに，【図3】の立体を4点B，D，H，Fを通る平面で切りとると，【図4】の色のついた部分だけが残ります。次の問いに答えなさい。

【図1】

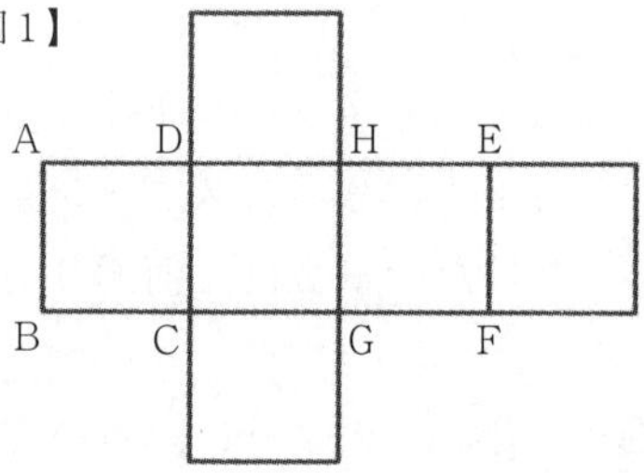


【図2】

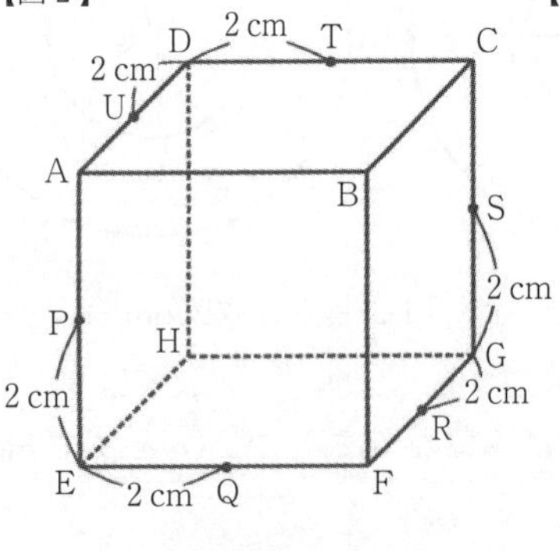


【図3】

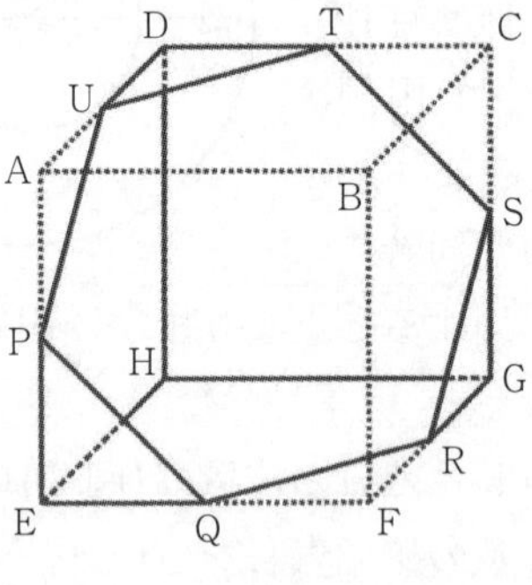


【図4】　残った画用紙

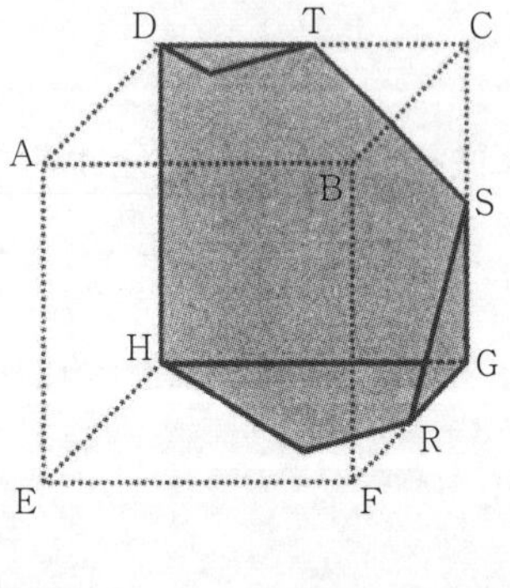


【図5】

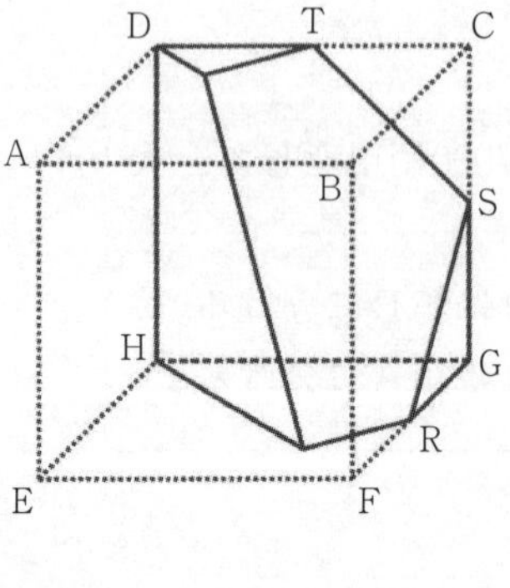

(1) 【図5】のような，残った画用紙と切断された面とで囲まれてできる立体の体積を求めなさい。

(2) 【図4】の色のついた部分を展開した図を，下の図に斜線《しゃせん》で表しなさい。ただし，図中の●は各辺の真ん中の点です。

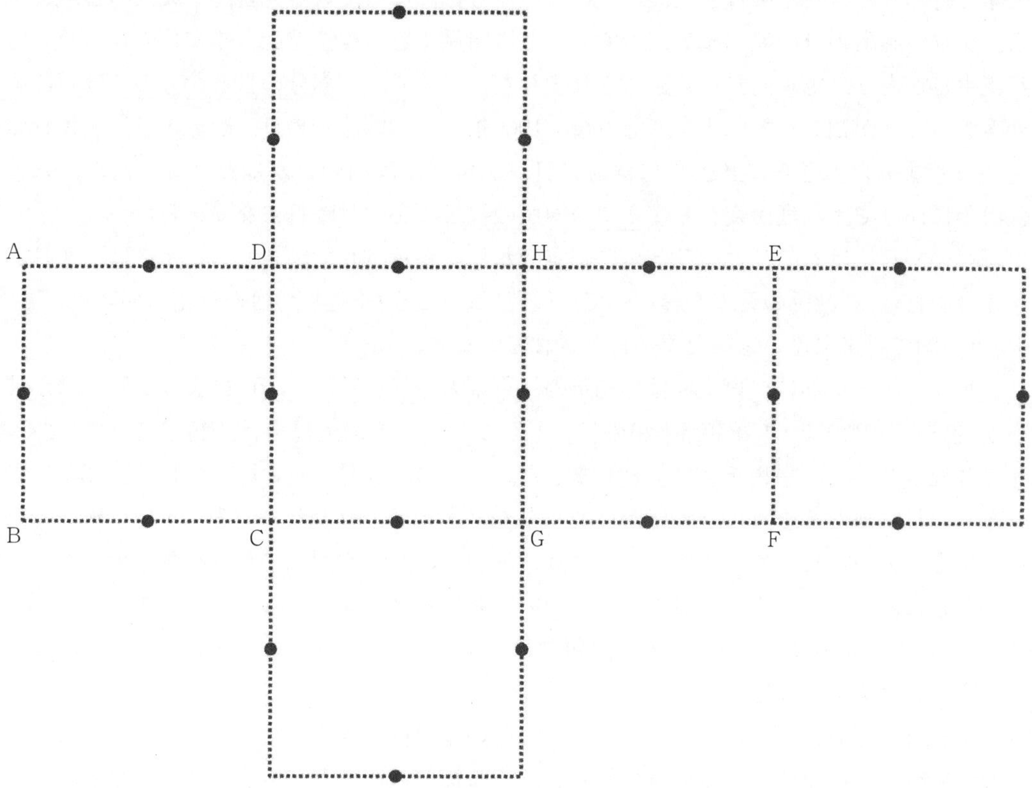


〈編集部注：編集上の都合により原図の85％に縮小してあります。〉

(3) (2)の斜線部分の面積を求めなさい。

**【社　会】〈B入試〉**(30分)〈満点：60点〉

**1**　次の文章を読み，以下の問いに答えなさい。

日本には国民の祝日が16日あります。1948年には全部で9日の国民の祝日が定められました。日本で行われてきた年中行事や儀式(ぎしき)がもとになっている元日，①成人の日，こどもの日，②勤労感謝の日の他，歴史上のできごとに関係する③憲法記念日や文化の日，そして④天皇誕生日があり，毎年同じ日に定められました。一方で，⑤春分の日と秋分の日は年により日が変わることが知られています。その後，1966年には建国記念の日，敬老の日，⑥体育の日が定められました。さらに1995年には海の日，2014年には山の日が加わりました。1998年から2001年にかけて，制度が変わり⑦4つの国民の祝日は必ず月曜日になりました。

国民の祝日にはそのひとつひとつに制定のねらいが示されています。たとえば，4月29日の(　1　)の日は，「激動の日々を経(へ)て，復興(ふっこう)を遂(と)げた(　1　)の時代を顧(かえり)み，国の将来に思いをいたす」日とされています。

国民の祝日とは別に，東京都は1945年の⑧東京大空襲(くうしゅう)により下町地域が被(ひ)害を受けた(　2　)を，「東京都平和の日」としました。また広島市は1945年に原爆(ばく)が投下された(　3　)を「平和記念日」としました。さらに，9月1日の防災の日は1923年に(　4　)が起きた日にあたります。そのほかにも，日本で古くから行われている⑨年中行事や⑩祭りがもとになっている日もあります。このように，国民の祝日や記念の日は戦争や災害などの歴史上のできごとをふり返り，今後の日本について考えるきっかけにもなっています。

問1　空らん(1)～(4)にあてはまる語句や月日を答えなさい(2，3は解答らんにあてはまるように数字を答えなさい)。

問2　下線部①の成人の日は，元服(げんぷく)という男性の成人を祝う儀式がもとになっている。平安時代，この儀式は貴族の家で行われ，その後に武士などにも広まった。平安時代のできごとではないものを，次のア～エより1つ選び，記号で答えなさい。

ア．平等院鳳凰(ほうおう)堂が建てられた　　イ．『日本書紀』ができた

ウ．遣唐使が停止(ていし)された　　エ．『枕草子』ができた

問3　下線部②の勤労感謝の日は，新嘗(にいなめ)祭という新しい収かくに感謝する祭りがもとになっており，弥生時代にはすでに行われていたとされている。弥生時代の説明として正しくないものを，次のア～エより1つ選び，記号で答えなさい。

ア．倭の奴国の王が後漢に使いを送り，光武帝から金印をあたえられた

イ．高温で焼かれた，うすくてかたく，もようが少ない土器が使われた

ウ．中国や朝鮮半島から青銅器や鉄器などの金属器が伝わった

エ．豊かな収かくを願って土偶がつくられた

問4　下線部③について，憲法記念日は日本国憲法の施行(しこう)を記念して，文化の日は日本国憲法の公布を記念して定められた。次のア～エは日本国憲法の公布・施行の後のできごとである。古いものから年代順になるように記号を並べかえなさい。

ア．国際連合に加盟した　　イ．日中平和友好条約を結んだ

ウ．サンフランシスコ平和条約を結んだ　　エ．沖縄が日本に復帰した

問5　下線部④について，明治天皇の代から現在まで行われている年号(元号)の制度の内容を説明しなさい。

問６　下線部⑤について，春分の日と秋分の日は国立天文台が前年の２月に公表する暦要項(れきようこう)により決められている。日本では江戸時代から天文学が発達した。江戸時代に天文学や測量術を学び，幕府の命令を受けて全国各地を測量し，正確な日本地図を作製した人物の氏名を答えなさい。

問７　下線部⑥について，以下の問いに答えなさい。

(1)　体育の日は10月10日に定められた。これは1964年に日本で93の国と地域が参加して開かれた催(もよお)しの開会式の日であった。この催しの名前を開かれた場所の地名をふくめて答えなさい。

(2)　体育の日は2020年から名前が改められた。現在の名前を解答らんにあてはまるように答えなさい。

問８　下線部⑦について，「４つの国民の祝日」にふくまれないものを，次のア～エより１つ選び，記号で答えなさい。

ア．成人の日　　イ．建国記念の日

ウ．海の日　　　エ．敬老の日

問９　下線部⑧について，日本への空襲が激しくなったため，前年の1944年から都市部の児童は空襲を避(さ)けて地方へ移り住まなければならなかった。これを何というか，答えなさい。

問10　下線部⑨について，七五三で知られる11月15日は，江戸時代に生類憐(あわれ)みの令を定めた将軍が長男の３才の祝いを行った日である，と幕府の記録に記されている。この将軍の氏名を答えなさい。

問11　下線部⑩について，京都の祇園(ぎおん)祭は応仁の乱によって中断された。応仁の乱の後，日本の政治はどのように変化したか，説明しなさい。

**2**　以下の問いに答えなさい。

問１　次の表のＡ～Ｅにあてはまる国を下の あ～お より選び，記号で答えなさい。

| (2020年) | 輸出品１位 | 輸出品２位 | 輸出品３位 | 輸出相手国１位 | 輸出相手国２位 | 輸出相手国３位 |
|---|---|---|---|---|---|---|
| Ａ | 機械類 | 自動車 | 精密機械 | カナダ | メキシコ | 中国 |
| Ｂ | 鉄鉱石 | 石炭 | 天然ガス | 中国 | 日本 | 韓国 |
| Ｃ | 茶 | 野菜と果実 | 切り花 | ウガンダ | パキスタン | イギリス |
| Ｄ | 機械類 | 石油製品 | 医薬品 | ドイツ | ベルギー | フランス |
| Ｅ | 機械類 | 自動車 | 精密機械 | 中国 | アメリカ | 韓国 |

※表中の「輸出品１位」はある国の輸出額にしめる割合が最も高い品目，「輸出相手国１位」はある国の輸出額にしめる割合が最も高い国，を示す

『データブック オブ・ザ・ワールド 2022年版』による

あ．アメリカ

い．オーストラリア

う．オランダ

え．ケニア

お．日本

問２　次のページの①～⑥は，２つの府または県の境に位置している。２つの府県名をそれぞれ答えなさい。

① 讃岐(さぬき)山脈
② 大台ケ原山(日出ヶ岳)
③ 利根川河口
④ 十和田湖
⑤ 比叡(ひえい)山
⑥ 富士山

問３ 右の地図は，ある県の形を示したものである。この県名を答えなさい。また，この県を代表する観光地を１つ選び，その観光地を宣伝するための文を書きなさい。

**3** 次の文章を読み，以下の問いに答えなさい。

近年，日本の平均賃金は①OECD加盟国の中で低い順位に位置しています。かつての高度経済成長期には，1960年当時の②内閣が手がけた「( １ )倍増計画」が早期に実現され，賃金も大きく増え，「一億総( ２ )」という言葉があったほどでした。1970年代の( ３ )をきっかけに，経済成長の勢いと賃金の増加はゆるやかになりましたが，賃金が下がることはほとんど見られませんでした。ところが，2000年前後から賃金は下がるか横ばいが多く，現在までほとんど変化していません。しかも国民の間の( １ )格差は大きく広がり，③子どもの貧困(ひんこん)が社会問題化しています。

2021年10月に発足した【 Ａ 】内閣は，「成長」と「( ４ )」の両面から日本経済の再建を目指し，「新しい【 Ｂ 】主義」というスローガンをかかげています。「( ４ )」の面では，賃金の増加によって( ５ )をうながして，経済を活性化させようとしています。【 Ａ 】内閣は，④企業(きぎょう)の経営者に対しても従業員の賃金を上げるように呼びかけています。

もともと【 Ｂ 】主義は( ６ )での経済活動が自由であればあるほど経済社会が発展すると考え，政府の役割は小さくてよいとされていました。自由な経済活動を認めると，少しでも多くの利益を得ようとして，企業間の( ７ )が生まれます。その( ７ )は，より安く良い商品を作ろうとする生産者側の努力につながり，結果的に( ５ )者にも利益があると考えられました。実際のところ，【 Ｂ 】主義のもとで( ８ )革新が進み，便利で豊かな社会になりましたが，その一方で多くの問題にも直面しています。この反省から，現代の【 Ｂ 】主義は( ６ )での経済活動は完全な自由ではなく，⑤政府が個人や企業の経済活動にどの程度かかわるのが適切であるかについて，日々議論されています。

問１ 空らん(１)～(８)にあてはまる語句を次のア～チより選び，記号で答えなさい。

| | | | | | |
|---|---|---|---|---|---|
| ア．消費 | イ．分配 | ウ．競争 | エ．談合 | オ．中間 | カ．中流 |
| キ．上流 | ク．上級 | ケ．技術 | コ．市場 | サ．所得 | シ．家計 |
| ス．物価 | セ．計画 | ソ．バブル | タ．石油危機 | チ．リーマン・ショック | |

問２ 【Ａ】にあてはまる首相の氏名を答え，【Ｂ】にあてはまる語句を答えなさい。

問３ 下線部①について，OECDとは何か，漢字８文字で答えなさい。

問４ 下線部②に関連して，日本国憲法に定められている，内閣が裁判所に対してもつ権限を１つ答えなさい。

問５ 下線部③に関連して，日本には子どもの貧困をなくすための法律もある。なぜ，子どもの貧困を解決することが社会全体にとって必要であるのか，その理由を説明しなさい。

問６　下線部④に関連して，従業員が企業の経営者に賃金を上げるよう要求するための権利が日本国憲法で保障されている。この権利を１つ答えなさい。

問７　下線部⑤に関連して，民間企業に任せないで政府がするべき仕事または政府でなくてはできない仕事には何があると考えるか。その仕事を１つあげ，なぜその仕事を民間の企業ではなく政府がするべきだと考えるか，理由を説明しなさい。

**【理　科】**〈Ｂ入試〉(30分)〈満点：60点〉

**1**　流れる川の水には，地面をけずる( ① )作用，土や石を運ぶはたらきをする( ② )作用，流されてきた土や石を積もらせる( ③ )作用があります。川の上流域の山の中では，土地のかたむきが大きいため，水の流れが速く川はばがせまいので，( ④ )作用が盛んです。中流域では，土地のかたむきが小さくなり支流の水が集まるので，流れはゆるやかで川はばが広くなり( ⑤ )作用が盛んです。下流域では平地が多く，流れがさらにゆるやかになり，川はばがさらに広がるため，( ⑥ )作用がよくはたらくようになります。川が曲がっているところでは，カーブの内側は流れる速さが( ⑦ )，水深が( ⑧ )のに対し，外側は速さが( ⑨ )，水深が( ⑩ )ことが知られています。

問１　文中の①～⑩にあてはまる語を答えなさい。同じ語を何度使っても構いません。

問２　次の(ア)～(エ)の地形はいずれも川のはたらきによって形成されたものです。上流にできやすいものから順に並べなさい。

(ア)　三日月湖　　(イ)　扇《せん》状地　　(ウ)　Ｖ字谷　　(エ)　三角州

問３　大雨によって川の流量が増えてこう水が発生すると，私たちの生活に大きな被《ひ》害が生じますが，昔はこう水が生活に役立つ事もありました。こう水にはどのような利点があったのか答えなさい。

**2**　温度が変わるときの金属の長さの変化について，以下の問いに答えなさい。

金属は温度が高くなると［　ア　］します。そのため，金属棒の長さは，温度が高くなると長くなります。金属でできたまっすぐな棒Ａには，長さをはかるための目盛りが入っていて，棒の温度が０℃のとき，正しい長さを示します。棒Ａの長さは０℃のとき3000mmでした。棒Ａは温度が20℃上がると，全体の長さが１mm長くなることがわかっています。

図１

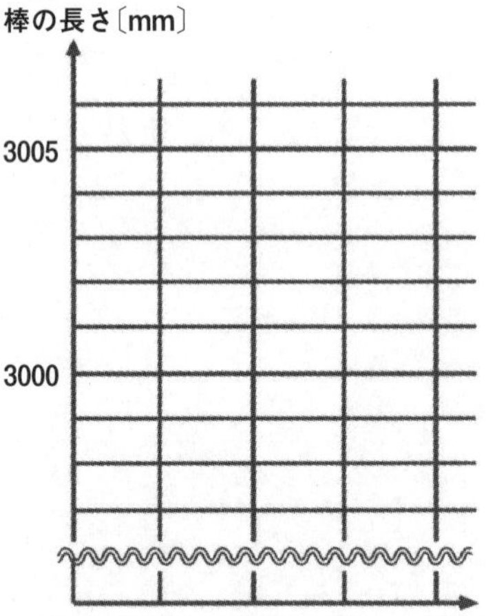


問１　文中の［ア］に入る語を答えなさい。

問２　3000mmは何mですか。

問３　棒Ａを用いて室温が20℃の状態で，別のまっすぐな金属棒Ｂの長さをはかったところ，棒Ｂの長さは棒Ａの目盛りの3000mmの位置でした。20℃での棒Ｂの正しい長さは何mmですか。

問４　棒Ｂの長さを調べたところ，温度が20℃変化すると長さが２mm変わることがわかりました。０℃での棒Ｂの長さは何mmですか。

問５　棒Ａと棒Ｂについて，長さと温度の関係を図１にそれぞれグラフで示しなさい。どちらが棒Ａか棒Ｂかわかるようにすること。

図２

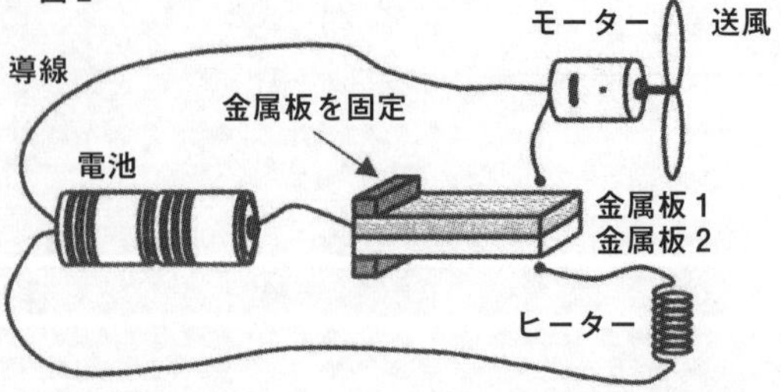


問６　金属板１は棒Ａと同じ金属，金属板２は棒Ｂと同じ金属でできた板です。この２枚の同じ形の板をはりあわせて図２のような装置をつくりました。この装置は気温によってモー

ターが回ったり，ヒーターから熱が出たりします。モーターが回る場合について金属板の性質をもとに，その仕組みを説明しなさい。

**3** 世界中に生息するクモのうち，約半分の種類が網《あみ》を張って獲《え》物を待ちぶせします。網にはいくつかの種類がありますが，木の枝と枝の間などに円形に近い網を張って待ちぶせしているクモを観察すると，どちらを向いて待ちぶせしているかが種類ごとに決まっていることがわかりました。

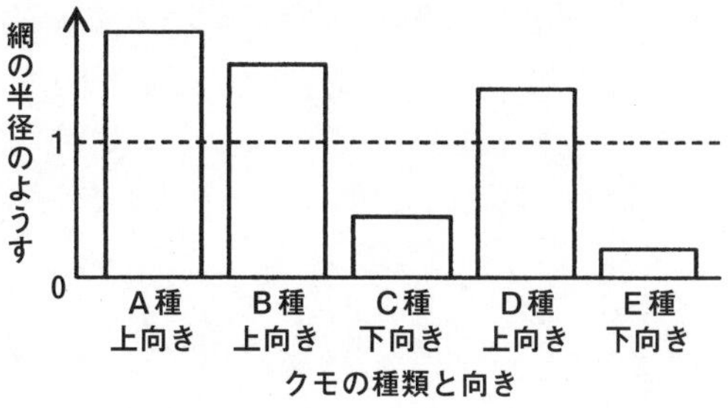


問1　こん虫やクモの仲間などのような，からだやあしに節のある動物をまとめて何と呼びますか。また，その動物にあてはまるものを次の①～④から1つ選び，番号で答えなさい。

①　ウニ　　②　カニ　　③　ナマコ　　④　クラゲ

問2　問1で答えた動物は，何をくり返して成長しますか。

問3　図は待ちぶせする5種類のクモの向きと網の半径の関係を示したグラフです。たて軸《じく》の「網の半径のようす」は，網の中心から上半分の半径を下半分の半径で割った値です。図から「クモの向き」と「網の半径のようす」には，どのような関係があるといえますか。

問4　もし横向きに待ちぶせするクモがいた場合，「網の半径のようす」はどのような値になると考えられますか。

問5　セアカゴケグモは，本来日本にはいないはずの毒グモです。このクモのように，人の手によって本来生息していない地域に持ちこまれた生物を何と呼びますか。

問6　問5のような生物によって，本来生息している生物の生活がおびやかされ，絶めつに追いやられてしまう可能性もあります。このような絶めつのおそれのある野生生物のリストを何と呼びますか。

**4** マグネシウム1.8gを完全に燃焼させたところ，白色の固体3.0gに変化しました。実験に用いたマグネシウムは，うすくのばしたものを用いました。

問1　マグネシウムのかたまりではなく，うすくのばしたものを用いたのはなぜですか。

問2　もとのマグネシウムに比べて，完全に燃焼した後の白色の固体が重くなったのはなぜですか。

問3　マグネシウムを2.4gにして，同様に燃焼させたところ，完全に燃焼しました。白い固体は何gできますか。

問4　マグネシウムを9.0gにして，同様に燃焼させたところ，完全には燃焼しませんでした。実験後に残った固体の重さをはかったところ13.5gでした。燃焼しなかったマグネシウムは何gですか。小数で答えなさい。

⑨ ヨクシュンから中学生だ。

⑩ シッソな生活。

⑪ コウウ量を調べる。

⑫ 様々なシュウキョウ。

⑬ キョウが冷める。

⑭ 友人を家にマネく。

⑮ アブない目にあう。

⑯ 身の潔白を証明する。

⑰ ねこの額のような庭。

⑱ 野宿を重ねる。

⑲ 上体を反らす。

⑳ 絵空事を並べる。

「まぁ、おかげでこれが描けたんだし」
「だよな、私のおかげだよな」
「調子乗んなよ」
「すんません」
鈴音がまた頭を下げた。
⑨いつまでたっても顔を上げないので、僕は、ちゃんと鈴音に体を向けて、
「いいよ」
と言った。

（歌代《うたしろ》　朔《さく》『スクラッチ』）

注1　アクリルガッシュ…絵の具の種類のひとつ
注2　シンク…手や道具を洗う所
注3　慟哭…声をあげて泣き悲しむこと
注4　イーゼル…絵を描くためのキャンバスを立てかけるもの
注5　僭越…身分に合わない言動に対するけんそんの気持ち

問1　傍線《ぼうせん》①「……この墨で汚されたのは、今の僕らそのものじゃないか」とあるが、「墨で汚された」とは、「今の僕ら」のどのような状態を表しているか、説明しなさい。

問2　傍線②「そうだ、なんかこの絵は嘘っぽいって心のどこかでずっと思っていたんだ」とあるが、なぜ「僕」は「この絵は嘘っぽい」と「思っていた」のか、説明しなさい。

問3　傍線③「これは真っ黒じゃない。僕は知っている。／この黒の下にたくさんの色彩が詰まっている」とあるが、「この黒の下にたくさんの色彩が詰まっている」とは、どのようなことを表しているか、ていねいに説明しなさい。

問4　傍線④「窓からの日差しは傾いて、西日特有の、蜂蜜のようにまろやかな光が、薄汚れたシンクに差しこんでいる」とあるが、この表現で作者はどのようなことを表そうとしているか、説明しなさい。

問5　傍線⑤「『……!!』／息を吸いこむ音と同時に、鈴音は、破裂したように大声で泣き出した」とあるが、この時の鈴音の気持ちを説明しなさい。

問6　傍線⑥「また、息をのむ音がした」とあるが、この時の鈴音の気持ちを説明しなさい。

問7　傍線⑦「鈴音ははっと口をつぐんで、それからゆっくりと首を横にふった」とあるが、この時の鈴音の気持ちを説明しなさい。

問8　傍線⑧「スクラッチが、あぁ、スクラッチってこういう削り出しの技法の名前ね」とあるが、「僕」が絵を「スクラッチ技法」で描いたのはなぜか、「僕」がこの絵を描いている時の様子をふまえてていねいに説明しなさい。

問9　傍線⑨「いつまでたっても顔を上げないので、僕は、ちゃんと鈴音に体を向けて、／『いいよ』／と言った」とあるが、「僕」が「ちゃんと鈴音に体を向け」たのはなぜか、本文全体をふまえて説明しなさい。

二　次の傍線のカタカナは漢字に、漢字はひらがなに直しなさい。

①　キミツ情報。
②　ジュエキを好む虫。
③　同音イギ語。
④　ヒョウシキに従う。
⑤　イチョウ薬を飲む。
⑥　人材をトウヨウする。
⑦　中央カンチョウの役人。
⑧　大臣のキョシュウ。

立ち上がって黄色いマスキングテープで鈴音の足元に、立ち位置の目印を張りつけた。それからキャンバスに戻《もど》って部のデジカメでモデル撮影《さつえい》。

「いいよ、見ても」

絵を汚したという罪悪感があったんだろう、めずらしくおとなしくしていた鈴音がかけ寄るように僕のほうに回りこんだ。

⑥また、息をのむ音がした。

キャンバスいっぱいに虹色の線を削り出したとき。

ピカソの『泣く女』っていう有名な作品は、ピカソの浮気《うわき》で泣く恋《こい》人《びと》をその場で描いたものっていう説を知って、なんだそれふつうにひどい男じゃないかって思ったけれど、注5僭越《せんえつ》ながら今ならちょっとその気持ちがわかる気がした。

いや、別に恋人とか浮気とかそんなんじゃないけど。気持ちをまっすぐに爆発させている人の、パワーとか、そういうものが、僕は美しいと思った。

だったら、描くしかないじゃないか。

「……これ、うち？」

「だね」

鈴音はぽかんと口を開けたままじっと絵を見て、少し離《はな》れて全体を見て、また近づいてしっかり見て、絵から目を離すことなく、ほうっとため息をついた。

泣いたあとだからか、ほっぺたが赤くて、まつげがきらきらしている。

こんなにきらきらとした目でまじまじと絵を見られたことが僕にはなくて、少し照れくさいような、こわいような、そんな気持ちになってきた。

どう？　と聞きたい。そう思ったとき。鈴音がきゅっと僕を見た。

「鼻水まで描くことないじゃん！　きらっきらやん、鼻水！」

「はな……あぁ……鼻水、ね」

僕は拍子《ひょうし》抜《ぬ》けして言った。

「ひどくね？　乙女《おとめ》の泣き顔勝手に描いたあげくに鼻水垂らしてるって！」

「乙女を描いた覚えはないなぁ」

「うわ、マジ腹立つっ！　いやがらせかよっ」

「いやがらせで描いたように見える？」

いつもの鈴音になって、ちょっとほっとしながら僕は言った。⑦鈴音ははっと口をつぐんで、それからゆっくりと首を横にふった。

「ううん。すごい。すごいきれいだと思った。鼻水出てんのに。ひどい顔なのに」

「うん」

それから僕はもう一度ティッシュの箱を鈴音に差し出した。鈴音は照れたように笑って、また盛大《せいだい》に鼻をかんだ。

ぐちゃっと丸めたティッシュいくつかを、片手でわしっとつかんで、ごみ箱に捨て、捨てる勢いでごみ箱を蹴飛《けと》ばしてあわてて戻してから、鈴音が聞いてきた。

「これ、描くために黒く塗りつぶしたの？」

「いや、正直何を描くかは決めてなかったんだけどさ。塗りながら、⑧スクラッチが、あぁ、スクラッチってこういう削り出しの技法の名前ね。それができるなぁとは思っていた。もとのあれは何か嘘っぽいって自分で思ってたから、やり直したかったし」

「嘘っぽい？　あのきれいな絵、好きだったのに。絵に見とれるって初めてだった。だから、汚しちゃって、ほんと、ほんっと、悲しくて、辛《つら》くて、マジ自分いやになって、」

言いながら鈴音がまた泣きそうになったので、僕は静かに言った。

声で泣いている鈴音の涙や鼻水が、西日できらきらしていることに気づいた。わんわん泣いている姿が、きれいだと思った。思ってしまった。悲しみや衝撃《しょうげき》に無になるんじゃない。もうまっすぐに、感情を爆発《ばくはつ》させている姿だ。

「……ちょっとここに立って」

僕は鈴音の腕《うで》を引いて、注4イーゼルの後ろに立たせた。鈴音は言われるままに立って、泣き続けた。

僕は絵の具セットから、パレットナイフを取り出す。

黒のキャンバスに手を置く。もう乾いている。大丈夫《だいじょうぶ》。

僕の毛穴がぶわっと一気に開いたような感覚になった。

……いける！

そっと慎重に、それから静かに力をこめて、僕は黒を削《けず》り出していく。

パレットナイフを短く持った指先に伝わる、下絵の凹凸《おうとつ》に少しずつ引っかかる感覚。

足元にガリガリと薄く削られて落ちる黒のアクリルガッシュの細い破片《はへん》。

――スクラッチ技法。

黒い絵の具の中から、僕が描いていたあざやかな色合いが、虹色《にじいろ》が、細く細く顔をのぞかせる。

削れ。削れ。削りだせ。

これが僕だ。今の僕らだ。

塗りつぶされて、憤《いきどお》って、うまくいかなくて、失敗して、大声で泣いてわめいて、かすかな抵抗《ていこう》をする。

僕の心臓はどきどきしてくる。体温が上がる。いいぞ。慎重につかみ取れ。決して逃《にが》すな。対象を捉《とら》えろ、この鈴音の爆発を捉えろ、削り出し、描け。描け描け描け描け!!!

これは狩猟《しゅりょう》だ。獲物《えもの》を捕《つか》まえろ。生け捕《ど》れ。

こんな好戦的な気持ちで絵を描いたのは生まれて初めてだ。

何が変わるわけじゃないけれど、嘘をつくよりか、全力で泣いている鈴音のほうが、よっぽど生きている感じがする。

ああ、これだ。

僕は。

僕はこれが描きたい。

鈴音は、僕が何も言わずに手を動かしているので、けげんに思ってきたようで、少しずつ呼吸が落ち着いてきた。

こちらをのぞきこもうと一歩踏《ふ》み出《だ》したので、

「そこ、動かないで」

と短く釘《くぎ》を刺《さ》す。

僕の鋭《するど》い声に、鈴音は少しとまどったように、その場で直立した。ずるずると鼻水をすすり、ハンカチすら持っていないんだろう、手の甲《こう》で鼻のあたりをしきりにこするので、さすがにかわいそうになって、僕は部室のティッシュを箱ごと彼女《かのじょ》の手の届く机にぽんと置いた。

鈴音は、遠慮なしに、まぁさすがに顔は僕から背《そむ》けて、音をたてて鼻をかんだ。

それからもう一枚ティッシュを取って(その勢いでまぁ案の定ティッシュの箱を落としたりしながら)目元を豪快《ごうかい》に拭《ふ》きながら僕を見た。

「……何描いてるん?」

「……もうちょい待って」

僕はきりがいいところまで削ると、キャンバスを見た。

ふうっと息を吐《は》く。

まだちょっとどきどきしている。

指先までもが熱を持っているように、赤くなっていた。

もしもあのとき、あの汚れをなかったことにして絵を描き直したりせず、汚れたクレヨンのまま、何もかも引き受けて、タンポポを描ききっていたら……。

あれからずっと、僕があざやかな色で塗りつぶしてふさいできたその内側には、一体どんな色たちがうごめいていたんだろう。

鈴音に汚されたこの絵を全部黒く塗ったとき、僕は満ち足りていた。ああ。

アクリルガッシュが乾《かわ》くまで、しばらくこの黒さを眺《なが》めていたい。

③これは真っ黒じゃない。僕は知っている。この黒の下にたくさんの色彩《しきさい》が詰まっている。

どのくらいそうしていただろう。

④窓からの日差しは傾《かたむ》いて、西日特有の、蜂蜜《はちみつ》のようにまろやかな光が、薄汚《うすよご》れた注2シンクに差しこんでいる。

がたん、と部室のドアが開いた。

部活が終わったばかりなんだろう。バレー部のネイビーブルーのユニフォームを着たままの鈴音がひどく青ざめた顔をして僕を見た。マスクを持ったこぶしを固く握《にぎ》りしめて、真夏なのに少し震《ふる》えているようにも見えた。そして大股《おおまた》で、一直線に僕に近づいてきて、何かを言いかけて、急に凍《こお》りついたような顔になった。

視線の先には真っ黒なキャンバス。

⑤「……!!」

息を吸いこむ音と同時に、鈴音は、破裂《はれつ》したように大声で泣き出した。

**うわぁあああああああ**

って、それこそ幼稚園《ようちえん》くらいの子どもがギャン泣きするみたいな勢いで。顔を真っ赤にして、ぼろぼろと、どこからそんな水分が出てくるんだろうっていう勢いで、大粒《おおつぶ》の涙《なみだ》も、いや、粒なんてもんじゃなくて滝《たき》みたいな涙も、鼻水も、大声も、のどの奥《おく》から、絞《しぼ》り出すように、叫《さけ》ぶように。

「ごめっ…ごめん、…ごめんなざっ、…」

しゃくりあげながら鈴音が注3慟哭《どうこく》の合間にごめんなさいをくり返そうとする。

息が詰まって死んでしまうんじゃないかと僕はあわてた。

何より、こんな勢いで泣くなんて。鈴音が泣くなんて。

「いや、何。どうしたの？」

立ち上がって鈴音を落ち着かせようとするけれど、どうすればいいんだ？　あの猛獣《もうじゅう》鈴音といえど女子だぞ。一応女子相手だぞ。じいちゃんばあちゃんや子ども相手じゃないから、背中トントンとか、違《ちが》うだろう。僕は行き場を失った手を空中で、無様に右往左往させた。

「絵っ、……絵、汚して、だか、……だからそんなっ、」

**まっくろぉおおお!!**

と、また鈴音が激しく泣き出した。

まっくろ……真っ黒？　いや。いやいやいや、違う。そうじゃない。

確かにきっかけはあの汚れだけど。そうじゃない。

僕は自分の意志で、この絵を黒く塗った。

そしてそれは、僕を少し救いもしたんだ。

どう説明すればいい？　僕は困って頭をかいた。それからふと、大

# 2023年度
# 学習院女子中等科

## 【国語】〈Ｂ入試〉（五〇分）〈満点：一〇〇点〉

一　次の文章を読んで、後の問いに答えなさい。

主人公の「僕《ぼく》」と鈴音《すずね》は、五年前からの友人である。新型コロナウイルスの感染《かんせん》が拡大し、中学三年生の「僕」たちの生活は一変した。美術部部長の「僕」が三年連続の特選をねらっていた展覧会（市郡展）は規模が縮小され、バレーボール部部長の鈴音が目指していた中学最後の大会は中止となった。そんな中、「僕」は中止になるかもしれない体育祭で展示する絵に、鈴音をはじめとする運動部の中心選手たちを描《か》いていた。しかし、その絵は鈴音の不注意によって墨《すみ》で汚《よご》されてしまった。鈴音から報告と謝罪を受けた「僕」は、放課後、絵をどのように直そうかと考えている。

あざやかで躍動《やくどう》感あふれる選手たち。

……実際のところ彼《かれ》らは、大会がなくなって、ふてくされて練習に身が入らなくなっている。

僕だってそうだ。

市郡展の審査《しんさ》がないっていうことが、思いのほか響《ひび》いていて、うまく絵が描けなくなっていた。

なんだかイライラして、それをモデルのせいにして、体育館で鈴音に言いがかりをつけた。無様でかっこ悪くて。

①……この墨で汚されたのは、今の僕らそのものじゃないか。

僕はもう一度、練りこまれた墨をなぞる。

……あぁ、そうか。

僕の頭に詰《つ》まっていた、垂れこめたもやのようなものの中に、色あざやかな何かが差しこんだ。

それは細い細い線のようで、かぼそくて、……それでも。

僕は黒の注1アクリルガッシュを取り出した。箱入りのセットとは別の、一度も使っていなかった特大の黒チューブを金属製のトレーに乗せて、版画で使うローラーにべったりとつけた。

はじから慎重《しんちょう》に、しっかりと。

あざやかだった絵の上に転がしていく。黒く、黒く、黒く。

全部、全部、黒く。

不思議なことに、少しずつ、少しずつ、僕の気持ちは落ち着いていった。

そうだよな。

と、僕は思った。

②そうだ、なんかこの絵は嘘《うそ》っぽいって心のどこかでずっと思っていたんだ。

だったらいっそ真っ黒に塗《ぬ》りつぶせ。

そんな嘘なんて。嘘の塊《かたまり》なんて。

『暗闇《くらやみ》の牛』ならぬ、暗闇の運動部員たち。

審査も体育祭での展示もないんなら、誰《だれ》にも遠慮《えんりょ》することはないだろう。嘘をついてきれいな絵を描く必要だってないはずだ。

考えてみたら、僕はもう何年も嘘の絵ばかり描いていた気がする。

きっとそれは、あの五年前のタンポポからだ。

……あのとき僕が本当に描きたかったのは、どんな絵だったんだろう。

**2023年度**

# 学習院女子中等科 ▶解説と解答

## 算　数　＜Ｂ入試＞（50分）＜満点：100点＞

### 解　答

**1** (1) 2023　(2) 6　**2** 13通り　**3** (1) 8：3　(2) 2.9秒後　**4** (1) **赤い玉**…507個，**白い玉**…99個　(2) 16500個　**5** (1) 540m　(2) **桜子さん**…分速320m，**太郎さん**…分速80m　**6** (1) $16cm^3$　(2) 解説の図②を参照のこと。　(3) $24cm^2$

### 解　説

**1 計算のくふう，逆算**

(1) $2\times2\times17\times19-2\times3\times17+3\times17\times19-2\times2\times2\times17=76\times17-6\times17+57\times17-8\times17=(76-6+57-8)\times17=119\times17=2023$

(2) $1-\frac{21}{5}\div\left(\frac{311}{\square}+\frac{2}{3}\right)=0.92$より，$\frac{21}{5}\div\left(\frac{311}{\square}+\frac{2}{3}\right)=1-0.92=0.08$，$\frac{311}{\square}+\frac{2}{3}=\frac{21}{5}\div0.08=\frac{21}{5}\div\frac{8}{100}=\frac{21}{5}\times\frac{100}{8}=\frac{105}{2}$，$\frac{311}{\square}=\frac{105}{2}-\frac{2}{3}=\frac{315}{6}-\frac{4}{6}=\frac{311}{6}$　よって，$\square=6$

**2 場合の数**

| | | | | |
|---|---|---|---|---|
| 0…6本 | 1…2本 | 2…5本 | 3…5本 | 4…4本 |
| 5…5本 | 6…6本 | 7…3本 | 8…7本 | 9…6本 |

それぞれの数字に使われるスプーンの本数を調べると，右のようになる。よって，ちょうど9本使うとき，2けたの整数の2つの数字の組み合わせは，（0，7），（1，8），（2，4），（3，4），（4，5），（6，7），（7，9）になる。（0，7）は1通り，それ以外は2通りずつ2けたの整数をつくることができるから，全部で，$1+2\times6=13$（通り）ある。

**3 平面図形―図形上の点の移動**

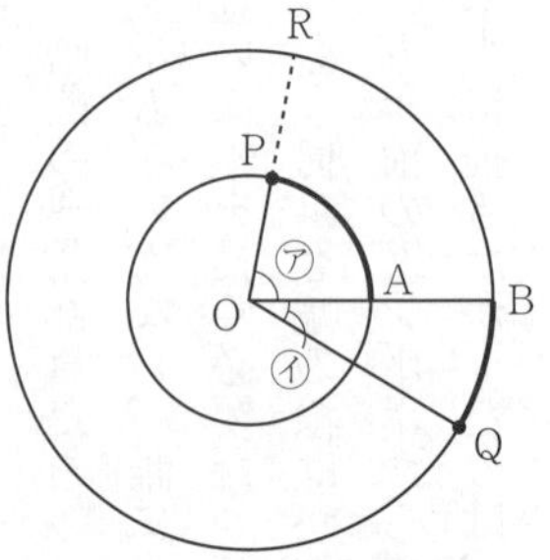


(1) 右の図で，点P，Qのはじめの位置をそれぞれA，Bとすると，点P，Qの速さの比は4：3だから，弧《こ》APの長さと弧BQの長さの比も4：3になる。また，直線OPをのばした線が外側の円と交わる点をRとすると，外側の円の半径は内側の円の半径の，$10\div5=2$（倍）だから，弧BRの長さは弧APの長さの2倍となる。よって，弧BRと弧BQの長さの比は，$(4\times2):3=8:3$だから，㋐と㋑の角度の比も8：3になる。

(2) 最初に点P，O，Qが同じ直線上に並ぶのは，角AOPと角BOQの大きさの和が180度になるときである。(1)より，このとき角AOPと角BOQの大きさの比は8：3なので，角BOQの大きさは，$180\times\frac{3}{8+3}=\frac{540}{11}$（度）となる。これは360度の，$\frac{540}{11}\div360=\frac{3}{22}$（倍）だから，このときの弧BQの長さは，$10\times2\times3.14\times\frac{3}{22}=\frac{30}{11}\times3.14$（cm）と求められる。したがって，最初に点P，O，Qが同じ直線上に並ぶのは，$\frac{30}{11}$×3.14÷３＝31.4÷11＝2.85…(秒後)より，約2.9秒後とわかる。

## 4 割合と比

(1)　箱Ｂに分けられる白い玉は，100×0.99＝99(個)である。また，赤い玉は，17000－100＝16900(個)で，そのうち，100－97＝３(％)を箱Ｂに分けるので，箱Ｂに分けられる赤い玉は，16900×0.03＝507(個)とわかる。

(2)　赤い玉の３％と白い玉の99％が箱Ｂに分けられるので，その個数が等しいとき，用意した赤い玉と白い玉の個数の比は，(１÷0.03)：(１÷0.99)＝$\frac{100}{3}$：$\frac{100}{99}$＝33：１となる。したがって，用意した赤い玉の個数は，17000×$\frac{33}{33+1}$＝16500(個)と求められる。

## 5 旅人算，和差算

(1)　２人が進んだようすは右の図１のように表せる。図１より，はじめの３分間で桜子さんは太郎さんより720ｍ多く進んだから，桜子さんは太郎さんよりも分速，720÷３＝240(ｍ)だけ速い。また，桜子さんが太郎さんを追いこしてからＣ地点に到着《とうちゃく》するまでの時間は，５分15秒－３分＝２分15秒だから，この間に桜子さんは太郎さんよりも，240×$2\frac{15}{60}$＝540(ｍ)多く進んでいる。よって，桜子さんがＣ地点に到着したとき，太郎さんはＣ地点まであと540ｍのところにいたとわかる。

図１

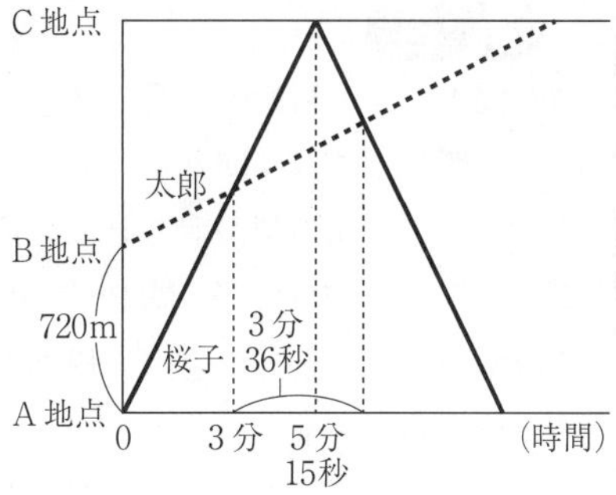


(2)　桜子さんがＣ地点を折り返してから太郎さんと出会うまでの時間は，３分36秒－２分15秒＝１分21秒である。(1)より，この間に２人が進んだ距離《きょり》の和が540ｍなので，２人の速さの和は分速，540÷$1\frac{21}{60}$＝400(ｍ)とわかる。よって，右の図２より，桜子さんの速さは分速，(400＋240)÷２＝320(ｍ)，太郎さんの速さは分速，320－240＝80(ｍ)と求められる。

図２

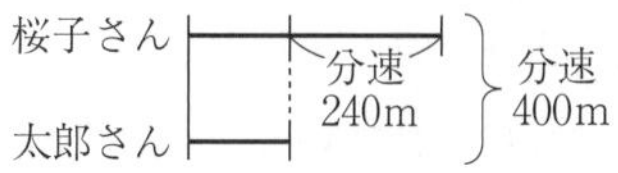


## 6 立体図形―分割，体積，展開図，面積

(1)　下の図①で，６点Ｐ，Ｑ，Ｒ，Ｓ，Ｔ，Ｕはいずれも立方体の辺の真ん中なので，これらの点を通る平面で切ってできた立体の体積は，立方体の半分となり，４×４×４÷２＝32($cm^3$)である。さらに，図①の立体は４点Ｂ，Ｄ，Ｈ，Ｆを通る平面について対称《たいしょう》になっているから，その平面で切ってできる立体の体積は，図①の立体の半分になる。よって，問題文中の図５の立体の体積は，32÷２＝16($cm^3$)と求められる。

図①

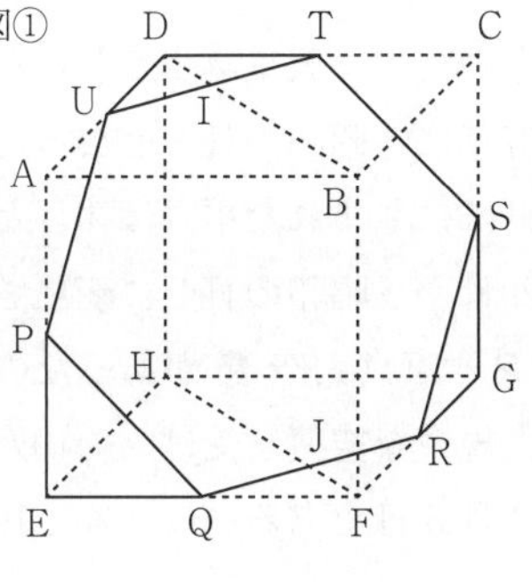


図②

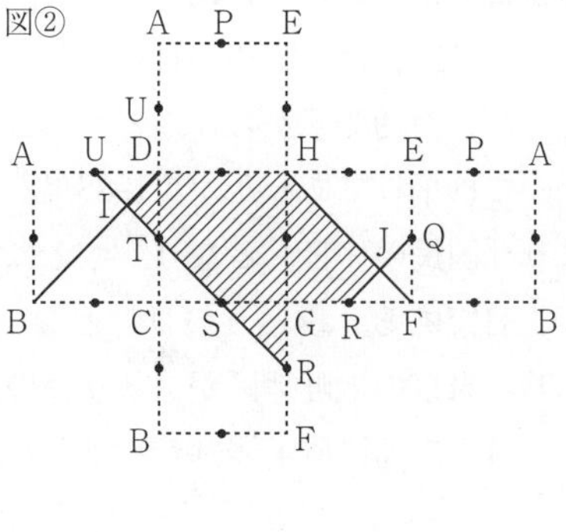

⑵　図①のように，UTとBDの交わる点をＩ，QRとFHの交わる点をＪとすると，展開図の各頂点や点の記号は上の図②のようになる。また，問題文中の図４の色のついた部分は，図①の三角形DIT，五角形DTSGH，三角形SGR，四角形HJRGにあたるから，この部分に斜線《しゃせん》を引くと，図②のようになる。

⑶　図②で，三角形DITと三角形FJR，三角形SRGと三角形STCはそれぞれ合同である。すると，斜線部分の面積は，台形DCFHの面積と等しくなることがわかる。よって，CFの長さは，$4\times2=8$（cm）だから，台形DCFHの面積は，$(4+8)\times4\div2=24$（$cm^2$）と求められる。

## 社　会　＜Ｂ入試＞（30分）＜満点：60点＞

### 解　答

[1]　**問１**　**１**　昭和　**２**　３(月)10(日)　**３**　８(月)６(日)　**４**　関東大震災　**問２**　イ　**問３**　エ　**問４**　ウ→ア→エ→イ　**問５**　(例)　天皇の在位期間中は１つの元号を使用する一世一元の制が取られている。　**問６**　伊能忠敬　**問７**　⑴　東京オリンピック　⑵　スポーツ(の日)　**問８**　イ　**問９**　学童疎開　**問10**　徳川綱吉　**問11**　(例)　将軍の権威がおとろえ，下剋上の風潮が高まる中で多くの守護大名が滅ぼされ，各地に新しく誕生した戦国大名が領地をめぐってたがいに争う戦国時代となった。　[2]　**問１**　**Ａ**　あ　**Ｂ**　い　**Ｃ**　え　**Ｄ**　う　**Ｅ**　お　**問２**　①　香川県・徳島県　②　奈良県・三重県　③　茨城県・千葉県　④　青森県・秋田県　⑤　京都府・滋賀県　⑥　山梨県・静岡県　**問３**　**県**…島根県／**文**…(例)　全国から八百万の神々が集まる出雲大社！　縁結びの神様としても知られています。一生に一度はお参りしましょう！　[3]　**問１**　**１**　サ　**２**　カ　**３**　タ　**４**　イ　**５**　ア　**６**　コ　**７**　ウ　**８**　ケ　**問２**　**Ａ**　岸田文雄　**Ｂ**　資本　**問３**　経済協力開発機構　**問４**　(例)　最高裁判所長官の指名　**問５**　(例)　貧困な家庭環境の下で育った子どもは高等教育を受ける機会にめぐまれず，成人後も正規雇用の仕事につけずに貧困状態から抜け出せない場合が多い。その結果，税金を納められなかったり，生活保護を受けたりして国の財政に負担をかけることになるから。　**問６**　団結権(団体交渉権)　**問７**　(例)　**仕事**…外交／**理由**…個人や企業の利益だけではなく，国や社会全体の利益にかかわるものであり，慎重でねばり強い交渉も必要であるから。

### 解　説

**[1]　国民の祝日を題材とした問題**

**問１**　**１**　４月29日は「昭和の日」である。第二次世界大戦後に「天皇誕生日」となったが，昭和天皇が亡くなった1989年から「みどりの日」となり，2007年に「昭和の日」となった。なお，５月４日はかつては平日であったが，1988年から「２つの祝日にはさまれた平日は休日とする」という制度により「国民の休日」となり，さらに2007年，４月29日が「昭和の日」に変更されたことにともない，祝日である「みどりの日」となっている。　**２**　東京大空襲《くうしゅう》があったのは1945年３月10日である。東京の下町地区がアメリカの爆撃機による大規模な空襲を受け，約10万人の死者を出した。　**３**　広島に原子爆弾が投下されたのは1945年８月６日である。　**４**　1923年９月１日に起きたのは関東大震災である。相模湾北部を震源として発生した大地震で，東京や横浜を中心として建物の倒壊や火災により約10万5000人余りの死者・行方不明者を出す大災害となった。

**問２**　アは1053年，ウは894年，エは11世紀初めのできごとで，いずれも平安時代にあたる。イは奈良時代初めの720年の成立である。

**問３**　土偶は，縄文時代に安産やえものが豊かであることなどを祈《いの》るまじないの道具として使われたと考えられている土製の人形であるから，エが正しくない。

**問４**　アは1956年，イは1978年，ウは1951年，エは1972年のできごとである。よって，年代順はウ→ア→エ→イになる。

**問５**　元号は日本独自の年代を表す称号で，かつては吉兆《きっちょう》や天変地異などを理由としてたびたび改元されていたが，明治時代に天皇の在位の時期に合わせる「一世一元の制」が定められた。最近では昭和天皇が崩御《ほうぎょ》した1989年(昭和64年)１月７日をもって「昭和」が終わり，翌日「平成」に改元された。また，2019年４月30日に明仁《あきひと》天皇が退位したことにともなって「平成」が終わり，徳仁《なるひと》天皇が即位した５月１日に，「令和」に改元されている。

**問６**　下総《しもうさ》国(千葉県)佐原で酒造業を営んでいた伊能忠敬は，50歳で家業を息子にゆずり，江戸に出て西洋の天文学や測量術などを学んだ。そして幕府の命令を受けて1800年から17年かけて全国の沿岸を測量して歩き，正確な日本地図を作製した。

**問７**　(1)　1964年に開かれたのは東京オリンピック(第18回夏季オリンピック東京大会)である。その開会式が開かれた10月10日は，1966年に「体育の日」という祝日になった。なお，2000年からは10月の第２月曜日に変更されている。　(2)「体育の日」は2020年に「スポーツの日」と名称が変更された。「体育」よりも「スポーツ」の方が自主的に楽しむという要素が強いというのが変更の理由といわれる。

**問８**　いわゆる「ハッピーマンデー制度」(国民が休暇を取りやすくするために月曜日の祝日を増やすというもの)により，2000年から，それまで１月15日であった「成人の日」は１月の第２月曜日に，10月10日であった「体育の日」(現在の「スポーツの日」)は10月の第２月曜日に変更され，2003年から，それまで７月20日であった「海の日」は７月の第３月曜日に，９月15日であった「敬老の日」は９月の第３月曜日に変更された。なお，「建国記念の日」は1967年に初めて適用されて以来，２月11日で変わっていない。

**問９**　第二次世界大戦末期の1944年から，激しくなるアメリカ軍による空襲の被害から子どもたちを守るため，都市部の小学生を地方に集団で移住させる「学童疎開《そかい》」が行われるようになった。

**問10**「生類憐《あわれ》みの令」を定めたのは江戸幕府の第５代将軍徳川綱吉である。なお，「生類憐みの令」は民衆を苦しめる悪法とされることが多かったが，捨て子の禁止や病人・高齢者の保護なども定めていることから，近年は社会の変革をめざした政策であるとしてこれを評価する動きも出てきている。

**問11**　応仁の乱(1467～77年)は，有力な守護大名どうしの対立に将軍足利義政の後継《こうけい》者問題などが結びついて起きた戦いである。11年におよぶこの戦いで将軍の権威《けんい》はおとろえ，下剋上《げこくじょう》(下の位の者が実力で上の位の者に打ち勝ち，権力を手にすること)の風潮が高まる中で多くの守護大名が滅《ほろ》ぼされ，各地に新しく誕生した戦国大名がたがいに争う戦国時代が約100年間，続くこととなった。

**２　世界の貿易と日本の国土についての問題**

**問1**　機械類や自動車が輸出品の上位を占《し》め，カナダとメキシコが輸出相手国の上位にあるＡはアメリカ。アメリカ・メキシコ・カナダの３国は，自由貿易を推進するためアメリカ・メキシコ・カナダ協定(USMCA)を結んでいる。鉄鉱石・石炭・天然ガスと資源・燃料が輸出品の上位を占めているＢはオーストラリア。茶が輸出品の第１位で，野菜と果実，切り花がその後に続いているＣはケニア。EU(ヨーロッパ連合)の加盟国であるドイツ・ベルギー・フランスが輸出相手国の上位にあるＤはオランダ。機械類・自動車・精密機械が輸出品目の上位を占め，中国・アメリカ・韓国が輸出相手国であるＥは日本である。

**問2**　①　讃岐《さぬき》山脈は香川県と徳島県の県境に位置する山脈。この山脈の南側を吉野川が西から東に流れており，その水は導水トンネルを通って香川県側に引かれ，香川用水となっている。　②　大台ケ原山は紀伊山地の奈良県と三重県の県境に位置する。付近は全国有数の降水量が多い地域として知られる。　③　利根川の下流は茨城県と千葉県の県境を流れており，犬吠埼《いぬぼうさき》付近で太平洋に注いでいる。　④　十和田湖は青森県と秋田県の県境に位置するカルデラ湖である。　⑤　比叡《ひえい》山は京都府と滋賀県の県境に位置している。延暦寺があることで知られ，多くの参拝客や観光客が訪れる。　⑥　富士山は山梨県と静岡県の県境に位置している。

**問3**　地図が示しているのは島根県。観光地としては，「八《や》百《お》万《よろず》の神々が集まる，縁結びの神様としても知られる出雲大社」「世界文化遺産の登録地である石見《いわみ》銀山跡」「現存十二天守の１つで国宝の松江城」「夕日のスポットとして名高い宍道《しんじ》湖」「美しい街並みが残り，小京都とよばれる津和野」などがあげられる。宣伝するための文であるから，それぞれの場所の魅力をうまくまとめること。

**3**　**日本経済を題材とした問題**

**問1**　**1**　1960年，池田勇人《はやと》内閣は「所得倍増計画」を発表し，国民総生産を10年間で倍増させる計画をスタートさせた。　**2**　高度経済成長期には，労働者の賃金の上昇が続いて国民の生活も豊かになり，多くの国民が自分は中流階級に属していると考えるようになったことから，「一億総中流」という言葉が生まれた。　**3**　1972年，第４次中東戦争をきっかけに起きた石油危機(オイルショック)により日本の高度経済成長は終わり，安定成長とよばれる時期がしばらく続いた。

**4，5**　2010年代に安倍晋三《しんぞう》内閣によって進められたアベノミクスと呼ばれる経済政策は，規制緩《かん》和《わ》などにより競争の活発化を促《うなが》すことで経済成長を進めようとしたが，「恩恵を受けたのは富裕層だけであり，所得格差の拡大を招いた」として批判も受けた。これに対し，岸田内閣は「成長」と「分配」の両面から日本経済の再建をめざすとし，中間層の所得を増やすことで消費を促し，経済を活発化させるとしている。　**6～8**　資本主義経済は市場での経済活動の自由を保証することを原則としており，個人や企業による競争が経済を活性化させて技術革新を促し，結果的に豊かな社会を実現することにつながると考えられてきた。

**問2**　**Ａ**　2021年９月，菅義偉《よしひで》首相が自由民主党総裁の任期満了を理由として退陣を表明。これを受けて自民党の総裁選挙が実施され，岸田文雄が新総裁に選出された。そして10月４日に菅内閣が総辞職し，国会において内閣総理大臣の指名選挙が行われ，岸田が新首相に選出。同日，第１次岸田内閣が発足した。　**Ｂ**　「新しい資本主義」は，岸田が自民党の総裁選挙のときから打ち出していた政策。2000年代の小泉純一郎内閣以来，自民党政権が行ってきた新自由主義とよばれる競争重視の経済政策に対し，「成長と分配」の好循環《じゅんかん》をめざすことで，中間層の所得の増加などをめざすとするものである。

**問3**　OECD(経済協力開発機構)はおもに先進国が加盟している国際機関で，世界経済全般について協議することを目的としている。西ヨーロッパの16か国が1948年に結成したOEEC(欧州経済協力機構)を前身としており，1961年にアメリカとカナダが加わりOECDとなった。その後，日本などアジアの国々や東ヨーロッパ諸国も加わるようになり，現在は38か国が加盟している。

**問4**　内閣は最高裁判所長官を指名する。長官以外の最高裁判所の裁判官と下級裁判所の裁判官は，すべて内閣が任命する。

**問5**　現代の日本では，国民の間の経済格差の拡大により「子どもの貧困」が社会問題化しており，2013年には「子どもの貧困対策法」が制定された。子どもの貧困が問題であるのは，何より子どもの生活環境に格差が生じている現状が，日本国憲法が定める「法の下の平等」や「教育の機会均等」などに反するものであり，子どもの人権を侵《おか》しているという点である。また，社会全体にとって問題であるのは，貧困状態の中で育てられた子どもは高等教育を受ける機会にめぐまれない場合が多く，成人後も正規雇用《こよう》の仕事につけず，貧困から抜け出せないという「負の連鎖」に陥《おちい》りがちな点である。その結果，税金を納められなかったり，生活保護を受けることになったりすることで，国の財政に負担をかけることにもなってしまう。さらに，十分な教育を受けられなかったために自己の能力を発揮する機会が得られないとすれば，そのこと自体が社会全体にとって損失といえるだろう。

**問6**　労働者が労働組合を結成し，労働条件の改善などを求めて使用者(経営者)と交渉《こうしょう》する権利は，団結権および団体交渉権として日本国憲法第28条で保障されている。

**問7**　政府でなければできない仕事としては，外交，社会資本を整備するための公共事業，社会保障などがあげられる。それらに共通しているのは，個人や企業の利益ではなく，社会全体の利益にかかわるものであり，公平性が求められるということである。

## 理　科　＜Ｂ入試＞（30分）＜満点：60点＞

### 解　答

1 **問1**　①　しん食　②　運ぱん　③　たい積　④　しん食　⑤　運ぱん　⑥　たい積　⑦　おそく　⑧　浅い　⑨　速く　⑩　深い　**問2**　(ウ)⇒(イ)⇒(ア)⇒(エ)　**問3**　(例)　こう水によって上流から流れてきた肥よくな土砂が大量にたい積するので，農作物をつくるのに役立ったこと。

2 **問1**　ぼう張　**問2**　3 m　**問3**　3001mm　**問4**　2999mm　**問5**　右の図　**問6**　(例)　気温が20℃より高くなると，金属板２が金属板１より長くなるので，金属板をはりあわせた板は上に曲がる。すると，モーターから出ている導線と金属板が接するため，電流がモーターに流れて，モーターが回る。

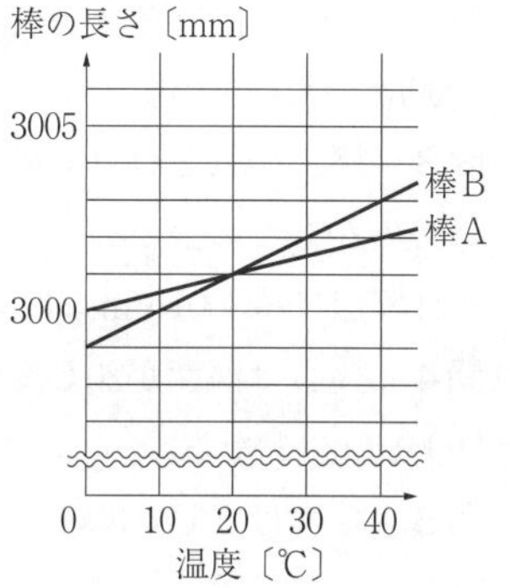


3 **問1**　節足動物，②　**問2**　だっ皮　**問3**　(例)　網の上半分の半径が大きいとクモは上向きになり，逆に下半分の半径

が大きいとクモは下向きになる。　**問4**　(例)　網の上半分にも下半分にもすぐに動いて行けるようにしているので，網の半径のようすは1になる。　**問5**　外来生物　**問6**　レッドリスト　**4**　**問1**　(例)　空気中の酸素とふれあう面積を大きくするため。　**問2**　(例)　燃焼によってマグネシウムに酸素が結びついたから。　**問3**　4.0 g　**問4**　2.25 g

## 解説

### 1　流れる水のはたらきについての問題

**問1**　①　しん食作用は，流れる水が岩石や地層をけずるはたらきのことである。　②　運ぱん作用は，流れる水がしん食作用によってけずり取られた土砂を運ぶはたらきのことである。　③　たい積作用は，流れる水によって運ばれてきた土砂を積もらせるはたらきのことである。　④　しん食作用は，上流域の山の中のように土地のかたむきが大きく，川の流れが速いところで盛んになる。　⑤　中流域は，川の流れが上流域よりもゆるやかになるためしん食作用は弱まるが，たい積させるほどのおそさではないので，たい積作用も弱い。支流の水が集まって流量が増えることもあって，運ぱん作用が盛んである。　⑥　たい積作用は，川の流れがかなりゆるやかになる下流域で特に盛んである。　⑦～⑩　川が曲がっているところでは，流れる速さがカーブの内側でおそく，外側で速い。よって，流れがおそい内側はしん食作用が弱く，たい積作用が強いので水深が浅くなる。一方，流れが速い外側はしん食作用が強く，たい積作用が弱いので水深が深くなる。

**問2**　三日月湖は，蛇行《だこう》する川が大雨時の流量増加によって流れを変え，もとの流れの一部が取り残されてできた大きな水たまりのことで，中流域の平野部に見られる。扇《せん》状地は，中流域の山間部から平野部に出るところに，土砂がたい積することでできる地形である。V字谷は，断面がV字型のようになった深い谷をいい，川の上流域の山間部でよく見られる。三角州は，川の流れがとてもゆるやかになる河口付近で見られる，島のようなたい積地形である。以上のことから，ふつう上流からV字谷→扇状地→三日月湖→三角州の順に見られる。

**問3**　こう水が発生したあとの被災《ひさい》地が一面泥《どろ》だらけになることからも想像できるように，こう水は上流から運ぱんされてきた大量の土砂をたい積させる。この上流からの土砂は養分(肥料分)を豊富にふくむ(これを肥よくという)ので，田畑に肥料をまくことを行っていなかった昔においては，農作物を栽培《さいばい》するうえで大変に役立っていた。

### 2　温度と金属の長さの変化についての問題

**問1**　金属は，温度が高くなると体積が増す。このことをぼう張という。

**問2**　「ミリ」は基本単位の1000分の1を表す。つまり，1 mmは1 mの1000分の1であり，1000mm＝1 mである。よって，3000mmは3 mとなる。

**問3**　棒Aの長さは0 ℃のとき3000mmで，20℃上がると全体の長さが1 mm長くなるのだから，棒Aの20℃での長さは，3000＋1＝3001(mm)になる。したがって，棒Aの目盛りの3000mmの位置は実際には3001mmなので，20℃での棒Bの正しい長さは3001mmである。

**問4**　棒Bは温度が20℃変化すると長さが2 mm変わるので，0 ℃での棒Bの長さは，3001－2＝2999(mm)となる。

**問5**　棒Aは0 ℃で3000mm，20℃で3001mmであり，棒Bは0 ℃で2999mm，20℃で3001mmだから，グラフは解答の図のようになる。

**問６**　気温が20℃より高くなると，棒Ｂと同じ金属でできた金属板２の方が，棒Ａと同じ金属でできた金属板１よりも長くなり，この２枚をはりあわせた板がしだいに上に曲がっていく。すると，ある温度になったところで，金属板がモーターから出ている導線と接し，電流がモーターに流れ，モーターが回るようになる。なお，逆に気温が20℃より低くなると，金属板１の方が長くなっていくため，はりあわせた板はしだいに下に曲がっていく。そして，ある温度になったところで，金属板がヒーターから出ている導線と接し，ヒーターに電流が流れ，発熱する。

### 3　クモの生態についての問題

**問１**　からだやあしに節のある動物を節足動物といい，こん虫の仲間やクモの仲間，エビやカニなどの仲間(甲かく類)などがいる。ウニやナマコは棘皮《きょくひ》動物，クラゲは刺胞《しほう》動物という分類に属する。

**問２**　節足動物はからだを固い外骨格で支えているため，からだを大きく成長させるには，今までの外骨格をすべてぬぎ捨て，新しい外骨格をつくる必要がある。このために外骨格(皮)をぬぎ捨てることをだっ皮という。

**問３**　「網《あみ》の半径のようす」は網の上半分の半径を下半分の半径で割った値を表しているので，上半分の方が大きいときはその値が１より大きくなり，逆に下半分の方が大きいときはその値が１より小さくなる。ここで，図を見ると，「網の半径のようす」が１より大きい場合はクモが上向き，１より小さい場合はクモが下向きになっている。これより，網の上半分が下半分より大きいとクモは上に動きやすいように上向きになり，網の下半分が上半分より大きいとクモは下に動きやすいように下向きになることがわかる。

**問４**　クモが横向きの場合は，問３で述べたどちらでもないので，上半分も下半分も同じ大きさであると考えられる。このとき，「網の半径のようす」は１になる。

**問５**　もともとその地域に生息していない生物が，人の手によって他の地域から入ってきた場合，その生物を外来生物と呼ぶ(外来種，移入種，帰化生物などということもある)。なお，その中でも特に生態系や人間の生活などに大きな影響《えいきょう》をおよぼしているもの，またはそのおそれのあるものを特定外来生物に指定し，規制や防除に努めている。セアカゴケグモのほか，アライグマやヌートリア，オオクチバス，ヒアリなどが特定外来生物とされている。

**問６**　絶めつのおそれのある野生生物のリストは，レッドリストと呼ばれる。世界的には国際自然保護連合が作成しているが，日本でも環境《かんきょう》省や各都道府県が同様のリストを作成している。

### 4　マグネシウムの燃焼についての問題

**問１**　マグネシウムが燃焼するときには，マグネシウムと空気中の酸素とが結びつく化学反応が起きるが，このさいマグネシウムの表面積が広いほど，それだけ空気中の酸素とふれあいやすくなるため，効率よく化学反応(燃焼)が起きる。そのため，うすくのばしたものを用いている。かたまりの場合は，その中が燃え切らずに残ってしまう(完全に燃焼しない)おそれがある。

**問２**　マグネシウムの燃焼では，マグネシウムの重さとそれに結びついた酸素の重さの和が，できた白色の固体(酸化マグネシウム)の重さとなる。

**問３**　(燃焼させたマグネシウムの重さ)：(できた白色の固体の重さ)＝1.8：3.0＝３：５なので，マグネシウム2.4ｇを完全に燃焼してできる白色の固体の重さは，$2.4\times\frac{5}{3}=4.0$(ｇ)になる。

**問４**　マグネシウムを完全に燃焼させたとき，(マグネシウムの重さ)：(結びつく酸素の重さ)＝

3：(5－3)＝3：2となる。ここで，実験でマグネシウムに結びついた酸素の重さは，13.5－9.0＝4.5(g)なので，燃焼したマグネシウムは，$4.5\times\frac{3}{2}=6.75$(g)とわかる。したがって，燃焼しなかったマグネシウムは，9.0－6.75＝2.25(g)である。

## 国語　＜Ｂ入試＞（50分）＜満点：100点＞

### 解答

□一 **問1**　（例）　新型コロナウイルスの感染が拡大したせいで発表や競技の場を失い，目標がなくなってふてくされた状態。　**問2**　（例）　実際は，大会がなくなってみんなふてくされ，練習に身が入らない状態なのに，「僕」が描いたのはあざやかで躍動感あふれる選手たちだから。　**問3**　（例）　今の「僕ら」の中には，泣きわめきたい思い，抵抗，憤りなどが，これから「僕」が黒の下から削り出そうとしているとりどりの色彩のようにうごめいていることを表す。　**問4**　（例）　ぬりつぶしたキャンバスを前に，黒の下にうごめく色彩を満ち足りた思いで感じ，それを削り出すことを考えながら，日の傾くのにも気づかず「僕」が見入っていたのを表そうとしている。　**問5**　（例）　大好きだったきれいな絵が真っ黒になっているのを見て激しいショックを受け，墨で絵を汚した自分が，こんな取り返しのつかないことを「僕」にさせたのだと強い自責の念にとらわれている。　**問6**　（例）　真っ黒だったキャンバスに，鼻水を垂らして全力で泣いている自分の顔らしいものが虹色の線で現れたことに，とてもおどろいている。　**問7**　（例）　いつもの元気が戻ったはずみで，鼻水まで描くなんて「いやがらせかよ」と乱暴な物言いになったが，すぐに心からの感動を伝えたいと思っている。　**問8**　（例）　躍動するみんなの姿を描いた元の絵を黒でぬりつぶし，その黒を削って現れた虹色の線で人の感情の爆発を描けたら，それこそ，感染拡大のもとでいろいろな感情をかかえてもがき生きている，今の自分たちだと考えたから。　**問9**　（例）　「僕」が描いた絵を汚したという鈴音の罪悪感は，新たな絵に感動した後でも消えず，失態を思い出して泣きそうなようすを見た「僕」は，ここでしっかりけりをつけ，いつもの鈴音に戻ってほしいと思ったから。　□二 ①～⑮　下記を参照のこと。
⑯　けっぱく　⑰　ひたい　⑱　のじゅく　⑲　そ(らす)　⑳　えそらごと

**●漢字の書き取り**

□二 ①　機密　②　樹液　③　異義　④　標識　⑤　胃腸　⑥　登用　⑦　官庁　⑧　去就　⑨　翌春　⑩　質素　⑪　降雨　⑫　宗教　⑬　興　⑭　招(く)　⑮　危(ない)

### 解説

□一 **出典は歌代朔《うたしろさく》の『スクラッチ』による。**運動部の選手たちのあざやかな絵を描《か》いていた美術部の「僕《ぼく》」は，感染症《かんせんしょう》のせいで制限を受けている現実とかけはなれていると思い，元の絵を黒く塗《ぬ》りつぶして「スクラッチ技法」で描き直した。

**問1**　前書きから，新型コロナの感染拡大で，展覧会は規模が縮小され，大会は中止になったこと，「僕」は，中止になるかもしれない体育祭で展示する予定の絵に運動部の中心選手たちを描いていたが，選手の一人である鈴音《すずね》が不注意から墨《すみ》で汚《よご》してしまったことをおさえる。描かれたのは「あざやかで躍動感《やくどうかん》あふれる」選手の姿だが，実際の彼《かれ》らは，大会がなくなって，「ふてくされて」練習に身が入らないでいるし，「僕」もうまく絵が描けなくなっていた。つまり，「僕ら」が「汚された」状態とは，発表や競技の場を失い，目標も活気もなくしたようすだといえる。

**問２**　「嘘《うそ》っぽい」とは，問１でもみたが，「ふてくされて練習に身が入らなくなっている」みんなを「あざやかで躍動感あふれる」姿に描いたことを表す。絵と実際のちがいをまとめる。

**問３**　この前に「僕があざやかな色で塗りつぶして～どんな色たちがうごめいていたんだろう」という自問があった。それをふまえて文章を読み進めていくと，大声で泣き出した鈴音に刺激《しげき》を受けた「僕」が乾《かわ》いた黒い絵の具をパレットナイフで削《けず》り，出てきた「虹色《にじいろ》」の細い線で「全力で泣いている鈴音」を描きながら，「塗りつぶされて，憤《いきどお》って，うまくいかなくて，失敗して，大声で泣いてわめいて，かすかな抵抗《ていこう》をする」のが「今の僕ら」だと言っていることがわかる。虹色の線で浮かび出た鈴音の泣き顔が，「嘘っぽい」絵と対照的に生き生きしている点をおさえ，みんなの中にさまざまな感情があるようすを，削り出そうとする色彩《しきさい》になぞらえていることをまとめる。

**問４**　直前に「どのくらいそうしていただろう」とあることに注目する。傍線《ぼうせん》①の後で，「僕」は「あぁ，そうか」と思いついて，意図的に「嘘っぽい」絵を黒い絵の具で塗りつぶした。傍線③の直前では，「しばらくこの黒さを眺《なが》めていたい」という満ち足りた思いで，絵の具が乾くのを待っていて，それは傍線③にあるように黒の下に詰《つ》まっている色彩を感じているからである。そして傍線④では日が傾《かたむ》いて夕方になっているので，時がたつのもわすれて過ごしていたことがわかる。

**問５**　「真っ黒なキャンバス」を見た鈴音の反応である。もとは「あざやかで躍動感あふれる選手たち」が描かれており，最後の場面で「あのきれいな絵，好きだった」，「絵に見とれるって初めてだった」と鈴音が言っている。それが「真っ黒」になっていたのだから，激しいショックを受けて泣き出したことがわかる。また，あのきれいな絵を自分が墨で汚してしまったせいで，「まっくろ」に塗りつぶしたのだと思い，大泣きの合間に何度も謝《あやま》っている。見とれるくらいきれいだった絵が「真っ黒」に塗りつぶされているショックと，自分のせいだという自責の念の，二点を入れてまとめるとよい。

**問６**　「息をのむ」は，おどろいて一瞬《いっしゅん》呼吸が止まったようになること。直後に「キャンバスいっぱいに虹色の線を削り出したとき」とあり，僕が削り出した絵におどろいたのがわかる。僕が黒いアクリルガッシュを削り，「虹色の線」で描き出したのは，「気持ちをまっすぐに爆発《ばくはつ》させ」，「鼻水まで」垂らして「全力で泣いている鈴音」である。

**問７**　絵を汚した罪悪感でしょげていた鈴音だが，目の前の絵を見て感動した後，「きらっきらやん，鼻水！」，「いやがらせかよっ」と，いつもの物言いに戻《もど》っている。それでほっとした「僕」が，「いやがらせ」に見えるかと聞き返すと，鈴音は傍線⑦のしぐさをし，素直《すなお》に感動を伝えている。この過程をまとめるとよい。

**問８**　問３でも検討したが，「あざやかで躍動感あふれる選手たち」を描いた嘘っぽい元の絵を，黒でぬりつぶし，黒の下の色彩を削り出すことで，鈴音の「感情を爆発させている姿」が，虹色の線で生き生きと浮かび上がってきている。これこそが，問３でおさえた「僕ら」の「今」を描いたものだといえるのである。

**問９**　「ちゃんと鈴音に体を向け」て「いいよ」と言ったところに，鈴音の罪悪感にきっぱりけりをつけてやろうという「僕」の意図が読み取れる。鈴音は元の絵をうっかり墨で汚してしまったが，その罪悪感の強さは，部活が終わって美術部の部室に来たときのようすに表れていた。また，問7でも検討したが，「いつもの鈴音」らしい物言いが出たときに「僕」が「ほっと」したことに着目する。つまり，新たな絵に感動した後でも，思い出して泣きそうになる鈴音，いつまでも「頭を下げ」ている鈴音を見て，「僕」はもう鈴音に自分を責めるのをやめさせたかったのである。

**二 漢字の書きと読み**

① 国や会社などの，ほかに知られたくない重要な秘密。　② 木の幹の傷からにじみ出る液。　③ 「同音異義語」は，同じ音読みで漢字が異なる熟語。　④ 案内や規制がよく見えるように示しておくもの。　⑤ 胃と腸。消化器官。　⑥ 人材を今より高い地位などに引き上げて用いること。　⑦ 国の事務を取り扱《あつか》う機関。役所。　⑧ ある地位や役職から退くか留まるかの状況《じょうきょう》。　⑨ 次の春。　⑩ つつましく地味なようす。　⑪ 雨が降ること。　⑫ 神や仏などを信じることで安心や幸せを得ようとする教え。　⑬ 「興が冷める」で，興味がうすれること。　⑭ 音読みは「ショウ」で，「招待」などの熟語がある。　⑮ 音読みは「キ」で，「危険」などの熟語がある。訓読みにはほかに「あや(うい)」がある。　⑯ 心や行いが正しく，うしろぐらいところがないこと。　⑰ 「ねこの額のよう」で，場所がせまいようす。　⑱ 野外で寝《ね》泊《と》まりすること。　⑲ 音読みは「ハン」「ホン」「タン」などで，「反対」「謀反《むほん》」「反物」などの熟語がある。　⑳ 「絵空事」は，大げさで現実にはあり得ないこと。

# 2022年度　学習院女子中等科

〔電　話〕 (03) 3203－1901
〔所在地〕 〒162-8656　東京都新宿区戸山3－20－1
〔交　通〕 東京メトロ副都心線―「西早稲田駅」より徒歩3分
東京メトロ東西線―「早稲田駅」より徒歩10分

**【算　数】**〈A入試〉 (50分) 〈満点：100点〉

［注意］ どの問題にも答えだけでなく途中《とちゅう》の計算や考え方を書きなさい。

**1**　次の□にあてはまる数を求めなさい。

(1)　$(1.3-0.45)\times 0.625+\left(4\frac{1}{2}+5\frac{1}{4}\right)\div 8=\square$

(2)　$\left(2\frac{4}{7}-\frac{2}{3}\div\square\right)\div 1\frac{3}{14}=1\frac{1}{2}$

**2**　さくらさんは10kmの道のりを，最初は時速3.3kmで歩き，途中《とちゅう》から時速7.5kmで走ったところ，歩いた時間より走った時間の方が8分長くかかりました。全体で何時間何分かかりましたか。

**3**　ある店では，桃《もも》を360個仕入れ，仕入れ値の4割増しの定価をつけました。240個は定価で売れましたが，100個は定価の2割引きにして売り，さらに，20個は定価の半額で売ったところ，すべて売り切れて，20400円の利益になりました。桃1個の定価を求めなさい。

**4**　下の図において，三角形ABCを，点Cを中心として時計の針の回転と同じ向きに120°回転させると，三角形A′B′Cの位置にきます。次の問いに答えなさい。

(1)　この回転で，辺ABが通る部分を斜線《しゃせん》で示しなさい。ただし，図の大きさは実際とは異《こと》なります。

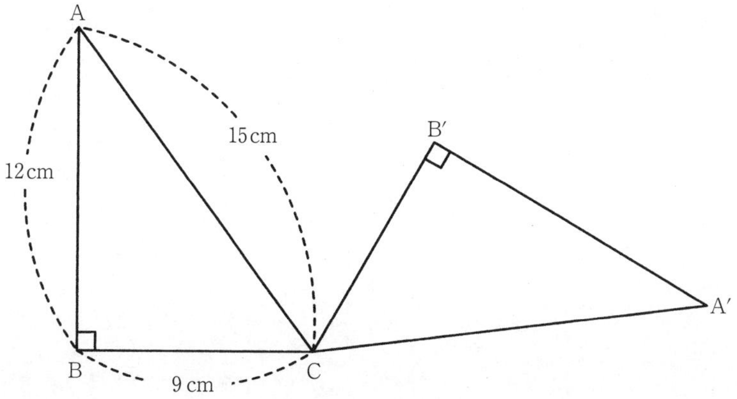


(2)　(1)でかいた斜線部分の面積を求めなさい。ただし，円周率は3.14とします。

**5**　3桁《けた》の整数で，4，5，6のどれでも割り切れないものは全部で何個ありますか。

**6** 下のように，2×5マスの図を使って数を表すことにします。後の問いに答えなさい。

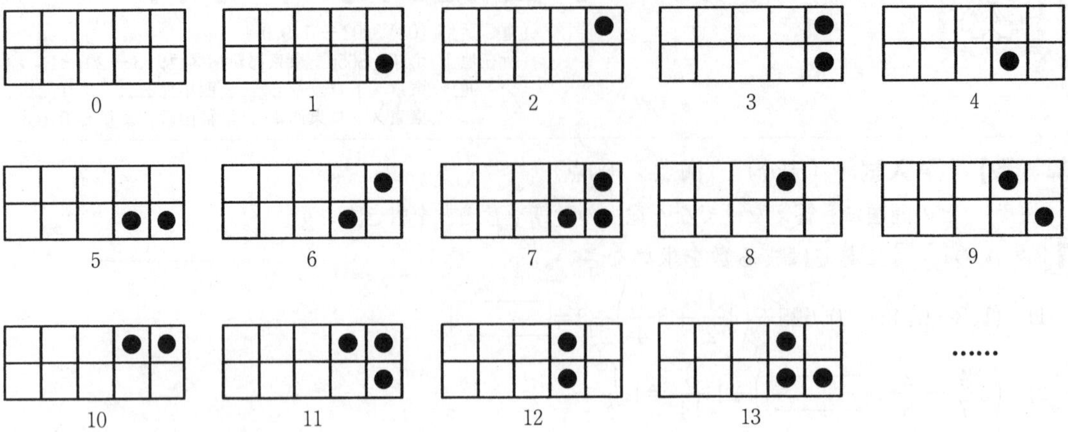


(1) 下の図が表す数はいくつですか。

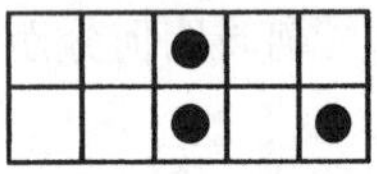

(2) この図を使って表すことのできる最大の数はいくつですか。

(3) 下の足し算の結果を，図で表しなさい。

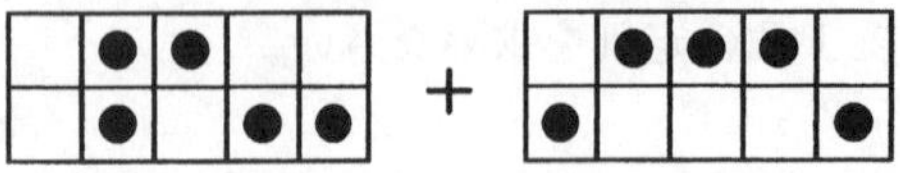

【社　会】〈Ａ入試〉(30分)〈満点：60点〉

**1**　次の文章を読み，以下の問いに答えなさい。

①小選挙区【　Ａ　】並立制による衆議院議員選挙は，1996年に初めて行われました。小選挙区制では大きな政党の候補者が当選しやすいため，イギリスや②アメリカのような二大政党制が実現しやすくなり，２つの大きな政党が代わるがわる政権を担当することが可能になります。しかし，小選挙区制には③死票が多いという問題があるため，政党に投票する【　Ａ　】制と組み合わせたのです。

現在まで，日本はイギリスやアメリカのような二大政党制ではなく，多くの政党が存在する状態が続いています。2009年には民主党が衆議院議員選挙で勝利し，(　１　)内閣が発足しましたが，民主党の内閣はいずれも長期政権にはなりませんでした。民主党政権は(　２　)主導の政治から内閣主導の政治への改革をめざしましたが，2012年の衆議院議員選挙では自由民主党が勝利し，第２次【　Ｂ　】晋三内閣が発足しました。この内閣は(　３　)からの脱却(だっきゃく)をめざす経済政策を行い，2020年まで続く長期政権になりました。また2015年には国会周辺で反対デモが起こるなか，集団的(　４　)権の行使を可能にする安全保障関連法を成立させました。この内閣のあとを受けて，2020年に(　５　)内閣が発足しましたが，当初から日本(　６　)会議の問題で学問の自由を侵害(しんがい)しているという批判が起きました。2021年の６月には改正【　Ｃ　】法が成立して憲法改正の手続きが整備され，９月には内閣直属の④デジタル庁が発足しました。

問１　空らん【Ａ】～【Ｃ】にあてはまる語句を答えなさい。

問２　空らん(１)～(６)にあてはまる語句を次の**ア**～**ナ**よりそれぞれ１つ選び，記号で答えなさい。

**ア**．インフレ　　**イ**．デノミ　　**ウ**．デフレ　　**エ**．バブル
**オ**．交戦　　**カ**．宣戦　　**キ**．防衛　　**ク**．自衛
**ケ**．官僚(かんりょう)　　**コ**．企業(きぎょう)　　**サ**．民間　　**シ**．学者
**ス**．学生　　**セ**．学術　　**ソ**．教育　　**タ**．野田佳彦
**チ**．野田聖子　　**ツ**．菅直人　　**テ**．菅義偉　　**ト**．鳩山由紀夫
**ナ**．鳩山邦夫

問３　下線部①について，小選挙区は現在，全国にいくつあるのか，数字で答えなさい。

問４　下線部②について，現在のアメリカの二大政党を次の**ア**～**カ**より２つ選び，記号で答えなさい。

**ア**．保守党　　**イ**．社会党　　**ウ**．労働党　　**エ**．共和党　　**オ**．共産党　　**カ**．民主党

問５　下線部③について，死票が多いことがなぜ問題となるのか，具体的に説明しなさい。

問６　下線部④について，デジタル庁が設置されたねらいを説明しなさい。

**2**　次の**Ａ**・**Ｂ**の文章を読み，以下の問いに答えなさい。

**Ａ**　(　１　)県は，その最北部が接する(　２　)県から時計回りに長野県，(　３　)県，(　４　)県，滋賀県，(　５　)県，石川県の順で，合計７つの県ととなり合っている。この７つの県の中で最も人口が多いのは，県庁所在地が政令指定都市となっている(　３　)県(2020

年)である。逆に最も人口が少ないのは( 5 )県(2020年)である。( 5 )県内には( 6 )発電所が多く立地しており，大飯(おおい)発電所がその代表例である。( 1 )県と( 3 )県の県境付近では古くから( 7 )などの工業製品の生産がさかんである。( 1 )県，( 2 )県，長野県および新潟県の県境にはけわしい( 8 )山脈がそびえている。( 1 )県，( 2 )県，( 5 )県および石川県の県境付近も山岳(さんがく)地帯で，( 9 )国立公園に指定されている。また( 1 )県と( 2 )県の県境には「白川郷・五箇山(ごかやま)の合掌(がっしょう)造り集落」があり，世界文化遺産に登録されている。

**B**　肥後国と呼ばれていた( 10 )県に接する県を，農業産出額が多い順(2018年)にならべると，( 11 )県，( 12 )県，福岡県，( 13 )県となる。( 10 )県と( 13 )県の県境付近には阿蘇(あそ)くじゅう国立公園があり，その自然環境をいかした( 14 )発電所が多く立地している。( 15 )台地が広がる( 11 )県と( 12 )県との県境の一部は霧島錦江湾(きりしまきんこうわん)国立公園に指定されており，多くの観光客を集めている。また( 11 )県では旧集成館などが，福岡県の官営八幡製鉄所などとともに「明治日本の( 16 )遺産」として世界文化遺産に登録されている。

問1　空らん( 1 )～(16)にあてはまる語句を答えなさい。

問2　下線部について，合掌造りをイラストでかきなさい。またその特ちょうを文で説明しなさい。

**3**　次の文章を読み，以下の問いに答えなさい。

歴史の教科書に登場する人物は，その多くが男性です。しかし，日本の歴史の中では女性たちも，各時代の政治や社会に影響(えいきょう)をあたえてきました。

支配者として国を率いた女性としては，邪馬台国の女王( 1 )が知られていますが，大和朝廷が成立したころにつくられた①古墳には，女性の首長を埋葬(まいそう)したとみられるものがいくつもあります。飛鳥時代には( 2 )天皇が女性として初めて天皇になりました。( 3 )京を建設した持統天皇，②三世一身の法を発布した元正(げんしょう)天皇も女性の天皇です。

平安時代になると，③天皇の母方の一族が摂政や関白として政治を動かすようになり，時には天皇の妻や母が政治に関わりを持つこともありました。④鎌倉時代の史料には，年貢の取り立てや土地の管理を行う( 4 )の役職を務める女性がいたことが記録されています。北条政子や足利義政の妻である( 5 )のように，将軍の妻が幕府政治に大きな影響をあたえることもありました。また，戦国時代から⑤江戸時代にかけて，武家の女性が他の武家にとつぐことは【　A　】という意味を持ち，領国の支配を安定させることにつながりました。

明治時代には，最大の輸出品であった( 6 )の生産が工場で働く女性たちによって支えられ，⑥大正デモクラシーの時期には⑦女性の解放を求める運動が高まりました。⑧第二次世界大戦後，女性の参政権が認められた最初の衆議院議員選挙で，39名の女性議員が誕生しました。しかし女性議員の割合はその後なかなか増えず，このことが世界経済フォーラムが近年発表している【 B 】・ギャップ指数で日本の順位が低い原因にもなっています。女性の声が政治に反映され，より多くの人が自分らしさを発揮できる社会になることが期待されています。

問1　空らん(**1**)～(**6**)にあてはまる語句を答えなさい。

問2　下線部①に関連して，古墳時代には大陸から様々な技術が伝えられた。このうち，のぼりがまを使って高温で焼かれた焼き物を何というか，答えなさい。

問3　下線部②について，三世一身の法をきっかけに土地制度はどのように変化したか，それまでの制度とのちがいがわかるように説明しなさい。

問4　下線部③について，天皇の命令によって編集された和歌集として最も古いものは何か，答えなさい。

問5　下線部④について，鎌倉時代に起こった**ア**～**エ**のできごとを古いものから年代順になるように，記号を並べかえなさい。

**ア**．文永の役　　**イ**．承久の乱　　**ウ**．永仁の徳政令の発布　　**エ**．御成敗式目の制定

問6　下線部⑤について，江戸時代の関所では，特に「入り鉄砲(いりでっぽう)に出女(でおんな)」が厳しく取りしまられた。「出女」とは具体的にどのような人を表しているか，答えなさい。

問7　**【A】**にあてはまる文を考えて答えなさい。

問8　下線部⑥について，大正デモクラシーの時期のできごとではないものを次の**ア**～**エ**より1つ選び，記号で答えなさい。

**ア**．第1回メーデー　　**イ**．日比谷焼きうち事件　　**ウ**．全国水平社の創立　　**エ**．米騒動

問9　下線部⑦について，次の史料は女性の解放をめざして創刊された『青鞜(せいとう)』第1号の文章の一部である(文章は原文をわかりやすく書き直したものである)。この文章から当時の社会や家庭の中で女性がどのような立場におかれていたのかを考え，説明しなさい。

> 元始(げんし)，女性は実に太陽であった。真正(しんせい)の人であった。
> 今，女性は月である。他によって生き，他の光によってかがやく，病人のような青白い顔の月である。

問10　下線部⑧について，第二次世界大戦後に行われた改革として正しいものを次の**ア**～**エ**よりすべて選び，記号で答えなさい。

**ア**．義務教育の開始　　**イ**．労働組合法の制定

**ウ**．地租改正　　**エ**．治安維持法の廃止(はいし)

問11　**【B】**にあてはまるカタカナの語句を答えなさい。

**【理　科】**〈**A入試**〉(30分)〈満点：60点〉

**1**　月と太陽は，地球から見るとほぼ同じ大きさに見えて観察しやすい天体です。月は満ち欠けをくり返しますが，これはおもに(　①　)しているために観察される現象です。月が満ち欠けをしても月の表面に見える模様は変化しません。これは月の公転周期と自転周期が同じだからです。月と地球，それぞれの公転と自転は，いずれも北半球の上空側から見て反時計回りです。月の模様の部分は，月の表面が平らな場所で，(　②　)と呼ばれています。(　②　)以外の場所はごつごつしていて，丸いくぼ地がたくさん見られます。この丸いくぼ地を(　③　)といいます。

問1　月・太陽・地球は，それぞれどのような種類の天体ですか。次の(ア)〜(オ)から選び，記号で答えなさい。

(ア)　恒《こう》星　　(イ)　小惑《わく》星　　(ウ)　彗《すい》星　　(エ)　衛星　　(オ)　惑星

問2　文中の①にあてはまるものを，次の(ア)〜(エ)から選び，記号で答えなさい。また，②と③にあてはまる語を答えなさい。

(ア)　地球が公転　　(イ)　地球が自転　　(ウ)　月が公転　　(エ)　月が自転

問3　地球から見た月が「満月」と「三日月」のとき，月から見た地球はどのような形に見えると考えられますか。次の(ア)〜(オ)から選び，記号で答えなさい。

(ア)　満月型　　(イ)　新月型(見えない)　　(ウ)　半月型

(エ)　三日月型　　(オ)　居《い》待月《まちづき》型(満月から少し欠けた形)

問4　月から地球や太陽を見たとき，どのような大きさに見えると考えられますか。次の(ア)〜(ウ)から選び，記号で答えなさい。

(ア)　地球から見た太陽や月とほぼ同じ大きさ

(イ)　地球から見た太陽や月より大きい

(ウ)　地球から見た太陽や月より小さい

問5　月面上のある場所で日の出をむかえるころ，日の出の方角とは反対側の月の地平線近くの空に地球が見えています。このあと地球の見え方はどのように変化すると考えられますか。次の(ア)〜(オ)から選び，記号で答えなさい。

(ア)　見える位置を変えずに少しずつ欠ける

(イ)　見える位置を変えずに少しずつ満ちてくる

(ウ)　地平線の下へしずみ見えなくなる

(エ)　高度を上げながら少しずつ欠ける

(オ)　高度を上げながら少しずつ満ちてくる

**2**　水100gに固体の物質Aを入れ，とけるだけとかしました。40℃の水100gに物質Aは64g，60℃の水100gに物質Aは110gまでとけました。

問1　いっぱんに，固体の物質を水により多くとかすには，どのようにしたらよいですか。2つ答えなさい。

問2　40℃の水100gに物質Aをとけるだけとかした水よう液の重さは何gですか。

問3　40℃の水100gに物質Aをとけるだけとかした水よう液に40℃の水を加え，さらに物質Aを加えてとけるだけとかしたところ，水よう液の重さが246gになりました。加えた水と加えた物質Aはそれぞれ何gですか。水温の変化，水の蒸発はないものとします。

問4　問3の水よう液246gから水を25g蒸発させ，40℃にしたところ，とけきれずに出てきた物質Aは何gですか。

問5　問4でとけきれずに出てきた物質Aをすべて取り除き，その後，水よう液を60℃にあたためました。この水よう液に物質Aを加えて，とけるだけとかしました。加えた物質Aは何gですか。水の蒸発はないものとします。

**3**　図1のように木箱に太さのちがう2本の針金を張り，それぞれのはしに重さの等しいおもりを1つずつ下げました。針金が水平に張ってある部分(ここを弦《げん》とします)をはじくと，弦が振《しん》動して音が出ます。図2は，弦の振動の様子を表したものです(この実験では弦はすべて図2のように振動するとします)。1秒間に振動する回数を振動数といい，Hz(ヘルツ)という単位で表します。弦の1カ所を指で強くおさえながら弦を振動させると，振動している弦の長さが短くなるほど高い音が出ました。弦の長さが半分になると，振動数がもとの長さのときの2倍になることがわかりました。また，弦を指でおさえずに，下げるおもりの数を変えても音の高さが変わることがわかりました。図3は，太い弦と細い弦について，下げるおもりの数と弦の振動数の関係を調べたグラフです。表1は音と振動数の関係を示したものです。

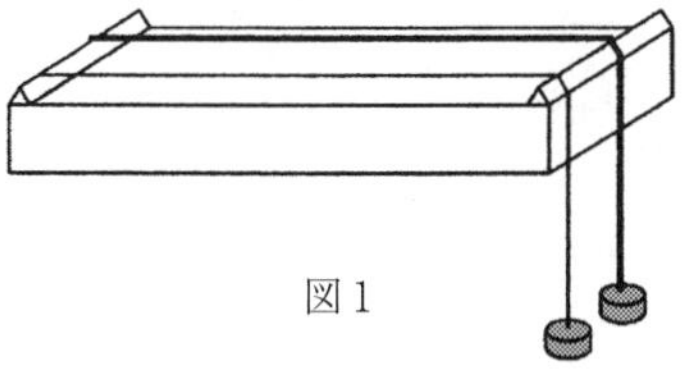

図1

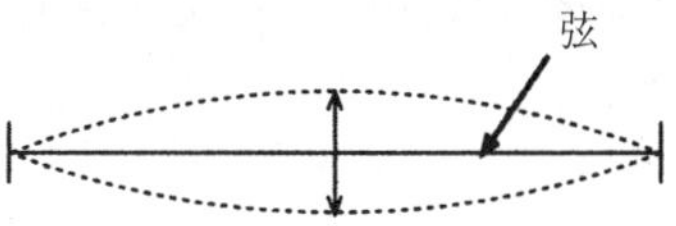


図2

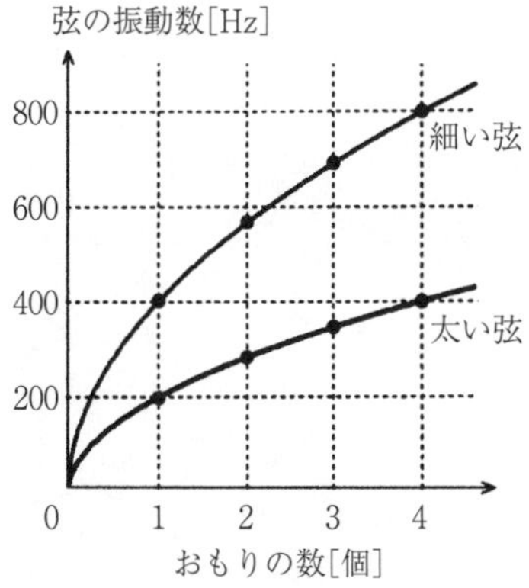


図3

| 音 | 振動数[Hz] |
|---|---|
| ド | 262 |
| レ | 294 |
| ミ | 330 |
| ファ | 349 |
| ソ | 392 |
| ラ | 440 |
| シ | 494 |

表1

問1　図1の状態から，下げるおもりの数だけ変えて，弦の振動数を2倍にするには，おもりの数を何個にする必要がありますか。

問2　図2で示した状態より，小さな音が出ているとき，弦の振動の様子はどうなりますか。図2に実線で，かき加えなさい。

問3　図1で，細い弦から出る音と同じ高さの音を，太い弦で出すにはどのような方法がありますか。その方法を具体的に2つ答えなさい。

問4　下げるおもりの数を1個として，弦は必ずもとの長さの半分以上で音を出すものとします。

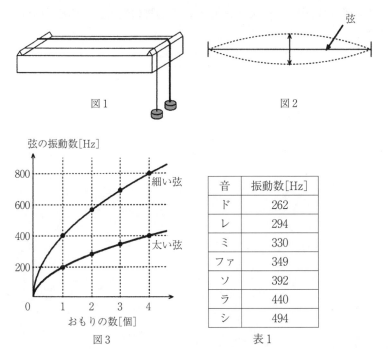

表1の「ド・レ・ミ・ファ・ソ・ラ・シ」のうち，細い弦で出すことになる音をすべて答えなさい。

問5　下げられるおもりの数を1～4個として，弦は必ずもとの長さの半分以上で音を出すものとします。この器具で出せる最も低い音と最も高い音の振動数はそれぞれ何Hzですか。

**4**　パンダはクマの仲間だと考えられます。多くのクマの仲間は雑食性でいろいろなものを食べますが，パンダはおもにタケやササを食べて生活しています。野生のパンダは今では世界の限られた地域にしかいません。パンダの化石は，古い時代からパンダの形態(姿や形)が現在までほとんど変化していないことを示しています。また，パンダは野生のままでは，どんどん数が減り，絶めつしてしまうと心配されているため，いろいろな方法で保護されています。

問1　古い時代からほとんどその形態を変えずに生き残っている生物を何と呼びますか。

問2　絶めつが心配されている生物を何と呼びますか。

問3　野生のパンダが絶めつしないように，どのような方法で保護されていますか。具体的に説明しなさい。

問4　クマが雑食性であるのに対し，パンダがタケやササばかりを選んで食べることには，どのような利点があると考えられますか。

問5　パンダのように限られた種類の食物を食べて生活している動物の例と，その動物がおもに食べている食物を答えなさい。

（奥田亜希子《おくだあきこ》『クレイジー・フォー・ラビット』）

注　愛衣と珠紀のクラスの新沼先生のこと

問１　傍線《ぼうせん》①「すべてに甘い魔法がかけられている」とあるが、「甘い魔法」と表現されているのはなぜか、説明しなさい。

問２　傍線②「『いいね』／愛衣は勢い込んで頷いた」とあるが、愛衣の行動がこのようになった理由を説明しなさい。

問３　傍線③「一番好きなアイスクリームを選んだはずが、なぜか味があまりしない」とあるが、愛衣がこのように感じたのはなぜか、説明しなさい。

問４　傍線④「愛衣と目を合わせたまま、珠紀は二度瞬きをした」とあるが、この時の珠紀の気持ちを説明しなさい。

問５　傍線⑤「愛衣は口の中のイチゴアイスを飲み下した」とあるが、この時の愛衣の気持ちを説明しなさい。

問６　傍線⑥「こんな経験は初めてで、愛衣は内心うろたえた」とあるが、愛衣が「内心うろたえた」のはなぜか、説明しなさい。

問７　傍線⑦「オレンジ色の傘が咲き、遠ざかっていく」とあるが、ここで作者はどのようなことを表現しようとしているか、説明しなさい。

問８　傍線⑧「だって、それこそが真の友情でしょう?」とあるが、愛衣と珠紀のそれぞれが考える「友情」とはどのようなものか、説明しなさい。

問９　傍線⑨「それでも狭い密室に閉じ込められたように思えて、愛衣は大きく深く息を吸い続けた」とあるが、「それでも」という言葉に注目して愛衣の気持ちをていねいに説明しなさい。

## 二

次の傍線のカタカナは漢字に、漢字はひらがなに直しなさい。

①　トウジの日にゆず湯に入る。
②　記念シキテンに出席する。
③　ザイタク勤務をする。
④　団体にショゾクする。
⑤　テイキケンを用いて通学する。
⑥　キュウフ金を受け取る。
⑦　犯行にカタンする。
⑧　重大なキョクメンに立つ。
⑨　セイトウ名を書いて投票する。
⑩　センレンされた文章。
⑪　運営にシショウをきたす。
⑫　テキタイ関係を解消する。
⑬　台風にソナえる。
⑭　我をワスれる。
⑮　結論をミチビく。
⑯　原因と結果。
⑰　将来への布石を打つ。
⑱　発言の意図をたずねる。
⑲　古い組織に風穴を開ける。
⑳　説明を省く。

ると同時に駆け寄ってきたミルク。手から草を食べるミルク。洋服についていたボタンにじゃれつくミルク。頭から尻《しり》にかけてを何度も撫《な》で、愛衣はようやく地面に下ろした。

「あの、辻さん」

同じくゴマを腕《うで》から放した珠紀に声をかけた。

「なに？」

「ウサギの世話はできなくなっちゃったけど、これからも一緒に遊びたいな。休み時間とか、放課後とか」

「大島さんと？」

「うん」

愛衣はズボンのポケットに手を入れた。小さく折り畳《たた》んだ紙袋が指に触《ふ》れる。昨日渡《わた》しそびれたヘアピンをこっそり持ってきていた。まさかウサギのことで注意を受けるとは思いも寄らなかったが、かえってよかったかもしれない。これがゴマの代わりになればいい。愛衣が紙袋を摑《つか》んだときだった。

「無理。私、大島さんとは友だちになれない」

「えっ」

ポケットの中で手が止まった。

「嘘を吐《つ》く子って、嫌《きら》いなんだ」

大島さんとウサギ小屋に通うのももうやめようと思っていた、だから先生に怒られてちょうどよかった、と珠紀は続けた。

「嘘？　なんのこと？」

声が震《ふる》えた。

「研吾と雅希が海に行く話なんて、本当は漫画にないんだよ。雅希は明るく見えるけど、実はすごく繊細《せんさい》で、家に一人でいるときはめちゃくちゃ暗くて、お風呂《ふろ》に浸《つ》かって泣くこともある。でも、大島さんは雅希のそういうところを全然知らなかった。もしかしてちゃんと読んでないのかもしれないと思って、それで私、試《ため》したんだ」

「なんでそんなこと――」

「大島さんが正直に感想を言ってくれてるのか、気になったからだよ。本当は読んでないとか、全然面白《おもしろ》くなかったとか、そういうことでもよかったのに」

後ろから頭を叩《たた》かれたみたいだった。あのとき珠紀から隠しごとの匂いがしなかったのは、彼女《かのじょ》にやましい感情がなかったからなのだとはっとする。だが、自分が嘘を吐いたのは、珠紀のことが好きで、話を合わせたかったからだ。欺《あざむ》こうとしたわけではない。そう弁解したくなる一方で、あのとき自分から感じた匂いを思い出し、納得《なっとく》せざるを得なかった。あれほどの悪臭《あくしゅう》を放っていた自分が、どうして珠紀と仲良くなれるだろう。

「大島さんは私に合わせてばっかりだよね。別々の人間なのに、そんなの変だよ」

言うなり珠紀は小屋を出て行った。⑦オレンジ色の傘《かさ》が咲《さ》き、遠ざかっていくのをぼんやりと見送る。昼休みの終わりを告げるチャイムが鳴り、自分も教室に戻《もど》らなければと思うが、足が動かない。下半身の感覚が消えていた。

愛衣はポケットの中の紙袋を握《にぎ》り締《し》めた。珠紀と色違いのヘアピンで前髪を留めて、校内を並んで歩きたかった。その願いが永遠に叶《かな》わなくなったことを知る。廊下の端で香りつき消しゴムを交換《こうかん》していた一年生のことを、本当は全然笑えない。心の一部を預け合うような友だちを、自分はずっと求めている。

⑧だって、それこそが真の友情でしょう？

愛衣は手のひらで顔を覆《おお》い、その場にしゃがみ込んだ。扉の鍵《かぎ》は開いている。金網《かなあみ》を通り抜けた雨風が、肌《はだ》を濡らす。⑨それでも狭い密室に閉じ込められたように思えて、愛衣は大きく深く息を吸い続けた。

とはできなかった。珠紀と仲良くなりたい。自分に格好《かっこう》いい友だちができたことを、仁美と香奈恵に見せつけたい。いいよね、あそこ、と相槌《あいづち》を重ねた。

「だよね」

珠紀が漫画に視線を戻《もど》す。さっきと同じ横顔のはずが、なぜか拒《こば》まれているように感じる。珠紀は無言でページをめくった。愛衣も黙《だま》って残りのアイスを食べた。やはり美味《おい》しいとは思わなかった。

門限の時刻までにはまだ余裕《よゆう》があったが、もういいよね、との珠紀の一言で、モアを出ることになった。帰り道、珠紀は後ろを振《ふ》り返らなかった。Tシャツに包まれた細い背中は、行きよりも神経が張り詰《つ》めているみたいだ。置いていかれないよう、愛衣はペダルを強く踏《ふ》み込んだ。

注　新沼《にいぬま》の顔は、見えない糸で後ろから操《あやつ》られているかのようだ。目《め》尻《じり》や細かい皺《しわ》は、常にこめかみの方向に引っ張られ、頬の筋肉は固まっている。後頭部でひとつに結《ゆ》われた髪《かみ》のせいか。今日のような雨の日でも乾燥《かんそう》している皮膚《ひふ》と、鼻の下の産毛《うぶげ》が特に不気味だった。

「そりゃあね、学校のウサギ、みんなのウサギです。飼育係以外の子は撫《な》でるなとか、草を一本もあげるなとか、そんなことは先生も言いません。でも、分かるよね。毎日毎日、昼休みに掃除《そうじ》して、せっせと草を運んで。どう考えてもおかしいでしょう。しかもあなたたち、下級生が小屋に入ろうとしたら、大きな声を出して怖《こわ》がらせたんですって？　それが最上級生のすることですか」

一拍《いっぱく》を置き、愛衣はそれがドラマの主題歌について話していたときのことだと気づいたが、新沼の声は大きくなるばかりだった。反論する隙《すき》がない。愛衣は下唇《したくちびる》をそっと噛《か》む。隣に立つ珠紀にも誤解を解くつもりはないらしく、静かに説教を受け入れていた。

「あなたたちはウサギに狂《くる》ってる」

数分後、二人は新沼から解放され、失礼しました、と職員室をあとにした。ほうっと口から息が漏《も》れる。昼の一時を過ぎたばかりにもかかわらず、廊下《ろうか》は薄暗《うすぐら》かった。窓にはびっしりと雨粒が張りつき、リノリウムの床は薄《うす》く濡《ぬ》れている。誰かの上履《うわば》きの跡《あと》が見て取れた。

「あのときの女の子たちが先生に言いつけたのかな？」

愛衣の問いに、たぶんね、と珠紀は答えた。

「私たち、もうミルクの世話はできないってこと？」

「しょうがないよ。うちら、飼育係じゃないんだから」

「うん……」

珠紀の素っ気ない態度は、一晩経《た》った今日も変わらなかった。おはよう、と挨拶《あいさつ》をしたときも、昼休みに揃《そろ》って新沼から呼び出され、なんだろうね、と話しかけたときも、最低限の反応しか返ってこない。怒《おこ》っているのか、それとも機嫌《きげん》が悪いだけなのか。愛衣の不安は膨《ふく》らんだり萎《しぼ》んだりしながら、確実に大きくなっていた。

だから、最後にゴマたちに会いに行こうよ、と言われたときにはほっとした。ふたつ返事で承諾《しょうだく》し、下駄箱《げたばこ》へ向かう。それぞれ傘《かさ》を差して校舎裏に回った。足元はびしょ濡れになったが、外に人がいないのは幸運だった。誰にも見つかることなくウサギ小屋に辿《たど》り着いた。

一羽ずつ名前を呼び、抱《だ》き上げる。柔《やわ》らかい毛の感触《かんしょく》に目の裏側が熱くなった。新沼はときどき遊び相手を務めるぶんには問題ないと言っていたが、こうなった以上、一部の下級生から見張られることになるのは間違いない。少しでも出過ぎた真似《まね》をすれば、ただちに新沼に報告されるだろう。年下の視線を意識して、行動する。それはとても惨《みじ》めなことのように思えた。

キナコ、ゴマ、ココアに頬ずりし、最後にミルクを抱きしめる。たちまち今生《こんじょう》の別れのような気分に駆《か》られた。愛衣が小屋の扉《とびら》を開け

「ううん。もう大丈夫《だいじょうぶ》」

「じゃあ、おやつでも食べようよ」

②「いいね」

愛衣は勢い込《こ》んで頷《うなず》いた。エスカレーターで一階に下りて、食料品売り場でカップのアイスクリームを購入《こうにゅう》する。愛衣はイチゴ味、珠紀はチョコミント味だ。フードコートの椅子《いす》に向かい合って腰《こし》を下ろし、蓋《ふた》をめくった。珠紀の手元に現れた、わずかに緑を溶《と》かしたような水色に目を奪《うば》われる。黒い粒《つぶ》が全体にアクセントを加えていて、きれいだ。

「私、チョコミント味って食べたことない」

なんの気なしに告白すると、本当に？　と珠紀は目を丸くした。一口食べてみる？　とカップを差し出され、礼を言って受け取る。木のへらで一口ぶんをすくい、口に運んだ。歯磨《はみが》きみたい。愛衣の感想に、珠紀は口を大きく開けて笑った。

「辻さんも食べる？」

「いらない。私、イチゴ味って好きじゃないんだ。果物のイチゴは好きなんだけど」

「あっ……そうなんだ」

愛衣は行き場を失った木のへらを自分の口に含《ふく》んだ。甘《あま》ったるい匂いが鼻を抜ける。③一番好きなアイスクリームを選んだはずが、なぜか味があまりしない。ちまちますくっていたからか、珠紀のカップが空になった時点で、愛衣はまだ半分しか食べていなかった。手持ち無《ぶ》沙汰《さた》になったらしい珠紀が、本屋の袋から漫画を出して読み始める。その横顔に声をかけた。

「本当にその漫画が好きなんだね」

「うん、大好き。今度、大島さんにも続きを貸すね」

「……うん」

珠紀が漫画から顔を上げた。

「大島さんは誰《だれ》が好き？　研吾《けんご》？　雅希《まさき》？　春奈かな」

「うーん、雅希かなあ」

あの底なしに快活なキャラクターの名前が、雅希だったはずだ。短《たん》髪《ぱつ》で、口と耳が大きくて、変な絵のTシャツばかり着ていて。愛衣は記憶《きおく》をたぐり寄せる。まだ三巻を読み終わっていないとは、どうしても言い出せなかった。

「雅希かあ。意外かも。どうして？　どこが好き？」

「やっぱり明るいところかなあ」

「明るいところ？」

④愛衣と目を合わせたまま、珠紀は二度瞬《まばた》きをした。

「だったら五巻までの中で、どの話が一番よかった？」

「えっ、話？　どれかなあ」

声が裏返りそうになる。愛衣はますます頭を巡《めぐ》らせた。かろうじて思い出せるのは、もっとも熱意を持って読んでいた一巻の冒頭《ぼうとう》で、しかし、雅希をいいと感じた理由は挙げられない。愛衣がまごついていると、

「私はね、研吾と雅希が海に行くところが好き」

⑤愛衣は口の中のイチゴアイスを飲み下した。珠紀の目に、いつもと違う光が点《とも》っているような気がしたのだ。挑戦的《ちょうせんてき》にも思える眼差《まなざ》しに、なにかがおかしいと脳が訴《うった》えてくる。だが、珠紀から隠しごとの甘酸《あまず》っぱい匂いはしない。愛衣は慎重《しんちょう》に顎《あご》を引いた。

「私も、その場面は好き」

その瞬間《しゅんかん》、百年に一度しか咲《さ》かない花が開くみたいに、自分の身体があの匂いを発するのを感じた。今まで親や友だちから醸《かも》し出されていたものよりも、遥《はる》かに刺激的《しげきてき》だ。目に涙《なみだ》がにじみそうになる。

⑥こんな経験は初めてで、愛衣は内心うろたえたが、嘘を取り消すこ

# 二〇二二年度　学習院女子中等科

【国　語】〈A入試〉（五〇分）〈満点：一〇〇点〉

一　次の文章を読んで、後の問いに答えなさい。

小学校六年生の大島愛衣《あい》は、人の嘘《うそ》や隠《かく》しごとが匂《にお》いでわかる女の子である。ある日、仲良くしていた仁美《ひとみ》と香奈恵《かなえ》が、愛衣に隠れて会っていたことを知り、二人とどこかぎこちない関係となってしまう。

その頃《ころ》、六年生で初めて同じクラスになり、学校のウサギ（ミルク・ゴマ・キナコ・ココア）の世話を一緒《いっしょ》にしていた辻珠《つじたま》紀《き》と、ショッピングセンターのモアへ行くことになった。珠紀は本屋でお気に入りの漫画《まんが》の新刊を買い、その後、様々な本を見始めた。

「辻さん。私、ソレイユを見ててもいいかな？」

「ソレイユ？」

背表紙に人差し指を引っかけ、棚《たな》から引き抜《ぬ》きながら珠紀が尋《たず》ねた。

「なんだっけ、それ」

「このフロアの端《はし》っこにあるファンシーショップだよ」

「ああ、あのピンク色の店か。いいよ、分かった。レジでお金を払《はら》ったら、私がそっちに行くね」

「ありがとう」

愛衣は足早に書店をあとにした。子ども服売り場の隣《となり》、太陽の看板が、ソレイユの目印だ。学校の教室より狭《せま》い店内には、棚やラックがいくつも立ち並《なら》び、通路は小学生同士もたやすくすれ違《ちが》えないほど細い。壁《かべ》や天井《てんじょう》、棚は白く、床《ゆか》は木目で、内装に華《はな》やかな色は見当たらなかったが、それでも珠紀がピンク色の店と称《しょう》した理由はよく分かった。

ここには可愛《かわい》いものしか売られていない。

アクセサリーにぬいぐるみ、ポスターやキーホルダー。①すべてに甘《あま》い魔法《まほう》がかけられている。文房具《ぶんぼうぐ》や食器類のような実用品までもが宝石のごとく輝《かがや》き、この場に立っているだけで、愛衣の気持ちは昂《たか》ぶった。絆創膏《ばんそうこう》に巾着袋《きんちゃくぶくろ》、シール、ポケットティッシュなど、こまかい商品が充実《じゅうじつ》しているところも嬉《うれ》しい。訪《おとず》れるたびに新たな発見があった。

店内を一周したのち、愛衣は右奥《みぎおく》の一角に狙《ねら》いを定めた。ここにはひとつ五十円から三百円と、比較的《ひかくてき》安価な商品が集まっている。目の周りに力が入ったのが自分でも分かった。

「あっ、これ」

近くで商品を並《なら》べ替《か》えていた店員がこちらを見た。愛衣は頰《ほお》が熱くなるのを感じながら、棚に陳列《ちんれつ》されていたうちの二種類を手に取った。ひとつは白、もうひとつは灰色のウサギで飾《かざ》られた、小さなヘアピンだ。ウサギの顔の造形は単純で、六年生には幼いデザインにも思えたが、ミルクとゴマに見立てられることに興奮した。値段を確認《かくにん》すると、ひとつ百五十円。迷わずレジへ持っていった。

店員に頼《たの》み、チェック柄《がら》の紙袋に小分けにしてもらう。珠紀はヘアアクセサリーの類を身につけないが、ゴマに似ているこれならば、きっと気に入ってくれるだろう。こんなのあるんだね、と珠紀に褒《ほ》められたかった。

「大島さん」

ソレイユを出たところで、本屋の袋を片手に提《さ》げた珠紀と再会した。

「お待たせ。どうする？　大島さんは、まだこのお店を見たい？」

# 2022年度 学習院女子中等科 ▶解説と解答

## 算 数 ＜Ａ入試＞（50分）＜満点：100点＞

### 解 答

1 (1) $1\frac{3}{4}$ (2) $\frac{8}{9}$ 2 １時間48分 3 280円 4 (1) 解説の図を参照のこと。 (2) 150.72cm$^2$ 5 480個 6 (1) 49 (2) 1023 (3) 右の図

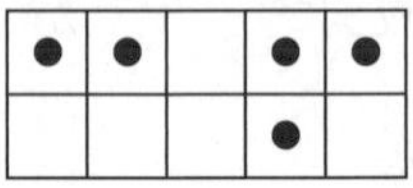

### 解 説

**1 四則計算，逆算**

(1) $(1.3-0.45)\times0.625+\left(4\frac{1}{2}+5\frac{1}{4}\right)\div8=0.85\times\frac{5}{8}+\left(4\frac{2}{4}+5\frac{1}{4}\right)\div8=\frac{17}{20}\times\frac{5}{8}+9\frac{3}{4}\div8=\frac{17}{32}+\frac{39}{4}\times\frac{1}{8}=\frac{17}{32}+\frac{39}{32}=\frac{56}{32}=\frac{7}{4}=1\frac{3}{4}$

(2) $\left(2\frac{4}{7}-\frac{2}{3}\div\square\right)\div1\frac{3}{14}=1\frac{1}{2}$より，$2\frac{4}{7}-\frac{2}{3}\div\square=1\frac{1}{2}\times1\frac{3}{14}=\frac{3}{2}\times\frac{17}{14}=\frac{51}{28}$，$\frac{2}{3}\div\square=2\frac{4}{7}-\frac{51}{28}=\frac{18}{7}-\frac{51}{28}=\frac{72}{28}-\frac{51}{28}=\frac{21}{28}=\frac{3}{4}$ よって，$\square=\frac{2}{3}\div\frac{3}{4}=\frac{2}{3}\times\frac{4}{3}=\frac{8}{9}$

**2 速さ**

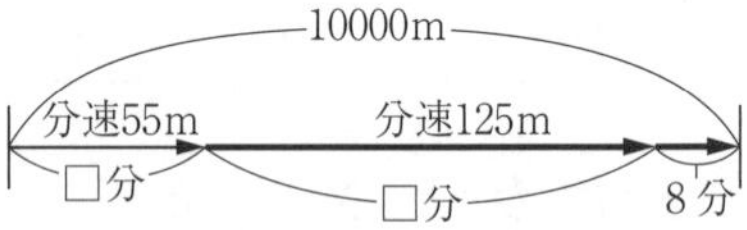


さくらさんが進んだ道のりは，10km＝10000mで，歩いた速さは分速，3.3×1000÷60＝55(m)，走った速さは分速，7.5×1000÷60＝125(m)である。また，歩いた時間より走った時間の方が８分長かったので，歩いた時間を□分とすると，右上の図のように表せる。すると，分速55mで□分，分速125mで□分進んだ道のりの和は，10000－125×８＝10000－1000＝9000(m)となるので，55×□＋125×□＝9000(m)と表せる。よって，(55＋125)×□＝9000，180×□＝9000より，□＝9000÷180＝50(分)とわかるから，歩いた時間は50分，走った時間は，50＋８＝58(分)となり，全体でかかった時間は，50分＋58分＝108分＝１時間48分と求められる。

**3 売買損益**

桃１個あたりの仕入れ値を１とすると，定価は，１＋0.4＝1.4と表せるので，定価の２割引きの値段は，1.4×(１－0.2)＝1.4×0.8＝1.12，定価の半額は，1.4÷２＝0.7と表せる。また，定価で240個，定価の２割引きで100個，定価の半額で20個売ったので，売り上げの合計は，1.4×240＋1.12×100＋0.7×20＝336＋112＋14＝462となる。さらに，仕入れ値の合計は，１×360＝360だから，利益は，462－360＝102となる。これが20400円だから，比の１にあたる金額，つまり，１個あたりの仕入れ値は，20400÷102＝200(円)と求められる。よって，定価は，200×1.4＝280(円)とわかる。

**4 平面図形―図形の移動，面積**

(1) 辺AB上にある点のうち，点Ｃから最も近いのは点Ｂで，点Ｃから最も遠いのは点Ａである。三角形ABCを，点Ｃを中心として回転させるとき，点Ｂが通る部分は，点Ｃを中心とし，半径が

CBのおうぎ形の弧《こ》BB′で，点Ａが通る部分は，点Ｃを中心とし，半径がCAのおうぎ形の弧AA′になる。よって，辺ABが通る部分は，右の図の斜線《しゃせん》部分となる。

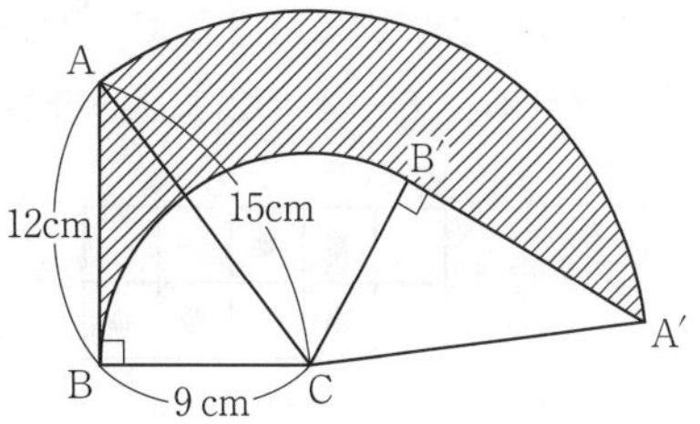


(2)　図の斜線部分の面積は，おうぎ形CAA′と三角形ABCの面積の和から，おうぎ形CBB′と三角形A′B′Cの面積の和をひくと求められ，三角形ABCの面積と三角形A′B′Cの面積は同じだから，おうぎ形CAA′の面積から，おうぎ形CBB′の面積をひけばよい。また，120度回転させたので，おうぎ形CAA′とおうぎ形CBB′の中心角はどちらも120度である。よって，斜線部分の面積は，$15\times15\times3.14\times\frac{120}{360}-9\times9\times3.14\times\frac{120}{360}=75\times3.14-27\times3.14=(75-27)\times3.14=48\times3.14=150.72(cm^2)$とわかる。

## 5　倍数，集まり

3桁《けた》の整数は，100から999までの，999－100＋１＝900(個)ある。まず，４の倍数は，１から999まででは，999÷４＝249あまり３より，249個あり，１から99まででは，99÷４＝24あまり３より，24個あるので，100から999まででは，249－24＝225(個)ある。同様に，100から999までで，５の倍数は，999÷５＝199あまり４，99÷５＝19あまり４より，199－19＝180(個)あり，６の倍数は，999÷６＝166あまり３，99÷６＝16あまり３より，166－16＝150(個)あるから，右の図のように表せる。４と５と６の最小公倍数は60だから，図のキにあてはまる数は60の倍数であり，999÷60＝16あまり39，99÷60＝１あまり39より，16－１＝15(個)ある。また，４と５の最小公倍数は20だから，エにあてはまるのは，20の倍数であって60の倍数でない数となり，20の倍数は，999÷20＝49あまり19，99÷20＝４あまり19より，49－４＝45(個)あるから，エにあてはまる数は，45－15＝30(個)ある。同様に考えると，４と６の最小公倍数は12で，12の倍数は，999÷12＝83あまり３，99÷12＝８あまり３より，83－８＝75(個)あるから，オにあてはまる数は，75－15＝60(個)ある。さらに，５と６の最小公倍数は30で，30の倍数は，999÷30＝33あまり９，99÷30＝３あまり９より，33－３＝30(個)あるから，カにあてはまる数は，30－15＝15(個)ある。よって，ア＋イ＋ウ＋エ＋オ＋カ＋キ＝225＋180＋150－(エ＋オ＋カ＋キ＋キ)＝555－(30＋60＋15＋15＋15)＝555－135＝420(個)となるので，求める個数は，900－420＝480(個)とわかる。

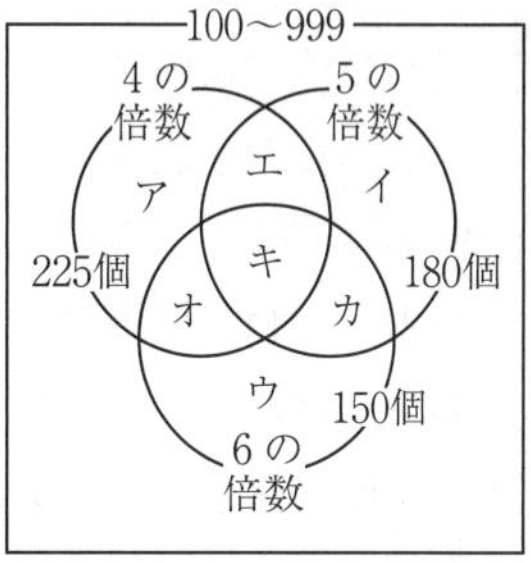


## 6　*N*進数

(1)　１，２，４，８のように，●の位置がかわるときに表す数が２倍になるから，図は２進数を表していると考えられる。そこで，８×２＝16，16×２＝32，32×２＝64，64×２＝128，128×２＝256，256×２＝512より，それぞれのマスが表す数は右の図１のようになる。よって，問題文中の図が表す数は，１＋16＋32＝49と求められる。

図１

| | | | | |
|---|---|---|---|---|
| 512 | 128 | 32 | 8 | 2 |
| 256 | 64 | 16 | 4 | 1 |

(2)　図１より，この図を使って表すことができる最大の数は，１＋２＋４＋８＋16＋32＋64＋128＋256＋512＝1023とわかる。なお，512×２＝1024より１小さい数だから，1024－１＝1023と求めることもできる。

(3)　下の図２が表す数は，１＋４＋32＋64＋128＝229で，下の図３が表す数は，１＋８＋32＋128

＋256＝425である。そこで，229＋425＝654を図で表せばよい。654－512＝142，142－128＝14，14－８＝６，６－４＝２より，654＝２＋４＋８＋128＋512だから，下の図４のようになる。

図２

| | | | | |
|---|---|---|---|---|
| | ● | ● | | |
| | ● | | ● | ● |

図３

| | | | | |
|---|---|---|---|---|
| | ● | ● | ● | |
| ● | | | | ● |

図４

| | | | | |
|---|---|---|---|---|
| ● | ● | | ● | ● |
| | | | ● | |

## 社　会　＜Ａ入試＞（30分）＜満点：60点＞

### 解　答

1　**問１**　**Ａ**　比例代表　**Ｂ**　安倍　**Ｃ**　国民投票　**問２**　**１**　ト　**２**　ケ　**３**　ウ　**４**　ク　**５**　テ　**６**　セ　**問３**　289　**問４**　エ，カ　**問５**　（例）　多くの国民の意見が政治に反映されないことになるから。　**問６**　（例）　省庁や自治体間の情報システムを統一し，行政手続きのオンライン化を進めること。　2　**問１**　**１**　岐阜　**２**　富山　**３**　愛知　**４**　三重　**５**　福井　**６**　原子力　**７**　陶磁器　**８**　飛騨　**９**　白山　**10**　熊本　**11**　鹿児島　**12**　宮崎　**13**　大分　**14**　地熱　**15**　シラス　**16**　産業革命　**問２**　（例）　（右の図）／雪が積もらないようにするため，かやぶきの屋根を逆Ｖ字形の急勾配にしてある。　3　**問１**　**１**　卑弥呼　**２**　推古　**３**　藤原　**４**　地頭　**５**　日野富子　**６**　生糸　**問２**　須恵器　**問３**　（例）　土地はすべて国のものとする制度から，新しく開墾した土地は３代にわたって私有することを認める制度に変わった。　**問４**　古今和歌集　**問５**　イ→エ→ア→ウ　**問６**　（例）　大名の妻子　**問７**　（例）　武家どうしが同盟を結ぶか，それに近い関係になる　**問８**　イ　**問９**　（例）　女性が男性よりも低い地位におかれ，家庭に入って夫を支え，子どもを産み育てる役割だけを期待されていた。　**問10**　イ，エ　**問11**　ジェンダー

### 解　説

**1　現代日本の政治についての問題**

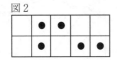

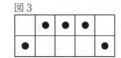

**問１**　**Ａ**　おもな選挙制度には，１つの選挙区から１名を選出する小選挙区制，１つの選挙区から２名以上を選出する大選挙区制，得票数に応じて各政党に議席を配分する比例代表制などがある。衆議院議員選挙は，かつては都道府県を１～数区の選挙区に分け，各選挙区から２～６名を選出する中選挙区制がとられていたが，1996年の総選挙から，小選挙区選挙で300名，比例代表選挙で200名の計500名を選出する小選挙区比例代表並立制で行われるようになった。その後，議員定数などがたびたび改定されてきたが，小選挙区比例代表並立制は維持されている。　**Ｂ**　日本では2009年９月から３年余り民主党を中心とした連立内閣が続いたが，2012年12月に行われた衆議院議員総選挙で自由民主党（自民党）が大勝し，同月，第２次安倍晋三内閣が成立した。　**Ｃ**　国民投票法（正式には「日本国憲法の改正手続に関する法律」）は2007年，第１次安倍内閣のときに成立した，憲法改正を承認するかどうかを決める国民投票の具体的方法を定めた法律である。2021年にはその

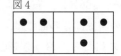

一部が改正され，共通投票所の整備や投票時間の柔軟《じゅうなん》化などについての規定が追加された。

**問2**　**1**　2009年８月に行われた衆議院議員総選挙では，野党第１党であった民主党が大勝し，翌９月には民主党代表の鳩山《はとやま》由紀夫を首相とする連立内閣が成立した。　**2**　民主党政権は，それまでの官僚(役人)主導といわれた政治から，内閣主導の政治への転換《てんかん》をめざしたが，2010年の参議院議員選挙で与党が敗れて過半数の議席を確保できず，いわゆる「ねじれ国会」となったことも影《えい》響《きょう》し，改革は思うように進まなかった。　**3**　日本経済は2008年にアメリカで起きたリーマン・ショックとよばれる金融《きんゆう》危機と，それが原因で広がった世界的な不況《ふきょう》の影響で不景気におちいり，物価の下落が続くデフレ(デフレーション)の状態が続いた。これに対して安倍内閣は，「大《だい》胆《たん》な金融政策」「機動的な財政政策」「民間投資を喚起《かんき》する成長戦略」の３つを柱とするアベノミクスとよばれる経済政策を進め，デフレからの脱却《だっきゃく》をめざした。　**4**　国の自衛権には，自国が外国から攻撃《こうげき》や侵略《しんりゃく》を受けた場合に反撃できる個別的自衛権と，同盟国が攻撃や侵略を受けた場合にその国と協力して侵略国に反撃できるとする集団的自衛権がある。日本では，平和主義を基本原則とする日本国憲法との整合性の関係もあり，歴代の内閣は個別的自衛権だけを認める立場を取り続けてきた。しかし，2014年，安倍内閣は集団的自衛権を認めることを閣議決定すると，国民の間に反対する意見が多く出る中で，翌15年に自衛隊法などの改正を内容とする安全保障関連法を成立させた。　**5**　2020年９月14日，自民党の総裁選挙が行われ，安倍内閣で長く官房長官を務めていた菅義偉《すがよしひで》が新総裁に選出された。これを受けて16日に召集《しょうしゅう》された臨時国会の冒頭《ぼうとう》で安倍内閣は総辞職し，続く首班指名選挙で選出された菅が第99代内閣総理大臣に就任して菅内閣が発足した。

**6**　1949年に発足した日本学術会議は，日本の科学者の意見をまとめて国内外に発信する代表機関である。現在は内閣総理大臣の下に置かれており，政府からの諮問《しもん》を受けて「答申」を行ったり，みずから意見を表明する「提言」を行ったりする。会員は210名で，学術会議の推薦《すいせん》にもとづき内閣総理大臣が任命するが，2020年10月，推薦された105名のうち６名が任命されないという事態が起こった。政府は理由を明らかにしていないが，６名は安全保障関連法や普天間基地移転問題などについて政府の方針に批判的な意見を述べているという共通点があることから，学問の自由を侵害《しんがい》するものであるとして強い批判が起きた。

**問3**　2017年以降，衆議院の議員定数は465名となっており，小選挙区選挙で289名，比例代表選挙で176名が選出される。したがって，小選挙区の数は289である。なお，比例代表選挙は全国を11のブロックに分けて行われる。

**問4**　現在のアメリカでは，民主党と共和党が二大政党となっている。大統領選挙も事実上，両党の候補者による一騎《いっき》打ちの形となっており，近年では，クリントンやオバマ，バイデンが民主党，ブッシュ(父子とも)やトランプが共和党の候補者から，それぞれ大統領となった。

**問5**　落選した候補者に投票された票のことを，死票という。小選挙区制は各選挙区から１名しか当選しないため，それ以外の候補者に投票された票はすべて死票となってしまう。つまり，自分の意見が政治に反映されない人が多く出ることになる。

**問6**　デジタル庁は2021年９月に発足した内閣直属の行政機関で，内閣総理大臣が長を務め，補佐としてデジタル大臣が置かれる。設置の目的は行政のデジタル化を推進することであり，省庁や自治体ごとにばらばらであった情報システムを統一・標準化することや，行政手続きをオンライン化することなどがめざされている。

## 2 中部地方や九州地方の地理についての問題

**問1**　**1～5**　長野・滋賀・石川の３県と接しているのは岐阜県で，接している県は北から時計回りに富山県，長野県，愛知県，三重県，滋賀県，福井県，石川県の順となる。この７県のうち，最も人口が多いのは政令指定都市の名古屋市がある愛知県，最も少ないのは福井県で，福井県は人口の少ない都道府県としては，鳥取・島根・高知・徳島についで５番目となっている。　**6**　福井県には原子力発電所が多く，大飯《おおい》・敦賀《つるが》・美浜・高浜などの原子力発電所がある若狭《わかさ》湾沿岸は，「原発銀座」とよばれている。　**7**　岐阜県と愛知県の県境付近にある瀬戸市(愛知県)や多治見市(岐阜県)などでは，古くから陶磁器工業がさかんである。　**8**　岐阜・富山・長野・新潟の４県の県境付近に南北に連なるのは，北アルプスともよばれる飛驒《ひだ》山脈である。　**9**　岐阜・富山・福井・石川の４県の県境付近に連なる両白山地は，白山を中心とした山岳地帯で，付近は白山国立公園となっている。　**10**　かつて肥後国とよばれていたのは，現在の熊本県である。　**11**　熊本県に接する県を農業産出額の多い順にならべると，鹿児島県，宮崎県，福岡県，大分県となる。江戸時代末期，鹿児島市に築かれた集成館は，薩摩藩主の島津斉彬《なりあきら》がつくらせた日本初の洋式の工場群で，溶鉱炉《ようこうろ》のほか，ガラスや兵器などをつくる工場が設置された。　**12，13**　熊本県と大分県の県境付近には，阿蘇《あそ》くじゅう国立公園がある。　**14**　阿蘇くじゅう国立公園付近に多いのは地熱発電所で，大分県の大岳《おおだけ》や八丁原《はっちょうばる》がよく知られる。　**15**　鹿児島県の大部分と宮崎県の南部に広がるシラス台地は，シラスとよばれる火山噴出物が厚く積もった台地である。今から３万年前ごろ，鹿児島湾の全域にあった姶良《あいら》カルデラが大爆発を起こし，その噴出物が降り積もって形成された。　**16**　八幡製鉄所や旧集成館などが登録されている世界文化遺産は「明治日本の産業革命遺産」で，2015年に登録され，８県にまたがっている。

**問2**　合掌《がっしょう》造りは日本の伝統家屋の建築様式の１つで，逆Ｖ字形をした急勾配《こうばい》のかやぶき屋根を持つことが特ちょうとなっている。これは，屋根の上に雪が積もらないようにするためのくふうである。また，屋根裏が３層や４層の空間になっているのは，養蚕を行う作業部屋を確保するためでもあった。かつては豪雪地帯で多く見られたが，維持や管理が大変であることから数を減らしており，富山県と岐阜県の「白川郷・五箇山《ごかやま》の合掌造り集落」は1995年に世界文化遺産に登録されている。

## 3 各時代に活躍《かつやく》した女性を題材とした問題

**問1**　**1**　中国の古い歴史書『魏志《ぎし》』倭人《わじん》伝には，邪馬台《やまたい》国の女王卑弥呼《ひみこ》が30余りの小国を従えていたことや，239年に魏(中国)に使いを送り，皇帝から「親魏倭王」の称号や金印などを授けられたことなどが記されている。　**2**　６世紀末，女性として初めて天皇となったのは推古天皇で，おいにあたる聖徳太子(厩戸《うまやと》皇子)を摂政《せっしょう》に任じて政治を行わせた。　**3**　天武天皇の妃《きさき》で，天皇の死後，そのあとを継《つ》いだ持統天皇は，694年に藤原京に都を移した。　**4**　鎌倉時代には，地頭が荘園の管理や年貢の取り立てなどを行った。当時，地頭である夫が亡くなると，妻がその地位を引き継ぐことはめずらしくなかった。　**5**　第８代将軍足利義政の妻であったのは日野富子で，公家の日野家の出身である。義政との間に男子が生まれなかったため，義政は弟の義視《よしみ》を後継《こうけい》者としたが，その翌年，富子が男子(のちの第９代将軍義尚《よしひさ》)を出産し，これが応仁の乱の原因の１つとなった。大名に金を貸すなど多くの資産を持ち，幕府の政治にも深く関わったとされる。

**6**　明治時代に最大の輸出品であったのは生糸で，各地に建設された製糸工場では，農村の若い女性がおもな働き手となった。

**問２**　古墳時代には渡来人によって新しい焼き物づくりの技術が伝えられた。そのうち，のぼりがまを使い高温で焼かれた焼き物は須恵器《すえき》とよばれ，弥生土器よりもうすくて固かった。

**問３**　律令制度のもとでは，公地公民の原則により土地はすべて国(朝廷)のものとされていた。だが，農民に支給する口分田が不足するようになったことから，723年に朝廷は三世一身の法を定め，新しく開墾《かいこん》した土地は３代にわたり私有することを認めた。しかし，期限つきであまり効果がなかったことから，朝廷は743年に墾田永年私財法を出し，新しく開墾した土地の永久私有を認めることとなった。

**問４**　天皇の命令によって編さんされた和歌集を勅撰《ちょくせん》和歌集といい，最も古い勅撰和歌集は，10世紀前半に紀貫之《きのつらゆき》らが編さんした『古今《こきん》和歌集』である。

**問５**　アは1274年，イは1221年，ウは1297年，エは1232年のできごとである。

**問６**　「入り鉄砲」とは江戸に持ちこまれる武器，「出女」とは江戸から地方に向かう女性のことで，ここでいう「出女」とは特に大名の妻子のことをいう。江戸時代には大名の妻子は江戸に住むことを義務づけられたが，それは大名が反抗しないよう，その妻子を幕府が人質として江戸にとどめることを意味していた。そのため，彼女たちが無断で国元へ帰ることを厳しく取りしまったのである。

**問７**　武家の女性がほかの武家にとつぐことは，婚姻《こんいん》により両家が同盟を結ぶか，それに近い関係になることを意味していた。そのため，特に大名の子女の結婚は，領国の支配を安定させるのに重要な意味を持っていた。

**問８**　アは1920年，イは1905年，ウは1922年，エは1918年のできごとで，大正時代は1912年から1926年までにあたる。イは明治時代のできごとで，ポーツマス条約の内容に抗議する集会の直後に起こった。

**問９**　資料は，文芸誌「青鞜《せいとう》」創刊号の冒頭に掲載《けいさい》された平塚らいてう(らいちょう)の宣言文の一部である。当時の女性たちは男性よりも低い地位におかれており，家庭に入って夫を支え，子どもを産み育てる役割だけが期待されていた。このように，自分の能力を発揮する機会がほとんどなかった女性を，らいてうは月にたとえて表現した。

**問10**　イとエはともに第二次世界大戦が終わった直後の1945年のことで，GHQ(連合国軍最高司令官総司令部)の指示にもとづいて実施されたものである。アとウは明治時代初期にあてはまる。

**問11**　ジェンダーは社会的・文化的に定められた性差のことで，ジェンダー・ギャップ指数とは，経済・教育・健康・政治の４分野における男女間の格差を示す指数のことをいう。ジェンダー・ギャップ指数が低いほど，その格差が大きいことを意味しており，2021年の日本の順位は156か国中の120位であった。

## 理　科　＜Ａ入試＞（30分）＜満点：60点＞

**解　答**

**1**　**問１**　月…(エ)　**太陽**…(ア)　**地球**…(オ)　**問２**　①　(ウ)　②　海　③　クレーター
**問３**　**満月**…(イ)　**三日月**…(オ)　**問４**　**地球**…(イ)　**太陽**…(ア)　**問５**　(ア)　**2**　**問１**

（例） 水の量を増やす。／水の温度を高くする。　**問２**　164ｇ　**問３**　**加えた水**…50ｇ　**加えた物質Ａ**…32ｇ　**問４**　16ｇ　**問５**　57.5ｇ　3 **問１**　４個　**問２**　右の図　**問３**　（例） 下げるおもりの数を４倍にする。／振動する弦の長さを半分にする。　**問４**　ラ，シ　**問５**　**最も低い音**…200Hz　**最も高い音**…1600Hz　4 **問１**　生きている化石　**問２**　絶めつ危ぐ種　**問３**　（例） 保護区をつくって，パンダが生息している地域の環境を守っている。　**問４**　（例） タケやササをエサとしている動物は少ないので，エサを取り合う競争をさけることができる点。　**問５**　（例） **動物**…コアラ　**食物**…ユーカリ

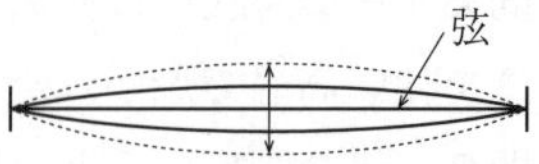


**解　説**

**1 月や太陽，地球についての問題**

**問１**　太陽のような，みずからかがやく天体を恒星《こうせい》といい，地球のような，恒星のまわりを公転する比かく的大きな天体を惑星《わくせい》という。また，月のような，惑星のまわりを公転している天体は衛星である。

**問２**　①　月は自分自身で光を出さず，太陽の光を反射して光って見える。地球から月を見ると，月が地球のまわりを公転していることにより，月の光っている部分の形が変わる。これを月の満ち欠けという。　②　月の暗く見える模様の部分は，月の表面が平らな場所で，月の海と呼ばれる。③　月の表面にある丸いくぼ地のことをクレーターという。クレーターはいん石がぶつかってできたものだと考えられている。

**問３**　右の図の満月の位置から地球を見ると，地球の太陽の光があたっていない面を見ることになるので新月型になる。また，三日月の位置から地球を見ると，地球の半分以上の面には光があたっているが右側の一部は光があたっていないため，右側の一部が欠けた形，つまり居《い》待月《まちづき》型に見える。

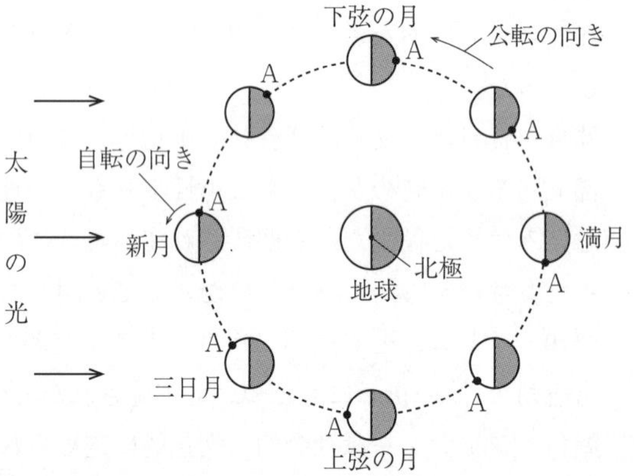


**問４**　地球の直径は月の直径の約４倍なので，月から地球を見たときの地球の大きさは，地球から見た太陽や月より大きくなる。また，地球から太陽までの距離《きょり》が約１億5000万kmなのに対し，地球から月までの距離は約38万kmと短いことから，月から太陽を見たときの太陽の大きさは，地球から見た太陽の見かけの大きさとほぼ同じになるといえる。

**問５**　月面上のある場所が日の出をむかえるころに日の出の方角と反対側に地球が見えたことから，このとき，太陽と地球は月をはさんで反対側，つまり月は上の図の新月の位置にある。この位置の月における日の出をむかえている場所は，月の自転が北半球の上空側から見て反時計回りであることから，Ａで示したところになる。月は常に同じ面が地球に向くように自転しながら公転しているため，月が公転するとＡの場所は図のように動いていく。月が新月の位置→上弦《じょうげん》の月の位置→満月の位置と公転していくと，Ａの場所から見た地球は，常に地平線近くの空の同じ場所に見え，形

が満月型→下弦の月型→新月型となるように少しずつ欠けていく。

### 2 もののとけ方についての問題

**問１**　固体の物質が水にとける重さは水の重さに比例するので，固体の物質を水に多くとかすには水の量を増やすとよい。また，固体の物質の多くは，水の温度が高いほど水にとける重さが増えるため，水の温度を高くする方法もある。

**問２**　水よう液の重さは，水の重さととかした物質の重さの和となる。40℃の水100ｇに物質Ａは64ｇまでとけるので，40℃の水100ｇに物質Ａをとけるだけとかした水よう液の重さは，100＋64＝164(ｇ)である。

**問３**　問２より，この水よう液246ｇは，$100\times\frac{246}{164}=150$(ｇ)の水に，物質Ａが，246－150＝96(ｇ)とけている。よって，加えた水の重さは，150－100＝50(ｇ)，加えた物質Ａの重さは，96－64＝32(ｇ)とわかる。

**問４**　40℃の水25ｇにとけるだけとかしていた物質Ａが出てくることになるため，物質Ａが，$64\times\frac{25}{100}=16$(ｇ)出てくる。

**問５**　問４でとけきれずに出てきた物質を取り除いた水よう液は，150－25＝125(ｇ)の水に物質Ａが，96－16＝80(ｇ)とけている。60℃の水100ｇに物質Ａは110ｇまでとけることから，この水よう液を60℃にすると，さらに物質Ａを，$110\times\frac{125}{100}-80=57.5$(ｇ)とかすことができる。

### 3 音の高さと振動《しんどう》数についての問題

**問１**　図３より，おもり１個のときから振動数を２倍にする，つまり，太い弦の振動数を，200×２＝400(Hz)，細い弦の振動数を，400×２＝800(Hz)にするためには，おもりを４個にすればよいとわかる。

**問２**　弦のふれはばが大きいほど音の大きさは大きく，ふれはばが小さいほど音の大きさは小さくなる。

**問３**　図３の400Hzのときを比べると，振動している弦の長さを変えない場合，弦の振動数を同じにして同じ高さの音を出すためには，太い弦に下げるおもりの数を細い弦の，４÷１＝４(倍)にすればよいとわかる。また，下げるおもりの数を変えない場合，図３で太い弦の振動数は細い弦の，$200\div400=\frac{1}{2}$(倍)になっていて，振動している弦の長さが半分になると振動数がもとの長さのときの２倍になると述べられていることから，太い弦で振動する弦の長さを細い弦の半分にすれば同じ高さの音が出ることになる。

**問４**　細い弦におもりを１個下げたときの振動数は400Hzである。振動する弦の長さを半分にすると，振動数は２倍になるので，振動数は，400×２＝800(Hz)となる。表１で振動数が400Hzから800Hzまでの範囲《はんい》にある音は，ラとシである。

**問５**　弦の太さが太く，下げるおもりの数が少なく，振動している弦の長さが長いほど低い音が出る。よって，この器具で出せる最も低い音は，太い弦におもりを１個下げ，もとの長さで弦を振動させたときに出る音である。このときの音の振動数は図３より200Hzとなる。一方，弦の太さが細く，下げるおもりの数が多く，振動している弦の長さが短いほど高い音が出る。したがって，この器具で出せる最も高い音は，細い弦に４個のおもりを下げ，もとの長さの半分で振動させたときに出る音である。このときの音の振動数は，800×２＝1600(Hz)と求められる。

### 4 パンダについての問題

**問１**　古い時代からほとんどその形態を変えずに生き残っている生物は，生きている化石（生きた化石）と呼ばれる。生きている化石には，シーラカンスやカブトガニ，イチョウ，メタセコイアなどがある。

**問２**　個体数が減少し，絶めつのおそれがある生物のことを絶めつ危ぐ種という。環境《かんきょう》省などでは，絶めつのおそれのある野生生物の種のリスト（レッドリスト）を作成している。

**問３**　野生のパンダが絶めつしないようにするためには，パンダの密猟《みつりょう》を防ぐとともに，パンダがおもに食べるタケやササが豊かに育つ環境が必要である。そこで，パンダが生息している地域を保護区にして，パンダとそのまわりの環境を守っている。また，パンダがより多くの子孫を残せるように，施設で繁殖《はんしょく》の世話をしたり保育したりしている。

**問４**　タケやササをエサとしている動物は少ないので，エサを取り合う競争をさけることができるという利点がある。また，タケやササはほぼ１年中得ることができるため，エサに困ることが少ないことも利点として考えられる。

**問５**　コアラはおもにユーカリの葉を食べて生活していて，個体ごとに選んで食べるユーカリの種類が異なる。また，フクロムササビもおもにユーカリの葉を食べている。ほかには，おもにシロアリを食べて生活しているオオアリクイなどが挙げられる。

## 国　語　＜Ａ入試＞（50分）＜満点：100点＞

### 解　答

一　**問１**　（例）　ソレイユで売られているすべてのものが，愛衣には可愛らしく魅力的なものに見えていることを表すため。　**問２**　（例）　おやつを食べるのは，おそろいのヘアピンを珠紀にプレゼントして喜んでもらうのに，いい機会だと思ったから。　**問３**　（例）　親しい友だちどうしらしく，アイスクリームを一口ずつ分け合えると期待したのに，珠紀に断られてがっかりしたから。　**問４**　（例）　愛衣が漫画について的外れなことを言ったのでおかしいと思い，本当に読んでいるのか疑い始め，愛衣を試す気になっている。　**問５**　（例）　珠紀の言う漫画の内容を覚えていないため，慎重に話を合わせようとしつつ，いつもと違う珠紀の挑戦的な眼差しに不安を感じている。　**問６**　（例）　珠紀に話を合わせた瞬間，自分の身体が発した嘘の匂いにおどろき，ついた嘘は取り消せないことと，嘘の源には仁美たちを見返したいという不純な自分がいたことに，気づいたから。　**問７**　（例）　嘘をつく子とは友だちになれないと言い切って，去っていく珠紀が，嘘つきとして取り残された愛衣の目に，手の届かない明るくあざやかな花のように見えているということ。　**問８**　**愛衣**…（例）　たがいの考えや気持ちに共感し合い，仲の良さを目に見える形で示すことで，周囲にも認められるような関係。　**珠紀**…（例）　異なる考えや感情を持つ別々の人間であることをたがいに尊重し，共感できるところも相手との違いも楽しめる関係。　**問９**　（例）　珠紀に嫌われ置き去りにされた悲しさに加え，珠紀の率直な指摘によって，嘘つきの自分，珠紀と親しくなって周りに見せつけたかった自分，親しさを確認し合うことが真の友情だと思っていたあさはかな自分に気づき，つらくて息苦しくなっている。

二　①〜⑮　下記を参照のこと。　⑯　げんいん　⑰　ふせき　⑱　いと　⑲　かざあ

な　⑳　はぶ(く)

**●漢字の書き取り**

二　①　冬至　②　式典　③　在宅　④　所属　⑤　定期券　⑥　給付　⑦　加担　⑧　局面　⑨　政党　⑩　洗練　⑪　支障　⑫　敵対　⑬　備(える)　⑭　忘(れる)　⑮　導(く)

**解説**

一　**出典は奥田亜希子《おくだあきこ》の『クレイジー・フォー・ラビット』所収の「クレイジー・フォー・ラビット」による。**匂《にお》いで嘘《うそ》を見ぬける愛衣《あい》が，そのせいで友だちに不信感を持ち，新たに珠紀《たまき》と親しくなろうと無理をしてしまう場面である。

**問１**　前後に，「可愛《かわい》いものしか売られていない」ソレイユの店内で，そこにいるだけで愛衣が「昂《たか》ぶった」気持ちになることが描《えが》かれている。愛衣の目には，商品すべてが「宝石のごとく」輝《かがや》いて見えており，そういう引きつける力を「甘《あま》い魔法《まほう》」にたとえている。

**問２**　愛衣は，ウサギの飾《かざ》りがついたヘアピンを，色違《いろちが》いで二つ買ったとき，アクセサリーを身につけない珠紀も「きっと気に入ってくれるだろう」と思い，珠紀に「褒《ほ》められ」たいと思っている。というのは，そのウサギが一緒《いっしょ》に世話をしているウサギに似ていたからである。また，後の方に，二人でこのピンで前髪《まえがみ》を留めて並んで歩きたかったとある。以上のことから，珠紀の誘《さそ》いに「勢《いきお》い込《こ》んで頷《うなず》いた」ときの愛衣は，おやつを食べる時間を，珠紀にヘアピンを渡《わた》す好機ととらえたのだろうと考えられる。

**問３**　愛衣が珠紀からアイスクリームを一口もらった後，珠紀にも「食べる？」と聞いたが，「いらない」と断られた直後である。つまり，珠紀にも食べてほしいという期待が外れ，「一番好き」なアイスクリームの「味があまりしない」ほど，気落ちしたことが分かる。問２でみたヘアピンのときと同様に，アイスクリームを分け合うことで親しさを共有したかったのだと思われる。あるいは，珠紀が「イチゴ味って好きじゃない」と言っただけで，一番好きなアイスクリームの味がわからなくなるほど，愛衣は珠紀の言葉に重きを置いているという理由も考えられる。

**問４**　傍線《ぼうせん》④は，珠紀が貸した漫画《まんが》の登場人物の中で，誰《だれ》のどんなところが好きか問われた愛衣が，雅希《まさき》の「明るいところ」と答えたときの，珠紀の反応である。この場面の前後の出来事を，珠紀が後の方で種明かししている。珠紀は，雅希が「明るく見える」が「繊細《せんさい》」な人物として描かれていることを知っているので，愛衣が「ちゃんと読んでない」のではと不審に思った。それで，自分に話を合わせて嘘をつくかどうかを確かめるため，存在しないエピソードで愛衣を「試《ため》した」と言っている。

**問５**　問４でもみたように，珠紀が，愛衣が漫画をちゃんと読まないまま，ただ話を合わせているのかもしれないと疑い，漫画にないエピソードで愛衣を試している場面である。傍線⑤の直後に注目する。愛衣は，珠紀の目の「挑戦的《ちょうせんてき》」な「光」に気づき，「なにかがおかしい」と感じた。不安に思いつつ，珠紀に話を合わせて「私も，その場面は好き」だと，「慎重《しんちょう》」に答えている。

**問６**　「うろたえる」は，“不意のことに驚《おどろ》き，あわてる”という意味。すぐ前に，珠紀の話に合わせて嘘をついた瞬間，自分の身体が「あの匂いを発する」ようすが描かれている。「あの匂い」とは，「隠《かく》しごとの甘酸《あまず》っぱい匂い」を指し，自分の匂いは人のものより「遥《はる》かに刺激的《しげきてき》」だったとある。これを愛衣は，後の方で「悪臭《あくしゅう》」だとふり返っているので，この匂いにショックを受けていることがわかる。それでも自分の「嘘」を「取り消すこと」はできず，それは，「珠紀と仲良くなりたい。自分に格好《かっこう》いい友だちができたことを，仁美《ひとみ》と香奈恵《かなえ》に見せつけたい」という見栄《みえ》が原因だということにも気づいたのである。こういった点をふまえてまとめるとよい。

**問７**　傍線⑦は，愛衣の目に映った，愛衣から去っていく珠紀の姿である。珠紀は，愛衣にとって「格好いい」相手であり，愛衣に面と向かって「友だちになれない」，「嘘を吐《つ》く子って，嫌《きら》いなんだ」とはっきりと言う強さがあり，「やましい感情」がない。嘘つきとして取り残された愛衣の目には，珠紀が，嘘つきの自分などふさわしくない，色あざやかな花のように見えていると思われる。

**問８**　愛衣が思う「真の友情」とは，直前の一文の「心の一部を預け合うような」関係を指す。具体的には，嘘でも珠紀の話に合わせ，珠紀とアイスクリームを分け合いたいと期待し，おそろいのヘアピンで髪を留めて校内を並んで歩きたかったのだから，いつも親しさを具体的な形で共有し，周囲にもその関係を認められるような関係である。一方，珠紀は愛衣に「大島さんは私に合わせてばっかりだよね。別々の人間なのに，そんなの変だよ」と言っており，漫画の感想も「本当は読んでないとか，全然面白《おもしろ》くなかった」といった，珠紀と違うものでも「正直」な言葉ならよかったと言っている。つまり，珠紀は，別々の人間であることを前提に，自分自身の考えや気持ちを率直に伝え，たがいの違いを理解し合えるような関係を「真の友情」だと考えているのである。

**問９**　ウサギ小屋に取り残された愛衣が，雨風が金網《かなあみ》から吹《ふ》きぬけてくるのに，「密室に閉じ込められた」ように息苦しくなっている原因を読み取る。珠紀が去っていった直後の状態である。珠紀に好かれたくて嘘をついたとき，愛衣は自分が「悪臭を放っていた」という自覚があり，そんな自分は珠紀の友だちになれるはずがないと思っている。つまり，嘘を吐いたことによって珠紀に拒否《きょひ》されたショックに加え，珠紀の指摘《してき》によって，親しいところを周りに見せつけ，確認し合いたいという自分のあさはかな言動や考え方に向き合わざるを得なくなり，追いつめられたような気持ちになっているのである。

## 二　漢字の書きと読み

①　北半球では一年で昼間が最も短くなる日。十二月二十二日ごろ。　②　一定の型でとり行われる行事。　③　自分の家にいること。　④　団体や組織に入っていること。　⑤　電車やバスなどで，通学や通勤のために，一定区間を一定期間，何度でも乗車できる割引乗車券。「定期乗車券」の略。　⑥　金品やサービスを与えること。　⑦　力を貸すこと。加わること。　⑧　物事のなりゆき。勝負の形勢。　⑨　政治についての同じ考えや目的を持つ人々が集まって活動する団体。　⑩　人がら，態度，作品などをみがき，不要なものを除いてよりよいものにすること。　⑪　物事のさまたげになること。　⑫　相手を敵とみなして立ち向かうこと。　⑬　音読みは「ビ」で，「準備」などの熟語がある。　⑭　音読みは「ボウ」で，「忘年会」などの熟語がある。　⑮　音読みは「ドウ」で，「指導」などの熟語がある。　⑯　物事の起こるもとになることがら。　⑰　将来のための備え。　⑱　目的。ねらい。　⑲　風が出入りする穴やすきま。「風穴を開ける」で，“組織や事態に新風を吹《ふ》きこむ”という意味。　⑳　音読みは「ショウ」「セイ」で，「省略」「反省」などの熟語がある。訓読みはほかに「かえり(みる)」などがある。

# 2022年度　学習院女子中等科

〔電　話〕(03) 3203－１９０１
〔所在地〕〒162-8656　東京都新宿区戸山３－20－１
〔交　通〕東京メトロ副都心線－「西早稲田駅」より徒歩３分
東京メトロ東西線－「早稲田駅」より徒歩10分

**【算　数】**〈**Ｂ入試**〉(50分)〈満点：100点〉

［注意］どの問題にも答えだけでなく途中《とちゅう》の計算や考え方を書きなさい。

**1**　次の$\square$にあてはまる数を求めなさい。

(1)　$3\times8\times3.14-\left(\frac{8}{3}-\frac{49}{24}\right)\div\frac{50}{157}\times8=\square$

(2)　$(2\times2+5\times5)\times(3\times3+4\times4)=25\times25+\square\times\square$　（２つの$\square$には同じ数が入ります。）

**2**　図のように，正三角形の各頂点および各辺の真ん中の位置にＡ～Ｆの６つの点が並んでいます。この中から３つの点を選んで，その選んだ３点を頂点とする三角形を作ります。このとき，次の問いに答えなさい。ただし，三角形ABCと三角形BCAのように，頂点の順番だけが異《こと》なる三角形は同じ三角形とします。

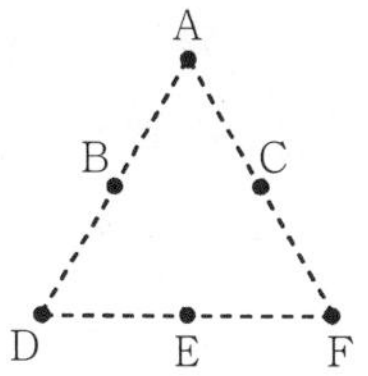


(1)　Ａを頂点にもつ三角形は何個できますか。

(2)　三角形は全部で何個できますか。

(3)　Ａを頂点にもつ三角形の面積をすべて足すと2022cm²となるとき，正三角形ADFの面積を求めなさい。

**3**　牛乳とコーヒーをまぜ合わせて作った３種類のミルクコーヒーＡ，Ｂ，Ｃがあり，それぞれの量と，それぞれにふくまれる牛乳とコーヒーの量の比は，右の表の通りです。さくらさんは，「ＡとＢ」をすべてまぜ合わせた場合と，「ＢとＣ」をすべてまぜ合わせた場合のミルクコーヒーについて，それぞれにふくまれる牛乳とコーヒーの量の比を次のようにして求めました。

| | 量 | (牛乳の量) | ： | (コーヒーの量) |
|---|---|---|---|---|
| A | 1000mL | 17 | ： | 3 |
| B | 600mL | 7 | ： | 5 |
| C | 600mL | 9 | ： | 11 |

【さくらさんの計算】

「ＡとＢ」(牛乳の量)：(コーヒーの量)＝**(17＋7)：(3＋5)＝24：8＝3：1**

答え　**3：1**

「ＢとＣ」(牛乳の量)：(コーヒーの量)＝**(7＋9)：(5＋11)＝16：16＝1：1**

答え　**1：1**

(1)　【さくらさんの計算】で求めた答えについて，「ＡとＢ」の答えは実際の比と等しいですが，「ＢとＣ」の答えは実際の比と異《こと》なります。なぜ「ＡとＢ」の答えは実際の比と等しくなったのでしょうか。言葉や式で答えなさい。

(2)　「ＢとＣ」をすべてまぜ合わせて作ったミルクコーヒーにふくまれる牛乳とコーヒーの量の実際の比を求めなさい。

**4**　2時と3時の間で，時計の長針と短針のつくる角の大きさが初めて140°になる時刻について，次の問いに答えなさい。

(1)　この時刻は，2時何分何秒ですか。秒については，帯分数で答えなさい。

(2)　この時刻に，短針と秒針のつくる角の大きさを，小数第1位を四捨五入して，0°から180°までの角度で求めなさい。

**5**　右の図は，点Oを中心とする直径20cmの円盤《ばん》と，壁《かべ》ABCDEを真上から見たものです。A，B，D，Eは一直線上にあり，AB，BC，CD，DEはそれぞれ長さが20cm，30cm，30cm，20cmの直線で，三角形BCDは直角二等辺三角形です。円盤が壁から離《はな》れることなくAからEまで移動するとき，次の問いに答えなさい。

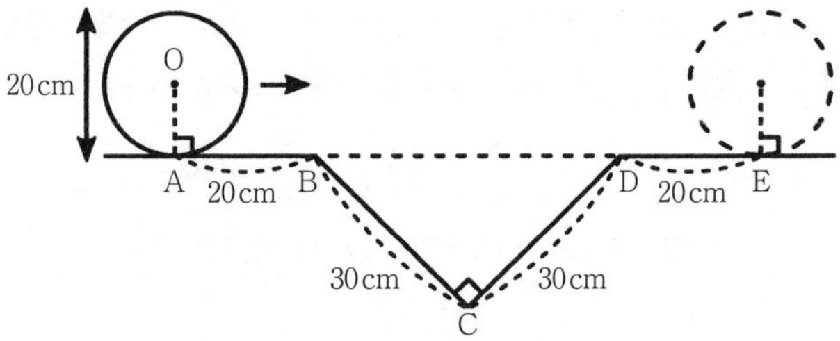


(1)　円盤が通過した部分を下の図に作図し，斜線《しゃせん》で示しなさい。ただし，図は実際の大きさと異《こと》なります。(図の目盛りは10cmごとについています。作図に利用してかまいません。)

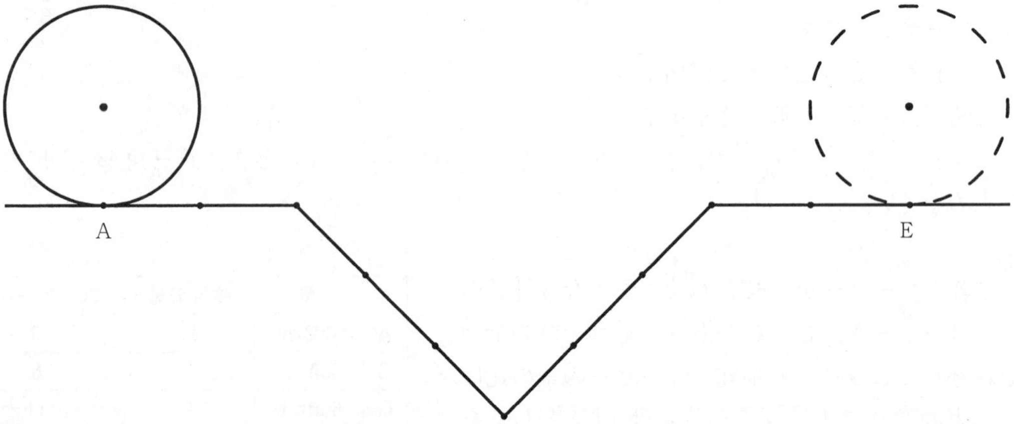


(2)　円盤が通過した部分の面積を求めなさい。ただし，円周率は3.14とします。

**【社　会】〈B入試〉**(30分)〈満点：60点〉

**1**　次の文章を読み，以下の問いに答えなさい。

日本国憲法の第13条に「すべて国民は，個人として( **1** )される。( **2** )，自由及(およ)び( **3** )に対する国民の権利については，公共の福祉(ふくし)に反しない限り，立法その他の国政の上で，最大の( **1** )を必要とする。」とあります。この条文は，「基本的人権の( **1** )」を基本原理の1つとする日本国憲法において重要なものです。この条文をもとに，社会の変化や科学技術の進歩にともなって，多様な①新しい人権が主張されてきました。その中でも，国などに強制されることなく，自分のことは自分で決める権利があるとする「自己決定権」が，②医療(いりょう)現場などさまざまな場面で主張されるようになっています。

そうした場面の1つが，自分が生まれたときから使っていた名字を使い続けたい，自分の名前については自分で決めたい，という自己決定権の主張です。現在の③民法などの法律では，④結婚(けっこん)するときに夫か妻のどちらかの名字に決めなくてはなりません。そのため，もともとの名字を使い続けたいと考える人々から，⑤結婚するときに，夫婦が同じ名字にするか，夫と妻が別の名字にするかを選ぶことができるしくみにしてほしい，という要望がかなり前からありました。

基本的人権は一国内にとどまらず，世界の人々に保障されるべきという考えが第二次世界大戦後，⑥国際連合を中心に推進されています。1948年の世界人権宣言をもとにした( **4** )は，1966年に国際連合の( **5** )で採択(さいたく)されました。近年，世界で広まっている⑦「SDGs」も世界の人々の人権保障をかかげています。それでもなお，世界には，さまざまな理由で基本的人権が保障されない人々が多く，自己決定権はおろか( **2** )や自由すら保障されていないのが現状です。

問1　空らん( **1** )～( **5** )にあてはまる語句を答えなさい。

問2　下線部①の新しい人権のうち，公害問題をきっかけに1960年代ごろから主張され，保障されるようになった人権を答えなさい。

問3　下線部②の医療現場では，だれがどのような自己決定権を主張するか，1つ例をあげて説明しなさい。

問4　下線部③の民法は近年改正され，2022年4月に施行(しこう)される。この改正の内容を説明しなさい。

問5　下線部④の結婚について，日本国憲法第24条で「婚姻(こんいん)は，両性の(　　)のみに基(もとづ)いて成立し，」と規定されている。婚姻とは結婚のことである。(　)にあてはまる語句を答えなさい。

問6　下線部⑤のしくみをいっぱんに「選択的夫婦別姓(せんたくてきふうふべっせい)制度」という。昨年6月，最高裁判所は「選択的夫婦別姓制度」についてある判決を下した。その判決を説明しなさい。

問7　下線部⑥の国際連合の機関のうち，感染症(かんせんしょう)をなくすことや医療(いりょう)・医薬品の普及(ふきゅう)などをすすめ，世界の人々が健康な生活を送ることができるように努めている機関を答えなさい。

問8　下線部⑦の「『SDGs』」について，以下の問いに答えなさい。

(1)　SDGsは日本語で何というか，答えなさい。

(2) SDGsは何年までに達成することになっているか，西れきで答えなさい。

問９　憲法は，わたしたちの考えや行動を制限することを目的につくられたものではない。憲法は何のためにあるのかを説明しなさい。

**2**　次の問いに答えなさい。

問１　昨年，気象庁は10年ぶりに，1991年～2020年の観測値による新しい平年値を更新(こうしん)した。平年値を新旧で比べると，気候変動の傾向(けいこう)をつかむことができる。平年値を新旧で比べたとき，全国的な傾向としてあてはまらないものを，次の**ア**～**カ**より２つ選び，記号で答えなさい。

**ア**．猛暑(もうしょ)日が増加した

**イ**．冬日が減少した

**ウ**．熱帯夜が減少した

**エ**．降雪量が減少した

**オ**．さくらの開花が１～２日早くなった

**カ**．梅雨入り・梅雨明けの時期が４～５日早くなった

問２　岩手県出身の宮沢賢治は，『雨ニモマケズ』の中で「サムサノナツハオロオロアルキ(寒さの夏はおろおろ歩き)」と表現している。「サムサノナツ(寒さの夏)」の原因は，何であると考えられるか答えなさい。

問３　右の表は，米の生産量上位５位(2020年)を示している。表を見て，以下の問いに答えなさい。

| | | |
|---|---|---|
| １位 | 新潟県 | 67万トン |
| ２位 | **A** | 59万トン |
| ３位 | 秋田県 | 53万トン |
| ４位 | **B** | 40万トン |
| ５位 | 宮城県 | 38万トン |

『日本国勢図会 2021/22年版』より作成

(1) 表中の**A**・**B**にあてはまる都道府県名をそれぞれ答えなさい。

(2) 表中の**A**・**B**で最も多くつくられている銘柄(めいがら)米を，次の**ア**～**オ**よりそれぞれ１つ選び，記号で答えなさい。

**ア**．コシヒカリ　　**イ**．はえぬき　　**ウ**．ひとめぼれ

**エ**．あきたこまち　　**オ**．ななつぼし

問４　棚田(たなだ)に関する以下の問いに答えなさい。

(1) 棚田の約３分の２は，西日本に分布する。西日本で棚田が多い理由としてあてはまるものを，次の**ア**～**エ**より１つ選び，記号で答えなさい。

**ア**．大きな平野が少ないため　　**イ**．国有林が多いため

**ウ**．降水量が多いため　　**エ**．人口が多いため

(2) 近年，棚田は年々減少し，耕作放棄(こうさくほうき)地が増加している。その理由を説明しなさい。

問５　次の文章を読み，空らん(**1**)・(**2**)にあてはまる語句を，下の**ア**～**エ**よりそれぞれ１つ選び，記号で答えなさい。

貨物の輸送量を表すものには，輸送トン数と輸送トンキロがあります。輸送トン数は，輸送した貨物の重さの合計ですが，輸送した距離(きょり)がふくまれていません。そこで，輸送距離をふくめた輸送の総量を表す場合には，輸送トンキロが用いられます。輸送トンキロとは，輸送した貨物[トン]に貨物を輸送した距離[キロ]をかけたものです。たとえば，10トンの貨物を50キロメートル輸送すれば，10[トン]×50[キロ]＝500[トンキロ]となります。

日本国内における貨物輸送量の割合(2019年度)をみると，輸送トン数では( **1** )が92.0%，( **2** )が7.1%をしめるのに対し，輸送トンキロでは( **1** )が53.1%，( **2** )が41.8%となっています。これは，( **2** )が大量の貨物を長距離輸送するのに適していることを示しています。

『日本国勢図会 2021/22年版』より作成

**ア**．自動車　　**イ**．鉄道

**ウ**．航空　　**エ**．海運

問6　日本における通信販売(つうしんはんばい)の売り上げは年々増加し，10年前と比べると約2倍になっている。日本で通信販売が発達してきた理由を2つ以上あげて説明しなさい。ただし，コロナ禍(か)による外出規制の影響(えいきょう)は除く。

**3**　次の文章を読み，以下の問いに答えなさい。

ユネスコの事業のひとつに「世界の記憶(きおく)」(通称「世界記憶遺産」)があります。これは，世界の重要な記録遺産(手書き原こう，本，図画など)の保護を目的として，1992年に始まりました。外国で登録されたものには，フランスの「人権宣言」や「アンネの日記」などがあります。「アンネの日記」は，ドイツの独裁者( **1** )の政策により迫害(はくがい)されたユダヤ人少女の日記です。迫害されたユダヤ人の一部はリトアニアにのがれましたが，その際に日本領事館にいた外交官の( **2** )が，日本を通って安全な国へ行けるようビザを発行し，6000人もの命を救ったことで知られています。

日本では，福岡県筑豊の炭坑(たんこう)労働の様子を記録した「山本作兵衛 炭坑記録画・記録文書」が，2011年に初めて登録されました。筑豊炭田は，①明治時代に急速に発展し，昭和時代には史上最高の生産量を記録しました。1960年代には，エネルギー資源の中心が石油や天然ガスへと変わる「エネルギー( **3** )」が起こり，この炭田も1970年代には閉山しました。

2013年には，( **4** )の日記「御堂(みどう)関白記」が登録されました。( **4** )は，平安時代中期の貴族で彰子ら娘4人を天皇にとつがせ，政治の実権をにぎりました。同年には，( **5** )藩主伊達政宗の使者としてローマを訪れた支倉常長(はせくらつねなが)が持ち帰った資料からなる「②慶長遣欧使節関係資料」も登録されました。

2015年には，③シベリア抑留(よくりゅう)の引きあげ記録「舞鶴への生還(せいかん)」が登録されました。舞鶴は，明治時代に海軍の機関である「鎮守府(ちんじゅふ)」がおかれ，軍港として発展しました。その初代司令長官だったのが，日露戦争の「日本海海戦」を指揮した海軍軍人の( **6** )です。同年には，京都市の東寺に伝わる④国宝「東寺百合文書(とうじひゃくごうもんじょ)」が登録されました。この名前は江戸時代，⑤加賀藩主の前田氏が東寺に寄付したふたつきの箱100個に大量の文書類がおさめられたことに由来しています。東寺は，9世紀に嵯峨天皇から空海にあたえられた( **7** )宗の寺院です。

2017年に登録された「上野三碑(こうずけさんぴ)」は，⑥飛鳥・奈良時代，上野国とよばれた現在の高崎市南部に建てられた3つの石碑(せきひ)です。同年には「朝鮮通信使に関する記録」も登録されました。朝鮮通信使は，朝鮮王朝が日本に送った外交使節団です。窓口役になった対馬藩は，朝鮮のプサン(釜山)にある( **8** )という施設(しせつ)で朝鮮と貿易をしました。

問1　空らん(**1**)～(**8**)にあてはまる語句を答えなさい。

問２　下線部①の時代の説明として正しくないものを，次の**ア**～**エ**より１つ選び，記号で答えなさい。

**ア**．政府は，条約改正を進めるため，社交場として鹿鳴館を開いた

**イ**．日露戦争の後，日本は韓国を併合し，植民地とした

**ウ**．25歳以上のすべての男子が衆議院議員の選挙権をもてるようになった

**エ**．足尾鉱毒事件では，田中正造が地域の人々を救うことに力をつくした

問３　下線部②は安土桃山時代から江戸時代にかけての年号である。次の**ア**～**エ**は，平安時代から江戸時代の年号である。古いものから年代順になるように記号を並べかえなさい。

**ア**．正徳　　**イ**．平治　　**ウ**．応仁　　**エ**．建武

問４　下線部③について，どのようなできごとか説明しなさい。

問５　下線部④について，国宝に指定されている水墨画(すいぼくが)「四季山水図」や「天橋立図」をえがいた室町時代の人物を答えなさい。

問６　下線部⑤や(**5**)藩主の伊達氏は，外様大名である。外様大名とは，どのような大名か説明しなさい。

問７　下線部⑥の時代の説明として正しくないものを，次の**ア**～**エ**より１つ選び，記号で答えなさい。

**ア**．行基は，聖武天皇の求めに応じて，大仏づくりに協力した

**イ**．大海人皇子は，壬申の乱の後，天武天皇として即位(そくい)した

**ウ**．聖徳太子は，冠位十二階を制定し，遣隋使を送った

**エ**．鑑真は，比叡山に延暦寺を建てた

**【理　科】**〈Ｂ入試〉(30分)〈満点：60点〉

**1**　葛西《かさい》海浜公園は，水鳥の生息地として国際的に重要な湿地《しっち》を守る「 A 条約」に登録されています。ア広大な干潟《ひがた》には，春や秋になると繁殖《はんしょく》地と越冬《えっとう》地の間を移動する渡《わた》り鳥が立ち寄り，冬には越冬地として利用する渡り鳥がやってきます。イ干潟は渡り鳥がエサをとり，休息するための重要な場となっています。

問１　文中の A にあてはまる語を答えなさい。

問２　葛西海浜公園以外の，関東地方にある A 条約登録湿地を１つ答えなさい。

問３　文中の下線部アにあてはまる鳥として適当なものを次の①～⑤から１つ選び，番号で答えなさい。

①　カワセミ　　②　シジュウカラ　　③　キアシシギ　　④　トビ　　⑤　ツバメ

問４　下線部イについて，渡り鳥のえさとなる干潟の主な生きものを２つ答えなさい。

問５　鳥は，つばさを勢いよくふりおろすことで飛ぶ力を生み出しています。そのために( a )の筋肉が大きく発達しています。さらに，からだを軽くすることで飛ぶことを可能にしています。

(1)　aにあてはまるからだの部分を，次の①～③から選び，番号で答えなさい。

①　うで　　②　背中　　③　胸

(2)　からだを軽くするために，鳥のからだのどこの部分にどのような特ちょうが見られますか。２つ答えなさい。

(3)　近年，「ある特ちょう」をもった恐竜《きょうりゅう》の化石が次々に見つかっており，鳥が恐竜の子孫であるという考えが有力になってきています。その特ちょうを答えなさい。

**2**　滑車《かっしゃ》とばねばかりを用いておもりを持ち上げる実験を行いました。おもりの重さはすべて等しく，またそれぞれの滑車の重さも同じです。棒は水平に固定されており，滑車はなめらかに回転し，糸の重さは考えません。

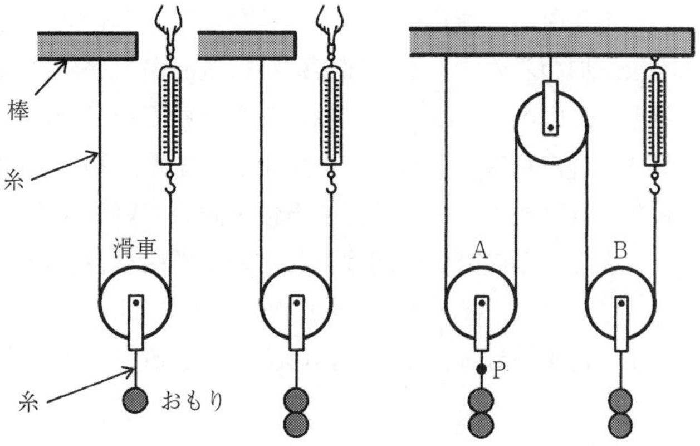

図１　　図２　　図３

問１　ばねばかりが示す値は，図１では15g，図２では25gでした。おもりと滑車の重さは，それぞれ何gですか。

問２　図２で，ばねばかりをゆっくり真上に引いて，おもりを20cm持ち上げました。このとき，ばねばかりが引いた糸の長さは何cmですか。

問３　図３で，ばねばかりは棒に固定され，おもりや滑車は静止しています。このとき，ばねばかりが示す値は何gですか。

問４　図３で，P点で糸を切ると，滑車が動きはじめました。滑車AとBが動きはじめる向きは上下どちら向きですか。また，ばねばかりが示す値は滑車が動く前に比べて大きくなりますか，小さくなりますか。

問5　図4のように，滑車の左右の糸が，水平方向に対して同じ角度になるようにばねばかりを引いて，おもりを真上に20cm持ち上げました。

ばねばかりが示す値は，問2の場合に比べて大きいですか，小さいですか。そのように考えた理由も答えなさい。また，このときばねばかりが引いた糸の長さは，問2の場合に比べて長くなりますか，短くなりますか。

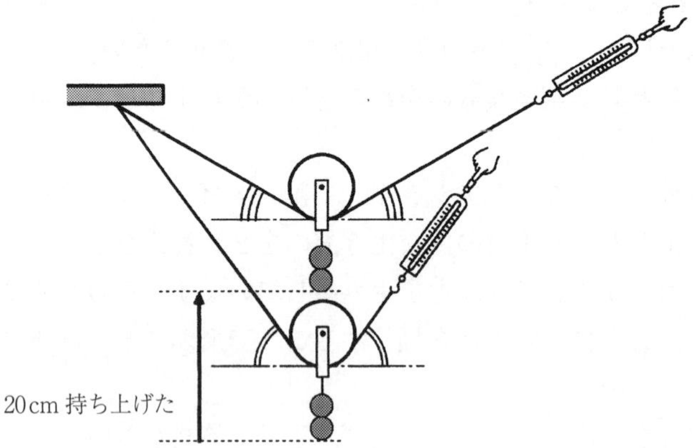


図4

**3**　気象観測のために野外に設けた，風通しのよい木箱を百葉箱といいます。中に設置した温度計・湿度《しつど》計を(　①　)からさえぎり，さらに(　②　)や雪などの気象現象から守るための装置です。東京都では，2010年までの約10年間，都内の小学校約100校の百葉箱に，自動記録式のデジタル温度計・湿度計を設置して，都市部の気温が郊外《こうがい》に比べて高くなる(　③　)現象について観測しました。二酸化炭素や(　④　)などによる(　⑤　)効果の結果としての地球温暖化に，(　③　)現象が加わるので，都市部では特に気温が上昇《じょうしょう》しています。

問1　文中の①～⑤にあてはまる語を答えなさい。

問2　百葉箱は何色をしていますか。また，箱の表面をその色にする理由を答えなさい。

問3　百葉箱のとびらはどの方位を向いていますか。次の(ア)～(エ)から選び，記号で答えなさい。また，その方位に向けられている理由を答えなさい。

(ア)　東　　(イ)　西　　(ウ)　南　　(エ)　北

問4　百葉箱は地面から何mの高さに設置されていますか。次の(ア)～(オ)から選び，記号で答えなさい。

(ア)　0.5m　　(イ)　1.0m　　(ウ)　1.5m　　(エ)　2.5m　　(オ)　3.0m

問5　百葉箱を設置する場所の下の地面はどのようになっているとよいですか。簡単に答えなさい。

問6　文中の(③)現象はなぜ発生するのか，簡単に説明しなさい。

**4**　ビーカーに入った50cm$^3$の水酸化ナトリウム水よう液に，ある金属の小さい板を入れると，気体が発生して金属板はとけました。入れる金属板の重さを変えて，気体を発生し終えたあとのビーカー全体の重さを測定したところ，次のページの表のようになりました。ただし，水酸化ナトリウム水よう液のこさと体積は変えずに測定しています。

| | | | | | | |
|---|---|---|---|---|---|---|
| 金属板の重さ(g) | 0 | 1.00 | 2.00 | 3.00 | 4.00 | 5.00 |
| ビーカー全体の重さ(g) | 80.00 | 80.75 | 81.50 | 82.25 | 83.20 | 84.20 |
| 金属の様子 | — | とけた | とけた | とけた | とけ残った | とけ残った |

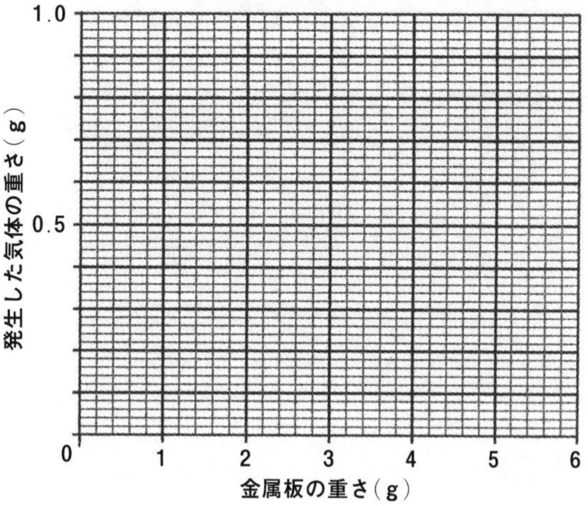


問1　この水酸化ナトリウム水よう液に6.00gの金属板を入れ，気体を発生し終えたときの，ビーカー全体の重さを求めなさい。

問2　金属板の重さと発生した気体の重さの関係を，右の図中に表しなさい。

問3　この水酸化ナトリウム水よう液がとかすことのできる金属板の重さは，最大何gですか。

問4　水酸化ナトリウム水よう液のこさと体積は変えずに，同じ金属1.00gを粉状にして入れたときの変化について正しいものを，次の(ア)〜(キ)からすべて選び，記号で答えなさい。

(ア)　小さい板のときより激しく気体が発生する

(イ)　小さい板のときよりおだやかに気体が発生する

(ウ)　金属はすべてとけた

(エ)　金属はとけ残った

(オ)　気体発生後のビーカー全体の重さは，小さい板のときより重い

(カ)　気体発生後のビーカー全体の重さは，小さい板のときより軽い

(キ)　気体発生後のビーカー全体の重さは，小さい板のときと同じ

⑬ 国をオサめる。
⑭ 正しいオンテイで歌う。
⑮ 生命はトウトい。
⑯ スープが冷める。
⑰ 画家を志す。
⑱ 一昔前の話だ。
⑲ 自ら進んで行う。
⑳ 運命に逆らう。

満開の木蓮を見ると、その木を父が見上げているような気がする。

（森下典子『ひとり旅の途中』所収「木蓮の花を見ていた父」）

注1　陳腐…古くさいこと、またありふれてつまらないこと

注2　さしもの…さすがの

問1　傍線《ぼうせん》①「長靴を履いて手拭いで頬っかむりし、額に汗を浮かべてシャベルで穴を掘っている父と母を、私はジーパンのポケットに両手を突っ込んで見下ろしながら、／『何それ？』／と聞いた」について、

(1)「シャベルで穴を掘っている」時の、父と母の気持ちを説明しなさい。

(2)この時の「私」の気持ちを、「私」の行動に注目して説明しなさい。

問2　傍線②「応接五点セットを置いたせいで、サイドボードとソファーの間を通る時はいちいち体を斜めにしなければならなかったが、父はそれでも応接セットは五点なければいけないと固く思っていた」とあるが、この部分から父のどのような考え方がわかるか、説明しなさい。

問3　傍線③「父は酒を飲むと、よく真夜中に会社の同僚をこのソファーのある『十畳』に連れて来た」とあるが、父はなぜ同僚を真夜中にもかかわらず家に連れてきたのか、ていねいに説明しなさい。

問4　傍線④「それがわが家の大晦日のしきたりだった。／父は、『紅白』が始まるまでには、テレビの前に全員を招集しなければ気がすまなかった」とあるが、ここから大晦日が「私」にとってどのようなものであったとわかるか、「しきたり」「招集」という言葉で表現していることに注目して、説明しなさい。

問5　傍線⑤「私は腹の中にブスブスと有毒ガスが溜まるような気がした」とあるが、それはなぜか、理由を説明しなさい。

問6　⑥とあるが、「私」はこの光景をどのような気持ちで見ていると考えられるか、ていねいに説明しなさい。

問7　傍線⑦「なあ、みんなで夕ごはんを食べよう」とあるが、父にとってみんなでごはんを食べることはどのような意味を持つのか、説明しなさい。

問8　傍線⑧「必死で思い出そうとした」とあるが、それはなぜか、理由を説明しなさい。

問9　傍線⑨「父のいなくなった翌年の春、だらだら坂の途中で、わが家の満開の木蓮が目に飛び込んできた時、突然、胸が引き裂かれるように痛んだ。／満開の木蓮を見ると、その木を父が見上げているような気がする」とあるが、「胸が引き裂かれるように痛んだ」理由を、文章全体をふまえて説明しなさい。

## 二

次の傍線のカタカナは漢字に、漢字はひらがなに直しなさい。

① 難民をキュウサイする。

② シカイが開ける。

③ キテキを鳴らす。

④ ごみをヒロう。

⑤ 映画のヒヒョウをする。

⑥ インショウ的な絵。

⑦ 家庭サイエンが趣味《しゅみ》だ。

⑧ シンリョクが美しい。

⑨ チームのシュショウ。

⑩ これはジョウトウな品だ。

⑪ 月面をタンサする。

⑫ マイゴになる。

は、

「大晦日にか……」

と険しい顔になったものの、「仕事」の二文字を聞けばもう、

「家にいなさい」

と引き止めることもできず、たださみしそうに、

「元旦《がんたん》のお雑煮《ぞうに》は、みんなと一緒に食べような」

と言った。私は家族の大晦日から逃《に》げ出《だ》して、自由を手にした。間もなく、弟も、

「友達と初詣でに行く約束があるから」

と、出かけるようになった。大晦日を家で過ごすのは、父と母だけになった。

その数年後、私は家を出て一人暮らしをするようになった。

⑥久しぶりに実家に帰った日、だらだら坂の途中でわが家の塀越しに、木蓮が咲いているのが急に目に飛び込んできた。いつの間にか立派な大木になり、枝の先に無数の白い鳩が止まっている。その下で、父がポカンと花を見上げていた。入れ歯をはずしていたせいか、口が内側に落ち窪《くぼ》んでいる。痩《や》せている父の体は、曲げたらペキ！　と折れそうに見えた。

「木蓮、大きくなったねぇ」

と、声をかけたら、父は振《ふ》り返《かえ》って、

「おお、帰ってきたか」

とちょっとまぶしそうな顔になった。

居間のソファーに四人がそろうと、父は満面の笑《え》みを浮かべて、

「⑦なあ、みんなで夕ごはんを食べよう」

といそいそし、まだ早い時間だというのに、

「典子、今晩はもう遅《おそ》いから泊《と》まっていきなさい」

と命令した。けれど、家を出て約三年、私はとうとう一度も実家には泊まらなかった。

そして三年目の春、父は突然《とつぜん》倒《たお》れ、三日後に帰らぬ人となった。

父が倒れた日、私は久しぶりに実家に帰ることになっていた。

「今夜は典子が帰ってくるから、筍《たけのこ》ごはんにしよう」

と、父がはしゃいでいたと、病院で弟から聞いた。

もうあの十畳の居間のソファーに四人がそろうことは絶対にない。

そう思った瞬間《しゅんかん》、私は病院の白い壁にコンコンと軽く頭をぶつけながら一目散に過去へ駆《か》け戻《もど》り、そして、

『いつだっけ……？』

と、⑧必死で思い出そうとした。

最後のだんらんはいつだった……？　何月何日だった……？

……そうだ。あの日だ。今年大学に入学する親戚《しんせき》の女の子が来て、一家四人もそろって、みんなで夕ごはんを食べたのだった。

見事な木蓮の花盛《はなざか》りだった。父は居間のいつものソファーで、何を思ったか突然、

「典子、木蓮の花がもうすぐ終わっちゃうよ」

と、名残《なご》り惜《お》しそうに言ったのだった。

その五日後、父は私のマンションに電話をかけてきた。近所まで来たからちょっと寄ろうかと思って、という電話だった。その時、たまたま来客中だった。そのことを伝えると、父は、

「そうか。いいよ、いいよ。また会えるしな」

と言って、電話を切った。

それが、父と交《か》わした最後の言葉になった。

⑨父のいなくなった翌年の春、だらだら坂の途中で、わが家の満開の木蓮が目に飛び込んできた時、突然、胸が引《ひ》き裂《さ》かれるように痛んだ。

父は、

「さすがはＮＨＫだな」

というのを口癖《くちぐせ》にしていたが、そのわりにニュースの内容なんか、見もせずに酒を飲み、食《た》べ盛《ざか》りの私や弟に、

「うまいか？　そうか、うまいか」

とか、

「どうだ最近、学校は」

などと、しつこく話しかけ、父子《おやこ》の会話を弾《はず》ませようとした。それが毎度のことなので、私と弟は、

「ボチボチだよ」

「まあね」

と、生返事で父をあしらった。

③父は酒を飲むと、よく真夜中に会社の同僚《どうりょう》をこのソファーのある「十畳」に連れて来た。そういう時、父は必ず、階段の下から二階の私と弟に向かって、

「ちょっと居間に下りて来ないか」

と声をかけ、同僚の前で、私と弟を両脇《りょうわき》に座《すわ》らせ、

「親子っていうより、兄弟みたいっていうの？　すごくラフな雰囲気《ふんいき》なんだなぁ〜、うちは」

と、愛される父親をアピールした。

私は「家族だんらん」という言葉の注1陳腐《ちんぷ》さが大嫌《だいきら》いだった。しかし、父はその「家族だんらん」にこだわった。そして、何がなんでも「家族だんらん」をやらないと気がすまない日があった。それが「大晦日《おおみそか》」であった。

大晦日になると父は張り切った。一度、私が、

「友達とアメ横に行って、帰りに初詣《はつもう》でをして来る」

と、言ったことがあった。父は、

「年《とし》の瀬《せ》にアメ横なんて、危ない！」

と、ヒステリックな裏声になった。びっくりした。

早めに大そうじをすませ、風呂《ふろ》に入り、家族全員が居間のソファーでテレビを囲み、年越《としこ》しそばを食べ、大河ドラマの総集編を見て、恒例《こうれい》の「ＮＨＫ紅白歌合戦」が始まる……。④それがわが家の大晦日のしきたりだった。

父は、「紅白」が始まるまでには、テレビの前に全員を招集しなければ気がすまなかった。

「おかあさん、台所はもういいから、一緒《いっしょ》に紅白を見ようよ」

「典子《のりこ》、紅白が始まるぞ」

「ぼーず、ほら、ここに座りなさい」

と、あっちこっちに声をかけた。みんな仕方なくテレビの前に集まって、国民的超《ちょう》マンネリ番組を見た。父はご満悦《まんえつ》で、

「んー、石川さゆりは、やっぱりうまいなぁ〜」

「三波春夫は、若いなぁ〜」

などと唸《うな》った。父は、酔《よ》うと何十回でも同じことを繰《く》り返《かえ》した。母も私も弟も、うんざりしていたが、父はうんざりしている家族を無理やりまわりに集め、一人で興奮し、酔っぱらい、はしゃぎ、

「いいなぁ〜、うちは！」

と、幸せがった。何べんも何十ぺんも幸せがった。日本の家族のザ・大晦日……。その陳腐さに、⑤私は腹の中にブスブスと有毒ガスが溜《た》まるような気がした。

わが家のだんらんに変化が起こり始めたのは、私が大学を卒業して、雑誌のアルバイトを始めた頃だった。

「仕事があるから」

と言えば、注2さしもの父も、もう私を家に引き止めておくことはできなくなった。大晦日に私が初めて家を空けることになった時、父

# 二〇二二年度 学習院女子中等科

## 【国語】〈B入試〉（五〇分）〈満点：一〇〇点〉

一 次の文章を読んで、後の問いに答えなさい。

高校生の頃《ころ》、

「ねぇ、うちも木蓮《もくれん》を植えようよ」

と、親にねだったことがある。

白い木蓮は、私の好きな花の一つだ。一つ一つの花は、花びらの先の方が七分ほど広がるだけで、パッとは開ききらず、咲《さ》きかけた蕾《つぼみ》のような不思議な形をしている。花の時期には葉っぱらしい葉っぱもなく、大きな木の枝々の先に白い花だけがツンと天を向いて咲く。春先、よその家の塀《へい》ごしの木蓮の木に、まるで白い鳩《はと》が無数に止まっているように見えることがある。子供の頃、私はいつも道の反対側の塀にもたれて、それを見上げた。

私が大学に入学した十八歳《さい》の春、父と母は、人さし指くらいの細い苗木《なえぎ》を一本買ってきて、門の脇《わき》の猫《ねこ》の額ほどの土に植えた。①長靴《ながぐつ》を履《は》いて手拭《てぬぐ》いで頬《ほお》っかむりし、額に汗《あせ》を浮《う》かべてシャベルで穴を掘《ほ》っている父と母を、私はジーパンのポケットに両手を突《つ》っ込《こ》んで見下ろしながら、

「何それ？」

と聞いた。

「木蓮よ。おまえ、欲《ほ》しがってたじゃないの」

「大学の入学記念だ」

そのひょろっとした苗木を見て、私は皮肉っぽく聞いた。

「これ、いつになったら花が咲くの？」

「来年はちょっと無理だね。再来年《さらいねん》か、その次の春くらいかなぁ〜」

「ふ〜ん」

私は、プイとその場を立ち去った。大人はまったく気が長い。再来年もその次も、私にとっては気の遠くなるほど先のことだ。

その頃、わが家は四人家族。サラリーマンの父、母、大学生の私、まだ小学四年生の弟で、だらだら坂の途中《とちゅう》にある小さな木造二階建ての家に住んでいた。

その家は、弟が小学校に上がる年に傷《いた》んだ部分に手を入れ、少し建て増ししてあった。食堂兼《けん》居間で、応接間も兼《か》ねている部屋が「六畳《じょう》」から「十畳」へと、わずかに広くなったことが父の自慢《じまん》だった。

その「十畳間」に父は、

「リビングルームとは、かくあらねばならない」

という自分の理想を実現した。ソファーとテーブルの応接五点セットを真ん中にデンと置き、壁際《かべぎわ》にサイドボードを据《す》えて中に洋酒の瓶《びん》を飾《かざ》った。本棚《ほんだな》にはローンで買った百科事典をずらりと並べ、正面の壁にはテレビとステレオを置いた。

②応接五点セットを置いたせいで、サイドボードとソファーの間を通る時はいちいち体を斜《なな》めにしなければならなかったが、父はそれでも応接セットは五点なければいけないと固く思っていた。

食堂が狭《せま》かったのと、食事をしながらテレビを見たかったせいで、以後二十年近く、私たち一家は、この昭和四十年スタイルの応接セットで、ホームドラマのようにテレビを囲みながら食事することになった。それが、父のこだわった「だんらん」の形だった。

食事中のテレビのチャンネルはいつもＮＨＫだった。父はＮＨＫの夜七時の時報のたびに、芝居《しばい》がかった難しい顔で腕時計《うでどけい》の秒針をにらみ、一秒の狂《くる》いもないのを確かめると、「よしっ」と、頷《うなず》いた。

# 2022年度 学習院女子中等科 ▶解説と解答

## 算　数　＜Ｂ入試＞（50分）＜満点：100点＞

### 解　答

[1] (1) 59.66　(2) 10　[2] (1) 8個　(2) 17個　(3) $539.2\text{cm}^2$　[3] (1) (例) 解説を参照のこと。　(2) 31：29　[4] (1) 2時36分$21\frac{9}{11}$秒　(2) 53度　[5] (1) 解説の図2を参照のこと。　(2) $2206.5\text{cm}^2$

### 解　説

**[1] 計算のくふう，逆算**

(1) $3\times8\times3.14-\left(\frac{8}{3}-\frac{49}{24}\right)\div\frac{50}{157}\times8=24\times3.14-\left(\frac{64}{24}-\frac{49}{24}\right)\times\frac{157}{50}\times8=24\times3.14-\frac{15}{24}\times3.14\times8=24\times3.14-5\times3.14=(24-5)\times3.14=19\times3.14=59.66$

(2) $(2\times2+5\times5)\times(3\times3+4\times4)=(4+25)\times(9+16)=29\times25$より，$29\times25=25\times25+\square\times\square$となる。よって，$\square\times\square=29\times25-25\times25=(29-25)\times25=4\times25=100=10\times10$より，$\square=10$とわかる。

**[2] 場合の数，面積**

(1) Aを頂点にもつ三角形のうち，Bを頂点にもつものは，右の図1のように，三角形ABC，ABE，ABFの3個できる。また，Bを頂点にもたないもののうち，Cを頂点にもつものは，右の図2のように，三角形ACD，ACEの2個できる。さらに，BもCも頂点にもたないものは，右下の図3のように，三角形ADE，ADF，AEFの3個できる。よって，Aを頂点にもつ三角形は，3＋2＋3＝8(個)できる。

図1

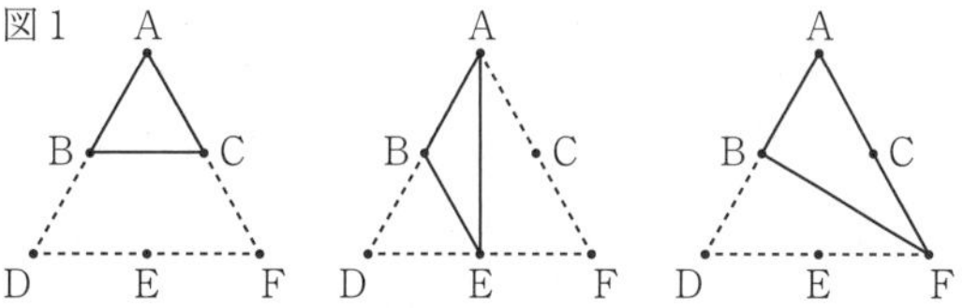

図2

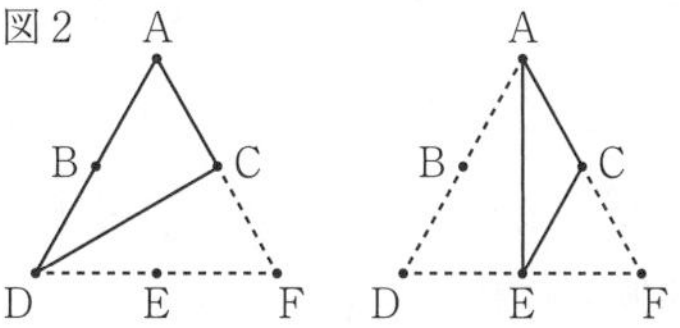

図3

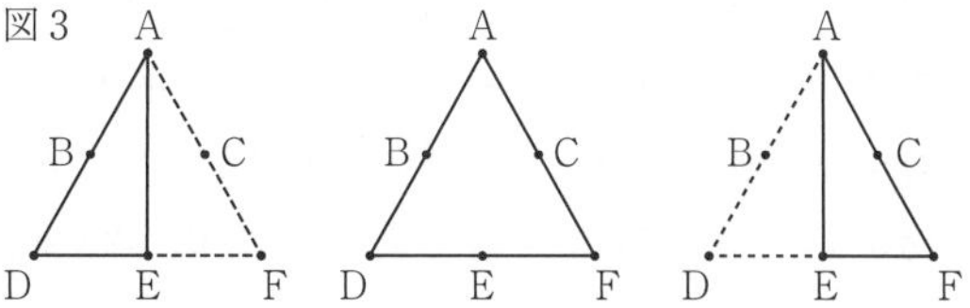

(2) (1)と同様に考えると，Aを頂点にもたない三角形で，Bを頂点にもつものは，三角形BCD，BCE，BCF，BDE，BDF，BEFの6個できる。また，AもBも頂点にもたないものは，三角形CDE，CDF，CEFの3個できる。よって，三角形は全部で，8＋6＋3＝17(個)できる。

(3) 正三角形ADFの面積を1とすると，図1～3のうち，三角形ABF，ACD，ADE，AEFの面積は$\frac{1}{2}$，三角形ABC，ABE，ACEの面積は$\frac{1}{4}$と表せる。よって，Aを頂点にもつ三角形の面積をすべて足した和は，$1+\frac{1}{2}\times4+\frac{1}{4}\times3=\frac{15}{4}$と表すことができ，これが$2022\text{cm}^2$にあたるから，比の１にあたる面積，つまり，正三角形ADFの面積は，$2022\div\frac{15}{4}=539.2(\text{cm}^2)$と求められる。

## 3 比の性質

⑴　Ａの牛乳とコーヒーの量の比は17：３で，その合計は1000mLだから，比の１にあたる量は，1000÷(17＋３)＝50(mL)となる。同様に，Ｂの牛乳とコーヒーの量の比は７：５で，比の１にあたる量は，600÷(７＋５)＝50(mL)となるから，どちらの比も，比の１にあたる量は同じとわかる。よって，ＡとＢをまぜ合わせたときの牛乳とコーヒーの量の比は，(17＋７)：(３＋５)で求めることができる。

⑵　Ｂの牛乳の量は，$600\times\frac{7}{7+5}=350(\text{mL})$，コーヒーの量は，600－350＝250(mL)である。また，Ｃの牛乳の量は，$600\times\frac{9}{9+11}=270(\text{mL})$，コーヒーの量は，600－270＝330(mL)である。よって，ＢとＣをすべてまぜ合わせて作ったミルクコーヒーにふくまれる牛乳とコーヒーの量の比は，(350＋270)：(250＋330)＝620：580＝31：29と求められる。

## 4 時計算

⑴　長針は１時間で360度進むので，１分間で，360÷60＝６(度)進み，短針は１時間で，360÷12＝30(度)進むので，１分間で，30÷60＝0.5(度)進む。これより，長針は短針よりも１分間に，６－0.5＝5.5(度)多く進む。また，２時のときに長針は短針よりも，360÷12×２＝60(度)後ろにある。よって，２つの針のつくる角の大きさが初めて140度になるのは，長針が，短針よりも60度多く進んで短針と重なった後，さらに140度多く進んだときなので，２時から短針よりも，60＋140＝200(度)多く進んだときとなる。したがって，２時から，$200\div5.5=\frac{400}{11}=36\frac{4}{11}$(分後)となる。これは，$60\times\frac{4}{11}=\frac{240}{11}=21\frac{9}{11}$(秒)より，36分$21\frac{9}{11}$秒後だから，この時刻は２時36分$21\frac{9}{11}$秒である。

⑵　秒針は１分で360度進むので，１秒で，360÷60＝６(度)進み，２時36分ちょうどのとき，12の数字をさしているから，２時36分$21\frac{9}{11}$秒のとき，秒針は12の数字のところから，$6\times21\frac{9}{11}=6\times\frac{240}{11}=\frac{1440}{11}=130\frac{10}{11}$(度)進んだところにある。また，短針は２時$36\frac{4}{11}$分のとき，２の数字のところから，$0.5\times36\frac{4}{11}=0.5\times\frac{400}{11}=\frac{200}{11}=18\frac{2}{11}$(度)進んだところにあるので，12の数字のところから，$60+18\frac{2}{11}=78\frac{2}{11}$(度)進んだところにある。よって，この時刻に短針と秒針のつくる角の大きさは，$130\frac{10}{11}-78\frac{2}{11}=52\frac{8}{11}=52.7\cdots$(度)だから，小数第１位を四捨五入すると，53度となる。

## 5 平面図形―図形の移動，面積

⑴　下の図１で，最初の位置からは，直線ABにそって(あ)の位置(円盤《えんばん》の周が点Ｂと重なる位置)まで移動し，(あ)の位置からは，点Ｂを中心として(い)の位置(半径OBがBCと垂直になる位置)まで回転する。(い)の位置からは，直線BCにそって(う)の位置(直線CDとぶつかる位置)まで移動し，(う)の位置からは，直線CDにそって(え)の位置(円盤の周が点Ｄと重なる位置)まで移動する。(え)の位置からは，

図１

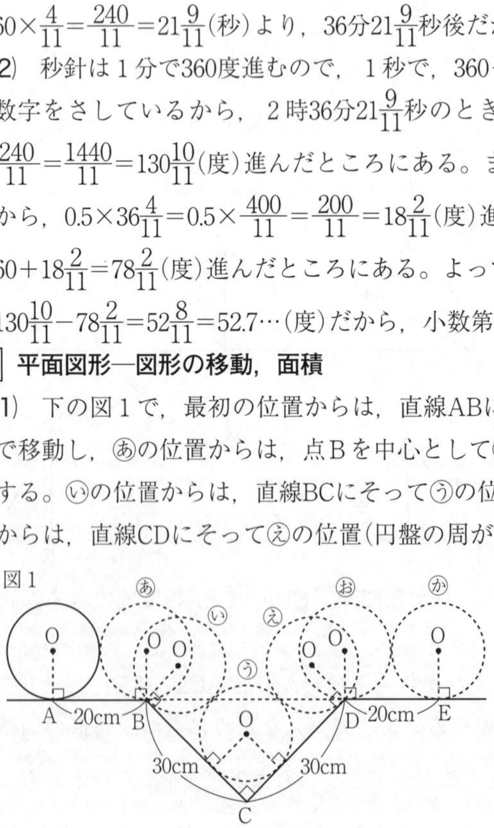


図２

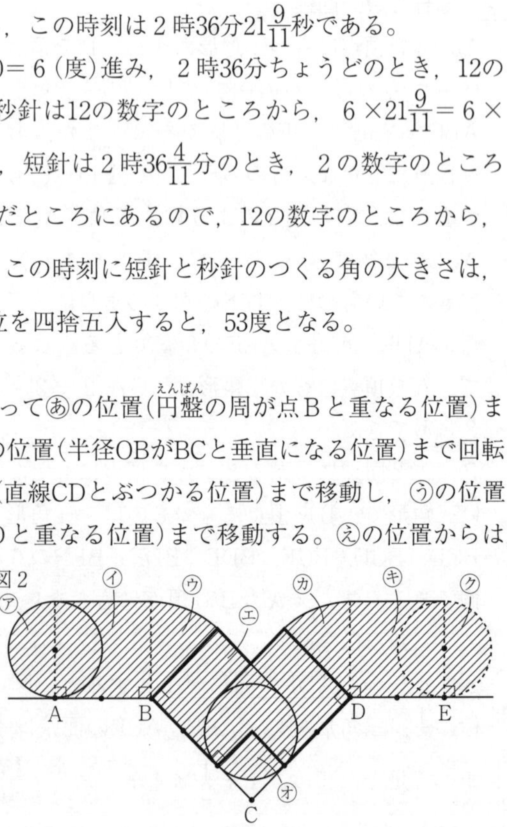

点Ｄを中心としてお⃝の位置（半径ODがDEと垂直になる位置）まで回転し，お⃝の位置からは，直線DEにそってか⃝の位置まで移動する。よって，円盤が通過した部分は，上の図２の斜線《しゃせん》部分となる。

⑵　図２で，㋑と㋖の部分の面積はどちらも，20×20＝400($cm^2$)で，太線で囲んだ㋓の部分の面積は，１辺が，20÷２＝10(cm)の正方形の面積７つ分だから，10×10×７＝700($cm^2$)となる。よって，㋑，㋓，㋖の部分の面積の和は，400×２＋700＝1500($cm^2$)とわかる。また，㋐と㋗の部分はどちらも半径10cmの半円で，㋔の部分は半径10cm，中心角90度のおうぎ形だから，㋐，㋔，㋗の部分の面積の和は，$10\times10\times3.14\times\frac{1}{2}\times2+10\times10\times3.14\times\frac{1}{4}=314+78.5=392.5$($cm^2$)となる。さらに，図１の三角形BCDは直角二等辺三角形なので，角CBD，角CDBの大きさはどちらも45度である。すると，角ABC，角CDEの大きさはどちらも，180－45＝135(度)だから，図２の㋒と㋕の部分はどちらも，半径20cm，中心角が，360－90×２－135＝45(度)のおうぎ形となり，その面積の和は，$20\times20\times3.14\times\frac{45}{360}\times2=314$($cm^2$)となる。以上より，斜線部分，つまり，円盤が通過した部分の面積は，1500＋392.5＋314＝2206.5($cm^2$)と求められる。

## 社　会　＜Ｂ入試＞（30分）＜満点：60点＞

### 解　答

**1**　**問１**　**１**　尊重　**２**　生命　**３**　幸福追求　**４**　国際人権規約　**５**　総会　**問２**　環境権　**問３**　（例）　患者が，死後の臓器提供を申し出る。（患者が，延命治療を拒否する。）　**問４**　（例）　成年年齢が20歳から18歳に引き下げられた。　**問５**　合意　**問６**　（例）　夫婦は同一の姓を名乗ることとする民法などの規定は，憲法違反とはいえない。　**問７**　世界保健機関（WHO）　**問８**　⑴　持続可能な開発目標　⑵　2030(年)　**問９**　（例）　国家権力に制限を加えることで，国民の人権を守るため。　**2**　**問１**　ウ，カ　**問２**　やませ　**問３**　⑴　**Ａ**　北海道　**Ｂ**　山形県　⑵　**Ａ**　オ　**Ｂ**　イ　**問４**　⑴　ア　⑵　（例）　農業人口が減少していることに加えて農業従事者の高齢化が進み，農業機械が使いづらく農作業が大変な棚田の維持が難しくなっているから。　**問５**　**１**　ア　**２**　エ　**問６**　（例）　インターネットを利用した通信販売により，手軽に商品を購入できるようになった。／宅配便事業が普及したことで，注文した商品が短い時間で届けられるようになった。　**3**　**問１**　**１**　ヒトラー　**２**　杉原千畝　**３**　革命　**４**　藤原道長　**５**　仙台　**６**　東郷平八郎　**７**　真言　**８**　倭館　**問２**　ウ　**問３**　イ→エ→ウ→ア　**問４**　（例）　第二次世界大戦末期に満州や樺太などでソ連軍の捕虜となった日本人がシベリアに連行され，強制労働に従事させられたこと。　**問５**　雪舟　**問６**　（例）　関ヶ原の戦い以後に徳川氏に従った大名　**問７**　エ

### 解　説

**1**　**日本国憲法と基本的人権についての問題**

**問１**　**１～３**　日本国憲法第13条には「すべて国民は，個人として尊重される。生命，自由及《およ》び幸福追求に対する国民の権利については，公共の福祉《ふくし》に反しない限り，立法その他の国政の上で，最大の尊重を必要とする」と規定されている。　**４，５**　第二次世界大戦において世界中で重大な

人権侵害《しんがい》が起きたことに対する反省から，1948年，国際連合(国連)は総会で「世界人権宣言」を採《さい》択《たく》し，人権の基準を明文化した。また，1966年には，それを条約化した「国際人権規約」が国連総会で採択された。

**問２**　公害問題をきっかけに主張されるようになった環境権は，幸福追求権などを根拠《こんきょ》として主張されるようになった新しい人権の１つで，現代の社会において定着しつつある。日照権や眺望《ちょうぼう》権などが，この人権に属している。

**問３**　自己決定権とは，個人が自分の生き方や生活の仕方などについて自由に決定する権利のことである。たとえば，医《い》療《りょう》の現場で，患者《かんじゃ》が延命治療を拒否《きょひ》することや，死後の臓器提供の意思を表示することなどは，自己決定権を尊重するために認められるようになっている。

**問４**　2018年６月，民法の改正により，これまで20歳であった成年年齢が18歳に引き下げられ，2022年４月に施行された。この結果，18歳や19歳でもローンを組んだりクレジットカードをつくったりすることができるようになった。ただし，飲酒や喫煙《きつえん》などは今まで通り20歳から認められることになっている。

**問５**　日本国憲法第24条１項には「婚姻《こんいん》は，両性の合意のみに基《もとづ》いて成立し，夫婦が同等の権利を有することを基本として，相互《そうご》の協力により，維持されなければならない」と規定されている。

**問６**　選択的夫婦別姓を希望する人たちが，それを認めない現行の民法や戸籍法の規定は，男女の平等や法の下《もと》の平等を定めた憲法の精神に反するとして，制度の改正を求める裁判を各地で起こしてきた。これに対して，2021年６月に最高裁判所は，夫婦は同一の姓を名乗ることとする民法や戸籍法の規定は憲法に違反するとはいえないとして，原告の訴《うった》えを退けた。その一方で判決は，選択的夫婦別姓を認めるかどうかは，国会で議論されるべき問題であるとも述べている。

**問７**　世界の人々の健康を守ることや，適正な医療や医薬品を普《ふ》及《きゅう》させることなどを目的とした国際連合の専門機関は世界保健機関で，WHOと略される。感染症《しょう》の拡大を防ぐことも，重要な仕事の１つである。

**問８**　SDGsは英語の「サステナブル・ディベロップメント・ゴールズ」の略称で，「持続可能な開発目標」と訳されている。2015年に国連サミットで採択されたもので，2030年までに国際社会が達成するべき17の目標と169のターゲットからなっている。

**問９**　憲法の意義についてはさまざまな考え方があるが，現在は「憲法は国民の人権を守るために国家権力を制限するものである」とする定義が主流となっている。

**2　日本の自然や産業などについての問題**

**問１**　近年，地球規模で進行している温暖化は日本の気候にも影響をあたえており，1981～2010年における平年値と1991～2020年における平年値を比べると，最高気温が35℃以上である猛暑《もうしょ》日の増加，最低気温が０℃以下である冬日の減少，降雪量の減少といった変化が各地の観測地点で起きている。また，さくらの開花日がほとんどの観測地点で１～２日早くなったり，最低気温が25℃を下回らない熱帯夜が各地で増加したりしている。一方，梅雨入り・梅雨明けの時期は各地ともほとんど変わっていない。

**問２**　「雨ニモマケズ」は，宮沢賢治の没後《ぼつご》に見つかった作品で，その中にある「サムサノナツ(寒さの夏)」は，夏でも気温が上がらず，作物が十分に育たない冷害が起きている状態を指している。東北地方の太平洋側では，寒流の千島海流(親潮)の上を吹《ふ》き渡ってくる，冷たく湿った北東風である「やませ」が吹くことがあり，これが長く続くと冷害の原因となる。

**問3** (1) 近年，都道府県別の米の生産量で上位を占《し》めるのは，新潟県・北海道・秋田県である。第４位以下は年によって異なるが，2020年においては山形県が第４位であった。 (2) 近年，各地で味のよい品種の米が開発され，ブランド米(銘柄《めいがら》米)として販売されるようになっている。そのうち，北海道にあてはまるのはオ，山形県にあてはまるのはイである。アは新潟県，ウは宮城県，エは秋田県のブランド米。

**問4** (1) 棚田《たなだ》は，急な傾斜《けいしゃ》面を切り開いてつくられる。広い平野や盆地が多い東日本に比べて，西日本には平地が少ないことから，限られた土地を有効に使うため，各地で古くから棚田が開かれてきた。 (2) 日本では農業人口が減少していることに加え，農業従事者の高齢化も進んでいることから，耕作放棄《ほうき》地が増加している。特に棚田は農業機械が使いづらく，農作業に手間がかかるため，放棄される割合が高い。

**問5** 近年，日本国内における貨物輸送はトラックなどによる自動車輸送が中心となっており，輸送トン数では全体の90％以上を占めている。しかし，自動車輸送は１回に運べる貨物の量が船や鉄道に比べて少ないので，輸送トンキロにおける割合は50％余りとなる。これに対し，船(海運)は大量の貨物を長距離輸送するのに適しているので，輸送トン数に占める割合は10％に満たないが，輸送トンキロでは40％以上と割合が大きく上がる。

**問6** ここ10年ほどの間に通信販売の売り上げが大きく伸びた理由としては，インターネットを利用した通信販売(いわゆるネット通販)を利用することで，自宅にいながら手軽に商品を選んで注文できるようになったことが考えられる。また，高速道路網《もう》が整備されるなど交通網が発達したことで，宅配業者が短い時間で商品を届けられるようになったことなどもあげられる。

**3 「世界記憶遺産」を題材にした問題**

**問1** **1** ドイツの独裁者アドルフ・ヒトラーは，ナチス(国家社会主義ドイツ労働者党)の党首として1933年に政権をにぎると，軍国主義による独裁と海外侵略《しんりゃく》，ユダヤ人を迫害《はくがい》する政策などをおし進め，第二次世界大戦を引き起こした。 **2** ナチスによる迫害を受け，ヨーロッパ北西部のリトアニアにのがれてきたユダヤ人たちは，安全な国に行くためにビザ(入国査証)の発行を求めて日本領事館に押し寄せた。このとき，外交官の杉原千畝《ちうね》は，日本政府の指示に逆らって大量のビザを発行した。これにより，多くのユダヤ人が日本を経由してアメリカなどに渡ることができた。
**3** 1950年代まで，国内のエネルギー源の中心は石炭であったが，世界各地で油田の開発が進んだことや，石油のほうが石炭よりも用途が多いことなどから，1960年代には石炭にかわり石油がエネルギー源の中心となった。これをエネルギー革命という。 **4** 『御堂《みどう》関白記』は，藤原道長が左大臣や摂政《せっしょう》を務めるなど政権の中心にあったころに著した日記である。直筆本14巻と古写本12巻が残されており，現存する世界最古の自筆日記とされる。 **5** 東北地方で大きな勢力を持っていた伊達《だて》政宗は，江戸時代に初代仙台藩主となった。1613年，家臣の支倉常長《はせくらつねなが》は使節としてメキシコ，スペインに渡り，ローマ(イタリア)で教皇に謁見《えっけん》するなどしたが，通商条約を結ぶという目的をはたすことができず，1620年に帰国した(慶長遣欧使節)。 **6** 「日本海海戦」を指揮した海軍軍人の東郷平八郎は，連合艦隊《かんたい》司令長官としてロシアのバルチック艦隊を相手に圧倒的な勝利をおさめ，日露戦争の戦局を決定づけた。 **7** 東寺《とうじ》は京都市南区にある真言宗東寺派の総本山で，教王護国寺ともよばれる。８世紀末に官寺として建てられ，９世紀前半に嵯峨《さが》天皇から空海にあたえられた。なお，高野山金剛峰寺《こんごうぶじ》は高野山真言宗の総本山である。　**8**　対馬《つしま》(長崎県)の豪族であった宗氏は早くから朝鮮と交易を行っており，豊臣秀吉による朝鮮出兵によって日朝間の国交が断絶したあと，徳川家康の命により江戸幕府と朝鮮の間の国交回復を仲立ちした。また，江戸時代の鎖国中も，対馬藩は朝鮮が釜山《ブサン》に設けた倭館《わかん》で貿易を行い，朝鮮通信使が来日したさいには先導役も務めた。

**問２**　ウは，大正時代末期の1925年のできごとである。

**問３**　アは1711～16年，イは1159～60年，ウは1467～69年，エは1334～36年に用いられた年号で，それぞれ「正徳の治」「平治の乱」「応仁の乱」「建武の新政」といったできごとにその名がある。

**問４**　第二次世界大戦末期の1945年８月８日，ソ連は日ソ中立条約の一方的な破棄を日本に通告すると，翌日，満州や樺太《からふと》などへの侵攻《しんこう》を開始した。終戦後，武装解除され投降した日本の軍人や民間人50万人以上がソ連軍の捕虜《ほりょ》となり，シベリアに連行されて苛酷《かこく》な労働を強いられた。これをシベリア抑留《よくりゅう》といい，1945～56年に日本への引きあげが行われたが，厳しい環境の下での生活により５万人以上が命を落としたとされる。

**問５**　「四季山水図」や「天橋立《あまのはしだて》図」などの作品で知られる画僧の雪舟《せっしゅう》は，15世紀，明(中国)に渡って禅宗と水墨《すいぼく》画を学び，帰国後，山口などに住んで日本風の水墨画を大成した。

**問６**　江戸幕府は大名を，徳川氏一門の親藩，徳川氏の出た三河(愛知県東部)以来の家来が大名になった譜代《ふだい》大名，関ヶ原の戦い以後に徳川氏に従った外様《とざま》大名に分け，重要な地域には親藩や譜代大名を置いた。一方，外様大名は信用が置けないとして江戸から遠い地域に配置され，ほとんど重要な職につけなかった。

**問７**　鑑真《がんじん》は奈良時代半ばに苦難のすえに来日した唐(中国)の高僧で，平城京(奈良県)に唐招提《とうしょうだい》寺《じ》を建てた。比叡《ひえい》山(滋賀県・京都府)の延暦寺は，平安時代初めに最澄が建てた寺院である。

## 理　科　＜Ｂ入試＞(30分)＜満点：60点＞

### 解　答

**1**　**問１**　ラムサール　**問２**　(例)　谷津干潟　**問３**　③　**問４**　(例)　アサリ，ゴカイ　**問５**　(1)　③　(2)　(例)　骨の中に空どうがある。／消化管が短い。　(3)　(例)　羽毛を持っている。　**2**　**問１**　**おもり**…20ｇ　**滑車**…10ｇ　**問２**　40cm　**問３**　25ｇ　**問４**　**滑車Ａ**…上向き　**滑車Ｂ**…下向き　**ばねばかりの値**…小さくなる　**問５**　**ばねばかりの値**…大きい　**理由**…(例)　上向きの力に横向きの力も加わるから。　**糸の長さ**…短くなる　**3**　**問１**　①　日光　②　雨　③　ヒートアイランド　④　(例)　メタン　⑤　温室　**問２**　**色**…白色　**理由**…(例)　日光をよく反射し，百葉箱が温まりにくくするため。　**問３**　**記号**…(エ)　**理由**…(例)　とびらを開けたとき，百葉箱の中に日光が差しこまないようにするため。　**問４**

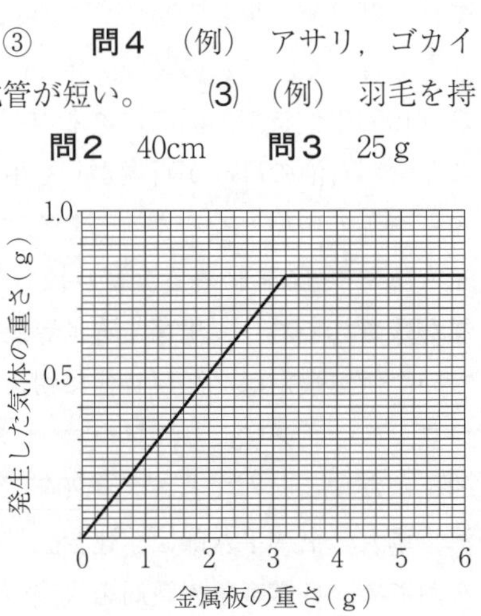

(ウ)　**問５**　(例)　しばふでおおってある。　**問６**　(例)　ビルやほそう道路が熱をたくわえたり，自動車やエアコンから熱が放出されたりしているから。　**4**　**問１**　85.20 g　**問２**　上の図　**問３**　3.20 g　**問４**　(ア)，(ウ)，(キ)

**解　説**

## 1　渡《わた》り鳥のくらし，鳥の特ちょうについての問題

**問１**　ラムサール条約(特に水鳥の生息地として国際的に重要な湿地《しっち》に関する条約)は，水鳥の生息地として国際的に重要な湿地を守るための条約で，1971年に制定された。2021年現在，日本には53か所の登録地がある。

**問２**　2021年現在，ラムサール条約の登録地のうち関東地方にあるのは，葛西海浜《かさいかいひん》公園(東京都)のほかに，涸沼《ひぬま》(茨城県)，尾瀬《おぜ》(群馬県・福島県・新潟県)，奥《おく》日光の湿原《しつげん》(栃木県)，渡良瀬《わたらせ》遊水地(茨城県・栃木県・群馬県・埼玉県)，芳ヶ平《よしがだいら》湿地群(群馬県)，谷津干潟《やつひがた》(千葉県)がある。

**問３**　シギやチドリの仲間の多くは，日本より北にある繁殖《はんしょく》地と南にある越冬《えっとう》地を行き来する渡り鳥で，渡りの途中《とちゅう》に関東地方に飛来する。なお，カワセミ，シジュウカラ，トビは留鳥《りゅうちょう》(１年を通して同じ地域にくらす)，ツバメは夏鳥(日本には繁殖地として春から秋まで滞在《たいざい》する)である。

**問４**　干潟には，ハゼなどの小魚，アサリなどの貝類，ゴカイ，カニやエビの仲間など，多様な生きものがくらしていて，渡り鳥はこれらの生きものをえさとしている。

**問５**　(1)　胸の筋肉を縮めることでつばさの部分の骨を下方に動かすので，つばさを勢いよくふりおろすには胸の筋肉が発達している必要がある。　(2)　鳥のからだは飛ぶことを優先したつくりになっている。たとえば，からだが軽くなるように，骨の中は空どうになっている。また，食べたものが体内にとどまる時間を短くするために，消化管が短くなっている。食べるさいに噛《か》むことをやめることで，口から歯をなくし，あごのつくりが簡素で，くちばしも軽くなっている。　(3)　鳥は体表が羽毛でおおわれているが，近年，羽毛を持つ恐竜《きょうりゅう》の化石が発見されるなど，恐竜が鳥と共通の特ちょうをいくつも持っていること(ほかに，前肢《ぜんし》の指の構成が同じこと，気のうという呼吸器官があることなど)がわかってきた。このことから，鳥は恐竜の子孫であるという考えが有力になっている。

## 2　力のつり合いについての問題

**問１**　図１より，(おもりの重さ)＋(滑車《かっしゃ》の重さ)＝15×２＝30(ｇ)，図２より，(おもりの重さ)×２＋(滑車の重さ)＝25×２＝50(ｇ)となるので，おもりの重さは，50－30＝20(ｇ)である。よって，滑車の重さは，30－20＝10(ｇ)とわかる。

**問２**　図２で，おもりが20cm持ち上がると，滑車にかかる糸のうち，滑車より左側の部分が20cm，右側の部分も20cm短くなるので，糸を，20×２＝40(cm)引き上げたことになる。

**問３**　図３では，滑車Ａにかかる糸には25ｇ，滑車Ｂにかかる糸にも25ｇがかかっていて，全体がつり合っている。つまり，ばねばかりが示す値は25ｇとなっている。

**問４**　Ｐ点で糸を切ると，糸により滑車Ａが引き上げられる力の方が滑車Ａの重さより大きくなるため，滑車Ａは上向きに動き，同時に滑車Ｂは下向きに動く。また，糸にかかる重さが小さくなるので，ばねばかりの値は小さくなる。

**問５**　滑車とおもりを引き上げるのに必要な上向きの力は図２と図４で同じとなるが，図４ではそ

の上向きの力だけでなく横向きにも力を加えている。よって，図４でばねばかりが示す値は図２の場合よりも大きくなる。また，ばねばかりが引く力とばねばかりが引いた糸の長さは反比例するので，図４でばねばかりが引いた糸の長さは図２に比べて短くなる。

**3 百葉箱についての問題**

**問１**　①　温度や湿度を測るときは，計測器具に日光があたらないようにする。百葉箱は計測器具を日光からさえぎる役割をしている。　②　計測器具に雨や雪が付着すると，示度が低くなって，正確な気温や湿度が測れない。百葉箱には計測器具に雨や雪などがあたらないようにする役割もある。　③　都市部の気温が郊外《こうがい》に比べて高くなる現象は，等温線で表したときに島のように表されることから，ヒートアイランド現象という。　④　地球温暖化の原因となっている温室効果ガスがあてはまる。二酸化炭素以外では，メタンやフロンなどがある。　⑤　二酸化炭素などには，地上から宇宙に向けて放出される熱をたくわえ，地上にもどすはたらきがある。このはたらきは温室のようすに似ていることから温室効果とよばれる。

**問２**　百葉箱は，日光を最もよく反射する白色にぬられている。このようにすることで，百葉箱の中が温まって正しい計測ができなくなることを防いでいる。

**問３**　百葉箱のとびらを開けたときに日光が差しこむと，日光が計測器具にあたり，正しい計測ができなくなってしまう。そのため，百葉箱のとびらは太陽の進路にあたらない北向きについている。

**問４**　気温は地面から1.2～1.5mの高さで測ることになっているので，百葉箱も計測器具がその高さにくるように設置されている。

**問５**　百葉箱は，木や建物のかげにならない，風通しのよい開けた場所に設置される。また，地面からの照り返しによって百葉箱が温まらないように，百葉箱の周りの地面にはしばふが植えられている。

**問６**　都市部では，コンクリートでできたビルやほそう道路が日光から受けた熱をたくわえやすく，また，自動車や工場，エアコンなどからの排熱《はいねつ》も多いため，熱がこもりやすい。さらに，森林などの植物は日かげをつくり，蒸散作用を行うことで気温の上昇《じょうしょう》をおさえてくれるが，都市部からは植物が減少していて，その効果もうすれている。このようなことがらの結果としてヒートアイランド現象が起こっている。

**4 気体の発生についての問題**

**問１**　表で，金属板の重さが4.00ｇ以上では，金属板がとけ残っているので，金属板の重さの増加量とビーカー全体の重さの増加量が同じになる。よって，金属板の重さが6.00ｇのときのビーカー全体の重さは，金属板の重さが5.00ｇのときのビーカー全体の重さよりも，6.00－5.00＝1.00(ｇ)多くなり，84.20＋1.00＝85.20(ｇ)となる。

**問２**　金属板を入れる前のビーカー全体の重さは80.00ｇだから，発生した気体の重さは，80.00＋(入れた金属板の重さ)－(気体を発生し終えたあとのビーカー全体の重さ)で求められる。よって，右の表のようになるから，グラフは解答に示したようになる。

| 金属板の重さ(ｇ) | 発生した気体の重さ(ｇ) |
|---|---|
| ０ｇ | ０ｇ |
| 1.00ｇ | 80.00＋1.00－80.75＝0.25(ｇ) |
| 2.00ｇ | 80.00＋2.00－81.50＝0.50(ｇ) |
| 3.00ｇ | 80.00＋3.00－82.25＝0.75(ｇ) |
| 4.00ｇ | 80.00＋4.00－83.20＝0.80(ｇ) |
| 5.00ｇ | 80.00＋5.00－84.20＝0.80(ｇ) |

**問３**　問２で作成したグラフより，金属板がすべてとける範囲《はんい》内では発生した気体の体積が金属板

の重さに比例することがわかり，金属板がすべてとけると気体が0.80ｇ発生することもわかるから，この水酸化ナトリウム水よう液とちょうど反応する金属板の重さは，1.00×0.80÷0.25＝3.20（ｇ）である。

**問４**　入れる金属1.00ｇを板状から粉状にすると，表面積が増えるため，水酸化ナトリウム水よう液との反応が速くなり，気体の発生が激しくなる。ただし，入れた重さは変わらないので，1.00ｇの粉状の金属は板状のときと同様にすべてとけ，気体発生後のビーカー全体の重さも同じになる。

## 国　語　＜Ｂ入試＞（50分）＜満点：100点＞

### 解　答

一　**問１**　⑴（例）娘が大学に入学した記念に，欲しがっていた木蓮を植えて喜ばせてやりたいという気持ち。　⑵（例）苗木から花が咲くまで何年もかかるのに，熱心に植えるなどばかばかしいという気持ち。　**問２**（例）応接セットのある居間に家族がつどい，ラフな雰囲気でだんらんができる家庭を築くことにこだわる考え方。　**問３**（例）仲の良い親子関係を同僚にも子どもたちにもアピールし，自分が望んだ理想の家族像を確認したかったから。　**問４**（例）父から強引に居間に集められ，父がこだわる家族だんらんに参加させられる，私にとってはうんざりするもの。　**問５**（例）大晦日の家族だんらんは，私にとってはうんざりするものなのに，父が何十ぺんも「いいなぁ～，うちは！」と幸せがるので，私はいら立っていたから。　**問６**（例）苗木を植えていた両親の気長さを，かつて冷めた思いで見ていたが，木蓮を大木になるまで見守ってくれた父の老いた姿に，年月の経過を目の当たりにしたさびしい気持ち。　**問７**（例）集まって家族みんなで食事をし，語り合うことは，父が大切にしてきた，幸せな家族だんらんの意味を持つ。　**問８**（例）父が亡くなり，もう居間のソファに四人そろうことはないと気づいたとたん，父が大切にしていた家族だんらんこそ，幸せな時間だったことに思い当たったから。　**問９**（例）木蓮を見たとたん，私が好きな木蓮の苗木を植えて，大きくなるまで見守ってくれた亡き父の愛情を思い，その父は家族のだんらんを大切にしていたのに，父の気持ちに応えないまま，父を亡くしてしまったことが，くやまれてならないから。

二　①～⑮　下記を参照のこと。　⑯　さ(める)　⑰　こころざ(す)　⑱　ひとむかし　⑲　みずか(ら)　⑳　さか(らう)

**●漢字の書き取り**

三　①　救済　②　視界　③　汽笛　④　拾(う)　⑤　批評　⑥　印象　⑦　菜園　⑧　新緑　⑨　主将　⑩　上等　⑪　探査　⑫　迷子　⑬　治(める)　⑭　音程　⑮　尊(い)

### 解　説

一　**出典は森下典子《もりしたのりこ》の『ひとり旅の途中《とちゅう》』所収の「木蓮《もくれん》の花を見ていた父」による。**家族だんらんが大好きだった父親について，家族だんらんをうっとうしがっていた筆者が，庭に植えられた木蓮の思い出とともに語る。

**問１**　⑴　両親が，木蓮の苗木《なえぎ》を庭に植えている場面である。「私」が高校生の頃《ころ》，「うちも木蓮を植えようよ」とねだったこと，両親が「おまえ，欲《ほ》しがってたじゃないの」「大学の入学記念だ」と言っていることに注目する。熱心に作業しているようすから，娘《むすめ》が欲しがっていた木蓮を，大学の入学記念に植え，祝ってやりたいという気持ちが読み取れる。　⑵　汗《あせ》をかきながら苗木を植える親を「ジーパンのポケットに両手を突《つ》っ込《こ》んで見下ろし」ている「私」の態度，「何それ？」「いつになったら花が咲《さ》くの？」と「皮肉っぽく」聞くようす，再来年《さらいねん》かその次に咲くと聞いて「気の遠くなるほど先」だと思いつつ「プイと」その場を去った行動からは，喜びや親への感謝は全くなく，軽べつや反発がうかがえる。「私」が好きだったのは「大きな木の枝々」に「無数」の白い花が咲く光景だったこともふまえ，いつ咲くかわからない苗木を植えている親の熱心さを，理解できないばかげたものに感じていることをとらえる。

**問2**　次の段落に，この応接セットで「ホームドラマのようにテレビを囲みながら食事すること」が「父のこだわった『だんらん』の形だった」とある。また，傍線《ぼうせん》③の後にも，堅苦《かたくる》しくない「ラフな雰囲気《ふんいき》」の「家族だんらん」，「兄弟みたい」な親子関係を目指している父親の言動が描《えが》かれている。大晦日《おおみそか》には全員がそろっての「家族だんらん」を求めていることからも，父は「家族だんらん」にこだわっており，それには「昭和四十年スタイルの応接セット」が必要だったことがわかる。

**問3**　前後に描かれた，現実の親子関係と，同僚《どうりょう》にアピールしている親子関係を整理する。父親はわざわざ「私」と弟を呼び，自分の両脇《りょうわき》に座らせ，「ラフな雰囲気」の親子関係であること，「愛される父親」であることを同僚にアピールしているが，ふだんは，父親が「父子《おやこ》の会話を弾《はず》ませよう」としても，「私」と弟は「生返事」であしらっている。ここからは，同僚に親子関係を自《じ》慢《まん》したいだけではなく，そのことで，めざしてきた父親像，親子関係を子どもたちにもアピールし，自身も納得したいという気持ちがうかがえる。

**問4**　「しきたり」は，昔からくり返し行われて定着している決まりごと。その集団に属している限り行うべきという，強制的なニュアンスがある。「招集《しょうしゅう》」は，人を呼び集めること。議会や会議を開くために，集合を求める場合によく使う。父親は，大晦日に家族全員が居間のソファーに座り，年越《としこ》しそばを食べ，大河ドラマの総集編を見て，「NHK紅白歌合戦」を見るという「家族だんらん」に張り切っていたが，ほかの家族は「うんざり」していることに着目する。また，当時の「私」は「家族だんらん」という「陳腐《ちんぷ》さが大嫌《だいきら》いだった」とある。つまり，自身の希望ではなく，父親から強引に呼び集められ，だんらんに参加させられていることを，「しきたり」「招集」という言葉は表している。

**問5**　問４でもみたように，「私」は父親が張り切る大晦日の「陳腐」な家族だんらんが嫌いで，うんざりしている。一方，酔《よ》った父親は，「いいなぁ～，うちは！」と言って，何十ぺんも「幸せ」がっており，それが「私」をいら立たせるのである。傍線⑤は，いら立ちがつのっていく気分を表しているので，家族だんらんに対する二人の受け止め方のちがいをおさえてまとめる。

**問6**　問１でみたように，両親が苗木を植えているときの「私」は，自分がねだったのに，いつ咲くかわからない木蓮など待っていられない気分だった。いま木蓮は「いつの間にか」立派な大木に育ち，「無数の白い鳩《はと》が止まっている」かのように，たくさんの花をつけている。一方，木蓮を見上げる父の体は，「曲げたらペキ！と折れそう」なほど老いている。父の老いと木蓮の成長を対比してまとめるとよい。

**問7**　これまでみてきたように，父親は幸せな「家族だんらん」にこだわってきた。父にとって，家族みんなが集まって楽しく過ごすことや，みんなで夕ごはんを食べることは，父が望んだ幸せな家庭の姿を意味しているのである。

**問８**　必死に思い出そうとしたのは，「最後のだんらん」である。思い出そうとしたのは，父が亡くなって「もうあの十畳《じゅうじょう》の居間のソファーに四人がそろうことは絶対にない」と思った瞬間《しゅんかん》だったことに注目する。父が亡くなって初めて，四人そろった「家族だんらん」が，どれほど幸せなときだったかに，「私」は気づいたのである。

**問９**　かつて「私」は，「家族だんらん」にこだわる父にうんざりし，「私」のためにいつ咲くかわからない木蓮の苗木を植える両親を，冷たい目で見ていた。いまの「私」は，問８でも検討したように，亡き父が大切にしていた「家族だんらん」こそ幸せな時間だったことと，木蓮が育つのを見守ってくれた父の愛情の深さを知っている。しかし，自由が欲しくて家を出た「私」は，父が望んでいることを知りながら，約三年，一度も実家に泊《と》まらず，父と最後に会うチャンスものがしている。つまり，父の愛情をうっとうしく感じ，父の愛情に応《こた》えなかったことを，「私」は木蓮を見たとたん思い出して，胸が痛んだのである。

**二　漢字の書き取りと読み**

①　苦しむ人を救い助けること。　②　目で見える範囲《はんい》。　③　汽車や汽船などで，警報音や合図音などを出す装置。　④　音読みは「シュウ」「ジュウ」で，「拾得物」「拾万円」などの熟語がある。　⑤　ものごとのよしあしを評価し論じること。　⑥　物事を見聞きして心に受けた感じ。　⑦　野菜畑。　⑧　初夏の若葉のみずみずしい緑色。　⑨　競技でチームを統率する人。キャプテン。　⑩　品質や出来ばえなどが非常によいこと。　⑪　未知の物事について調べること。　⑫　道がわからなくなったりいっしょにいた人とはぐれたりした子ども。⑬　音読みは「ジ」「チ」で，「政治」「治水」などの熟語がある。訓読みはほかに「なお(る)」がある。　⑭　二つの音の高さのへだたり。　⑮　音読みは「ソン」で，「尊敬」などの熟語がある。　⑯　音読みは「レイ」で，「寒冷」などの熟語がある。訓読みはほかに「つめ(たい)」，「ひ(える)」などがある。　⑰　音読みは「シ」で，「志望」などの熟語がある。　⑱　ばくぜんと昔だと感じられる過去。　⑲　音読みは「ジ」「シ」で，「自由」「自然」などの熟語がある。⑳　音読みは「ギャク」で，「逆転」などの熟語がある。

# Dr.福井の 入試に勝つ！脳とからだのウルトラ科学

## 試験場でアガらない秘けつ

キミたちの多くは，今まで何度か模擬試験（たとえば合不合判定テストや首都圏模試）を受けていて，大勢のライバルに囲まれながらテストを受ける雰囲気を味わっているだろう。しかし，模擬試験と本番とでは雰囲気がまったくちがう。そういうところでも緊張しない性格ならば問題ないが，入試独特の雰囲気に飲みこまれてアガってしまうと，実力を出せなくなってしまう。

試験場でアガらないためには，試験を突破するぞという意気ごみを持つこと。つまり，気合いを入れることだ。たとえば，中学の校門前にはあちこちの塾の先生が激励《げきれい》のために立っている。もし，キミが通った塾の先生を見つけたら，「がんばります！」とあいさつをしよう。そうすれば先生は必ずはげましてくれる。これだけでもかなり気合いが入るはずだ。ちなみに，ヤル気が出るのは，TRHホルモンという物質の作用によるもので，十分な睡眠をとる，運動する（特に歩く），ガムをかむことなどで出されやすい。

試験開始の直前になってもアガっているときは，腹式呼吸が効果的だ。目を閉じ，おなかをふくらませるようにしながら，ゆっくりと大きく息を吸う。ここでは「ゆっくり」「大きく」がポイントだ。そして，ゆっくりと息をはく。これをくり返し何回も行うと，ノルアドレナリンという悪いホルモンが減っていくので，アガりを解消することができる。

よく「手のひらに“人”の字を書いて飲みこむことを3回行う」とアガらないというが，そのようなおまじないを信じて実行し，自分に暗示をかけてもいいだろう。要は，入試に対するさまざまな不安な気持ちを消し去って，試験に集中できるようなくふうをこらせばいいのだ。

Dr.福井（福井一成《ふくいかずしげ》）…医学博士。開成中・高から東大・文Ⅱに入学後，再受験して翌年東大・理Ⅲに合格。同大医学部卒。さまざまな勉強法や脳科学に関する著書多数。

# 2021年度　学習院女子中等科

〔電　話〕 (03) 3203－１９０１
〔所在地〕 〒162-8656　東京都新宿区戸山３－20－１
〔交　通〕 東京メトロ副都心線―「西早稲田駅」より徒歩３分
東京メトロ東西線―「早稲田駅」より徒歩10分

**【算　数】** 〈**Ａ入試**〉（50分）〈満点：100点〉

［注意］ どの問題にも答えだけでなく途中《とちゅう》の計算や考え方を書きなさい。

**1**　次の $\boxed{\text{ア}}$ ～ $\boxed{\text{エ}}$ にあてはまる数を求めなさい。$\boxed{\text{イ}}$ と $\boxed{\text{ウ}}$ は答えのみでかまいません。

(1)　$7\frac{1}{3} \div 121 \times \left(1.13+\frac{3}{25}\right) = \boxed{\text{ア}}$

(2)　①　$\frac{1}{20\times21} = \frac{1}{\boxed{\text{イ}}} - \frac{1}{21}$，$\frac{1}{23\times24} = \frac{1}{23} - \frac{1}{\boxed{\text{ウ}}}$

②　$\frac{11}{20\times21} + \frac{18}{21\times22} + \frac{7}{22\times23} + \frac{7}{23\times24} = \boxed{\text{エ}}$

**2**　Ａ，Ｂ，Ｃの３つの地域があり，

（Ａの人口）：（Ｂの人口）＝5：12

（Ｂの人口）：（Ｃの人口）＝8：7

となっています。このとき，次の問いに答えなさい。

(1)　３つの地域の人口の比を求めなさい。

(2)　ＢからＡに1200人，Ｃに4400人がそれぞれ移動したところ，

（Ａの人口）：（Ｃの人口）＝2：5

となりました。移動後のＢの人口を求めなさい。

**3**　１個のサイコロを３回投げて１回目に出た目の数を $A$，２回目に出た目の数を $B$，３回目に出た目の数を $C$ とします。$B$ が $A$ の倍数となり，$C$ が $B$ の倍数となる目の出方は何通りありますか。

**4**　兄と弟が同時に地点Ａを出発し，地点Ｂまで 800ｍの直線コースをそれぞれ一定の速さで走って往復しました。グラフは２人が出発してからの時間と，２人の地点Ａからの距離《きょり》の関係を表したものです。次の問いに答えなさい。

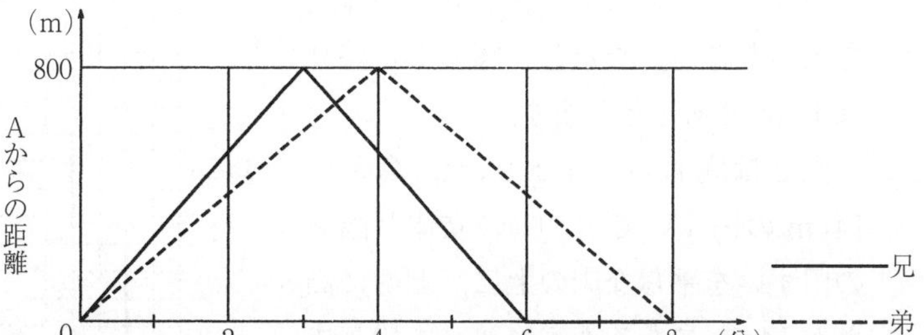


(1)　兄の走る速さは，時速何 km ですか。

(2)　兄が地点Ｂに着いたとき，弟は地点Ａから何ｍの地点にいますか。

(3)　出発後に初めて２人が出会うのは，２人が出発してから何分後ですか。

(4)　2人が出発してから弟が地点Aにもどるまでの，2人の間の距離を表すグラフを，下のグラフの図にかきなさい。ただし，図には参考として，2人が出発してからの時間と，2人の地点Aからの距離の関係を表したグラフがかかれています。

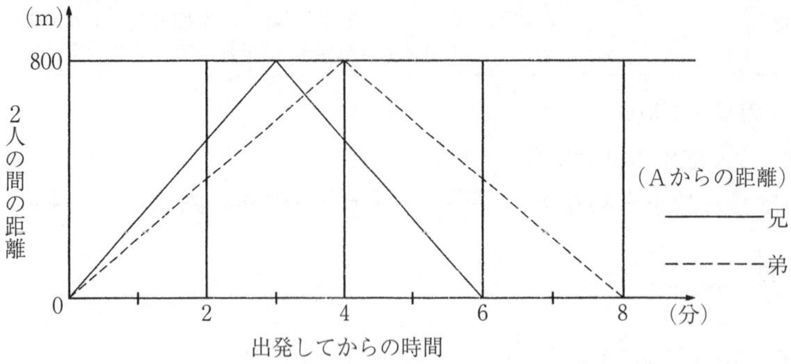


**5**　1辺の長さが4cmの正三角形ABCがあり，右の図1のように辺AB上の点Pに長さ5cmの糸の端《はし》が固定されています。また，糸のもう一方の端にはペンがついています。糸をたるませずにぴんと張ったままで，正三角形のまわりに巻きつけるように動かすとき，次の問いに答えなさい。ただし，糸やペンの太さは考えず，糸はAの側にもBの側にも巻きつけることとします。また，ペンの先は紙からはなさないものとします。

(1)　ペンが描《えが》く線を，右の図2にかきなさい。ただし，作図に使った線は消さずに残しておきなさい。

(2)　(1)でかいた線の長さを求めなさい。ただし，円周率は3.14とします。

図1

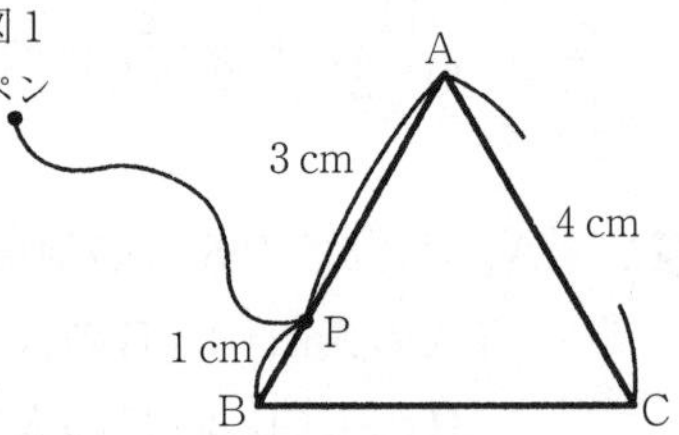


図2

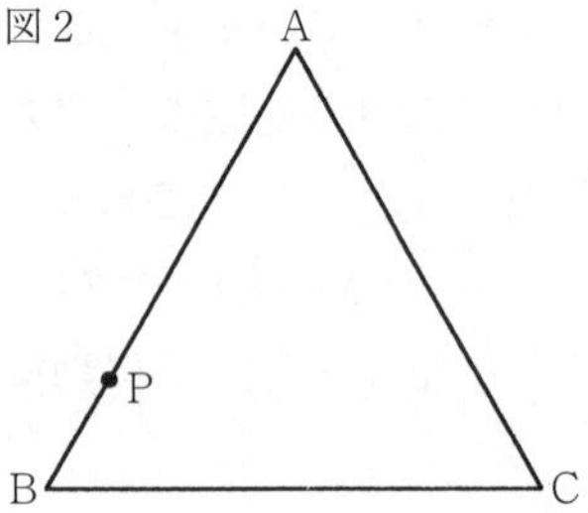


**6**　次の問いに答えなさい。ただし，円周率は3.14とします。

(1)　図1の太線で囲まれた図形を辺ABの周りに1回転してできる立体の体積を求めなさい。ただし，図の1目盛りは1cmであるとします。

(2)　図2は底面の半径が9cm，高さが14cmの円すいです。(1)の立体と図2の円すいを平らな床の上に，ともに高さが14cmになるように並べて置きます。ただし，(1)の立体は辺BCを回転してできる面が床につくように置きます。次に2つの立体を床からの高さが同じ平面で水平に切ったところ，切り口の面積が等しくなりました。2つの立体を床から何cmの高さで切ったのか，考えられるものをすべて求めなさい。

図1

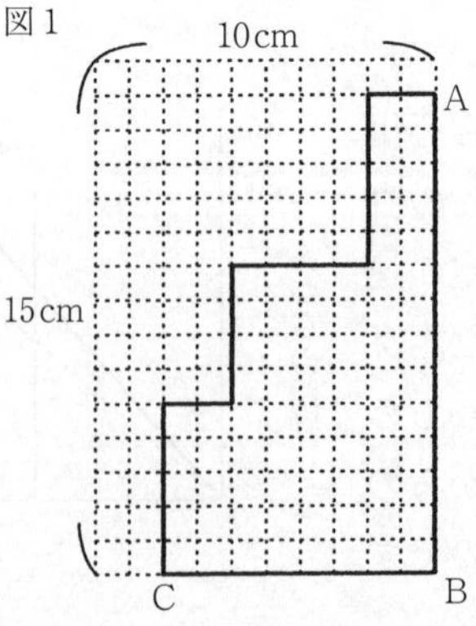


図2

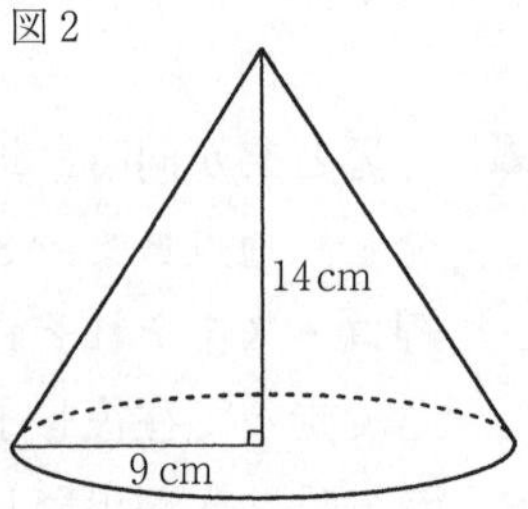

**【社　会】**〈**A入試**〉(30分)〈満点：60点〉

**1**　次の表中の文**A**～**G**を読み，以下の問いに答えなさい。

| | |
|---|---|
| **A** | ①中大兄皇子は百済の復こうを助けるため，大軍を朝鮮半島に送りましたが，唐と( **1** )の連合軍に敗れました。これを( **2** )の戦いといいます。 |
| **B** | 元軍は高麗(こうらい)軍を従えて二度にわたり，九州北部に侵攻(しんこう)しました。元軍と御家人の戦いの様子をえがいた『( **3** )襲来絵詞』は貴重な歴史資料です。 |
| **C** | ②豊臣秀吉は，肥前国の( **4** )城を拠点(きょてん)に，二度にわたり朝鮮を侵略(しんりゃく)しました。 |
| **D** | ③江戸時代，鎖国政策のひとつとして，長崎に中国人居留地も設けられました。 |
| **E** | 日清戦争ののち講和会議が開かれ，④下関条約が結ばれました。条約のなかで清は日本に遼東(リヤオトン)半島や( **5** )などをゆずることを約束しました。 |
| **F** | ヨーロッパをおもな戦場として，⑤第一次世界大戦が起こると，日本も参加して中国にあるドイツの拠点をうばいました。1919年に結ばれた( **6** )条約では，中国におけるドイツの権利や利益が日本に受けつがれることになりました。 |
| **G** | 第二次世界大戦後，朝鮮半島では，( **7** )が支援(しえん)する韓国と⑥ソ連が支援する北朝鮮との間に戦争が起こりました。この時，日本では連合国軍の指令によって( **8** )がつくられました。 |

問1　空らん(**1**)～(**8**)にあてはまる語句を答えなさい。

問2　下線部①について，中大兄皇子の説明として正しくないものを次の**ア**～**エ**より1つ選び，記号で答えなさい。

**ア**．中臣鎌足らとともに，645年，蘇我氏をたおして政治改革に着手した

**イ**．近江大津宮で即位(そくい)し，天智天皇となり，初めて全国の戸籍(こせき)をつくった

**ウ**．彼の死後，子の大友皇子と弟の大海人皇子の間に壬申の乱が起こった

**エ**．仏教や儒教の考えをもとにした十七条の憲法をつくり，役人の心がまえを示した

問3　下線部②について，この戦いが日本の文化にどのような影響(えいきょう)をあたえたか，説明しなさい。

問4　下線部③について，江戸時代の説明として正しくないものを次の**ア**～**エ**より1つ選び，記号で答えなさい。

**ア**．江戸を中心に五街道が整備された

**イ**．17世紀後半，シャクシャインに率いられたアイヌの人々は，不正な取引を行った松前藩や商人と戦った

**ウ**．老中の松平定信は，天保の改革を進めた

**エ**．19世紀初めの文化・文政期を中心に，江戸の庶民(しょみん)による文化が栄えた

問5　下線部④について，この条約を結んだ日本の外務大臣は，領事裁判権のてっぱいに力をつくしたことでも知られている。この人物を答えなさい。

問6　下線部⑤以降に起きた次の**ア**～**エ**のできごとを古いものから年代順になるように，記号を並べかえなさい。

**ア**．柳条湖事件　　**イ**．日独伊三国同盟の成立　　**ウ**．学徒出陣　　**エ**．二・二六事件

問7　下線部⑥について，ソ連は1991年に解体した。なぜ，解体することになったのか，その理由を説明しなさい。

**2**　東北地方に関する以下の問いに答えなさい。

問1　浜通り，中通り，会津の3つの地域からなる県を答えなさい。

問2　次の伝統工芸品がつくられている県をそれぞれ答えなさい。

(1)　天童将棋駒(しょうぎごま)

(2)　大館曲げわっぱ

問3　次の東北三大祭りが行われる県をそれぞれ答えなさい。

(1)　人形などの大きな灯籠(とうろう)をひいて，街をねり歩く

(2)　紙でできた吹き流しなどのかざりを，街中にかざりつける

問4　次の統計**A**・**B**は，東北地方の県が生産・収穫(しゅうかく)量全国1位であるものを示している。**A**・**B**にあてはまるものを，下の**ア**～**カ**よりそれぞれ1つ選び，記号で答えなさい。

| | |
|---|---|
| **A** | 岩手県37.1%，宮城県34.4%，徳島県12.5%，その他16.0%　[全国47,700 t ](2016年) |
| **B** | 山形県75.9%，北海道8.0%，山梨県6.1%，その他10.0%　[全国19,100 t ](2017年) |

農林水産省統計情報による

**ア**．ほたて貝　**イ**．わかめ類

**ウ**．かき類　**エ**．にんにく

**オ**．ごぼう　**カ**．おうとう(さくらんぼ)

問5　白神山地は，ある樹木の原生林が世界最大級に広がっているため，世界遺産に登録された。ある樹木とは何か答えなさい。

**3**　河川に関する以下の問いに答えなさい。

問1　次の文章を読み，空らん(**1**)～(**4**)にあてはまる語句を答えなさい。

河川はいっぱんに，河口の名前でよばれています。しかし，同じ河川でも，上流の県と下流の県で名前が異なることがあります。例えば，ある河川は上流に位置する奈良県で吉野川，河口のある( **1** )県で紀ノ川とよばれています。また，( **2** )湖から流れ出る河川は，瀬田川，宇治川，淀川と名前を変え，大阪湾に注ぎます。ほかにも，上流の長野県では千曲川，河口のある新潟県では( **3** )川とよばれる例があげられます。なお( **3** )川源流である甲武信ヶ岳は，甲斐国，武蔵国，( **3** )国の境(さかい)に位置することが名前の由来で，現在でも3つの県の境になっています。この3つの県のうち，甲斐国は現在の( **4** )県です。

問2　次の**ア**～**エ**のうち，一部が県境になっている河川を1つ選び，記号で答えなさい。

**ア**．天塩川　**イ**．雄物川

**ウ**．大井川　**エ**．木曽川

問3　次の**ア**～**エ**のうち，正しくない組み合わせを1つ選び，記号で答えなさい。

**ア**．石狩川　－十勝平野

**イ**．阿武隈川－福島盆地

**ウ**．天竜川　－諏訪湖

**エ**．筑後川　－筑紫平野

問4　グラフは，2017年における四万十川(高知県)と最上川(山形県)の月別の流量を示している。このグラフを見て，以下の問いに答えなさい。

(1)　四万十川で8月～10月にかけて流量が多い理由を説明しなさい。

(2)　最上川で4月に流量が多い理由を説明しなさい。

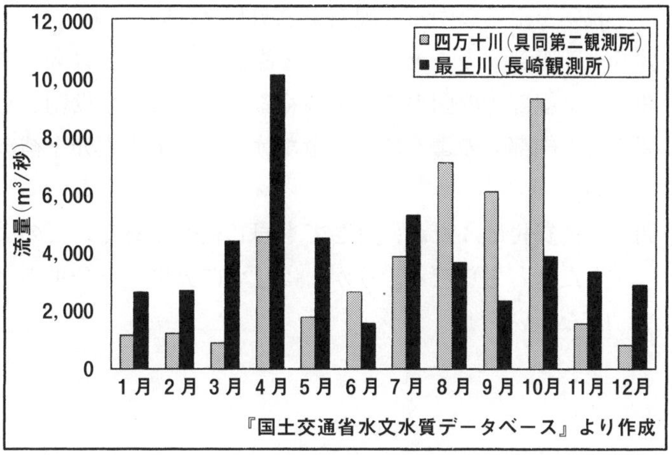

『国土交通省水文水質データベース』より作成

**4**　次の文章を読み，以下の問いに答えなさい。

2019年10月に日本では①消費税が10%になりました。ただし，( **1** )税率が適用され，②税率が上がらなかった商品もありました。消費税引き上げ前にあわてて買いものをしようとする「( **2** )需要(じゅよう)」や，消費税引き上げ後に人々が買いものをしなくなる「消費の( **3** )」は，これまでの消費税引き上げのたびによく見られました。こうした影響をおさえる目的で，今回の消費税引き上げの際には，③キャッシュレス決済での( **4** )還元(かんげん)事業も行われました。

そもそも税金は一体何に使われているのでしょうか。税金の使いみちは国や地方公共団体の予算を見るとわかります。④国の予算は必ず【 **A** 】で議決される必要があり，近年，年金や医りょう・衛生対策などにあてられる社会【 **B** 】費の支出が他の費用に比べて非常に大きくなっています。昨年4月には，政府は国民1人あたり10万円の「( **5** )金」の支給を決定しました。これも，通常の国の予算に加えた「( **6** )予算」が【 **A** 】で議決されたことにもとづいて支給されました。ただし，「( **6** )予算」の資金を調達するために，⑤政府が借金をしているので，将来の( **7** )につながるのではないかと考えられています。

昨年，イギリスなどのヨーロッパの一部の国では，外食産業などに対して，日本の消費税にあたる( **8** )税を特別に一定期間下げる政策をはじめました。消費税を下げると国民は買いものをしやすくなり，その結果，( **9** )が良くなることが予想できます。各国政府が( **9** )を安定化させるために，税率を上下させることはめずらしくありません。

問1　空らん( **1** )～( **9** )にあてはまる語句を次の**ア**～**タ**より1つずつ選び，記号で答えなさい。

**ア**．例外　**イ**．軽減　**ウ**．物価　**エ**．臨時
**オ**．補正　**カ**．増税　**キ**．減税　**ク**．差益
**ケ**．景気　**コ**．ポイント　**サ**．付加価値　**シ**．もり上がり
**ス**．冷えこみ　**セ**．かけこみ　**ソ**．持続化給付　**タ**．特別定額給付

問2　空らん【**A**】・【**B**】にあてはまる語句を答えなさい。

問3　下線部①の消費税のように，税を負担する人と税務署に税を納める人が異なる税を何というか，答えなさい。

問4　下線部②について，税率が上がらなかった商品がどのような商品であるかを示しながら，

税率を上げなかった理由を説明しなさい。

問5　下線部③のキャッシュレス決済の例を1つ答えなさい。

問6　下線部④の国の予算をつくる上で中心的な役割をもつ省庁を答えなさい。

問7　下線部⑤のように，税金だけでは不足する分を補うために政府が発行するものを答えなさい。

問8　消費税は，だれに対しても同じ税率である。このような消費税は，公平か，不公平か，あなたはどちらだと思うか。はじめに公平・不公平のどちらかを答え，そう答えた理由を説明しなさい。

**【理　科】〈Ａ入試〉**（30分）〈満点：60点〉

**1**　ペットボトルとストローを用いて右図のような温度計を作りました。この温度計はストロー中の水面の高さの変化で温度をはかることができます。ペットボトルの変形は考えないものとして，問いに答えなさい。

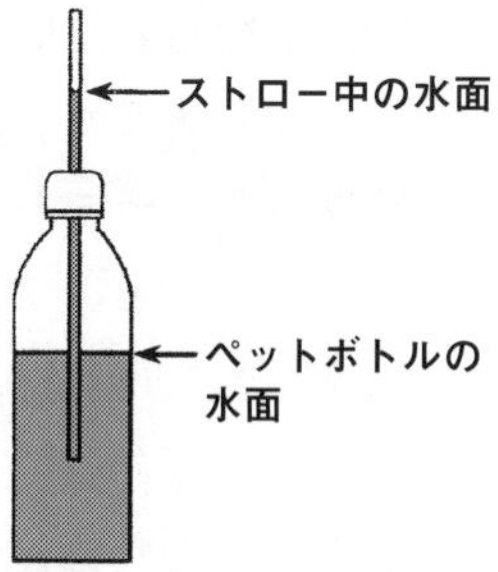


【温度計の作り方】　ペットボトルのふたに穴を開け，そこにストローをすきまのないようにさします。ふたを閉めるとちゅうで，ストローでペットボトル内の水を吸い上げ，ストロー中の水面をふたよりも高い位置にします。その後ふたをすみやかに閉めます。

問１　温度変化が同じとき，ストロー中の水面の変化が大きいのは，細いストローと太いストローのどちらを用いたときですか。

問２　気温が上がると，ストロー中の水面の位置はどうなりますか。また，そのように考えた理由を答えなさい。

問３　ペットボトルに手のひらをあてることで，この温度計は体温計として使用することもできます。手のひらをあてるところは，ペットボトルの水面より高い位置と低い位置ではどちらがよいですか。また，その理由を答えなさい。

問４　生物や物体など熱のあるものからは，周囲に赤外線(目に見えない光の一種)が出ています。非接触《しょく》型の温度計は，その赤外線を利用して温度をはかっています。

(1)　非接触型の温度計の特ちょうは，「直接触《ふ》れないで温度がはかれる」ことです。それによって，どのような利点がありますか。

(2)　非接触型の温度計を使用して，とう明なガラスの向こう側に立つ人の体温をはかろうとしたら，正しい温度をはかることができませんでした。どのような理由が考えられますか。

**2**　１人分150ｇの汁物《しるもの》を塩分1.0％で４人分つくるとき，次の問いに答えなさい。ただし，塩の塩分は100％，しょう油の塩分は15％，みその塩分は10％，みそ大さじ１杯《ぱい》は18ｇとして，計算しなさい。

問１　塩だけで塩分1.0％の汁物を４人分つくるとき，必要な塩は何ｇですか。

問２　しょう油だけで塩分1.0％の汁物を４人分つくるとき，必要なしょう油は何ｇですか。

問３　みそだけで塩分1.0％の汁物を４人分つくるとき，必要なみそは大さじ何杯ですか。割り切れないときは分数で答えなさい。

問４　みそを大さじ２杯使い，残りはしょう油を使って塩分1.0％の汁物を４人分つくるとき，しょう油は何ｇ必要ですか。

**3**　昨年2020年の７月２日には関東地方の上空で火球と呼ばれる，大きな(　①　)が出現しました。(　①　)は宇宙に漂《ただよ》う(　②　)が地球の(　③　)とぶつかることによって光る現象です。特に大きいものは地上まで落ちてくることがあり，落ちてきたものは(　④　)と呼んでいます。同じ７月の明け方近くや夕方直後の夜空には，尾を引いて輝くネオワイズ(　⑤　)が観測されました。北半球に位置する日本から見える(　⑤　)としては近年にない１等級の明るさになり肉眼でもはっきり見ることができました。7月初めから中ごろまでは明け方の北東の空の低空にあり，見える時間が限られていました。7月中じゅん以降は夕方から遅い時間にかけて北西の空に見えるようになりました。(A)ネオワイズ(⑤)の高さは，日を追うごとに高い位置となって観測しやすくなっていきましたが，一方で(B)(⑤)の明るさはだんだん暗くなって，見つけづらくなりました。

7月の初めには，熊本県の(⑥)川流域で大水害が発生し，多数の人命がうばわれました。このとき熊本県では，次々と発生する発達した雨雲が列をなし，数時間にわたってほぼ同じ場所を通過または停滞《たい》することで形成される(C)線状降水帯と呼ばれる雨域が出現しました。そのため，局地的に非常に激しい雨が降り河川の氾濫《はんらん》につながりました。こうした豪雨災害などの自然災害では，落ち着いた早めの行動と(D)日ごろからの備えが大切であるといわれています。

問1　文中の①～⑥にあてはまる語を答えなさい。ただし，⑥については以下の(ア)～(キ)から選び，記号で答えなさい。

(ア)　菊池　　(イ)　筑後　　(ウ)　飛騨　　(エ)　吉野

(オ)　川内　　(カ)　球磨　　(キ)　利根

問2　文中の⑤は，おもに何でできていますか。2つ答えなさい。

問3　下線部(A)と(B)のようになる理由をそれぞれ答えなさい。

問4　下線部(C)を形成する雲の名前を答えなさい。

問5　下線部(D)について，あなたが考える最も大切な備えを答えなさい。

**4**　「食う，食われるの関係」は生物間の基本的な関係ですが，食われる側の生物にとっては，食われてしまうと生き残ることができません。こん虫の中には食われないように，形や色が特殊《しゅ》化しているものが見られます。例えば，コノハチョウは葉に，ナナフシは(ア)に姿を似せることで，天敵に見つからないようにしています。アゲハの幼虫では，ふ化してしばらくの若い幼虫は(イ)に姿を似せ，成長した幼虫はからだを(ウ)色にして天敵の目をごまかしています。

一方で，からだを黄色と黒，赤と黒などの色にして，自らを目立たせているこん虫もいます。このような生物の多くは(エ)という特ちょうをもっており，自らを天敵にわかるように目立たせて食べられるのを防いでいると考えられています。

動物は動くことができるので天敵からにげることができますが，植物は動くことができません。そのため植物は(オ)や(カ)などの方法で身を守っています。

問1　自然界に見られる「食う，食われる」の関係を何といいますか。

問2　文中のア～ウにあてはまる語を答えなさい。また，エ～カにあてはまる特ちょうや方法を答えなさい。

問3　生物が他のものや生物に姿を似せることを擬《ぎ》態といいます。次の①，②では，擬態することでその生物にどのような利点があると考えられますか。

①　ハナカマキリがランの花に姿を似せる

②　ハナアブがハチに姿を似せる

二　次の傍線のカタカナは漢字に、漢字はひらがなに直しなさい。

① 国会トウベンを聞く。
② 選手にヒサクをさずける。
③ 会社のゾウエキを見込む。
④ ヘンキョウの地を旅する。
⑤ ケイセイが不利になる。
⑥ 有名作品のショハン本。
⑦ 大臣のショクセキを果たす。
⑧ 寺社などのセイイキをおかす。
⑨ ショウフクしかねる提案。
⑩ 博物館のジョウセツ展示。
⑪ 家のカギをフクセイする。
⑫ 料金をキンイツにする。
⑬ ジュウレツ駐車《ちゅうしゃ》をする。
⑭ 二回戦でシリゾく。
⑮ 会場が熱をオびる。
⑯ 暑さに閉口する。
⑰ 燃費の良い車。
⑱ 彼は元来、無口な人だ。
⑲ 対応が後手に回る。
⑳ 実験を試みる。

ント」

シラベさんはスマホをポケットにしまうと、スケッチブックを小脇《こわき》にはさんで去っていった。

──赤ちゃんペンギンの翼かぁ……。

珠子はおでこの汗をぬぐった。腕《うで》についた砂が落ちて、口の中に入った。ざらりとした舌ざわりに顔をしかめたら、男の子の母親がバースデーソングを歌う声がきこえてきた。

歌がやむと、男の子は砂のケーキに立てた枝のろうそくに息をふきかけた。

⑨ヒカルがしんみりした声で「かたづけよう」と言った。

珠子はうなずいて、砂の中から足を引きぬいた。

（長江《ながえ》優子『サンドイッチクラブ』）

問1　傍線《ぼうせん》①「砂山と同じ高さだね。でも、ライオンにくらべると地味なわりに難しそう。ま、やってみよう」とあるが、ペンギンの砂像を作ることに対するヒカルの気持ちを説明しなさい。

問2　傍線②「なんかね、みんな大人っぽいの。学級委員とかやってて、将来の夢が決まってて、リーダーになりそうな子たちばっかりだった」とあるが、この言葉から珠子のどのような気持ちがわかるか、説明しなさい。

問3　傍線③「博物館のガラスケースの中に入ってる『歴史』に素手でさわるようなこと」とあるが、これはどのようなことを表しているか、具体的に説明しなさい。

問4　傍線④「珠子は背筋をのばし、まばたきひとつせずにシラベさんを見つめた」とあるが、この時の珠子の気持ちを説明しなさい。

問5　傍線⑤「こんなときに観光客のための砂像イベントをやるのはおかしいんじゃないかっていう思いが心のどこかにあって」とあるが、みんながこのような思いを持っていたのはなぜか、説明しなさい。

問6　傍線⑥「なまあたたかい風が珠子たちとシラベさんの間を通りぬけていく」とあるが、この表現で作者は珠子たちのどのような気持ちを表そうとしているか、説明しなさい。

問7　傍線⑦「そこには、横たわった若者を抱く女神の砂像が映っていた。馬に乗った勇ましい女戦士とうってかわって、やさしさと悲しみに満ちた女神だった」とあるが、「馬に乗った勇ましい女戦士」を作ろうとしていたシラベさんは、なぜ「横たわった若者を抱く女神の砂像」を作ったのか、理由を説明しなさい。

問8　傍線⑧「きっかけは風船のようにふわっとしているけど、糸をしっかりつかんでいけば、世界とつながるどこかにたどりつけるのかもしれない」とあるが、

(1)　「きっかけは風船のようにふわっとしている」とはどのようなことをたとえているか、説明しなさい。

(2)　シラベさんの話を聞く前と比べて、珠子の考え方はどのように変化したか、説明しなさい。

問9　傍線⑨「ヒカルがしんみりした声で『かたづけよう』と言った。／珠子はうなずいて、砂の中から足を引きぬいた」とあるが、この時、二人はどのようなことを感じているか、「しんみりした声で」という部分に注目して説明しなさい。

を目指した。でも、重量オーバーで船が沈《しず》んだり、海上をさまよっているうちに飲料水が底をついたりして、命を落とす人があとを絶たなかった、とシラベさんは言った。

「ようするに、おれが見つけたおしゃぶりは難民船に乗っていた赤ちゃんのものなんじゃないかって、ジェイルは言ったんだ。翌朝、ジェイルは荷物をまとめて島を出ていった。ほかの仲間たちも、でっかい砂山を浜辺《はまべ》に残して、つぎつぎと島をはなれた」

「えっ、どうして？」

珠子が身を乗りだしてたずねると、シラベさんは「みんな、ジェイルの話を信じたんだよ。だいたい、⑤こんなときに観光客のための砂像イベントをやるのはおかしいんじゃないかっていう思いが心のどこかにあって、あの一件で確信に変わったんだろうね」と言った。

「シラベさんはどうしたの？」

「おれは残った。海外から仕事の依頼《いらい》が来るようになって日が浅かったし、とにかく作品を作りたかったんだ。でも、あの日以来、手が動かなくなった。難民がおしよせてくる島で、おぼれ死んだ人たちが沈んでいる海のすぐそばで、なにを作ればいいのかわからなくなった。それでも、なんとかつづけたよ。でも、島の近くで難民船の沈没《ちんぼつ》事故が起きて……」

そう言ったきり、シラベさんはだまりこくった。

頭上で木の葉がざわわわと音を立てた。

⑥なまあたたかい風が珠子たちとシラベさんの間を通りぬけていく。

小さな男の子が母親に手を引かれて砂場にやってきた。砂の上にぺたんとおしりをつけて、母親の手を借りながら小さなスコップで砂をすくってはバケツに入れている。

珠子はおしゃぶりがまだ似合いそうな男の子を見つめながら、遠い海の向こうで起こったできごとを考えた。ヒカルもなにも言わずに男の子を見ている。

シラベさんが口をひらいた。

「それからは毎日、砂ってなんだろう。砂で彫刻《ちょうこく》を作るってどういうことなんだろうって考えて……。この前、久しぶりにマルタ島に行ったんだ。そこで作ったのがこれ」

シラベさんは飲みほした缶コーヒーをポケットにしまって、珠子たちにスマホを見せた。

⑦そこには、横たわった若者を抱《いだ》く女神《めがみ》の砂像が映っていた。馬に乗った勇ましい女戦士とうってかわって、やさしさと悲しみに満ちた女神だった。若者が手をのばしているその先に、ぬけるような青空とエメラルドグリーンの海がひろがっている。

ヒカルがつぶやいた。

「この人の手の先に自由があるんだね。つかめなかった自由が……」

イルカの砂像のように、声なき生き物たちの思いを世界に発信したり。

女神の砂像のように、命を落とした難民を弔《とむら》ったり。

シラベさんは砂の中から思わぬものを見つけては、過去や今と向きあっている。

学生時代にシラベさんがたまたま出会ったという砂像。⑧きっかけは風船のようにふわっとしているけど、糸をしっかりつかんでいけば、世界とつながるどこかにたどりつけるのかもしれない。

「タマゴさん？　おーい、タマゴさーん」

「あっ、はい」

「おれ、明日から新潟に行くんで、その前にいろいろと準備があるからこのへんでオイトマします。最後に、キミたちにひとつだけヒントをあげる。赤ちゃんペンギンの翼、あれをどう表現するかがポイントだ。翼をひろげさせたいなら、なにか方法があるはずだよ。これ、ホ

「おそらく。中国人スタッフのひとりが、そのあたりは戦場だったと言ってた」

「銃弾を見つけたところをちゃんと調べた？　人骨もあったかもしれないよ」

真剣《しんけん》な顔で迫《せま》るヒカルに対して、シラベさんは「あったとしてもふしぎじゃないね」と言った。

「でもさ、自分のてのひらに銃弾がのってるところを想像してごらん。それはだれかを殺人者にしたり、だれかの人生を終わらせたものなんだぜ。あのとき、おれの気持ち的には人骨を見つけたのと変わらなかった。足がふるえたよ、本当に。砂像を作ってると、なんていうかこう、③博物館のガラスケースの中に入ってる『歴史』に素手《すで》でさわるようなことも起きるんだよ」

シラベさんはポケットから缶《かん》コーヒーをとりだした。ゴクッと喉を鳴らしてひと口飲むと、「こんなこともあったよ」と言ってスケッチブックをめくった。

「これ、マルタ島で作ろうと思った砂像のスケッチ」

馬に乗った女戦士の絵を見た珠子は「きれい」と言い、ヒカルは「かっこいい」と言った。

「マルタ島って知ってる？」

「うん。イタリアの近くにある島」とヒカルが答えた。

「正解。マルタ島は地中海に浮《う》かぶ小さな島なんだけど、そこで毎年、砂像の展覧会をやってるんだ。四年前、お声がかかって、おれは喜んで飛んでった。きれいな島だったよ」

マルタ島は海岸線のほとんどが岩場で、石灰質《せっかいしつ》の白い砂だそうだ。観光客に人気の海水浴場で砂像を作ることになった、とシラベさんは言った。

「ちなみに、砂は島の内陸部から運んできた山砂だった。砂利《じゃり》がたくさんまざっていて砂像作りに最適な砂とは言えなかったけど、外から砂を持ちこむと外来種が入りこむ危険性があるから仕方ない。『郷《ごう》に入《い》っては郷に従え』ってことで、制作にとりかかったんだ。二日目の朝、おれは砂浜《すなはま》になにかがうまってるのに気づいた。掘《ほ》りだしてみたら、おしゃぶりだったんだ」

——おしゃぶり……。

この前、シラベさんはおしゃぶりも砂の中から出てきた、と言っていた。

④珠子は背筋をのばし、まばたきひとつせずにシラベさんを見つめた。

「輪っかがついた半透明《はんとうめい》の黄色いやつで、砂にうもれていたとは思えないくらい、きれいなおしゃぶりだった。とはいえ、警察に届けるようなものでもないから、その場で捨てた。で、夜になって、ジェイルっていう砂像アーティストと酒を飲んでいたとき、昼間のできごとを話したんだ。そうしたら、ジェイルは急に青ざめて言った。『そのおしゃぶりは海でおぼれ死んだ難民の赤《あか》ん坊《ぼう》のものかもしれないぞ』って」

「難民？」

珠子が小首をかしげると、シラベさんはスケッチブックに簡単な地図を描いて説明した。

「こっちがアフリカ。こっちは中東。この辺の一部の国で戦争していたり、政治家が好き勝手に権力をふるったりしていて、そこで暮らしている人たちの生活がめちゃくちゃになったんだ。それでかれらは生まれ育った国を脱出《だっしゅつ》して難民になり、新しい生活の場をもとめてヨーロッパ、特にドイツにわたろうとしたんだ」

難民は密航業者に高いお金をはらって、おんぼろ船やビニールボートにぎゅうぎゅう詰《づ》めにされて、ヨーロッパの玄関口《げんかんぐち》であるマルタ島ヒカルがタオルで顔の汗《あせ》をふきながらもどってきた。珠子のとなりにすわって砂場の壁《かべ》にもたれかかると、膝小僧《ひざこぞう》まで砂の中に足をつっこんだ。長い息をはいて、「気持ちいい」とつぶやいた。

珠子もズボンの裾《すそ》をまくりあげて、砂の中にかかとをおしこんだ。熱い砂の下にしめった砂がひそんでいて、ふくらはぎがひんやりした。

「ハムちゃんは中学校の説明会、行った？」

「うん。第一志望の学校だけ。タマゴは？」

「いっぱい行ったよ。今日も行ってきた。②なんかね、みんな大人っぽいの。学級委員とかやってて、将来の夢が決まってて、リーダーになりそうな子たちばっかりだった」

「きっと、その子たちもタマゴのことをそう思ってるよ」

それはないと思う、と珠子は心の中でつぶやいた。

珠子は学級委員になったことがない。将来の夢もあれもこれもいいなぁと思うだけ。世界にはばたくリーダーなんて、とてもとても想像できない。自分が世界とかかわりあうことなんて、この先あるとは到《とう》底《てい》思えなかった。

珠子は目をとじて、セミの声に耳をすませた。

風のない午後。

光の粒子《りゅうし》がまぶたをすりぬけて、星のように暗闇《くらやみ》の中でチカチカとまたたいている。

セミたちは鳴くというより「生きてる！　生きてる！」とさけんでいる。

——来年の今ごろ、なにしてるのかなぁ。

そして、わたしはどこに向かっていくのだろう。

目を開けると、シラベさんの姿が目に入った。向かい側の壁によりかかって、スケッチブックになにか描《か》いている。

珠子が声をかけると、シラベさんは「次の作品をぼちぼちとね」と言って、スケッチブックを見せてくれた。きれいな細かい模様がついた塔《とう》と、おかしなふうに手足を曲げている仏像の絵。珠子は小首をかしげた。

「九月にドバイで行われるイベントに招待されたんだ。エローラ石窟《せっくつ》寺院をヒントにした砂像を作ろうと思ってる」

「エローラ？」

「インドの職人たちが百年以上かけて、ノミとハンマーで岩山を上からくりぬいて造ったお寺だよ。世界遺産にもなってる」

「じゃあ、大きな砂像の作り方といっしょですね」

「そのとおり」

突然《とつぜん》、ヒカルが「わっ！」とさけんで上半身をねじった。おしりの下に手をつっこんで、しばらくもぞもぞさせてから、「あった」と言って砂まみれの青いミニカーをとりだした。

「なんだ、おもちゃか」

「ネコのフンじゃなくてよかったね」

珠子がからかうと、ヒカルは「そういえば、砂の中から銃弾《じゅうだん》が出てきたって話、本当？」とシラベさんにたずねた。

珠子はどきっとした。銃弾とか、ミサイルとか、戦争に対して過敏《かびん》に反応するヒカルがそういう言葉を口にすると、不安になる。珠子は身構えてシラベさんの話をきいた。

「ああ、中国でね。日本の軍隊が使っていたサンパチ式っていう鉄砲《てっぽう》の弾《たま》だった」

「『日本の軍隊』ってことは日中戦争だね。タマゴは知ってる？」

「……ううん」

「日本と中国の間で起こった戦争。そこから太平洋戦争につながっていくんだ。あたし、おばあちゃんからきいた。……シラベさん、それって本物だった？」

# 二〇二一年度 学習院女子中等科

【国　語】〈A入試〉（五〇分）〈満点：一〇〇点〉

一　次の文章を読んで、後の問いに答えなさい。

中学受験を控《ひか》えた夏休み、小学六年生の珠子《たまこ》（タマゴ）は、同じ塾《じゅく》に通う羽村《はむら》ヒカル（ハム）と知り合ったことがきっかけで砂像（サンドアート）を知る。ヒカルは、砂像作りの師匠《ししょう》であるシラベさんの特別な「黄金のシャベル」をめぐり、葉真《ようま》と砂像対決をしていた。葉真がライオンの砂像を作るのに対し、珠子もヒカルと組んでペンギンの砂像を作ることにする。

帰宅後、母親が店に出かけてから、珠子は自転車で公園に向かった。

珠子が砂場に着くと、ヒカルが筋トレシャベルで砂山を作りはじめていた。

「黄金のシャベルは？」

「葉真がまた勝手に持ってった」

「ひどい。シラベさんは？」

「まだ来てない」

珠子とヒカルは交代で筋トレシャベルを使って、ヘトヘトになりながら砂山を築いた。

完成後、珠子は「ペンギンのことなんだけど……」と言って、ネットの画像をプリントアウトしたものをヒカルに見せた。

向かいあったコウテイペンギンの間で、灰色の産毛《うぶげ》におおわれた小さな赤ちゃんが、翼《つばさ》をひろげている写真を見て、ヒカルは「親子ペンギンか」とつぶやいた。

「うん。大人のペンギン二羽と赤ちゃん。成長すると身長一メートルぐらいになるんだよ」

「①砂山と同じ高さだね。でも、ライオンにくらべると地味なわりに難しそう。ま、やってみよう」

砂山に線を引いて、三羽のペンギンの位置を決めた。

作業開始からほどなくして、珠子は行きづまった。お母さんペンギンの頭から背中にかけての釣《つ》り針《ばり》のようなカーブがうまくけずれない。首を細く、もっと細く、と思いながらけずっていたら、頭がぽろりともげた。

「あーあ。ハムちゃんの言ったとおりだ」

サイズを小さくしてなんとか完成させたけど、みすぼらしい親子ペンギン像になった。

「これじゃあ、葉真に勝てないね」

「じゃあ、ペンギンは却下《きゃっか》。ほかのにしよう」

珠子たちが砂像をこわそうとしたら、背後から「それでいいんじゃない？」とシラベさんの声がした。

「あ、シラベさん」

「ペンギン、悪くないと思うよ。細長い体が足に向かってだんだん細くなっていくから、バランスをとるのにひと苦労しそうだね。挑戦《ちょうせん》しがいのあるテーマを選んだところを、おれなら評価する」

「じゃあ、葉真に勝てる？」

「そこはわかんないよ。でも、見込《みこ》みはあるんじゃない」

ヒカルはがぜんやる気になって、「さっきの発言は撤回《てっかい》。やっぱりペンギンにしよう。水、飲んでくる」と言って水飲み場に走っていった。

珠子も喉《のど》がカラカラだった。木陰《こかげ》で麦茶を飲んだら、あっというまに水筒《すいとう》がからっぽになった。

2021年度

# 学習院女子中等科　▶解説と解答

## 算　数　＜Ａ入試＞（50分）＜満点：100点＞

### 解　答

$\boxed{1}$ (1) $\frac{5}{66}$　(2) ① イ　20　ウ　24　② $\frac{11}{120}$　$\boxed{2}$ (1) 10：24：21　(2) 2800人　$\boxed{3}$ 25通り　$\boxed{4}$ (1) 時速16km　(2) 600m　(3) $3\frac{3}{7}$分後　(4) 解説の図2を参照のこと。　$\boxed{5}$ (1) 解説の図①を参照のこと。　(2) 28.26cm　$\boxed{6}$ (1) 1519.76cm$^3$　(2) $1\frac{5}{9}$cm，$10\frac{8}{9}$cm

### 解　説

**$\boxed{1}$ 四則計算，計算のくふう**

(1)　$7\frac{1}{3}\div121\times\left(1.13+\frac{3}{25}\right)=\frac{22}{3}\times\frac{1}{121}\times\left(\frac{113}{100}+\frac{12}{100}\right)=\frac{22}{3}\times\frac{1}{121}\times\frac{125}{100}=\frac{22}{3}\times\frac{1}{121}\times\frac{5}{4}=\frac{5}{66}$

(2)　①　$\frac{1}{20\times21}=\frac{1}{イ}-\frac{1}{21}$より，$\frac{1}{イ}=\frac{1}{20\times21}+\frac{1}{21}=\frac{1}{20\times21}+\frac{20}{20\times21}=\frac{21}{20\times21}=\frac{1}{20}$だから，イ＝20である。また，$\frac{1}{23\times24}=\frac{1}{23}-\frac{1}{ウ}$より，$\frac{1}{ウ}=\frac{1}{23}-\frac{1}{23\times24}=\frac{24}{23\times24}-\frac{1}{23\times24}=\frac{23}{23\times24}=\frac{1}{24}$だから，ウ＝24となる。　②　①より，$\frac{11}{20\times21}+\frac{18}{21\times22}+\frac{7}{22\times23}+\frac{7}{23\times24}=\frac{11}{20\times21}+\frac{11}{21\times22}+\frac{7}{21\times22}+\frac{7}{22\times23}+\frac{7}{23\times24}=11\times\frac{1}{20\times21}+11\times\frac{1}{21\times22}+7\times\frac{1}{21\times22}+7\times\frac{1}{22\times23}+7\times\frac{1}{23\times24}=11\times\left(\frac{1}{20\times21}+\frac{1}{21\times22}\right)+7\times\left(\frac{1}{21\times22}+\frac{1}{22\times23}+\frac{1}{23\times24}\right)=11\times\left(\frac{1}{20}-\frac{1}{21}+\frac{1}{21}-\frac{1}{22}\right)+7\times\left(\frac{1}{21}-\frac{1}{22}+\frac{1}{22}-\frac{1}{23}+\frac{1}{23}-\frac{1}{24}\right)=11\times\left(\frac{1}{20}-\frac{1}{22}\right)+7\times\left(\frac{1}{21}-\frac{1}{24}\right)=11\times\left(\frac{22}{20\times22}-\frac{20}{20\times22}\right)+7\times\left(\frac{24}{21\times24}-\frac{21}{21\times24}\right)=11\times\frac{2}{20\times22}+7\times\frac{3}{21\times24}=\frac{1}{20}+\frac{1}{24}=\frac{6}{120}+\frac{5}{120}=\frac{11}{120}$

**$\boxed{2}$ 比の性質，倍数算**

(1)　Ｂの人口の比の数を12と８の最小公倍数である24にそろえると，（Ａの人口）：（Ｂの人口）＝（５×２）：（12×２）＝10：24，（Ｂの人口）：（Ｃの人口）＝（８×３）：（７×３）＝24：21だから，Ａ，Ｂ，Ｃの人口の比は10：24：21となる。

(2)　移動前のＡ，Ｂ，Ｃの人口をそれぞれ$\boxed{10}$，$\boxed{24}$，$\boxed{21}$とすると，移動後のＡの人口は，$\boxed{10}$＋1200（人），Ｃの人口は，$\boxed{21}$＋4400（人）と表せる。このとき，（Ａの人口）：（Ｃの人口）＝２：５なので，Ａの人口の$\frac{5}{2}$倍がＣの人口と等しい。すると，$(\boxed{10}+1200)\times\frac{5}{2}=\boxed{10}\times\frac{5}{2}+1200\times\frac{5}{2}=\boxed{25}+3000$（人）が，$\boxed{21}$＋4400（人）と等しいから，$\boxed{25}-\boxed{21}=\boxed{4}$と，4400－3000＝1400（人）が等しくなり，$\boxed{1}$＝1400÷４＝350（人）とわかる。したがって，移動前のＢの人口は，$\boxed{24}$＝350×24＝8400（人）だから，移動後のＢの人口は，8400－1200－4400＝2800（人）と求められる。

**$\boxed{3}$ 場合の数**

$A$が１のとき，$B$がいくつでも$B$は$A$の倍数になる。このとき，$C$が$B$の倍数となる目の出方は下の図１のようになり，$B$が１のときは６通り，$B$が２のときは３通り，$B$が３のときは２通り，$B$が４，５，６のときは１通りずつあるので，$A$が１のときの目の出方は，６＋３＋２＋１＋１＋

1＝14(通り)とわかる。同様に，$A$が2，3，4，5，6のときも調べると，右の図2のようになるので，$A$が2のときは，3＋1＋1＝5(通り)，$A$が3のときは，2＋1＝3(通り)，$A$が4，5，6のときは1通りずつある。よって，全部で，14＋5＋3＋1＋1＋1＝25(通り)と求められる。

図1

| $A$ | $B$ | $C$ |
|---|---|---|
| 1 | 1 | 1～6 |
| | 2 | 2，4，6 |
| | 3 | 3，6 |
| | 4 | 4 |
| | 5 | 5 |
| | 6 | 6 |

図2

| $A$ | $B$ | $C$ |
|---|---|---|
| 2 | 2 | 2，4，6 |
| | 4 | 4 |
| | 6 | 6 |
| 3 | 3 | 3，6 |
| | 6 | 6 |
| 4 | 4 | 4 |
| 5 | 5 | 5 |
| 6 | 6 | 6 |

## 4 グラフ―速さ，旅人算

(1)　下の図1のグラフより，兄は800mを3分で走るから，兄の速さは分速，800÷3＝$\frac{800}{3}$(m)である。これを時速に直すと，$\frac{800}{3}$×60÷1000＝16(km)となる。

(2)　図1より，弟の速さは分速，800÷4＝200(m)である。よって，出発してから3分後に兄がBに着いたとき，弟はAから，200×3＝600(m)の地点にいる。

(3)　出発後に初めて2人が出会うのは，2人が合わせて，800×2＝1600(m)走ったときである。2人は1分間に合わせて，$\frac{800}{3}$＋200＝$\frac{1400}{3}$(m)走るので，初めて出会うのは出発してから，1600÷$\frac{1400}{3}$＝$\frac{24}{7}$＝$3\frac{3}{7}$(分後)となる。

図1

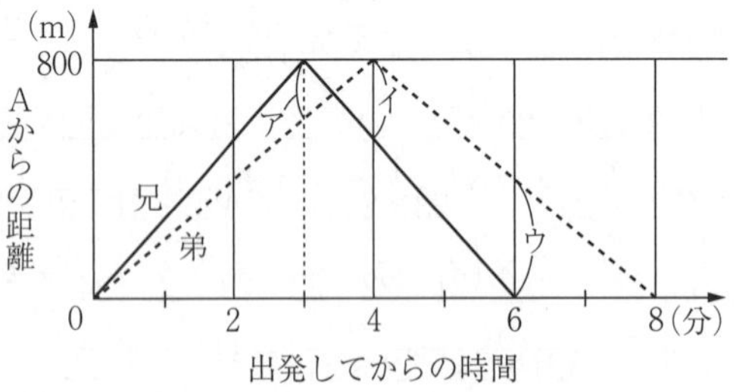


図2

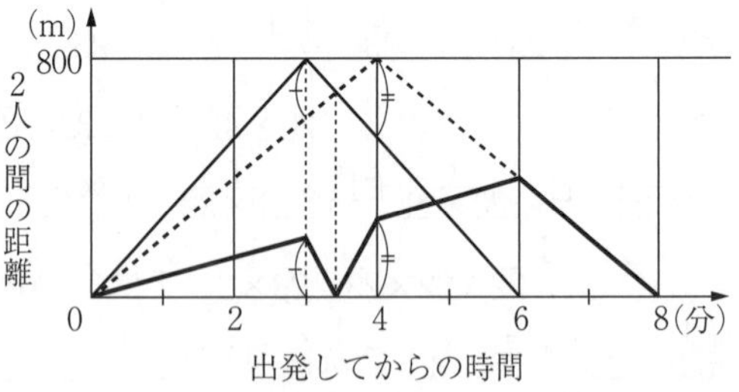


(4)　出発してから2人の間の距離《きょり》は一定の割合で増えていき，3分後に兄がBに着いたとき，2人の間の距離は図1のアと等しくなる。3分後からは2人の間の距離が一定の割合で減っていき，$3\frac{3}{7}$分後に2人が出会ったとき，距離は0になる。$3\frac{3}{7}$分後からは2人の間の距離が一定の割合で増えていき，4分後に弟がBに着いたとき，2人の間の距離は図1のイと等しくなる。4分後からは2人の間の距離が一定の割合で増えていき，6分後に兄がAにもどったとき，2人の間の距離は図1のウと等しくなる。6分後からは兄がAにとどまり，弟だけが走るので，2人の間の距離を表すグラフは，弟のAからの距離を表すグラフ(図1の点線部分)と重なる。よって，2人の間の距離を表すグラフは上の図2の太線部分となる。

## 5 平面図形―作図，長さ

(1)　糸をAやBの側に巻きつけないで動かすとき，ペンは点Pを中心とする半径5cmの半円の弧《こ》を描《えが》く。また，糸をAの側に巻きつけて動かすとき，ペンは点Aを中心とする半径，5－3＝2(cm)のおうぎ形の弧を描き，糸をBの側に巻きつけて動かすとき，ペンは点Bを中心とする半径，5－1＝4(cm)のおうぎ形の弧を描く。よって，ペンが描く線は下の図①の太線部分となる。

(2)　図①の太線部分のうち，㋐は半径5cmの半円の弧なので，その長さは，5×2×3.14×$\frac{1}{2}$＝

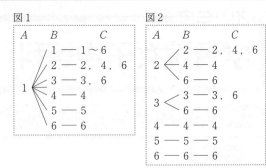

$5\times3.14$(cm)である。また，正三角形の１つの角の大きさは60度だから，㋑は半径が２cmで中心角が，$180-60=120$(度)のおうぎ形の弧となり，その長さは，$2\times2\times3.14\times\frac{120}{360}=\frac{4}{3}\times3.14$(cm)とわかる。同様に，㋒は半径が４cmで中心角が120度のおうぎ形の弧だから，その長さは，$4\times2\times3.14\times\frac{120}{360}=\frac{8}{3}\times3.14$(cm)となる。よって，図①の太線部分の長さは，$5\times3.14+\frac{4}{3}\times3.14+\frac{8}{3}\times3.14=\left(5+\frac{4}{3}+\frac{8}{3}\right)\times3.14=9\times3.14=28.26$(cm)と求められる。

図①

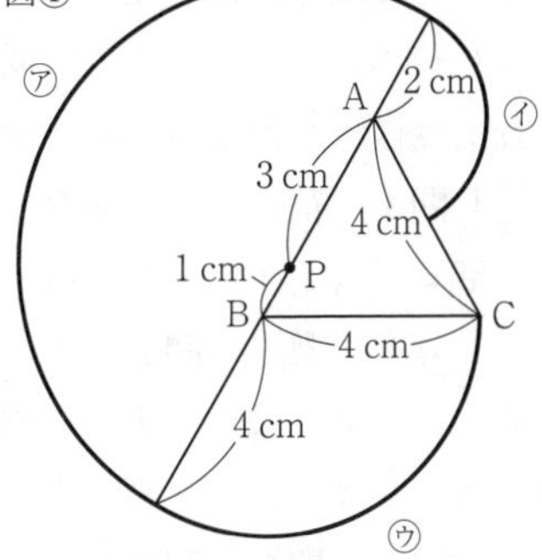


図②

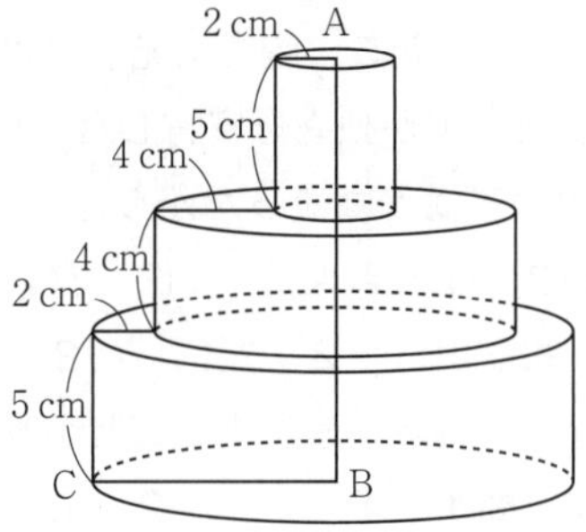


図③

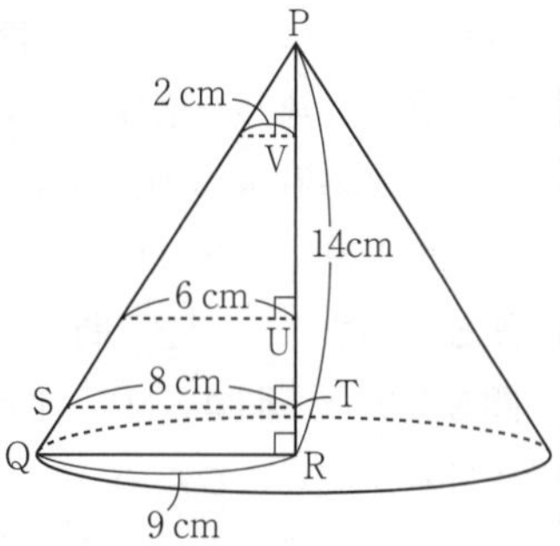


## 6 立体図形―体積，長さ

⑴　辺ABの周りに１回転してできる立体は，上の図②のような円柱を３つ重ねた形の立体である。一番上の円柱は底面の半径が２cmで高さが５cmだから，体積は，$2\times2\times3.14\times5=20\times3.14$($cm^3$)となる。真ん中の円柱は底面の半径が，$2+4=6$(cm)で高さが４cmだから，体積は，$6\times6\times3.14\times4=144\times3.14$($cm^3$)となる。一番下の円柱は底面の半径が，$2+4+2=8$(cm)で高さが５cmだから，体積は，$8\times8\times3.14\times5=320\times3.14$($cm^3$)となる。よって，図②の立体の体積は，$20\times3.14+144\times3.14+320\times3.14=(20+144+320)\times3.14=484\times3.14=1519.76$($cm^3$)と求められる。

⑵　⑴より，図②の立体を水平に切ったときの切り口の半径は，２cm，６cm，８cmのいずれかとなる。そこで，２つの立体の切り口の面積が等しくなるとき，上の図③の円すいの切り口の半径も，２cm，６cm，８cmのいずれかとなる。図③で，三角形PQRと三角形PSTの相似より，PT：PR＝ST：QR＝８：９だから，PTの長さは，$14\times\frac{8}{9}=\frac{112}{9}=12\frac{4}{9}$(cm)である。同様に，PUの長さは，$14\times\frac{6}{9}=\frac{28}{3}=9\frac{1}{3}$(cm)，PVの長さは，$14\times\frac{2}{9}=\frac{28}{9}=3\frac{1}{9}$(cm)となる。よって，切り口の半径が８cmのときの床からの高さ(RTの長さ)は，$14-12\frac{4}{9}=1\frac{5}{9}$(cm)，切り口の半径が６cmのときの床からの高さ(RUの長さ)は，$14-9\frac{1}{3}=4\frac{2}{3}$(cm)，切り口の半径が２cmのときの床からの高さ(RVの長さ)は，$14-3\frac{1}{9}=10\frac{8}{9}$(cm)と求められる。一方，図②の立体で，切り口の半径が８cmのときの床からの高さは０～５cm，切り口の半径が６cmのときの床からの高さは５～９cm，切り口の半径が２cmのときの床からの高さは９～14cmである。したがって，図②の立体を床から$4\frac{2}{3}$cmの高さで切っても，切り口の半径は６cmにならないので，切り口の面積が等しくなるとき，考えられる床からの高さは，$1\frac{5}{9}$cmと$10\frac{8}{9}$cmとわかる。

## 社　会　＜Ａ入試＞（30分）＜満点：60点＞

### 解　答

**1** **問1**　**1**　新羅　**2**　白村江　**3**　蒙古　**4**　名護屋　**5**　台湾　**6**　ベルサイユ(ヴェルサイユ)　**7**　アメリカ合衆国　**8**　警察予備隊　**問2**　エ　**問3**　(例)　諸大名が朝鮮から連行してきた多くの陶工たちにより，有田焼や薩摩焼などの焼き物が各地で生産されるようになった。　**問4**　ウ　**問5**　陸奥宗光　**問6**　ア(→)エ(→)イ(→)ウ　**問7**　(例)　連邦を構成していた各共和国が独立を宣言したから(社会主義経済が行きづまり，共産党による独裁体制に対する国民の不満が高まったから)。　**2** **問1**　福島県　**問2**　(1)　山形県　(2)　秋田県　**問3**　(1)　青森県　(2)　宮城県　**問4**　**A**　イ　**B**　カ　**問5**　ぶな　**3** **問1**　**1**　和歌山　**2**　琵琶　**3**　信濃　**4**　山梨　**問2**　エ　**問3**　ア　**問4**　(1)　(例)　付近を台風が通過することが多いため。　(2)　(例)　大量の雪解け水が流れこむため。　**4** **問1**　**1**　イ　**2**　セ　**3**　ス　**4**　コ　**5**　タ　**6**　オ　**7**　カ　**8**　サ　**9**　ケ　**問2**　**A**　国会　**B**　保障　**問3**　間接税　**問4**　(例)　飲食料品は生活必需品なので，それらの税率を上げると家計に大きな影響をあたえるから。　**問5**　(例)　クレジットカード　**問6**　財務省　**問7**　公債(国債)　**問8**　(例)　不公平／だれに対しても同じ税率であれば，所得の低い人ほど所得(収入)に対する税負担が大きくなってしまうから。

### 解　説

**1**　**各時代の外国との関係を題材とした問題**

**問1**　**1**，**2**　7世紀半ば，朝鮮半島では唐(中国)と結んだ新羅《しらぎ》が力を伸ばし，高句麗《こうくり》と百済《くだら》を滅《ほろ》ぼした。中大兄《なかのおおえの》皇子はこのとき，百済の復興をめざして朝鮮に大軍を送ったが，663年，白村江《はくすきのえ》の戦いで唐と新羅の連合軍に大敗し，これ以後，朝鮮から手を引くこととなった。　**3**　肥後《ひご》(熊本県)の御家人であった竹崎季長《すえなが》は，元寇《げんこう》のさいの自身の活躍《かつやく》を主張するため，絵師にその戦いぶりを描かせた。「蒙古襲来絵詞《もうこしゅうらいえことば》」とよばれるこの絵巻物は，元寇のようすや当時の風俗などを知ることのできる貴重な史料となっている。なお，「蒙古」とはモンゴルのことで，元はモンゴル人が漢民族などを支配して中国に建てた国である。　**4**　豊臣秀吉は二度にわたり朝鮮を侵攻《しんこう》したさい，肥前(佐賀県)の名護屋に城を築いて根拠《こんきょ》地とした。秀吉が名護屋の地を選んだのは，入江が奥に深くて多くの船が入れることや，朝鮮に近いという条件がそろっていたからだが，自身の出身地である尾張(愛知県)の那古野(名古屋)と同じ読みをもつ地名に縁を感じたからだともいわれる。
**5**　日清戦争に勝利した日本は，下関条約により遼東《リャオトン》半島や台湾，澎湖《ポンフー》諸島を清(中国)からゆずり受けた。ここでは「台湾」を選ぶのが適切である。　**6**　1914年，ヨーロッパで第一次世界大戦が始まると，日本は連合国側に立って参戦した。翌15年，中国の山東《シャントン》半島などに出兵し，中国におけるドイツの根拠地であった青島《チンタオ》やドイツ領の南洋諸島を占領するとともに，ドイツがもっていた権益を日本が引きつぐことなどを内容とする「二十一か条の要求」を中国政府に突《つ》きつけ，その大部分を承認させた。大戦は1918年，連合国側の勝利に終わり，翌19年，パリで開かれた講和会議でベルサイユ条約が結ばれた。この条約により，中国におけるドイツの権益を日本に引き渡すことが認められたことから，中国国内では反発が強まり，五・四運動とよばれる反日・反帝国主義の運動が広まっていくこととなった。　**7**　第二次世界大戦の終結によって，朝鮮は日本による植民地支配から解放されたが，北緯38度線を境に南半分がアメリカ合衆国，北半分がソ連(ソビエト連邦)の管理下におかれた。1948年，それぞれが大韓民国(韓国)と朝鮮民主主義人民共和国(北朝鮮)に分かれて独立したが，1950年には両国の武力衝突《しょうとつ》をきっかけとして朝鮮戦争が始まった。

**8**　朝鮮戦争が始まると，日本に駐留《ちゅうりゅう》していたアメリカ軍が国連軍の主力として韓国を支援するために出撃した。この影響を受け，GHQ(連合国軍最高司令官総司令部)の指令にもとづき，日本国内の治安維持を名目として警察予備隊が創設された。

**問２**　役人の守るべき心がまえとして十七条の憲法を制定したのは聖徳太子なので，エが正しくない。イについて，中大兄皇子は667年，都を飛鳥地方から近江《おうみ》(滋賀県)の大津宮に移し，翌668年，その地で即位《そくい》すると，670年には最初の全国的な戸籍である庚午年籍《こうごねんじゃく》をつくらせた。

**問３**　秀吉による朝鮮侵攻のさいには，朝鮮に渡った諸大名たちにより多くの朝鮮人陶工《とうこう》が日本に連行され，彼らによって各地で焼き物の生産が始められた。そうした焼き物としては，有田焼，薩摩焼，萩《はぎ》焼などがある。

**問４**　松平定信は寛政の改革を行った老中で，天保の改革を行ったのは水野忠邦《ただくに》である。

**問５**　第二次伊藤博文内閣で外務大臣を務めた陸奥宗光《むつむねみつ》は，日清戦争が始まる直前の1894年，イギリスとの間で日英通商航海条約を結び，領事裁判権(治外法権)の撤廃《てっぱい》に成功した。翌年には下関で開かれた日清戦争の講和会議に，首相の伊藤とともに日本代表として出席し，下関条約に調印した。

**問６**　アは1931年，イは1940年，ウは1943～45年，エは1936年のできごと。アは満州事変のきっかけとなった，日本軍による南満州鉄道の線路爆破事件のことである。

**問７**　1922年に成立したソ連は，ロシアやウクライナなど15の共和国からなる連邦国家で，第二次世界大戦後はアメリカ合衆国と並ぶ超《ちょう》大国となり，冷戦(冷たい戦争)とよばれる，アメリカを中心とした資本主義陣営とソ連を中心とした社会主義陣営の対立が長く続いた。しかし，1980年代に入ると社会主義経済が行きづまるようになり，共産党による独裁体制に対する国民の不満も大きくなった。さらに，東ヨーロッパ諸国で民主化が進んだこともあり，民主化を求める声の高まりや連邦からの離脱《りだつ》を求める共和国の出現など，連邦の維持が難しい状況となった。そうしたなか，1991年８月にバルト３国(エストニア・ラトビア・リトアニア)が連邦からの独立を宣言。同年12月にはグルジアを除く残りの11か国がゆるやかな国家連合体であるCIS(独立国家共同体)を結成することを表明し，ソビエト連邦は解体された(グルジアは1993年にCISに加盟)。

## 2　東北地方の地理についての問題

**問１**　福島県は，奥羽山脈より西の「会津」，奥羽山脈と阿武隈《あぶくま》高地の間の「中通り」，阿武隈高地より東の「浜通り」の３つの地域に分けられる。３つの地域では気候もかなり異なり，天気予報もそれぞれの地域別に発表されることが多い。

**問２**　(1)は山形県天童市の伝統工芸品で，江戸時代に武士の内職から始まったといわれる。(2)は秋田県大館市周辺の伝統工芸品。秋田すぎなどの薄板《うすいた》を曲げてつくった輪の形をした入れもので，おひつや弁当箱などに使用される。

**問３**　(1)は青森市で毎年８月２～７日に行われるねぶた祭りで，多くの観光客を集める。(2)は毎年８月６～８日に行われる仙台市の七夕まつり。江戸時代から仙台藩の藩士の家などで七夕飾《かざ》りの風習がさかんだったが，明治時代に入り一時衰退《すいたい》した。昭和時代初期に大規模な飾りつけが復活し，現在のようなものに発展した。

**問４**　岩手県と宮城県で全国生産量の７割前後を占《し》めるＡはわかめ類，山形県が全国生産量の７割以上を占めるＢはおうとう（さくらんぼ）である。なお，ほたて貝は北海道，にんにくとごぼうはともに青森県が，それぞれ全国第１位を占める。統計資料は『データでみる県勢』2021年版による。

**問５**　青森県と秋田県にまたがる白神山地は，世界最大級のぶなの原生林が広がるなど貴重な自然が残ることが評価され，1993年にユネスコ（国連教育科学文化機関）の世界自然遺産に登録された。

## 3　日本の河川についての問題

**問１**　**１**　紀ノ川は奈良県の大台ヶ原山を水源とし，和歌山県北部を流れて紀伊水道に注ぐ。上流域の奈良県側では，吉野地方を流れることから吉野川とよばれる。　**２**　淀《よど》川は，琵琶湖（滋賀県）から流れ出す唯一《ゆいいつ》の河川である。琵琶湖から流れ出すときは瀬田川，京都府に入るあたりで宇治川，さらに京都府と大阪府の境付近で木津川と桂《かつら》川が合流して淀川と名前を変え，大阪湾に注ぐ。　**３**　日本一の長流である信濃《しなの》川は，本流の千曲《ちくま》川が甲武信ヶ岳《こぶしがたけ》を水源とし，長野市で最大の支流犀《さい》川と合流したのち，新潟県に入って信濃川と名前を変え，越後平野を流れて日本海に注ぐ。なお，「信濃」は長野県の旧国名である。　**４**　甲斐《かい》国は現在の山梨県にあたる。なお，「武《む》蔵《さし》」は現在の埼玉県と東京都のほぼ全域，および神奈川県の東部にあたる地域の旧国名であり，長野・山梨・埼玉の県境に位置する甲武信ヶ岳の名前は，それらの旧国名に由来する。

**問２**　木曽川は長野・岐阜・愛知・三重の４県を流れる河川で，下流の一部は愛知県と岐阜県，愛知県と三重県の県境となっている。なお，天塩川は北海道，雄物川は秋田県，大井川は静岡県を流れる河川である。

**問３**　十勝平野を流れるのは十勝川で，石狩川の上流域には上川盆地，下流域には石狩平野が広がるので，アが正しくない。

**問４**　(1)　四万十川は高知県西部を流れる河川で，台風が付近を通過することが多いため，８～10月にかけて流量が多くなる。また，秋雨前線が活発になって降水量が多くなることも影響している。
(2)　最上川は山形県を流れる河川で，流域に豪雪地帯が多く，春先に大量の雪解け水が流れこむため，４月に流量が多くなる。

## 4　税と財政についての問題

**問１**　**１**　2019年10月，消費税の税率が10％に引き上げられたが，このとき同時に軽減税率が導入され，酒類と外食を除く飲食料品と定期購読の新聞購読料については，税率が８％にすえおかれた。　**２，３**　消費税は竹下登内閣のときの1989年４月に税率３％で導入されたあと，橋本龍《りゅう》太郎《たろう》内閣のときの1997年４月に５％，安倍晋三内閣のときの2014年４月に８％と，二度にわたり税率が引き上げられており，そのたびに，引き上げ直前に多くの商品を買いこむ「かけこみ需要《じゅよう》」や，引き上げ直後に消費が落ちこむことで起きる「景気の冷えこみ」が見られた。　**４**　2019年10月に消費税率が引き上げられたさいには，引き上げ時から翌年６月まで，キャッシュレス決済に対するポイント還元事業が実施された。これは，対象店舗《てんぽ》でキャッシュレス決済により代金の支払いを行うと，最大で５％のポイント還元が受けられるものである。この政策は，消費税引き上げにともなう消費の落ちこみを最小限にとどめることと，キャッシュレス決済の普及《ふきゅう》の促進をねらいとして実施された。　**５**　2020年４月，新型コロナウイルス感染症《しょう》の広がりを防ぐために緊急事態宣言が出された。これによって経済活動が停滞《ていたい》したことで，収入が減少したり失業したりして生活に困る人が多くなった。こうした事態に対応するため，政府は４月に国民１人当たり10万円の「特別定額給付金」を支給することを決定し，世帯を単位として給付が行われた。　**6**　一般会計のうち，毎年３月までに編成され，４月に実施されるものを当初予算という。これに対し，社会状況の変化により財政出動の必要が生じた場合，年度の途中で編成される予算を補正予算といい，当初予算と同じように国会の議決を経て成立する。　**7**　補正予算を組む場合，財源は国債《こくさい》などの公債の発行によりまかなわれることが多い。公債は政府が国民に対して行う借金なので，その返済のため，将来増税が行われる可能性が高い。　**8**　欧米諸国などで導入されている，商品を購入するさいに代金に上乗せする形で課税される税は，付加価値税とよばれる。　**9**　一般に，景気をよくしたい場合には国民が買い物をしやすいように減税が行われ，景気の過熱やインフレーションを防ぎたい場合には，消費をおさえるために増税が行われる。

**問２**　**Ａ**　国の予算は内閣が作成し，国会の議決を経て成立する。　**Ｂ**　近年，日本の一般会計の歳出においては，年金や医療などについての費用である社会保障関係費が最も大きな割合を占めている。

**問３**　所得税のように税を納める義務のある人と実際に負担する人が同じ税は直接税，消費税のように税を納める人と実際に負担する人が異なる税は間接税とよばれる。消費税を納めるのは商品やサービスを販売した小売業者などだが，実際に負担しているのはその商品を購入した消費者である。

**問４**　酒類と外食を除く飲食料品が軽減税率の対象とされたのは，それらが生活必需品であり，税率の引き上げが家計に大きな影響をあたえるためである。

**問５**　キャッシュレスとは「現金を用いない」という意味。一般に，クレジットカードや，スマートフォンを用いた支払い方法が，キャッシュレス決済とよばれる。

**問６**　予算の編成を中心となって行う行政機関は，財務省である。かつては大蔵省といったが，2001年の中央省庁再編のさい，名称が変更された。

**問７**　政府の財政は国民や企業などから徴収《ちょうしゅう》する税金でまかなわれるのが原則であるが，それだけで不足する場合には，国債などの公債が発行される。公債は政府の国民に対する借金なので，毎年利子を支払い，期限がきたものについては元金を返済しなければならない。したがって，そのための費用である国債費が財政を圧迫することになりやすい。

**問８**　公平であると考える場合には，累進《るいしん》課税をとる所得税などに対して，だれに対しても税率が同じであるという点が根拠となる。これに対して，税率が一定であるということは，所得が低い人ほど，所得に対する税負担の割合が大きくなる(これを「逆進性」という)わけであるから，この点を根拠とすれば不公平ということになる。

## 理　科　＜Ａ入試＞（30分）＜満点：60点＞

### 解　答

**1**　**問１**　細いストロー　**問２**　**水面の位置**…上がる　**理由**…(例)　ペットボトル内の空気が温まって体積が大きくなり，ペットボトル内の水面をおすから。　**問３**　**位置**…水面より高

い位置　**理由**…(例)　手の熱がペットボトル内の空気に伝わらないと，ストロー中の水面が大きく変化しないから。　**問4**　(1)　(例)　菌やウイルスなどに触れる可能性を少なくすることができる。　(2)　(例)　ガラスの向こう側に立つ人から出ている赤外線がガラスによってさえぎられたから。　[2]　**問1**　6 g　**問2**　40 g　**問3**　$3\frac{1}{3}$杯　**問4**　16 g　[3]　**問1**　①　流れ星(流星)　②　ちり　③　大気　④　いん石　⑤　すい星　⑥　(カ)　**問2**　(例)　氷，ガス　**問3**　(A)　(例)　すい星が公転する面が地球の公転する面に対して大きくかたむいているから。　(B)　(例)　すい星が太陽からはなれていき，すい星で反射して地球に届く光の量が減少していったから。　**問4**　積乱雲　**問5**　(例)　ひ難場所やそこまで行くさいの経路を確認し，定期的に訓練する。　[4]　**問1**　食物連鎖　**問2**　(例)　**ア**　木の枝　**イ**　鳥のふん　**ウ**　緑　**エ**　毒がある　**オ**　葉やくきにとげをつけること　**カ**　体内に毒を持つこと　**問3**　(例)　①　えものから見つかりにくくする。　②　他の生物に毒を持っていると思わせる。

## 解　説

### [1]　さまざまな温度計についての問題

**問1**　ストロー中に入ってくる(または出ていく)水の量は，(ストローの断面積)×(ストロー中の水面の高さの変化)で求められる。よって，温度変化が同じとき，ストローの断面積とストロー中の水面が動いた高さは反比例するので，ストローが細いほど水面の高さの変化が大きくなる。

**問2**　気温が上がると，ペットボトル内の空気の温度も上がる。すると，ペットボトル内の空気がぼう張して体積が大きくなり，ペットボトル内の水面をおす。そして，おされた水のぶんだけストロー中の水面が上がる。なお，気温が上がることでペットボトル内の水の温度も上がり，水もぼう張するが，空気に比べて体積の変化が小さく，ストロー中の水面を上げる要因にはほとんどならない。

**問3**　問2で述べたように，ストロー中の水面が上がるのはペットボトル内の空気の温度変化によるものが大きいから，手の熱がペットボトル内の空気に伝わらないと，この温度計は機能しない。水面より低い位置に手のひらをあてると，水が温まり，その上の空気にはほとんど熱が伝わらないので，水面より高い位置に手のひらをあてるのがよい。

**問4**　(1)　たとえば人の体温をはかる場合を考える。体温をはかる主な機会は発熱している可能性があるときなどだが，そのとき発熱している人はウイルスなどの病原体を持っているかもしれない。そのさい非接触《せっしょく》型の体温計を用いれば，体温計をかいして病原体に感せんするおそれを少なくすることができる。ほかには，動いているものの温度をはかれたり，触《ふ》れると危険なものの温度がはかれたりするなどの利点がある。　(2)　ガラスの向こう側に立つ人から出ている赤外線の一部がガラスによってさえぎられたため，非接触型の温度計まで十分に届かなかったと考えられる。

### [2]　塩分の濃《こ》さについての問題

**問1**　塩分1.0％の汁《しる》物1人分にふくまれる塩分の重さは，150×0.01＝1.5(g)なので，4人分では，1.5×4＝6(g)となる。塩の塩分は100％だから，汁物を4人分つくるのに必要な塩は6gである。

**問2**　6gの塩分をふくむしょう油の重さを求めればよい。しょう油の塩分は15％だから，6÷0.15＝40(g)とわかる。

**問３**　６ｇの塩分をふくむみその重さは，みその塩分が10％だから，６÷0.1＝60(ｇ)になる。これは大さじにすると，１杯《ぱい》が18ｇなので，$60\div18=\frac{10}{3}=3\frac{1}{3}$(杯)である。

**問４**　みそ大さじ２杯にふくまれる塩分は，18×0.1×２＝3.6(ｇ)なので，あと，６－3.6＝2.4(ｇ)の塩分が必要となる。したがって，必要なしょう油の重さは，2.4÷0.15＝16(ｇ)と求められる。

**３　2020年７月の天体現象と自然災害《さいがい》についての問題**

**問１**　①　火球とは特に明るい流れ星(流星)のことで，夜空に時折出現する。　②　宇宙空間にはごく小さな粒《つぶ》が漂《ただよ》っていて，これをちりと呼ぶ。　③　宇宙のちりなどが地球の引力に引かれて地球に落ちてくるとき，大気とのまさつで高温になり，光を放ちながら落ちてくる。このようすが地上からは星が流れるように見える。　④　多くの流れ星は地上に達する前に燃えつきてしまうが，粒の大きいものは燃えつきずに地上まで達するものがあり，これをいん石という。　⑤「尾《お》を引いて輝《かがや》く」とあるので，すい星とわかる。すい星は，太陽のまわりを公転する小さな天体のうち，太陽に近づいて熱せられてガスやちりを発生し，それが太陽とは反対の方向に流されて尾をつくるものをいう。2020年７月にはネオワイズすい星が，肉眼でも確認できるほど明るく輝いた。⑥　球磨《くま》川は熊本県を流れて八代海に注ぐ河川で，日本三大急流の１つに数えられる。2020年７月には，梅雨《ばいう》前線の活動が活発になって熊本県南部で非常に激しい雨が降り，球磨川がはんらんして，流域で大きな災害が発生した。

**問２**　すい星は，直径が数kmから数十kmの小さな天体で，主に氷やガス(二酸化炭素など)，ちりからなる。

**問３**　(A)　ネオワイズすい星が太陽のまわりを公転する面は，地球が太陽のまわりを公転する面に対して大きくかたむいており(右の図)，７月の終わりごろに地球から見て最も北の高い方向にくるようにネオワイズすい星が動いたため，７月後半にかけてネオワイズすい星の高さがしだいに高くなっていった。

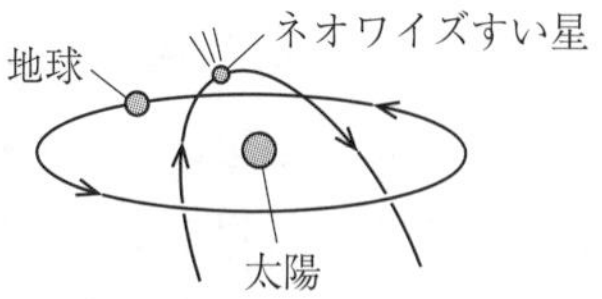


(B)　地球から見える星の明るさは，その星が発する(すい星の場合は反射する)光の量と，地球からその星までの距離《きょり》によって決まる。７月後半以降，ネオワイズすい星はしだいに太陽からも地球からも遠ざかっていったので，すい星の明るさがしだいに暗くなっていった。

**問４**　積乱雲は，強い上昇《じょうしょう》気流によって垂直方向に発達する雨雲で，強い雨をもたらす。梅雨前線などに，あたたかくしめった空気が流れこむことにより，局地的に積乱雲が次々と発生して列をなし，その下には強い雨が降る帯状の区域ができることがある。これを線状降水帯とよぶ。線状降水帯がかかると長時間にわたって大雨となり，河川のはんらんや土砂災害などの危険性が高くなる。

**問５**　自然災害に対する日ごろからの備えとしては，いざというときすみやかにひ難できるように，ひ難場所やそこまでの経路，方法などについてあらかじめ確認しておくこと，定期的にひ難訓練をすること，ハザードマップなどで身のまわりの危険を知っておくこと，飲み水や食料などを備えておくことなどがあげられる。

**４　生物が身を守る方法についての問題**

**問１**　生物どうしは「食う，食われる」の関係でつながっており，これを食物連鎖《れんさ》という。

**問２**　**ア**　ナナフシは草食性のこん虫で，細長いからだを持ち，木の枝のような形をしている。

**イ，ウ**　アゲハチョウの幼虫は，卵から産まれたときは黒っぽい色をしているが，脱皮《だっぴ》して２齢《れい》幼虫になると体表に白い部分が現れて鳥のふんのように見える。そして，５齢幼虫になると体色が緑色になるとともに，胸部に目玉模様を持つようになる。　**エ**　一般《いっぱん》に，体色が目立つ色をしているものは毒を持っているものが多く，ほかの生物に自分が危険であることを知らせていると考えられている。　**オ，カ**　植物が自分の身を守る工夫としては，葉やくきにとげをつける，毛をたくさんつける，体内に毒をたくわえる，食べにくる生物を食べてくれる生物をよび寄せるなどがあげられる。

**問３**　①　ハナカマキリは，ランの花に姿《すがた》を似せることによって，えものに見つかりにくくしている。　②　ハナアブはハチに似た黄色と黒色のしま模様の体色をしていて，ほかの生物に自分が毒を持つ危険なハチだと思わせ，おそわれにくくしている。

## 国語　＜Ａ入試＞（50分）＜満点：100点＞

**解答**

一　**問１**　（例）　作りにくそうであるうえに，葉真と対戦するには弱いテーマだが，せっかく珠子が張り切って調べてくれたのだから，試してみようと思っている。　**問２**　（例）　どこに向かっていくのかも分からない自分とはちがい，だれもが現実に向きあい将来を考えているようで，不安になっている。　**問３**　（例）　博物館のガラスのケースの中に入っているような知識としての歴史が，砂から出た物によって，生々しい現実のものとして感じられるようになるということ。　**問４**　（例）　銃弾の話に続き，これからシラベさんはおしゃぶりにまつわる重大な話をするだろうと思い，聞きもらすまいと集中している。　**問５**　（例）　マルタ島を目指して来る難民が次々に死んでいるときに，観光イベントを行うのは，人として不誠実に思えるから。

**問６**　（例）　難民船の沈没について話す途中で絶句したシラベさんのようすから，ショックの大きさを察し，安易に声をかけられない珠子たちの緊張感を表そうとしている。　**問７**　（例）　難民船の沈没を知ってから，ずっと砂像を作る意味を考え続け，自由を求めてかなわないまま死んだ難民を弔うために，砂像を作ろうと思ったから。　**問８**　⑴　（例）　珠子が砂像を作り始めたのは，葉真と砂像対決をしていたヒカルとたまたま塾で知りあったからという，軽いきっかけだったこと。　⑵　（例）　自分は将来も世界と関わり合うなんてないと思っていたが，そんな自分でもなにかに取り組み続ければ，世界と向きあうことができるかもしれないと考えるようになった。　**問９**　（例）　シラベさんから，マルタ島で知った出来事と，それを考え続けて作った砂像の話を聞き，砂像を通して世界と向きあうシラベさんの生き方が心にしみた二人は，自分たちも砂像を作ることの意味をしっかりと考えなければならないと感じている。　二　①～⑮　下記を参照のこと。　⑯　へいこう　⑰　ねんぴ　⑱　がんらい　⑲　ごて　⑳　こころ(みる)

**●漢字の書き取り**

二　①　答弁　②　秘策　③　増益　④　辺境　⑤　形勢　⑥　初版　⑦　職責　⑧　聖域　⑨　承服　⑩　常設　⑪　複製　⑫　均一　⑬　縦列　⑭　退(く)　⑮　帯(びる)

**解説**

**一 出典は長江《ながえ》優子《ゆうこ》の『サンドイッチクラブ』による。**珠子《たまこ》は塾《じゅく》で知りあったヒカルと組んで砂像を作り始め，親子のペンギンを作ろうと試行錯誤《さくご》していたとき，世界各地で砂像を作っているシラベさんからアドバイスをもらう。

**問１**　「ライオン」は，対決相手の葉真《ようま》のテーマである。それに対し，珠子がプリントアウトしてきた「親子ペンギン」は「地味なわりに難しそう」で，対戦するには弱いテーマだとヒカルは感じている。とはいえ，せっかく珠子が調べてプリントアウトしてくれたのだから，試してみようという気持ちになっているといえる。

**問２**　この後珠子が，傍線《ぼうせん》②に書かれた子たちとは真逆の自分を思っている。珠子は「学級委員になったことがない」うえに「将来の夢もあれもこれもいいなぁと思うだけ」であり「世界にはばたくリーダーなんて，とてもとても想像できない」のである。また，「来年の今ごろ」を考えると，「なにしてるのか」も分からず，「わたしはどこに向かっていくのだろう」と考えている。人と自分を比べ，みんなはしっかりしているように見えるのに，自分はなにを目指すのかもあやふやで，不安になっているのである。

**問３**　世界中で砂像を作るシラベさんは，傍線③の前後で，中国やマルタ島で，砂の中から「銃《じゅう》弾《だん》」や「おしゃぶり」を見つけた話をしている。銃弾は「日本の軍隊が使っていた」鉄砲《てっぽう》の弾《たま》で，「だれかを殺人者」にし，「だれかの人生を終わらせた」ものかもしれず，おしゃぶりは「難民船」に乗っていて「おぼれ死んだ」赤ちゃんのものだったかもしれないのである。こうしたシラベさんの体験を，「『歴史』に素手《すで》でさわるようなこと」と言っている。「博物館のガラスケースの中に入ってる『歴史』」とは，知識として得た歴史を表している。だから，それに「素手でさわる」というのは，実際に起きた事件によって，知識として知っていた歴史が，身近なものとして突《つ》きつけられるようなことだといえる。

**問４**　この場合の「まばたきひとつせず」は，集中して聞こうとするようすを表す。戦争で使われたものかもしれない「銃弾」についてシラベさんが話し，続いてマルタ島の砂から「おしゃぶり」が出てきたことを話し始めた場面である。銃弾と同様，シラベさんは「おしゃぶり」にまつわる重大な出来事を話すのだろうと予測し，聞き逃《のが》すまいと集中しているのである。

**問５**　「こんなとき」の具体的な内容を，すぐ前のシラベさんの話をもとに整理する。戦争などによってめちゃくちゃになったアフリカや中東の一部の国から，「ヨーロッパの玄関口《げんかんぐち》であるマルタ島を目指し」て「難民船」がやってくるが，船が沈没《ちんぼつ》したり飲料水が底をついたりして「命を落とす人があとを絶たなかった」という状況《じょうきょう》を指す。そういう状況と観光客のためのイベントはそぐわない点をおさえ，イベントに関わることへの後ろめたい気持ちをまとめる。

**問６**　マルタ島で砂像を作っていたとき，近くで難民船の沈没事故が起きたことを言いかけたシラベさんが「だまりこくった」場面である。珠子たちも声を発することができず，沈黙《ちんもく》のなか，頭上で木の葉が「ざわわわと音を立て」，珠子たちとシラベさんとの間を「なまあたたかい風」が吹《ふ》きぬけている。ここから，難民の死を身近に体験したシラベさんがどれほど激しい衝撃《しょうげき》を受けたかを察し，珠子たちも声をかけることもできない緊張感《きんちょうかん》や動揺《どうよう》などを感じていることをおさえる。

**問７**　「女神《めがみ》」の砂像を作るまでの経緯《けいい》をおさえる。マルタ島で「女戦士」の砂像制作中，難民船の沈没事故を知ったシラベさんは，それから毎日，「砂」とはなにか，「砂で彫刻《ちょうこく》を作る」とはどういうことかを考え続け，再度マルタ島に渡《わた》って「横たわった若者を抱《いだ》く女神の砂像」を作った。その画像を見たヒカルは，空と海に向かってのばした若者の「手の先」に「つかめなかった自由」があると言い，珠子は「やさしさと悲しみに満ちた女神」で，「命を落とした難民を弔《とむら》」う砂像だと感じている。

**問８**　⑴「ふわっと」は，軽く浮《う》かんで漂《ただよ》うようす，あいまいで不確かなようすなどを表すので，珠子が砂像作りに取り組んだ「きっかけ」は，明確な目的があったわけではないことをたとえている。具体的には，同じ塾に通っていたヒカルと知りあい，ヒカルと組んで砂像作りを始めたと前書きにある。　⑵　問２でみたように，はっきりした「将来の夢」もなく，この先「世界とかかわりあう」なんて到底《とうてい》ないというのが，珠子の自己評価だった。しかし，シラベさんが「たまたま出会った」砂像を通して「過去や今と向きあっている」ことを知り，「きっかけ」はあいまいでも「しっかり」続けていけば，なんらかの形で「世界とつながる」ことができるかもしれないと希望を感じたのである。

**問９**　「しんみり」は，深く心にしみ入るようす，ものさみしいようすなどを表す。今までの問いで，シラベさんのマルタ島での体験，砂像を通して世界とどう向きあったかという話，それを聞いた珠子が自分と世界との関わり方を考えるようすをみてきた。ヒカルも同じように，シラベさんの話を深く心に刻んで考えていたのだから，砂像を通して世界と向きあうシラベさんの真剣《しんけん》さ，砂像の奥深《おくぶか》さが心にしみ入り，それが「しんみり」した声に出たのである。

## 二　漢字の書き取りと読み

①　質問に対する説明。　②　人に知られないように練った策。　③　利益が増えること。　④　中央から遠く離《はな》れた地帯。　⑤　変化する物事の状態や勢力関係。　⑥　刊行された書物で最初に印刷されたもの。　⑦　担当している仕事への責任。　⑧　神聖な地域。また，ふれてはならないとされる問題や領域。　⑨　相手の言うことを受け入れて従うこと。　⑩　時期を限らず常に設けておくこと。　⑪　もとの物と同じ物を別に作ること。　⑫　すべて一様なようす。　⑬　縦に並ぶこと。　⑭　音読みは「タイ」で，「引退」などの熟語がある。　⑮　音読みは「タイ」で，「帯刀」などの熟語がある。訓読みにはほかに「おび」がある。　⑯　言葉も出ないほど困ること。　⑰　自動車では，一リットルの燃料で走ることのできるキロ数。　⑱　最初からそういう状態や性質であるようす。　⑲　相手が先に攻《せ》めてきて受け身の立場になること。　⑳　音読みは「シ」で，「試験」などの熟語がある。訓読みにはほかに「ため(す)」がある。

# 2021年度　学習院女子中等科

〔電　話〕（03）3203－1901
〔所在地〕〒162-8656　東京都新宿区戸山3－20－1
〔交　通〕東京メトロ副都心線―「西早稲田駅」より徒歩3分
東京メトロ東西線―「早稲田駅」より徒歩10分

**【算　数】**〈Ｂ入試〉（50分）〈満点：100点〉

［注意］どの問題にも答えだけでなく途中《とちゅう》の計算や考え方を書きなさい。

**1**　次の□にあてはまる数を求めなさい。

(1)　$7.7\div2.8-(1.125+1.25\times9.9-8.8\times1.375)=\square$

(2)　$\left(3.5-5\frac{2}{3}\div\square\right)\times0.45=0.6+\frac{3}{7}$

**2**　1辺の長さが2cmである正方形4つを組み合わせた次の図形について，辺ABの周りに1回転させてできる立体と，辺BCの周りに1回転させてできる立体の体積の差を求めなさい。ただし，円周率は3.14とします。

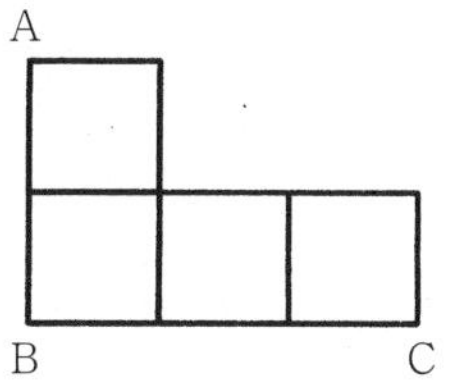


**3**　0から6までの番号札が1枚ずつあり，そのうちの5枚を横に並べて5桁《けた》の整数をつくります。

(1)　全部で何通りの整数をつくることができますか。

(2)　つくることのできる整数のうち，2021番目に大きいものを求めなさい。

**4**　5％の食塩水Ａが300ｇと，16％の食塩水Ｂが200ｇあります。この2つの食塩水を，次のようにまぜ合わせます。

・食塩水Ａ，Ｂに含《ふく》まれる食塩の量を3：2にする。

・全体に含まれる食塩の量をできるだけ多くする。

できあがった食塩水の濃度《のうど》を4％にするには，何ｇの水を加えればよいでしょうか。

**5**　Ａさん，Ｂさん，Ｃさんの3人が100ｍ走をしました。Ａさんがゴールしてから2秒後にＢさんはゴールし，このとき，Ｃさんはゴールより4ｍ手前を走っていました。ＡさんとＢさんの走る速さの比が8：7のとき，次の問いに答えなさい。ただし，3人はスタートの合図と同時に走り始め，走る速さはそれぞれ一定とします。

(1)　Ｃさんの走る速さを求めなさい。

(2)　ＡさんとＢさんの走る距離《きょり》を変えることによって3人が同時にゴールするようにしたいとき，それぞれの走る距離を何ｍずつ長くすればよいですか。

**6**　図1のような丸印が押《お》せるゴムが1つの面だけについている立方体のはんこと，はんこの面と同じ大きさのマス目がかかれた図2のような板があります。はんこを板のマス目[ア]に置き，1面ずつころがします。図3は，はんこを最大2回までころがしたとき，はんこがころがる範《はん》囲《い》を太線で囲み，丸印をつけることができるマス目に○をつけたものです。このとき，あとの問いに答えなさい。

ただし，はんこは同じマス目を何度通ってもよく，何度でも丸印を押せるものとします。

図1

図2

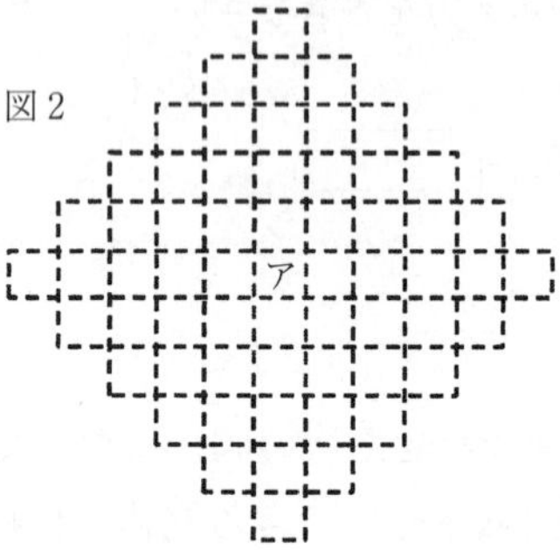


図3

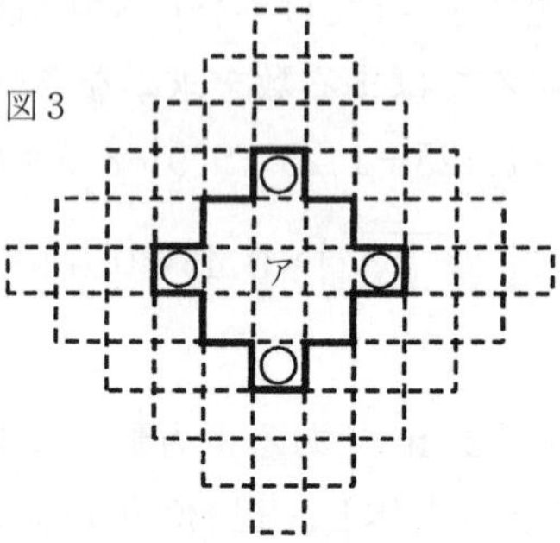


(1)　はんこをマス目[ア]に，ゴムのついた面を上にして置きます。はんこを最大3回までころがすとき，丸印をつけることができるマス目すべてに○を書き入れなさい。

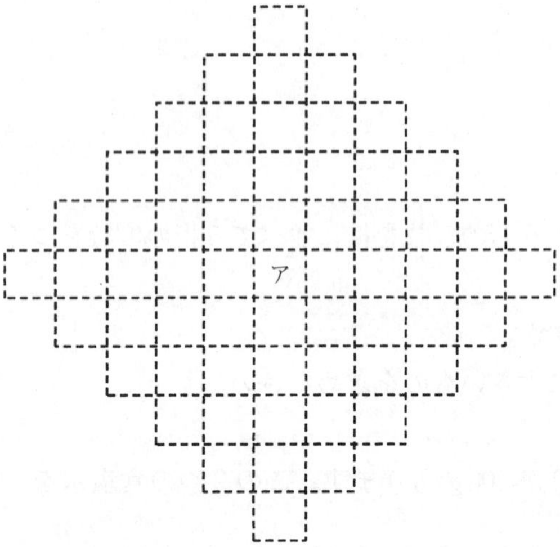

(2) はんこをマス目[ア]に，ゴムのついた面が下の図の矢印の方向から見て正面にくるように置きます。はんこを最大3回までころがすとき，丸印をつけることができるマス目すべてに○を書き入れなさい。

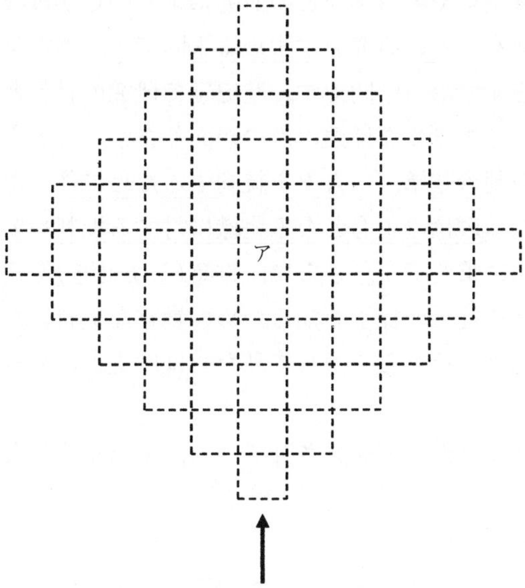


(3) はんこをマス目[ア]に，ゴムのついた面を上にして置きます。はんこを最大5回までころがすとき，丸印をつけることのできないマス目は何個ありますか。

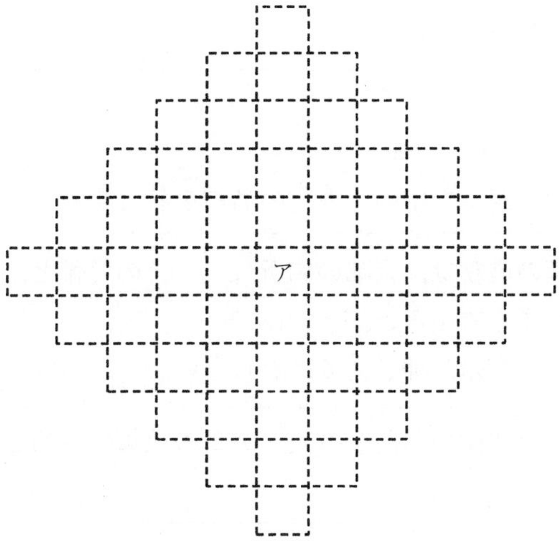

**【社　会】**〈**B入試**〉(30分)〈満点：60点〉

**1**　次の文章を読み，以下の問いに答えなさい。(問題文の中の史料は現在のことばに書き直している。一部を省略したものもある。)

現在までの社会の様子や人々のくらしは，歴史学や考古学などの研究により明らかになってきました。①歴史学は人が記録した文字や文章をもとに研究をすすめる学問です。考古学は文字のない時代に人が[　　　　]をもとに研究をすすめる学問です。歴史学で研究の材料としている文字や文章を史料と呼びます。史料には，さまざまな種類のものがあります。たとえば，政権の中心となる組織が作った②歴史書や③裁判の基準，④人々を統制するために作った法律，⑤外国との間で結ばれた条約などです。また，⑥政権の中心となる組織に対する批判や要求をあらわした史料も，その時代の社会を知るために重要です。さらに，書籍(しょせき)や個人が書いた⑦日記や手紙も，その時代の人々の考えや社会の様子を知るための貴重な史料になっています。以上のほかに⑧石碑(せきひ)などもあり，それらを通して私たちは歴史上のできごとを知ることができます。

問1　下線部①について，奈良時代の平城京あとなどからも発見されている，手紙や荷札などとして使われた木の札の名前を答えなさい。

問2　空らん[　]にあてはまる内容を考えて答えなさい。

問3　下線部②について，次の史料は日本のある時代の様子を記録した中国の歴史書である。日本のどの時代の様子を記録したものか，下の**ア**～**エ**より1つ選び，記号で答えなさい。

> 楽浪(らくろう)の海の向こうに倭人(わじん)が住んでいる。百あまりの国に分かれており，貢物(みつぎもの)を持って定期的にやってくる。

**ア**．縄文時代　　**イ**．弥生時代
**ウ**．古墳時代　　**エ**．奈良時代

問4　下線部③について，次の史料に示した裁判の基準を定めた人物の名前を答えなさい。

> 一．頼朝公の時代に定められた諸国の守護の職務は，京都の御所(ごしょ)の警備と，謀反(むほん)や殺人などの犯罪人の取りしまりに限る。
> 一．地頭は荘園(しょうえん)の年貢(ねんぐ)を差し押さえてはならない。

問5　下線部④について，(1)次の内容が定められた法律の名前を答え，(2)この政策の目的を書きなさい。

> 一．大名は領地と江戸に交代で住み，毎年四月に江戸へ参勤すること。

問6　下線部⑤について，第二次世界大戦後に結ばれた条約ではないものを次の**ア**～**オ**より1つ選び，記号で答えなさい。

**ア**．日中共同声明
**イ**．日ソ共同宣言
**ウ**．日韓基本条約
**エ**．日ソ中立条約
**オ**．日中平和友好条約

問7　下線部⑥について，(1)次の史料**ア**～**エ**を古いものから年代順になるように，記号を並べかえなさい。

> **ア**．このごろ都ではやっているものは，夜うち，強盗(ごうとう)，にせの天皇の文書，とらわれた人です。
>
> **イ**．私たち尾張国(おわりのくに)の郡司・百姓は，国司藤原元命(もとなが)の悪政，非法(ひほう)の行いを31か条にまとめてうったえます。よろしくお裁きください。
>
> **ウ**．白河の　清きに魚の　すみかねて　元のにごりの　田沼恋しき
>
> **エ**．私たちは地頭に人夫としてこき使われ，領主様に納める木を切る時間もありません。村から逃(に)げた農民の畑に麦をまけといい，麦をまかないのなら，妻や子どもをつかまえて，耳を切り，鼻をそぎ落とし，髪を切って尼(あま)にして，縄(なわ)でしばって痛めつけるとおどすのです。

(2)　次の史料は政府への要求を示したものである。これを政府に提出した人物が1881年につくった政党の主張は，ヨーロッパのどの国の考えをとりいれていたか，その国名を答えなさい。

> 現在，政権は朝廷にあるのではなく，国民にあるのでもなく，官僚(かんりょう)が独占(どくせん)している。政治や刑罰(けいばつ)が不公正なのに，言論の道がふさがれていて，苦しみを伝えることができない。国民の意見を反映させるには民選議院(みんせんぎいん)をつくるしかない。

問8　下線部⑦について，次の史料に示した日記を書いたアメリカ人動物学者の名前を答えなさい。

> 横浜に上陸して数日後，初めて東京に行ったとき，貝がらの堆積(たいせき)があるのを，通行中の汽車の窓から見て，私はすぐにこれを本当の貝墟(かいきょ)であると知った。我々は東京から６マイルの大森まで汽車に乗り，それから築堤(ちくてい)までの半マイルは，線路を歩いて行った。

問9　下線部⑧に関連して，東北地方の三陸海岸に面した地域には，1896年の明治三陸地震や1933年の昭和三陸地震の時の津波(つなみ)について記録された石碑がある。この石碑をもとにして，「歴史に学ぶ」とはどのようなことか，あなたの考えを書きなさい。

**2** 次の表を見て，以下の問いに答えなさい。

| 府県名 | 府庁または県庁所在地の雨温図 | 府または県の地形や地名 | 全国1位の項目 |
|---|---|---|---|
| 宮崎県 | **B** | 日南海岸 | **I** |
| 京都府 | **C** | ( **G** )<br>(日本三景の1つ) | **J** |
| 青森県 | **D** | ( **H** )港<br>(2018年の水あげ量が県内最大) | **K** |
| 沖縄県 | **E** | 慶良間諸島 | **L** |
| ( **A** )県 | **F** | 能登半島 | 金箔(きんぱく)の生産量が最も多い(2018年) |

問1 (**A**)の県名を答えなさい。

問2 **B**～**F**にあてはまる雨温図を次の**1**～**5**より選び，番号で答えなさい。左側の縦じくは降水量(mm)，右側の縦じくは気温(℃)である。

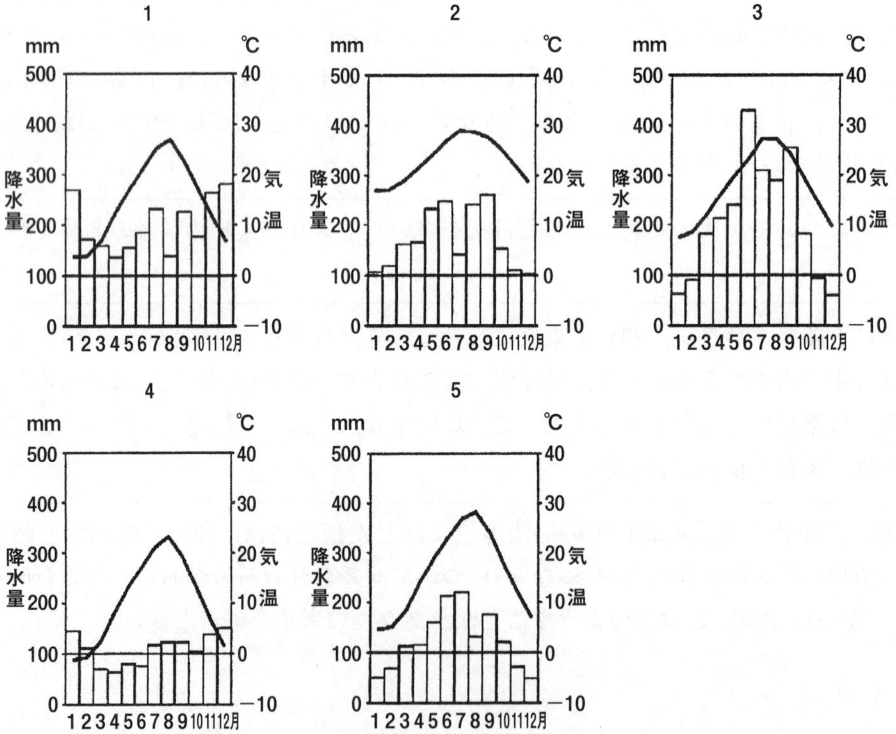


気象庁資料により作成(1981～2010年の平均値)

問3 (**G**)・(**H**)にあてはまる地名を答えなさい。

問4 **I**～**L**にあてはまる項目を次の**ア**～**キ**より選び，記号で答えなさい。

**ア**．人口1000人あたりの出生率が最も高い(2019年)

**イ**．第1次産業への就業者比率が最も高い(2017年)

**ウ**．都道府県人口が最も少ない(2019年)

**エ**．漁獲(ぎょかく)量が最も多い(2017年)

**オ**．農業産出額が最も少ない(2018年)

**カ**．きゅうりの収かく量が最も多い(2017年)

**キ**．重要文化財に指定されている建造物数(件数)が最も多い(2020年)

**3** 以下の問いに答えなさい。

問1 福岡県と長崎県にはさまれた位置にある県を代表する，弥生時代の遺跡(いせき)名を答えなさい。

問2 問1の遺跡がある県の南側に広がる海域名と，その海域で行われている漁業の特ちょうを答えなさい。

問3 近年，「植物工場」が注目を集めている。様々な野菜などを人工的な環境(かんきょう)のもとで栽ばいする「植物工場」のすぐれている点について，あなたの考えを書きなさい。

**4** 次は2020年のできごとである。以下の問いに答えなさい。

1月初め 米軍がイラクを空爆(くうばく)し，となりの国の( **1** )のソレイマニ司令官が亡くなりました。これに対する報復として( **1** )はイラクにある米軍基地を弾道(だんどう)ミサイルで攻撃(こうげき)しました。

1月19日 この日で日米安全保障条約を改定した新しい条約に当時の( **2** )首相が調印してから60年が経ちました。この改定によって，米軍は日本を防衛する義務を負うことになり，日本は①米軍が利用する基地を提供する義務を負うことになりました。

1月31日 〔 **A** 〕がEUから離脱(りだつ)しました。

3月24日 2021年度から使われる新しい中学校の教科書についての検定の結果を文部科学省が発表しました。各教科の活動内容に②アクティブラーニングが多く取り入れられました。

4月15日 韓国で( **3** )が行われました。文在寅(ムン・ジェイン)政権の新型コロナウイルスへの対応が評価され，与党が圧勝しました。

4月後半 新型コロナウイルス感染の広まりから③日本の学校が9月入学へ移行することを政府が検討しましたが，世論の中には慎重(しんちょう)論も多く，政府としても今回の導入は難しいという結論になりました。

5月18日 日本政府は( **4** )官の定年を延長する( **4** )庁法改正案の成立を反対意見の多さから見送ることに決めました。

6月15日 日本政府は山口県・秋田県で計画していた陸上(地上)配備型迎撃(げいげき)システム「( **5** )」の配備手続きを停止すると発表しました。

7月1日 改正容器包装リサイクル法により，スーパーマーケットやコンビニエンスストアなどの小売店で，プラスチック製のレジ袋が〔 **B** 〕化されました。

7月29日 広島地方裁判所は原爆(げんばく)投下後に降った「〔 **C** 〕」を国の援護(えんご)対象区域の外で浴びた住民も被爆(ひばく)者と認め，被爆者健康手帳を交付するように命じました。その後，広島市と広島県はこの判決を不服として，高等裁判所に( **6** )しました。

8月24日 安倍晋三氏は，首相の連続在職日数が2799日となり，祖父の弟でもある( **7** )元首相の記録をこえました。

9月1日　中国政府がそれまでの「一国二制度」を否定するような方針を示すなか，香港政府の行政長官も「香港は( **8** )ではない」と言い切りました。これに対し，香港の民主派は自分たちの政治制度を( **8** )だと見なしていたので強く反発しています。

9月15日　1948年に建国した( **9** )はアラブ首長国連邦(れんぽう)，バーレーン両国と国交を樹立しました。この合意文書はアメリカのホワイトハウスで署名されました。

10月24日　国際政治の中心的な機関である( **10** )が結成されて，75周年をむかえました。

※日付はいずれも現地の時間を基準としています。

問1　文中の空らん( **1** )～( **10** )にあてはまる語句を下の**あ**～**め**より選び，記号で答えなさい。

**あ**．イージス・アショア　**い**．イスラエル　**う**．イラン
**え**．オスプレイ　**お**．シリア　**か**．トマホーク
**き**．トルコ　**く**．パトリオットミサイル　**け**．外交
**こ**．岸信介　**さ**．起訴　**し**．警察
**す**．警視　**せ**．検察　**そ**．控訴
**た**．国際連合　**ち**．国際連盟　**つ**．国民主権
**て**．国民審査　**と**．再審　**な**．裁判
**に**．佐藤栄作　**ぬ**．三権分立　**ね**．上告
**の**．総選挙　**は**．大統領選挙　**ひ**．田中角栄
**ふ**．地方選挙　**へ**．地方分権　**ほ**．中央集権
**ま**．吉田茂　**み**．立憲君主制　**む**．WHO
**め**．WTO

問2　文中の空らん〔**A**〕～〔**C**〕にあてはまる語句を答えなさい。

問3　下線部①について，日本にある米軍基地の約7割が集中している都道府県名を答えなさい。

問4　下線部②はどのようなものか説明しなさい。

問5　下線部③について，9月入学に対して賛成か反対かを示した上で，その理由がよくわかるようにあなたの意見を書きなさい。

**【理　科】〈Ｂ入試〉**(30分)〈満点：60点〉

**1**　昨年2020年は，２月29日がある( ① )年でした。なぜ( ① )年があるのか考えてみましょう。地球が太陽の周りをまわって再び元の位置にもどるまでは１年ですが，この時間の長さは365日ちょうどではありません。４年に一度( ① )年があることから考えると，より正確な１年の長さは，( ② )日であることがわかります。つまり(A)地球が太陽の周りを１周する間に( ② )回(B)北極と南極を軸《じく》として自ら回転するということになります。３月には春分の日，９月には秋分の日があり，近年，春分の日は３月20日か３月21日で，秋分の日は９月22日か９月23日です。( ① )年は１年の日数が( ③ )日になることから考えると，昨年の春分の日は３月( ④ )日で，秋分の日は９月( ⑤ )日であったとわかります。

昨年の６月21日の夕方には，日本全国で( ⑥ )日食が見られました。東京は( ⑦ )の季節のため，くもりや雨の場所が多かったですが，一部の地域では( ⑥ )日食が観測できたそうです。この日食は，日本では( ⑥ )日食でしたが，インド北部や台湾《たいわん》などでは(C)太陽がリング状に見える( ⑧ )日食になりました。日食とは，月が地球と太陽の間を横切るため，月によって太陽の一部または全部が隠《かく》される現象のことです。日本で次に(D)太陽が全部見えなくなる( ⑨ )日食を観測できるのは，2035年９月２日になるそうです。

問１　文中の①〜⑨にあてはまる語や数値を答えなさい。ただし②は小数第二位までの数値を，③は整数で答えなさい。さらに，下線部(A)と(B)のような現象をそれぞれ漢字２文字で答えなさい。

問２　今回の日食が下線部(D)ではなく，下線部(C)のタイプになった理由として正しいものを，次の(ア)〜(エ)から１つ選び，記号で答えなさい。

(ア)　地球から見て，太陽の見ための大きさが小さいから
(イ)　地球から見て，太陽の見ための大きさが大きいから
(ウ)　地球から見て，月の見ための大きさが小さいから
(エ)　地球から見て，月の見ための大きさが大きいから

**2**　以下の問いに答えなさい。

問１　次の(ア)〜(オ)の水よう液の中で，アルカリ性であるものを１つ選び，記号で答えなさい。

(ア)　食塩水　　(イ)　砂糖水　　(ウ)　塩酸
(エ)　石灰水　　(オ)　ホウ酸の水よう液

問２　問１の(ア)〜(オ)の水よう液の中で，気体がとけている水よう液を１つ選び，記号で答えなさい。また，その気体の名前を答えなさい。

問３　500mL のペットボトルに水を200mL 入れ，さらに二酸化炭素を封《ふう》入し，密閉してペットボトルをふると，ペットボトルはどうなりますか。次の(ア)〜(ウ)から選び，記号で答えなさい。また，そのようになる理由を答えなさい。

(ア)　ふくらむ
(イ)　へこむ
(ウ)　変わらない

問４　試験管に水酸化ナトリウム水よう液を入れ，そこにアルミニウム片を入れたところ，あわ(気体)が出てきました。この気体の名前を答えなさい。

問５　問４で，アルミニウム片のかわりに鉄片を入れるとどうなりますか。次の(ア)～(エ)から選び，記号で答えなさい。

(ア)　鉄がとけて，問４と同じ気体が出る

(イ)　鉄がとけて，問４と異なる気体が出る

(ウ)　鉄はとけるが，気体は出ない

(エ)　鉄はとけない

問６　ある温泉地では，わき出る湯が強い酸性になっていて，湯が流れ出す川には生物がすめず，その水は農業にも使用できませんでしたが，ある工夫により改善されました。どのようなことをしたと考えられますか。

**3**　次の①～④は，ある共通の特ちょうをもつ３種類の動物をまとめたものです。

| | |
|---|---|
| ①　イヌワシ，コウモリ，イルカ | ②　ヤモリ，ヘビ，サンショウウオ |
| ③　イモリ，ギンブナ，トノサマガエル | ④　カメ，ハト，ダチョウ |

問１　①～④のグループにふくまれる動物にはすべて背骨があります。このような動物をまとめて何と呼びますか。

問２　各グループの３種類の動物について，「背骨がある」こと以外に共通する特ちょうを，それぞれ次の(ア)～(カ)からすべて選び，記号で答えなさい。

(ア)　水中に卵をうむ　　(イ)　陸上に卵をうむ

(ウ)　子どもを育てる　　(エ)　変温動物である

(オ)　恒《こう》温動物である　　(カ)　子どもは殻《から》のある卵のなかで育つ

問３　①～④のうち，うまれ方が異なる動物をふくんでいるグループを，番号で答えなさい。

問４　背骨のある動物を５つに分類したとき，①～④のグループには，それぞれ１つだけ異なる分類になる動物がいます。その動物の名前をそれぞれ答えなさい。

**4**　電流について，以下の問いに答えなさい。

【１】　３個の同じ豆電球があります。すべての豆電球に電流が流れるようにして，下の(1)，(2)の条件に合うように，電池と豆電球を導線で結びなさい。また，(1)，(2)のつなぎ方をしたとき，電池から流れ出る電流の大きさは，図中の豆電球１個を流れる電流の何倍になりますか。

(1)　電池から流れ出る電流の大きさが最大となるつなぎ方

(2)　電池から流れ出る電流の大きさが最小となるつなぎ方

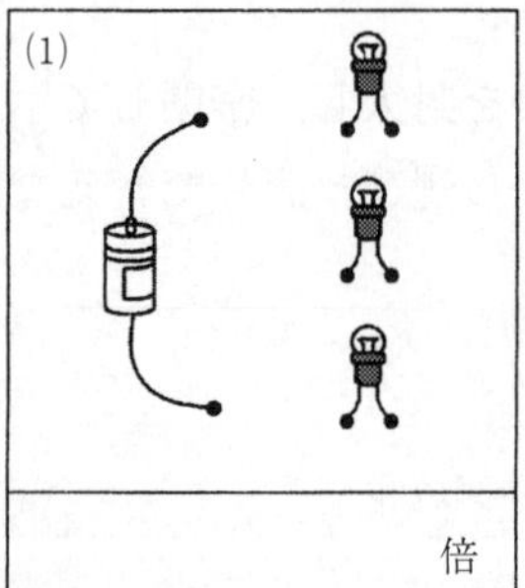


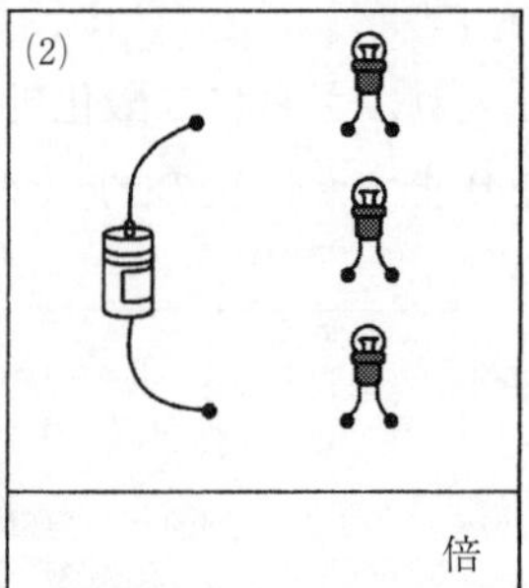

【2】 電熱線や豆電球のフィラメントの温度を変えながら，そこに流れる電流の大きさを調べました。その結果，電熱線やフィラメントの温度が高いほど電流が流れにくいことがわかりました。実験中の室温は約20℃とします。

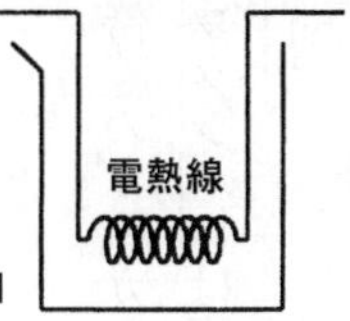


**図１**

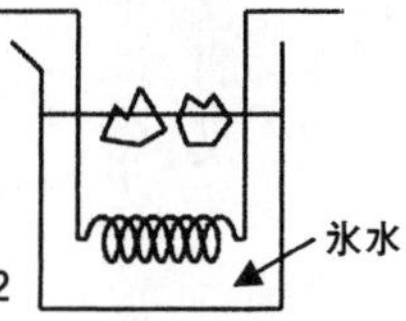


**図２**

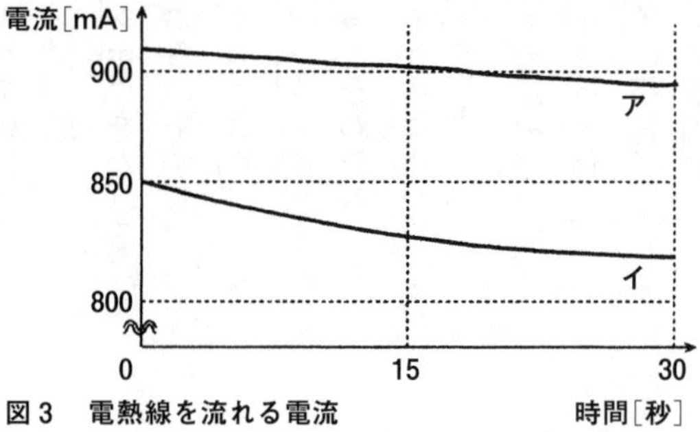


**図３　電熱線を流れる電流**

問１　電熱線に電池をつなぎ，スイッチを入れてから30秒間に流れる電流を，それぞれ次の①，②のようにして測定しました。

①　電熱線をビーカーの中に固定する(**図１**)

②　電熱線をビーカーの中に，氷水にひたした状態で固定する(**図２**)

**図３**は，測定の結果を表したグラフです。②の状態で実験したグラフは，**図３**のア・イのどちらですか。また，30秒間に減少した電流の値が，アとイで異なることから，どのようなことがわかりますか。

問２　豆電球に電池をつなぎ，スイッチを入れた瞬《しゅん》間(０～0.1秒)に流れる電流を調べたところ，**図４**のようになりました。

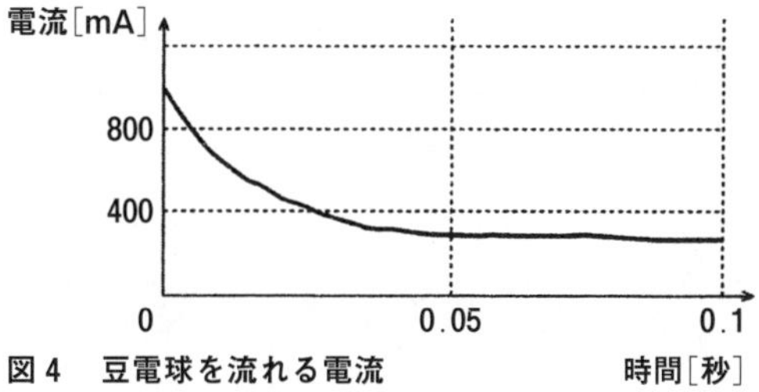


**図４　豆電球を流れる電流**

(1)　０～0.05秒の電流の変化から，どのようなことが起こっていたと考えられますか。

(2)　0.05秒以降は電流の値は一定となっています。そのようになった理由を答えなさい。

のようにして作られていくのだろうか。この文章全体の内容をふまえて、わかりやすく説明しなさい。

## 二

次の傍線のカタカナは漢字に、漢字はひらがなに直しなさい。

① 一等のフクショウは図書券だ。
② 女王ヘイカ。
③ 自由な精神をハグクむ。
④ ヨウミャクを観察する。
⑤ 街のシンゾウ部。
⑥ 国のソンボウをかける。
⑦ ムシャぶるいをする。
⑧ 回復のチョウコウ。
⑨ キュウキョクの選択《せんたく》。
⑩ リッキョウをわたる。
⑪ 両チームがキョウゴウする。
⑫ サンピを問う。
⑬ カンセン道路沿いの店。
⑭ シャザイ会見を行う。
⑮ ジンアイの精神。
⑯ 高層ビルが林立する。
⑰ 舌先三寸で人をだます。
⑱ 名を後世に伝える。
⑲ メンバーを刷新する。
⑳ 簡易な方法を見つける。

みた。いつもと同じ、でも、いつもなら楽しまないようなことを楽しんじゃう、そんなじぶんが映る。

横断歩道は白い部分だけを踏んで渡《わた》った。踏切《ふみきり》の音と、ボイスパーカッションもどきでセッションをした。小石は、どこかにいってしまうまでけり続けた。どれも、小学生の頃にやっていて、いつからかしなくなったことばかりだ。

側溝《そっこう》のぎりぎりを転がっていく石を追いかけながら、ぼくは、案外生き生きとしているじぶんにふと気がついた。

⑧ぼくという人間は、あの頃から大して変わっていないのかもしれない。あたり前といえばあたり前だ。ぼくは、昨日のぼくの続きなのだから。

でも、くじを引くように変われたらって、そうも思う。

もちろん、ぜんぶがぜんぶ、くじ頼《だの》みってわけにもいかないだろうけど。

足どり軽く、白線から白線にジャンプしたときだった。

「あっ」

水たまりに飛びこんでしまい、くつとズボンのすそが盛大にぬれた。まったく、楽しいふりをするのもラクじゃない。

駅に着き、傘をしまって構内に入ると、切符《きっぷ》売り場の前に野木がぽつんと立っていた。見たことのない真剣《しんけん》な顔で、路線図をじっと見上げている。きっと、ぼくのくじを引いたんだろう。

ふと、野木を後ろからおどろかせることを思いついて、ぼくは、野木の視界に入らないように、人が行《い》き交《か》う中をそろそろと歩いていった。

（有賀《あるが》拓郎《たくろう》「明日のぼく」）

問1　傍線《ぼうせん》①「野木はぼくと似たタイプかと思っていたんだけど」とあるが、「ぼく」は野木をどのようなタイプだと思っていたのか、説明しなさい。

問2　傍線②「黒っぽいしみのついた床に向かって言った」とあるが、「ぼく」がそのようにしたのはなぜか、説明しなさい。

問3　傍線③「余っていたページを破り、折り目をつけてカッターで丁寧に切っていく。野木のよりも、きれいに」とあるが、この部分から「ぼく」のどのような気持ちがわかるか、説明しなさい。

問4　傍線④「野木は皮肉っぽく言ったけど、ちっとも悪い気はしなかった」とあるが、それはなぜか、説明しなさい。

問5　傍線⑤「きかれてもいないのに、ぼくの口がそう動いていた」とあるが、それはなぜか、説明しなさい。

問6　傍線⑥「そのことばで、とたんに、へその辺りにくすぐったいなにかが広がった。ぼくは、おばさんの視線から逃れようと、急いで目を伏せて、床の黒いしみを探した」について、

(1)　「そのことばで、とたんに、へその辺りにくすぐったいなにかが広がった」とあるが、このときの「ぼく」の気持ちを説明しなさい。

(2)　「ぼくは、おばさんの視線から逃れようと、急いで目を伏せて、床の黒いしみを探した」とあるが、それはなぜか、説明しなさい。

問7　傍線⑦「恥ずかしさは、気づいたら小さく薄くなっていて、かわりにべつのなにかがふくらんできていた。ぼくを早く塾に向かわせようとする、なにか」とあるが、「べつのなにか」とはどのようなものか、説明しなさい。

問8　傍線⑧「ぼくという人間は、あの頃から大して変わっていないのかもしれない」とあるが、「大して変わっていない」のは「ぼく」の中のどのような点か、説明しなさい。

問9　この作品の題名は「明日のぼく」である。「明日のぼく」はど

つの方の箱を手に取った。ほっとした。なにも思わなかったようだった。

「ちょっとあんたたち、おっきい音したけど、大丈夫?」

売店のおばさんがかけ寄ってきた。

「いやあ、なんでもないっす」

すぐに野木が答えた。

「そう、それならいいんだけど。あんたたち、もうそんな仲よくなったのね。よかったじゃない、ねえ」

おばさんの青く縁《ふち》どられた目は、ぼくの方を向いていた。

「でも、青春もほどほどにしなさいよ」

⑥そのことばで、とたんに、へその辺りにくすぐったいなにかが広がった。ぼくは、おばさんの視線から逃《のが》れようと、急いで目を伏《ふ》せて、床の黒いしみを探した。

「……せ、青春に失礼です」

言いながら顔を上げると、おばさんはもういなかった。一瞬《いっしゅん》の間があって、横で、野木がふき出した。笑いをとるつもりなんて、これっぽっちもなかったんだけど。

＊

金曜日。外はひどい雨だけど、気分は悪くない。

昨日は意外と面白かった。思い出して、顔がほころんだ。階段から落ちても冷静でいられたのは、われながら上出来だと思う。

服を着替《きが》えたあと、ぼくはリュックからチョコボールの箱を取り出した。くちばしを開けて、とんとん、と小さく折りたたまれた白い紙を、手のひらに一枚出す。紙をゆっくりと開いて、ぼくは「えっ」と声を上げた。

――なんでも楽しんじゃう人

と書いてあった。

こんなの、書いた覚えがない。それに、この小さくて丸っこい文字……。

野木の字だ。

背中がひやっとした。床に転げ落ちたあのときに、入れ替わってしまったんだろう。ということは、ぼくが作ったくじの方を野木が持っているということだ。いまのぼくと同じように、引いて、なんだこれ、となっているかもしれない。

笑っているだろうな、きっと。いやだと言いながら、こっそり作っていたなんて。……いや、野木のことだから、もしかしたら大喜びしているかもしれない。

そうじぶんに言いきかせたら、少し元気が出た。

野木は、ぼくのくじのなにを引いただろうか。今日も塾に来るだろうか。そして、ぼくが作ったくじのどの性格のふりをしているだろうか。

冷静沈着も、合理的も、完璧《かんぺき》主義も、野木にはぜんぜん似合わない。でも、だからこそ、逆に見てみたい気もする。

⑦恥《は》ずかしさは、気づいたら小さく薄《うす》くなっていて、かわりにべつのなにかがふくらんできていた。ぼくを早く塾に向かわせようとする、なにか。

玄関《げんかん》の傘立《かさた》てから紺色《こんいろ》の傘《かさ》を引きぬいて、家を出た。

一歩でも外に出るのをためらうくらい、どしゃぶりの雨だった。傘をさして飛び出すと、ぼくは、あのことばを思い出した。なんでも楽しんじゃう人。

大きなカーブミラーの前に立ち、覗《のぞ》きこむと、あたり前だけどじぶんがいた。まわりに人がいないことを確認《かくにん》してから、へんな顔をしてこともわからんのか」とか、「これまでなにを勉強してきたんだ？」とか、そういうとんちんかんな怒り方で。わからないから塾に来てるって、そんなこともわからないの？　ということばをのみこんで、ぼくは目の前の問いに集中しようとした。

でも、だめだった。いらいらして仕方がなかった。ぼくが野木だったら、シャーペンを机に突《つ》き立てるくらいのことはしていたかもしれない。野木は、へらへらしている。

いつもの九十分がいつもよりはるかに長く感じられ、終わる頃には、頭もからだもずっしりと重く疲《つか》れきってしまった。

「いやあ、面白《おもしろ》かったな」

教室を出ると、野木は上機嫌《じょうきげん》に言った。

「どっこが。罵倒《ばとう》されまくってたよね」

「それがさ、あの先生が怒るたびに、鼻毛がのびてくるって想像しちゃってさ。そしたら、鼻毛をどんどんのばしてやろうってなってくるじゃん？」

「ばかじゃないの」

あきれと怒《いか》りを通りこして、ぼくは笑ってしまった。そんな発想、小学生の低学年くらいしかしないと思う。

「面白かったのもこれのおかげだ」

一階に下りながら、野木がズボンのポケットからなにかを取り出した。

そのとき、小学生の男子たちが五人ほど、かたまりになって階段を勢いよく上がってきた。ナイキの黒いキャップの子がぼくにぶつかった。片足が浮《う》いていたぼくは、バランスをくずして横にいた野木を巻きこんで……。

「うわっ」

ぼくと野木は、階段を数段踏《ふ》みはずしていた。

「ごめんなさい」

ぶつかってきたナイキの子がかけ下りてきた。ほかの子たちは、逃《に》げるように二階にかけ上がっていく。

冷静に、とぼくは思った。右のひじと腰《こし》の辺りがじんじんしたけど。

昨夜作ったくじを、今朝、早速《さっそく》引いてきた。「なにがあっても冷静沈着《ちんちゃく》な人」が出て、今日一日、書いてある通りの人間になりきっていた。

「大丈夫《だいじょうぶ》」

野木がうでをさすりながら答えた。

「えっと、どうしたら」

「池田は？　大丈夫？」

ぼくは黙ってうなずいた。

「おれたち、ぜんぜん平気だからさ、行っていいよ。授業だろ」

笑顔《えがお》でそう言うと、野木はしっしと手を振《ふ》った。ナイキの子は、気まずそうにぺこりと頭を下げ、小走りで階段を上がっていった。

「受験生じゃなくってよかったなあ、おれたち。めっちゃ落ちた。ははは」

こんなときまで、野木は楽しそう。床に散らばってしまった物を拾おうと、ぼくは立ち上がった。ぼくのリュックは、背負ったままでも簡単に中身が取り出せるように側面にもチャックが付いている。それが開いたままだったらしい。

ペンケースに、財布《さいふ》。それから、チョコボールの箱が二個、散乱している。

ぼくはあわてて近くにあった箱をつかんだ。

「おっ、おいしいよね、チョコボール」

⑤きかれてもいないのに、ぼくの口がそう動いていた。野木は「マジでうまいよな。おれ、キャラメルのも好き」と言いながら、もう一

はっきり覚えているのは、大大大凶《きょう》が出て大泣きしたこと。

どうしてあんなものを入れたんだろう。

あれから五年が経《た》ち、ぼくも成長した。どうせじぶんが引くのだから、じぶんがうれしかったり、得になったりするようなものを作ればいいのだ。

なりたいじぶん……少なくとも、酒を飲んではヒステリーを起こしてばかりいたという父親のようにはなりたくない。

いま、父親と言ったけど、ぼくにとっては「父親だったらしいひと」だ。小学生になる前にぼくの前からいなくなっていたから、どちらかと言えば、昔話に出てくるとなりの家のいじわるな老人のような、イメージだけのひと。

まっさらな紙になりたいじぶんの性格を書いていると、まるで神様にでもなったような、ふしぎな気分がわいてきた。ぼく自身が、明日のぼくを決めることができる。そんな、神がかった力を手に入れて、ふわふわしている感じ。

楽しい遊びがあるんだけど、と野木は言っていた。

たしかにね、と思いながら、ぼくは紙にペンを走らせていった。

*

ふじしん塾に着くと、野木は昨日と同じベンチに座っていた。また大きく手をふってくる。ぼくは顔をしかめ、頭をかきながらベンチに向かった。

「今日授業だよな。おれの先生ってどんな感じだろ。池田の先生ってどんな感じ?」

野木はきっと、今日もあのくじを引いてきたんだろう。やけにテンションが高い。

「さあ。今日から担当の先生が替《か》わるらしいから。でも、先生がだれだとしても、できる努力をするだけだよ」

「へ、クールな奴《やつ》」

④野木は皮肉っぽく言ったけど、ちっとも悪い気はしなかった。

ぼくたちはそろって自習室に向かった。

昨日進められなかった分をとり戻《もど》すつもりで、プリントの解答らんを埋《う》めていく。ときどき、野木のあくびが仕切りの向こうから聞こえてきた。

授業開始五分前に、自習室を出た。野木は、ペットみたいに付いてくる。教室のある二階に上がって、二つあるうちの手前の方の教室のドアを開けた。

新しい担当は、小木曾《おぎそ》という、声ばかり大きな六十歳《さい》くらいの男だった。ぼくは授業を受けたことがなかったけど、声は聞こえてくるのでどういう感じかは知っている。控《ひか》えめに言って、担当になってほしくないランキング一位の講師だった。

さらに運が悪いことに、野木といっしょの一対二の授業。

「お願いしまあす」

小木曾を挟《はさ》んでとなりに座っている野木が元気に言った。それを無視して、小木曾は「いいか、お前ら」と低い声を出した。

「いまの勉強ってのは、ずい分簡単なんだ。おれらの頃《ころ》はな」

小木曾の愚痴《ぐち》っぽい話は延々と続いた。早く授業を始めてほしかったけど、それを口に出しはしなかった。小木曾が怒《おこ》りっぽい性格なのは知っているし、冷静に、ここは黙《だま》っていた方がいいと判断して。

「さて、まずは計算問題から」

小木曾が用意していたプリントは簡単なものばかりだった。後半の、おうぎ形を含《ふく》んだ図形の面積を求める問いは、少しだけ苦戦したけど。

野木はといえば、小木曾にめちゃくちゃにやられていた。「そんなためらってから、ぼくはわざと早口で答えた。こういうのって、あんまり進んで答えたい質問じゃない。
「ふうん。で、どう？　やりたくなってきた？」
　まっすぐにぼくを見る野木の目は、きらきらしていた。ぼくは野木から目をそらし、②黒っぽいしみのついた床《ゆか》に向かって言った。
「性格なんて、そんなに急に変えられないよ」
「いや、難しく考えなくていいんだって。ふりでいいんだよ、ふりで。やってみると案外楽しいんだけどなあ」
「……いやだ」
　ぼくは自習室に向かって歩き出した。
　へんな誘いじゃなくてよかった、と、ほっとして、だけどすぐに、やっぱりへんな誘いだったなと思いなおした。

　六時のチャイムが鳴った。ぼくは机の上を片づけて、自習室をあとにした。春休みの宿題は予定よりぜんぜん進んでない。
　野木はといえば、「おれ、帰るわ」と言って、とっくに帰ったあとだった。自転車に乗って去っていく野木を見送ったのをずい分前に感じながら、ぼくはロビーのすみにある、ちいさな売店に入った。ここは、入口のそばにあるからいつも帰りに目に入るけど、利用するのはこれが初めて。
　店番をしている女のひとは化粧《けしょう》が濃《こ》くて、日によって顔が違って見える。
　今日はほおがピンクのおばさんは、じぶんの手の爪《つめ》をいろんな角度からながめていた。お菓子《かし》の箱をカウンターに置くと、おばさんは顔を傾《かたむ》けるようにして、ぼくの顔をじっと見た。
「あんた、あそこのベンチで話してた子、友だちなの？」
「えっ？　あ、いや」
へんな、高い声が出てしまった。
「ふうん、まあ、いいけど」
　おばさんはどうでもよさそうに言うと、乱暴にレジを打った。
「はい、これ」
「え？」
「え、じゃないわよ。おつりと品物。いらないの？」
　テープの貼《は》られたチョコボールの箱を受け取って、ぼくはふじしん塾を出た。背中にじっとりと汗《あせ》をかいていた。

　アパートに帰ると、母親はいなかった。仕事に出かけたようだった。用意されていたチャーハンとサラダを食べたあと、チョコボールの封《ふう》を開けた。とちゅうで飽《あ》きたけど、全部食べた。くちばしにエンゼルはいなかった。
　それから、じぶんの部屋に行って、小学生のときに使っていた落書きノートを勉強机の引き出しから引っぱり出した。③余っていたページを破り、折り目をつけてカッターで丁寧《ていねい》に切っていく。野木のよりも、きれいに。
　十枚ほどの正方形を前に、ぼくは腕組みをした。
　――ここに書いてあるような人間になりきるんだよ。
　くじに書かれた性格になりきるのなら、じぶんで決めたかった。たぶん、野木は明るい性格に憧《あこが》れている。でもぼくはそうじゃない。
それに、野木の演劇の練習に付き合わされるのもなあ、って。
じぶんでくじを作るのは、ぼくにも経験がある。
　小学三年生の冬休みのことで、初詣《はつもうで》のときに引いたおみくじの結果がよかったのか、よくなかったのか、はっきり覚えていないけど、それなら、と、じぶんでわりばしとペットボトルでくじを作ったのだった。

# 二〇二一年度 学習院女子中等科

【国　語】〈B入試〉（五〇分）〈満点：一〇〇点〉

一　次の文章を読んで、後の問いに答えなさい。

春休みになったら、毎日、塾《じゅく》の自習室に行こうと思っていた。

個別指導のふじしん塾は、最寄《もよ》りの駅からふた駅離《はな》れたところにある。CMで流れるような有名な塾でもないので、同じ中学校の子はひとりもいない。

でも、それも先週までの話。

塾に着いたのは三時すぎで、中に入ると、右手の壁《かべ》ぎわにある青いベンチに野木が座《すわ》っていた。ぼくに気づくと、ちいさな子どもみたいに大きく手をふってくる。しかたなく、ぼくはベンチに向かった。

「よっ！　自習？」

「……そうだよ」

答えて自習室に向かおうとすると、野木は立ち上がってぼくの腕《うで》をつかんだ。

「楽しい遊びがあるんだけど、いっしょにやらない？」

なんか、いやな予感がした。

こういうの、いつかなにかの授業で聞いた気がする。講演会だったかな。お友だちの悪い誘《さそ》いにのって、人の道を外れてはいけません、っていう、あれ。

野木とは、これまでまともに喋《しゃべ》ったこともなかった。一応、同じ小学校にいたけど、ずっと別のクラスだったし。

学校のトイレではたまに顔を合わせる。それも教室からは少し遠い、べつの棟《むね》のトイレで。だから、①野木はぼくと似たタイプかと思っていたんだけど。

「楽しい遊びって？」

きくと、野木はわざとらしくにやりとした。

「くじ引き」

「はあ？」

「これ、見てみて」

野木がトートバッグから取り出したのは、チョコボールの箱だった。受け取って、くちばしを開いてとんとんと箱の角をたたいてみた。小さく折りたたまれた、ノートの切れはしのような白い紙が二枚出てきた。開いてみると、

――はきはきした人

と、小さくて丸っこい字で書かれていた。もう一枚には、

――めちゃくちゃポジティブな人

とある。なに、これ。

「ここに書いてあるような人間になりきるんだよ。で、今日出たのが〈テンションが高い人〉だったってわけ」

嬉《うれ》しそうに野木が説明してくれて、ぼくは納得《なっとく》した。だから、最初のあいさつがぼくのイメージの野木とは違《ちが》う「よっ！」だったのか。

それにしたって、はきはきもポジティブもテンションが高いも、どれも同じような性格だし、それに、そんなに簡単にくじの通りになんてできるのかなあ。

「野木って、何部だっけ」

「ああ、演劇部」

それで腑《ふ》に落ちた。演技の練習の一環《いっかん》というのなら。でも、ぼくは演劇部員でもないし。

「池田は？」

「……帰宅部」

2021年度

# 学習院女子中等科　▶解説と解答

## 算　数　＜Ｂ入試＞（50分）＜満点：100点＞

### 解　答

1 (1)　1.35　(2)　$4\frac{2}{3}$　2　100.48cm$^3$　3 (1)　2160通り　(2)　13254　4　262.5ｇ　5 (1)　秒速６ｍ　(2)　**Ａさん**…$19\frac{1}{21}$m，**Ｂさん**…$4\frac{1}{6}$m　6 (1)　解説の図①を参照のこと。　(2)　解説の図③を参照のこと。　(3)　29個

### 解　説

**1　四則計算，逆算**

(1)　$7.7\div2.8-(1.125+1.25\times9.9-8.8\times1.375)=\frac{77}{28}-\left(1\frac{1}{8}+1\frac{1}{4}\times\frac{99}{10}-\frac{88}{10}\times1\frac{3}{8}\right)=\frac{11}{4}-\left(\frac{9}{8}+\frac{5}{4}\times\frac{99}{10}-\frac{44}{5}\times\frac{11}{8}\right)=\frac{11}{4}-\left(\frac{9}{8}+\frac{99}{8}-\frac{121}{10}\right)=\frac{11}{4}-\left(\frac{108}{8}-\frac{121}{10}\right)=2.75-(13.5-12.1)=2.75-1.4=1.35$

(2)　$\left(3.5-5\frac{2}{3}\div\square\right)\times0.45=0.6+\frac{3}{7}$より，$3.5-5\frac{2}{3}\div\square=\left(0.6+\frac{3}{7}\right)\div0.45=\left(\frac{3}{5}+\frac{3}{7}\right)\div\frac{9}{20}=\left(\frac{21}{35}+\frac{15}{35}\right)\times\frac{20}{9}=\frac{36}{35}\times\frac{20}{9}=\frac{16}{7}$，$5\frac{2}{3}\div\square=3.5-\frac{16}{7}=\frac{7}{2}-\frac{16}{7}=\frac{49}{14}-\frac{32}{14}=\frac{17}{14}$　よって，$\square=5\frac{2}{3}\div\frac{17}{14}=\frac{17}{3}\times\frac{14}{17}=\frac{14}{3}=4\frac{2}{3}$

**2　立体図形─体積**

図１

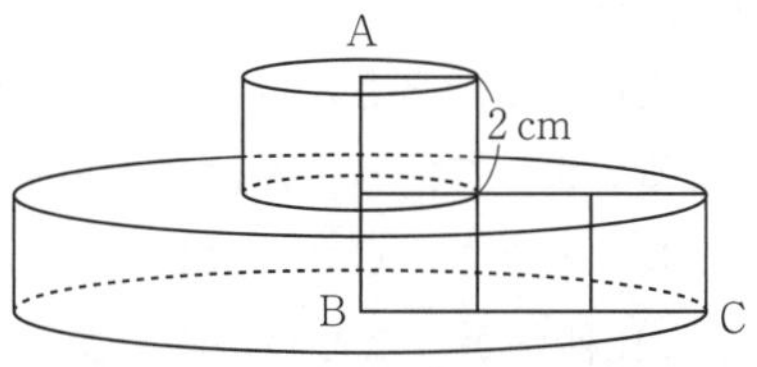


図２

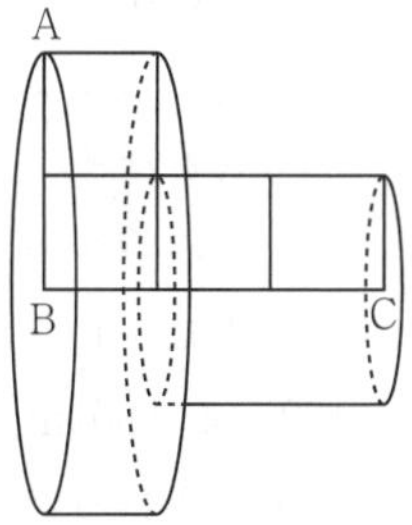


辺ABの周りに１回転させてできる立体は，右の図１のようになる。図１で，上の円柱は，底面の半径が２cmで高さが２cm，下の円柱は，底面の半径が，２×３＝６(cm)で高さが２cmだから，図１の立体の体積は，２×２×3.14×２＋６×６×3.14×２＝８×3.14＋72×3.14＝(８＋72)×3.14＝80×3.14(cm$^3$)となる。一方，辺BCの周りに１回転させてできる立体は，右上の図２のようになる。図２で，左の円柱は，底面の半径が，２×２＝４(cm)で高さが２cm，右の円柱は，底面の半径が２cmで高さが，２×２＝４(cm)だから，図２の立体の体積は，４×４×3.14×２＋２×２×3.14×４＝32×3.14＋16×3.14＝(32＋16)×3.14＝48×3.14(cm$^3$)となる。よって，２つの立体の体積の差は，80×3.14－48×3.14＝(80－48)×3.14＝32×3.14＝100.48(cm$^3$)と求められる。

**3　場合の数**

(1)　０から６までの７枚の番号札から５枚を並べて５桁《けた》の整数をつくるとき，一番上の位，つまり一万の位に０は使えないので，一万の位に使える数字は１～６の６通りある。また，千の位以下では０も使うことができるから，千の位には残りの６通り，百の位には残りの５通り，十の位には残

りの4通り，一の位には残りの3通りの数字が使える。よって，全部で，6×6×5×4×3＝2160(通り)の整数をつくることができる。

(2)　つくることのできる整数のうち，2021番目に大きい数は，2160－2021＋1＝140(番目)に小さい数となる。まず，「10□□□」の整数は，百の位に5通り，十の位に4通り，一の位に3通りの数字が使えるので，5×4×3＝60(通り)ある。同様に，「12□□□」の整数も60通りあるから，140番目に小さい数は，「13□□□」の整数のうち，140－60×2＝20(番目)に小さい数である。また，「130□□」の整数は，4×3＝12(通り)あり，「132□□」の整数も12通りあるから，求める数は，「132□□」の整数のうち，20－12＝8(番目)に小さい数とわかる。そこで，「132□□」の整数を小さい順に並べると，13204，13205，13206，13240，13245，13246，13250，13254，…となり，8番目に小さい数は13254となる。よって，2021番目に大きい数は13254である。

### 4　濃度《のうど》

5％の食塩水Ａ300ｇに含《ふく》まれる食塩の量は，300×0.05＝15(ｇ)，16％の食塩水Ｂ200ｇに含まれる食塩の量は，200×0.16＝32(ｇ)である。まぜ合わせる食塩水Ａ，Ｂに含まれる食塩の量を3：2にして，全体に含まれる食塩の量をできるだけ多くするので，食塩水Ａ300ｇを全部まぜて，食塩水Ａに含まれる食塩の量を15ｇ，食塩水Ｂに含まれる食塩の量を，15×$\frac{2}{3}$＝10(ｇ)にすればよい。このとき，食塩水Ｂを□ｇまぜるとすると，□×0.16＝10(ｇ)と表せるから，□＝10÷0.16＝62.5(ｇ)とわかる。よって，食塩水ＡとＢをまぜたときの食塩水の量は，300＋62.5＝362.5(ｇ)で，含まれる食塩の量は，15＋10＝25(ｇ)になる。さらに，水を加えて濃度が4％になったときの食塩水の量を△ｇとすると，含まれる食塩の量は25ｇのままだから，△×0.04＝25(ｇ)より，△＝25÷0.04＝625(ｇ)と求められる。したがって，水は，625－362.5＝262.5(ｇ)加えればよい。

### 5　速さと比

(1)　ＡさんとＢさんの速さの比は8：7なので，100mを走るのにかかる時間の比は，$\frac{1}{8}$：$\frac{1}{7}$＝7：8となる。この比を用いると，ＢさんはＡさんの2秒後にゴールしたので，比の，8－7＝1にあたる時間が2秒となる。よって，Ｂさんはゴールするまで，2×8＝16(秒)かかったことになる。また，Ｂさんがゴールしたとき，Ｃさんはゴールより4m手前を走っていたので，Ｃさんは，100－4＝96(m)走るのに16秒かかったとわかる。よって，Ｃさんの速さは秒速，96÷16＝6(m)と求められる。

(2)　100m走るのに，Ｂさんは16秒，Ａさんは，16×$\frac{7}{8}$＝14(秒)かかるので，Ｂさんの速さは秒速，100÷16＝$\frac{25}{4}$(m)，Ａさんの速さは秒速，100÷14＝$\frac{50}{7}$(m)である。また，Ｃさんは100m走るのに，100÷6＝$\frac{50}{3}$(秒)かかるので，Ｃさんの走る距離《きょり》を変えずに3人が同時にゴールするには，ＡさんとＢさんがそれぞれ$\frac{50}{3}$秒かかるような距離に変えればよい。$\frac{50}{3}$秒で，Ａさんは，$\frac{50}{7}$×$\frac{50}{3}$＝$\frac{2500}{21}$(m)，Ｂさんは，$\frac{25}{4}$×$\frac{50}{3}$＝$\frac{625}{6}$(m)走るから，Ａさんの走る距離は，$\frac{2500}{21}$－100＝$\frac{400}{21}$＝$19\frac{1}{21}$(m)，Ｂさんの走る距離は，$\frac{625}{6}$－100＝$\frac{25}{6}$＝$4\frac{1}{6}$(m)長くすればよい。

### 6　立体図形―図形の移動

(1)　例えば，下の図①の矢印の方向にはんこを3回ころがすと，丸印をつけることができ，同様に考えると，かげをつけた部分のマス目はすべて3回ころがすと，丸印をつけることができる。よって，最大３回までころがすとき，問題文中の図３と合わせると，丸印をつけることができるマス目は図①のようになる。

図①

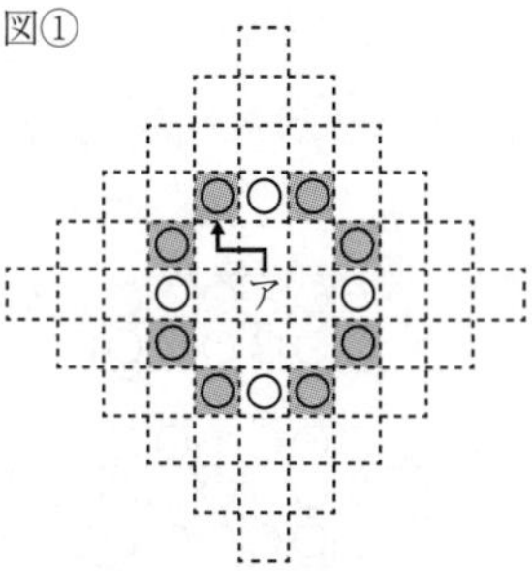


図②

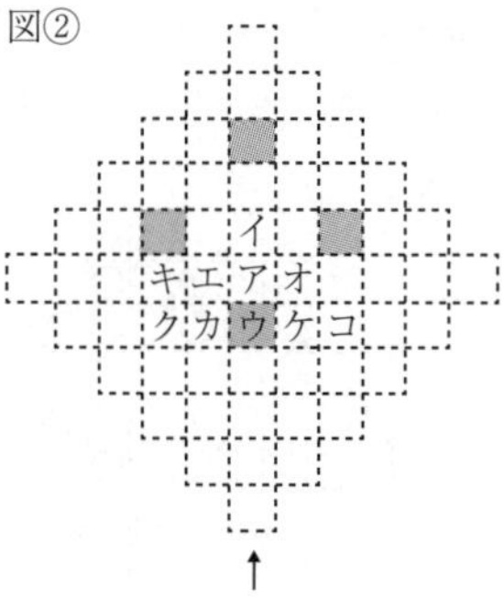


図③

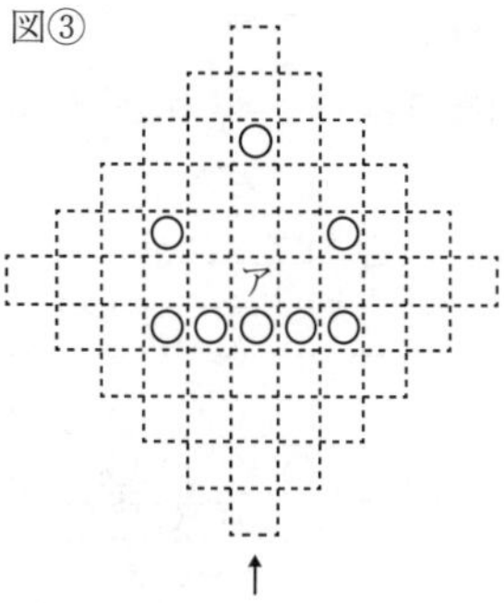


⑵　上の図②で，最初イにころがすと，ゴムのついた面は上になるから，残り最大２回で丸印をつけることができるマス目は，かげをつけた部分となる。次に，最初ウにころがすと，ゴムのついた面が下になり，ウに丸印をつけることができるが，その後，残り最大２回でウ以外のマス目に丸印をつけることはできない。また，最初エにころがすと，ゴムのついた面は正面のままになり，その後，エ→カ，エ→キ→ク，エ→ア→ウのいずれかのころがし方で，カ，ク，ウに丸印をつけることができる。同様に，最初オにころがすと，ウ，ケ，コに丸印をつけることができる。以上より，最大３回までころがすとき，丸印をつけることができるマス目は上の図③のようになる。

⑶　最初に２回ころがすと，はんこは下の図④のア，サ，シ，ス，セ，タ，チ，ツ，テのいずれかのマス目にくる。これらのうちアを除いたマス目から，残り最大３回ころがして丸印をつけることができるマス目を考える。まず，最初の２回でサ，シ，ス，セにころがすとき，ゴムのついた面は下になる。このとき，例えばサからは，サ→ナ→ニ→ヌと３回ころがすと，ヌに丸印をつけることができ，同じようなころがし方をすれば，サととなり合う４つのマス目すべてに丸印をつけることができる。シ，ス，セについても同様に考えると，図④のかげをつけたマス目には，アから最大５回ころがすと丸印をつけることができる。次に，最初の２回でタにころがすとき，ゴムのついた面は，下の図⑤の矢印Ａの方向から見て正面にくるか，矢印Ｂの方向から見て正面にくる。よって，図③と同じようにして，向きだけ変えて考えると，残り最大３回で丸印をつけることができるマス目は，ゴムのついた面が矢印Ａの方向から見て正面にきている場合は図⑤の太線で囲んだマス目となり，ゴムのついた面が矢印Ｂの方向から見て正面にきている場合は図⑤のかげをつけたマス目となる。すると，最初の２回でタにころがすとき，残り最大３回で丸印をつけることができるマス目は，図⑤の○をつけた部分となる。チ，ツ，テにころがす場合も同様に考えると，それぞれ残り最

図④

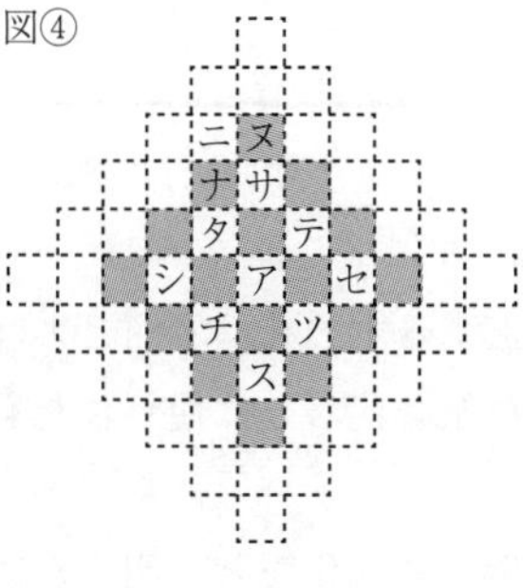


図⑤

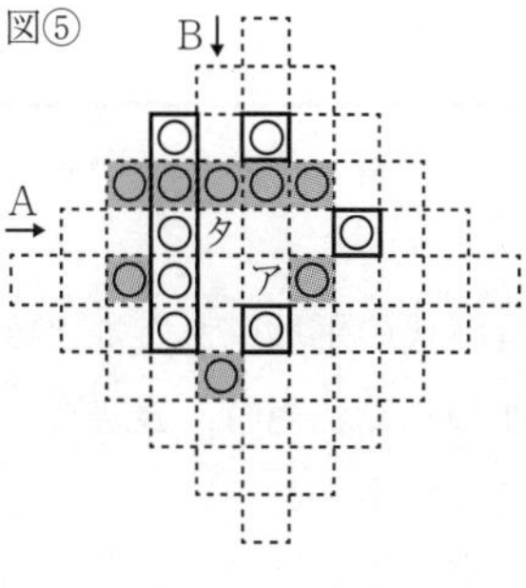


図⑥

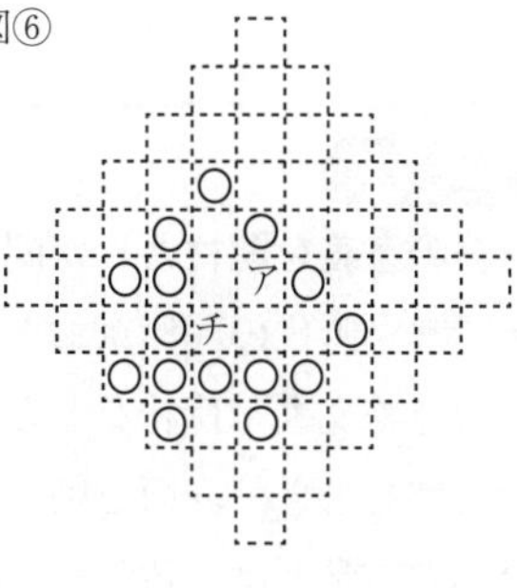

大３回で丸印をつけることのできるマス目は，上の図⑥，下の図⑦，図⑧の○をつけた部分となる。したがって，図①と，図④～図⑧を合わせて考えると，はんこを最大５回までころがすとき，丸印をつけることのできるマス目は下の図⑨のようになるから，丸印をつけることのできないマス目は29個ある。

図⑦
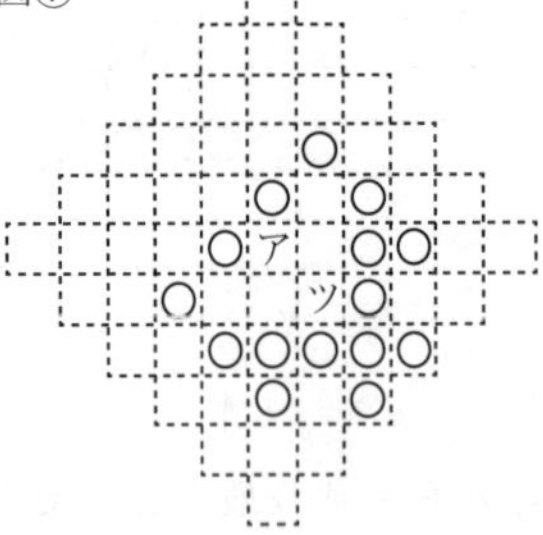


図⑧
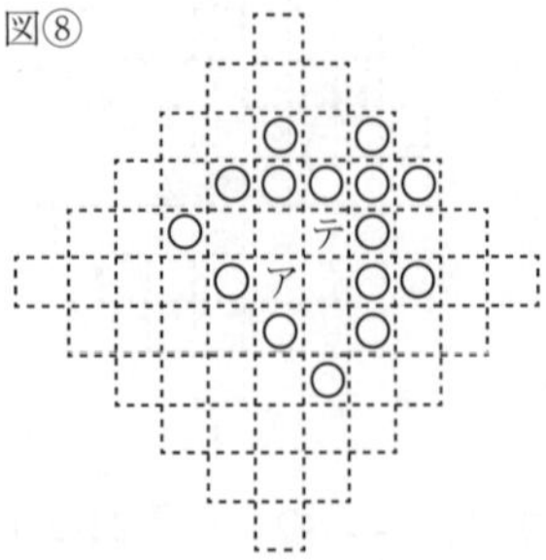


図⑨
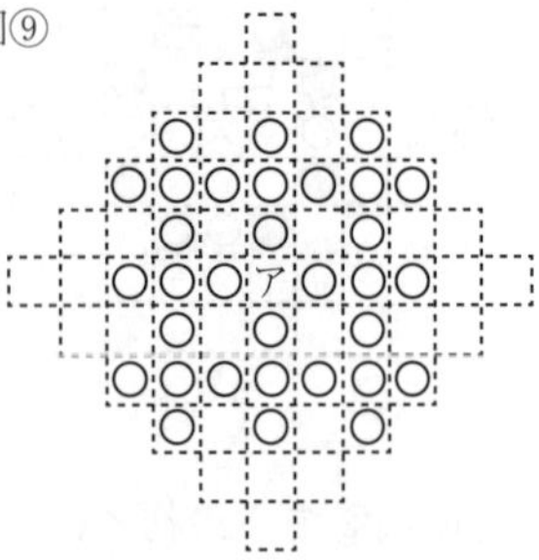


## 社 会 ＜Ｂ入試＞（30分）＜満点：60点＞

### 解 答

**1** **問１** 木簡 **問２** （例） 残したもの **問３** イ **問４** 北条泰時 **問５** ⑴ 武家諸法度 ⑵ （例） 将軍と大名の主従関係をはっきりさせるとともに，大名の経済力を弱めるため。 **問６** エ **問７** ⑴ イ(→)エ(→)ア(→)ウ ⑵ フランス **問８** モース（エドワード・モース） **問９** （例） 過去のできごとを教訓として，現在および将来の政策や日常の心がまえに生かしていくこと。 **2** **問１** 石川(県) **問２** **B** ３ **C** ５ **D** ４ **E** ２ **F** １ **問３** **G** 天橋立 **H** 八戸(港) **問４** **I** カ **J** キ **K** イ **L** ア **3** **問１** 吉野ヶ里(遺跡) **問２** 有明海／(例) 遠浅の沿岸部で，潮の干満差を利用したのりの養殖がさかんに行われている。 **問３** （例） 天候や気温などの自然条件に左右されることなく，農産物を計画的に生産できる。 **4** **問１** **1** う **2** こ **3** の **4** せ **5** あ **6** そ **7** に **8** ぬ **9** い **10** た **問２** **A** イギリス **B** 有料 **C** 黒い雨 **問３** 沖縄県 **問４** （例） 体験学習やグループワーク，ディスカッションなどを通して主体的，能動的に学習していくこと。 **問５** （例） 反対である。なぜなら，国の会計年度が４月からで，役所や企業などの活動もそれに合わせており，学校だけを９月開始にすると混乱が生じるからである。（賛成である。なぜなら，世界には９月入学の国が多く，外国への留学や海外からの留学生の受け入れが容易になるからである。）

### 解 説

**1** **史料の意義を題材とした問題**

**問１** 飛鳥時代の藤原京あとや奈良時代の平城京あとなどから出土する木の札は木簡とよばれ，役所間の連絡文書や荷札などとして使われた。当時，貴重品であった紙の代わりに使われたもので，墨《すみ》で文字を書き，表面を削《けず》って何度も使用されていた。

**問２** 考古学とは，遺跡や遺物を調査することで，古代の人々の生活や文化などを明らかにしようとする学問である。したがって，ここでは「(人が)残したもの」などとするのが適切である。

**問3**　史料は，古代中国の歴史書『漢書』地理志にある記述の一部で，紀元前１世紀ごろの倭《わ》(日本)のようすについて記されている。当時の日本は，弥生時代にあたる。

**問4**　史料は，1232年に鎌倉幕府の第３代執権《しっけん》北条泰時《やすとき》が定めた御成敗式目(貞永《じょうえい》式目)の一部である。これは，源頼朝以来の先例や武家社会の慣習・道徳などをもとに，御家人の権利・義務や土地相続に関する判決の基準などを定めたもので，その後，長く武家法の手本とされた。

**問5**　(1)，(2)　史料は，1635年に江戸幕府の第３代将軍徳川家光が改定した武家諸法度《しょはっと》のうち，参勤交代についての規定。武家諸法度は大名の統制を目的として定められたもので，家光が改定したときに参勤交代が義務づけられた。その目的は，各大名に１年交代で領国と江戸に住むことを義務づけることにより，将軍と大名の主従関係をはっきりさせて支配体制を強化することにあったが，大名は領国との往復や江戸での生活に多額の費用がかかったことから，結果的に経済力を弱めることとなった。

**問6**　日ソ中立条約は，太平洋戦争が始まる直前の1941年４月に調印された。なお，アは1972年，イは1956年，ウは1965年，オは1978年に結ばれた。

**問7**　(1)　アは1335(または1334)年，京都の二条河原に掲《かか》げられたとされる「二条河原の落書」とよばれるもので，建武の新政に混乱する当時の世相を風刺《ふうし》している。イは988年に尾張国《おわりのくに》(愛知県西部)の郡司・百姓らが国司の藤原元命《もとなが》の悪政を朝廷に訴《うった》え出た「尾張国郡司百姓等解文《ぐんじひゃくしょうらのげぶみ》」とよばれるもの。ウは老中松平定信によってすすめられていた寛政の改革(1787～93年)を風刺した狂歌。エは1275年，紀伊国(和歌山県)の阿氏河《あてがわ》荘の農民らが荘園領主に地頭の横暴を訴え出たものである。

(2)　史料は1874年，板垣退助らが政府に提出した「民選議院設立建白書」の一部。板垣らが1881年に結成した自由党は，フランス流の急進的な自由主義をめざしていた。なお，1882年に大隈重信《おおくましげのぶ》らが結成した立憲改進党は，イギリス流の穏健《おんけん》な立憲君主制をめざすものであった。

**問8**　史料は1877年，アメリカ人動物学者のエドワード・モースが，大森貝塚を発見したときのようすを日記に記したものである。これをきっかけに，考古学という新しい学問が日本で始まった。

**問9**　地震や津波といった災害は，ある程度の期間を経て同じ地域で繰《く》り返し起きることが多い。その被害などについて記した石碑《せきひ》からは，災害についての教訓を学ぶことができるので，それらを防災対策や日常の心がまえに生かすことが大切である。

## 2　各都道府県の気候や特色についての問題

**問1**　能登半島があるのは石川県で，県庁所在地の金沢市周辺では，金箔《きんぱく》を用いた工芸品の生産がさかんである。

**問2**　冬の降水量が多い１は金沢市，１・２月の平均気温が15℃以上ある２は那覇《なは》市(沖縄県)，夏の降水量が特に多い３は宮崎市，１・２月の平均気温が低く，冬の降水量が比較《ひかく》的多い４は青森市，夏と冬の気温差が大きく，降水量があまり多くない５は京都市である。

**問3**　**G**　京都府にあって，日本三景の１つに数えられるのは「天橋立《あまのはしだて》」。日本三景の残りの２つは，「松島」(宮城県)と「宮島」(広島県)である。　**H**　青森県で水あげ量が最も多い漁港は八戸港で，全国の漁港別水あげ量では第６位(2018年)となっている。

**問4**　アは沖縄県，イは青森県，ウは鳥取県，エは北海道，オは東京都，カは宮崎県，キは京都府にあてはまる。

**3 九州地方の遺跡や漁業，植物工場についての問題**

**問１** 福岡県と長崎県の間に位置するのは佐賀県。佐賀県東部にある吉野ヶ里遺跡は，1980年代に発見された弥生時代の代表的な環濠《かんごう》集落跡で，弥生時代を通じて営まれたと考えられている。

**問２** 佐賀県の南側に広がる有明海は遠浅の海岸が広がることで知られ，潮の干満差が大きいことを利用したのりの養殖がさかんに行われている。

**問３** 屋内の施設で，太陽光またはLEDなどの人工照明を利用し，培養《ばいよう》液などを用いて野菜などの農作物を栽培するシステムは，「植物工場」とよばれる。天候や気温などの気象条件に左右されず，季節に関係なく農産物を計画的に生産できることから，新しい農業のあり方として注目されている。

**4 2020年のできごとを題材とした問題**

**問１** **１** 2018年５月，アメリカのトランプ政権は，オバマ前政権がイギリス・フランス・ドイツ・ロシア・中国とともに締結《ていけつ》したイランとの核合意から離脱《りだつ》することを表明し，イランへの経済制裁を再開した。これに対抗して，イランは核開発につながるウラン濃縮の再開を表明するなど，両国間の対立が深まっていた。こうしたなか，2020年１月，イラクの首都バグダッドに滞在《たいざい》していたイラン特殊《とくしゅ》部隊のトップであるソレイマニ司令官を，アメリカが無人戦闘《せんとう》攻撃機を使った空爆で殺害。イランは報復としてイラクにあるアメリカ軍基地を弾道ミサイルで攻撃し，両国間の緊張がいっそう高まる事態となった。 **２** 1960年１月，アメリカのワシントンで岸信介《のぶすけ》首相が新日米安全保障条約に調印すると，５月に与党は衆議院においてこれを強行採決し，同条約の承認を可決した。６月，参議院で未採決のまま，条約の承認が自然成立した。 **３** 2020年４月，韓国で総選挙が行われ，文在寅《ムンジェイン》政権の与党である「共に民主党」が圧勝した。ただし，その後韓国では不動産価格の高騰《こうとう》や，政府系企業や与党議員らによる土地の不正取引疑惑《ぎわく》の問題が発覚したことなどにより，文大統領の支持率は急落した。 **４** 安倍晋三内閣は，国家公務員の定年を60歳から65歳に段階的に引き上げる法案と一括《いっかつ》して，検察官の定年を63歳から65歳に引き上げる検察庁法改正案の成立をめざしていた。しかし，この改正案には，検察官について「内閣や法務大臣が認めれば定年を３年まで延長できる」という規定がふくまれており，2020年１月に，政権に近いとされ，次期検事総長への就任が有力視されていた東京高等検察庁検事長の定年を半年延長する閣議決定がなされていたことと合わせ，政権が検察の人事を恣意《しい》的(思うがままに，という意味)に行うものであるとして国民の間に反対する声が高まった。その結果，政府はこれらの法案の成立を見送ることを決定した。 **５** イージス・アショアとは，アメリカ軍が開発した迎撃《げいげき》ミサイルによる防御システムで，自衛隊がすでに導入しているイージス艦による海上弾道ミサイルへの防御システムと同様のものを地上に配備するものである。政府はこれを山口県と秋田県に配備する計画をすすめていたが，迎撃ミサイルを発射したさいに切り離すブースターとよばれる装置が落下する範囲《はんい》などについて，住民への説明にデータの不備があったことなどから，地元住民などの間に反対する声が高まり，政府は手続きの停止に追いこまれた。 **６** 広島と長崎では，原爆投下後，炸裂《さくれつ》時に舞《ま》い上がった泥《どろ》やほこり，すすなどをふくむ「黒い雨」とよばれる雨が降ったことが確認されている。「黒い雨」を浴びると放射線障害を引き起こすことから，国は現地での聞き取り調査などをもとに設定した援護対象区域の住民に対し，被爆者健康手帳を交付してきた。しかし，対象区域外の住民のなかにも多くの被害が生じており，そうした人々も被爆者として認めるよう国・広島県・広島市に求める裁判が起こされた。2020年７月，広島地方裁判所は原告である住民の訴えを認め，被爆者健康手帳の交付を命じる判決を出したが，これを不服とする被告の国・県・市は，高等裁判所に控訴《こうそ》した。
**7**　2020年８月24日，安倍晋三首相は首相としての連続在職日数が2799日となり，佐藤栄作元首相をぬいて歴代第１位となった。佐藤栄作は，安倍晋三の祖父である岸信介元首相の弟にあたる。
**8**　19世紀以来，イギリスの植民地となっていた香港《ホンコン》は1997年に中国に返還されたが，返還後の50年は「特別行政区」として，資本主義経済のしくみや言論の自由などを認める政治体制が保障される「一国二制度」が維持されることになっていた。しかし，近年は中国による直接統治への動きが加速化しており，2020年６月に中国政府が「香港国家安全維持法」を施行したことで，民主派の人々が次々と逮捕《たいほ》される事態となった。こうしたなか，香港政府の行政長官が定例記者会見で「香港は三権分立ではなく，行政が立法や司法を上回る体制である」と発言し，いっそう香港市民の反発を招くこととなった。　**9**　イスラエルは1948年に建国されたユダヤ人の国で，四度にわたって中東戦争が起きるなど周辺のアラブ諸国との対立が続いてきたが，2020年９月，アメリカのトランプ政権の仲立ちにより，イスラエルはアラブ首長国連邦，バーレーンの両国と国交を樹立した。背景には，アラブ諸国間での対立が深まっていることや，経済的利益を優先したい各国の思惑《おもわく》などがあったと考えられる。　**10**　1945年４月，連合国50か国が参加してサンフランシスコ会議が開かれ，同年６月に国際連合憲章を採択，同年10月，51か国により国際連合が正式に発足した。
**問2**　**A**　イギリスでは2016年６月，EUからの離脱の是非《ぜひ》を問う国民投票が行われ，離脱に賛成する票が反対票をわずかに上回った。その結果，離脱に向けてイギリス政府とEU側の交渉《こうしょう》が続けられたが，2020年１月24日，離脱協定が調印され，31日に離脱が正式に成立した。　**B**　2020年７月１日，改正容器包装リサイクル法が施行され，すべての小売店でプラスチック製の買い物袋(いわゆる「レジ袋」)の有料化が義務づけられた。これは，プラスチックごみを削減《さくげん》する対策の一環として行われたものである。　**C**　問１の６の解説を参照のこと。
**問3**　日本にあるアメリカ軍の専用・共用施設面積の約７割が，沖縄県に集中している。
**問4**　アクティブラーニングとは「能動的な学習」という意味。単純に知識を増やすだけでなく，体験学習や調査学習などを通して，みずから学ぼうとする力，考える力を養うことを目的とするものである。このほか，特定の課題に対して意見交換《こうかん》をするグループワーク，討論《とうろん》や議論を行うディスカッション，異なる立場に分かれて討論するディベートなどを行い，異なる意見があることに気づくことで見識を深めることも，意義のある学習方法となる。
**問5**　いわゆる「９月入学」に対しては，世界的にはこれを採用している国が多いことから，日本から外国への留学や，海外からの留学生の受け入れが容易になるとして，賛成する意見も多い。その一方，日本では国の会計年度が４月１日から３月31日までとなっており，役所や企業の活動の多くがそれに合わせてすすめられていることから，学校だけを９月スタートにすればさまざまな混乱が生じることが予想されるとして，反対する意見も根強くある。どちらの方法にもメリット(長所，利点)とデメリット(短所，欠点)があるので，理由をしっかり説明すること。

# 理 科 ＜Ｂ入試＞（30分）＜満点：60点＞

## 解 答

1 **問１** ① うるう ② 365.25 ③ 366 ④ 20 ⑤ 22 ⑥ 部分 ⑦ 梅雨 ⑧ 金かん ⑨ かいき (A) 公転 (B) 自転 **問２** (ウ)

2 **問１** (エ) **問２** **記号**…(ウ) **名前**…塩化水素 **問３** **記号**…(イ) **理由**…(例) 二酸化炭素が水にとけ，ペットボトル内の気圧が低くなったから。 **問４** 水素 **問５** (エ) **問６** (例) くだいて粉にした石灰石を水にまぜたものを川に投入し，川の水を中和した。

3 **問１** セキツイ動物 **問２** ① (ウ)，(オ) ② (エ) ③ (ア)，(エ) ④ (イ)，(カ) **問３** ① **問４** ① イヌワシ ② サンショウウオ ③ ギンブナ ④ カメ

4 **【１】** (1) 右の図Ａ／３倍 (2) 右の図Ｂ／１倍
**【２】** **問１** **記号**…ア **わかること**…(例) 氷水は空気より熱を伝えやすい。 **問２** (1) (例) フィラメントの温度が上がっている。 (2) (例) フィラメントの温度が変化しなくなったから。

図Ａ

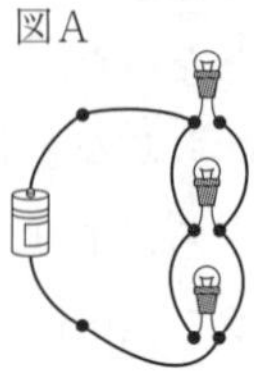

図Ｂ

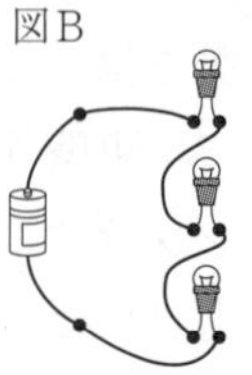

## 解 説

### 1 2020年の暦《こよみ》と日食についての問題

**問１** ①，③ 暦のうえでは１年は365日である（これを平年という）が，ふつう４年に一度，１年が366日になり，この年をうるう年という。うるう年には２月に29日を設ける。 ② うるう年を１回ふくむ４年間の日数は，365×３＋366＝1461（日）なので，平均すると１年は，1461÷４＝365.25（日）になる。 ④，⑤ うるう年の春分の日や秋分の日は，２月の日数が１日多くなるので，平年より１日早くなると考えられる。実際に2020年の春分の日は３月20日，秋分の日は９月22日であった。 ⑥ 2020年６月21日の夕方，全国で太陽の一部分が欠ける部分日食が観測された。 ⑦ ６月から７月にかけてはくもりや雨の日が続きやすい。この期間を梅雨《つゆ》という。 ⑧ 見かけ上，月が太陽の中に入りこんで，太陽のふちだけがリング状に光って見える現象を金かん日食という。 ⑨ 見かけ上，太陽が月に完全に隠《かく》されて見えなくなる現象をかいき日食という。

(A) 地球が太陽の周りを１周することを公転という。 (B) 地球が西から東に向かって自ら回転することを自転という。

**問２** 月が地球の周りを公転する道すじが完全な円形ではなく少しゆがんでいるため，地球から月までの距離《きょり》は短くなったり長くなったりしている。そのため，地球から見た月の大きさは，地球から月までの距離が短くなると大きくなり，距離が長くなると小さくなる。よって，月が小さく見えるときに日食が起こると，太陽と月が重なったときに月が太陽を隠しきれずに金かん日食となり，逆に月が大きく見えるときに日食が起こると，太陽と月が重なったときに月が太陽を完全に隠してかいき日食となる。

### 2 水よう液の性質についての問題

**問１** 食塩水と砂糖水は中性，塩酸とホウ酸の水よう液は酸性，石灰水はアルカリ性である。

**問２** 食塩水は食塩，砂糖水は砂糖，石灰水は水酸化カルシウム，ホウ酸の水よう液はホウ酸がとけていて，いずれもとけているものが固体である。一方，塩酸は塩化水素という気体がとけた水よ

う液である。

**問３**　二酸化炭素は水に少しとけ，炭酸水になる。ここではペットボトル内の二酸化炭素が水にとけ，中の気圧が低くなることで，外から大気圧によっておされるため，ペットボトルがへこむ。

**問４，問５**　水酸化ナトリウム水よう液にアルミニウム片を入れると，水素のあわをさかんに発生しながらアルミニウム片がとける。しかし，水酸化ナトリウム水よう液に鉄片を入れても，反応は見られず，鉄はとけない。

**問６**　群馬県の草津温泉は強い酸性の湯がわき出ており，この湯が流れこむ川も強い酸性となる。そのため川には生物がすむことができず，川の水を生活や産業に利用できなかったり，川の水が橋の土台やダムに使われるコンクリートをとかしてしまったりする。そこで，この川の水を中和して中性に近づける事業が行われている。その工場では，近場でとれる石灰石をくだいて粉状にして，引きこんだ川の水と混ぜて投下し，川の水を中和している。

### 3　セキツイ動物の分類と特ちょうについての問題

**問１**　動物はまず背骨があるかどうかで分けられる。背骨を持つ動物のなかまをセキツイ動物，背骨を持たない動物のなかまを無セキツイ動物をという。

**問２，問４**　①　イヌワシは鳥類，コウモリとイルカはほ乳類である。鳥類とほ乳類には，うまれた子を育てる(世話をする)こと，周囲の温度によらず体温がほぼ一定の恒温《こうおん》動物であることなどの共通点がある。　②　ヤモリとヘビはは虫類，サンショウウオは両生類であるが，どちらも周囲の温度変化につれて体温が変化する変温動物である。　③　イモリとトノサマガエルは両生類，ギンブナは魚類で，ともに水中に殻《から》のない卵をうむ。また，両生類も魚類も変温動物のなかまである。　④　カメはは虫類，ハトとダチョウは鳥類である。両方とも，陸上に殻のある卵をうむ。

**問３**　ほ乳類だけは卵ではなく，親に似たすがたの子をうむ。魚類と両生類は水中に殻のない卵をうみ，は虫類と鳥類は陸上に殻のある卵をうむものが多い。

### 4　電流についての問題

**【１】**　(1)　電池から流れ出る電流の大きさをもっとも大きくするには，３個の豆電球をすべて並列つなぎにするとよい。このとき，それぞれの豆電球に流れる電流の大きさはどれも同じになるから，電池から流れ出る電流の大きさは豆電球１個を流れる電流の大きさの３倍になる。　(2)　電池から流れ出る電流の大きさをもっとも小さくするには，３個の豆電球をすべて直列つなぎにするとよい。このとき，回路全体を流れる電流の大きさはどこも同じになる。つまり，電池から流れ出る電流の大きさは豆電球１個を流れる電流の大きさの１倍となる。

**【２】　問１**　電熱線の温度が高いほど電流が流れにくいのだから，氷水によって冷やされている②の電熱線を流れる電流の方が，①の電熱線を流れる電流よりも大きいと考えられる。よって，①のグラフはイ，②のグラフはアとわかる。また，スイッチを入れてから30秒後までの電流の値の下がり方は，電熱線を氷水にひたした②の方が何も入れていない①よりもゆるやかになっている。このことから，氷水の方が空気より熱を伝えやすく，氷水の中の電熱線は空気中の電熱線に比べてあたたまりにくいことがわかる。

**問２**　(1)　フィラメントに流れる電流が急激に減少していることから，フィラメントの温度が急に上がっていることがわかる。　(2)　フィラメントの温度が上がらなくなり，一定となったため，電流の値も一定になったと考えられる。

## 国　語　＜Ｂ入試＞（50分）＜満点：100点＞

### 解　答

**一** **問１**　（例）　明るく快活な性格ではなく，気軽に他人に声をかけられないようなおとなしいタイプ。　**問２**　（例）　内心では自分とはちがう性格の人間になってみたいと少し思ってはいるが，それをやりきる自信がなかったから。　**問３**　（例）　野木のよりもきれいなくじを作ることで，自分の性格を変えたいという思いをかなえようと，真剣に願う気持ち。　**問４**　（例）　今朝くじで引いた「なにがあっても冷静沈着な人」になりきれていることを，野木の言葉で確信できたから。　**問５**　（例）　野木のまねをしてチョコボールの箱でくじを作っていることを知られたくなくて，ごまかそうとしたから。　**問６**　⑴　（例）　野木と二人で青春を楽しんでいるように見られていることに対して，照れくささを感じている。　⑵　（例）　野木と仲がよいのか自分でもわからないのに，おばさんに「青春」などと言われて，とまどったから。　**問７**　（例）　ぼくが作ったくじのどの性格のふりを野木がしているのかを，見てみたいという気持ち。
**問８**　（例）　なんでも楽しもうとし，毎日を生き生きと過ごすことができる点。　**問９**　（例）　昨日までの自分を基本にしたうえで，自分がどのような人間になりたいのかをしっかりと想定し，その想定にそった考え方や行動をしていくことで，「明日のぼく」が作られていく。　**二**　①～⑮　下記を参照のこと。　⑯　りんりつ　⑰　したさき　⑱　こうせい　⑲　さっしん　⑳　かんい

**●漢字の書き取り**

**二**　①　副賞　②　陛下　③　育(む)　④　葉脈　⑤　心臓　⑥　存亡　⑦　武者　⑧　兆候　⑨　究極　⑩　陸橋　⑪　競合　⑫　賛否　⑬　幹線　⑭　謝罪　⑮　仁愛

### 解　説

**一**　**出典は『飛ぶ教室　第62号』所収の「明日のぼく（有賀《あるが》拓郎《たくろう》作）」による。**塾《じゅく》で，同じ学校の野木から自分のなりたい性格をくじに書き，その日一日ひいたくじのとおりの性格になりきるという遊びを教えられた「ぼく」は，野木のまねをしてくじを作ってみる。

**問１**　野木が作ったくじには，「はきはきした人」，「めちゃくちゃポジティブな人」と書かれており，今日は「テンションが高い人」になりきっているという野木の説明を聞いて，「ぼく」は，「ぼく」に対する野木の「よっ！」というあいさつが「ぼくのイメージの野木とは違《ちが》う」と感じたことに納得《なっとく》している。また，後で「ぼく」がくじを作る際に，「たぶん，野木は明るい性格に憧《あこが》れている」と考えていることにも注目すると，「ぼく」は，ふだんの野木について，「明るい性格」ではなく，気軽に人にあいさつをしてくるようなタイプではないととらえていたことになる。

**問２**　野木の「で，どう？　やりたくなってきた？」という問いかけに対して，「ぼく」が「性格なんて，そんなに急に変えられないよ」，「いやだ」と言ってはいるものの，その後，その日のうちにチョコボールを買い，野木と同じようにくじを作っていることに着目する。このような行動をしたのは，「ぼく」の中にも自分の性格を変えたいという気持ちがあったからであり，くじに対する興味が内心ではわいていたことがわかる。ただし，性格を変えたいと思っていても，この時点では

自分にそれができる自信がなかったので，目をそらして無視するような態度をとったのである。

**問３**　「ぼく」がこの後くじを作りながら考えていることに着目する。「くじに書かれた性格になりきるのなら，じぶんで決めたかった」，「なりたいじぶん」の性格を書いていると「ぼく自身が，明日のぼくを決めることができる」力を手に入れた感じがしてきたとあることから，実は自分の性格を変えたいと強く思っていることがわかる。真剣《しんけん》に願う気持ちがあるから，たんなる「遊び」や「演技の練習の一環《いっかん》」にするのではなく，くじをていねいに作っているのである。

**問４**　野木が皮肉っぽく言ったのは「クールな奴《やつ》」という言葉である。小学生の男子とぶつかった場面に，この日の「ぼく」は「なにがあっても冷静沈着《れいせいちんちゃく》な人」というくじを引いて，「書いてある通りの人間になりきっていた」とある。自分の言動に対して野木が「クールな奴」と言ったことは，自分が「冷静沈着な人」になりきれていることを確信させる言葉だったので，「悪い気はしなかった」のである。

**問５**　「チョコボールの箱が二個，散乱している」とあることに着目する。一つは前の日に野木が見せてくれたくじの箱で，もう一つは「ぼく」が作ったくじの箱である。昨日，野木に対して「性格なんて，そんなに急に変えられないよ」，「いやだ」と言ってしまった手前，野木のまねをしてくじを作っていることを知られたくなくて，「ぼく」はおいしいからチョコボールを買ったのだとごまかそうとしているのである。

**問６**　(1)「そのことば」とは，「青春もほどほどにしなさいよ」である。野木と友だちになって仲よく青春を楽しんでいるかのようにおばさんからは見られていることに気がつき，照れくさいような気持ちがわいたのである。　(2)　前の日におばさんから「あそこのベンチで話してた子，友だちなの？」と野木のことを聞かれたときに，「ぼく」が「えっ？　あ，いや」と否定していることに着目する。そう言った次の日には，仲よくなったような姿を見せていることに気がつき，どうしていいかわからずに目をそらしたのである。

**問７**　野木のくじと「ぼく」のくじとが入れかわってしまったことに対して，最初は「笑っているだろうな，きっと。いやだと言いながら，こっそり作っていたなんて」と考えて恥ずかしさを感じていたが，「野木は，ぼくのくじのなにを引いただろうか」，「冷静沈着も〜野木にはぜんぜん似合わない。でも，だからこそ，逆に見てみたい気もする」と思い始めたので，早く塾に行きたくなったのである。

**問８**　「ぼく」が野木の書いた「なんでも楽しんじゃう人」というくじを引き，「いつもなら楽しまないようなことを楽しんじゃう」人になりきろうとしていることをおさえる。だからこそ，「小学生の頃《ころ》にやっていて，いつからかしなくなったことばかり」をしているのである。そして，それをすることで「案外生き生きとしているじぶんにふと気がついた」のである。つまり，小学生の頃の「ぼく」は，「なんでも楽しんじゃう」ことができ，そうして毎日を生き生きと過ごすことができていたということになる。

**問９**　自分を変えたいと思った「ぼく」が，野木のまねをしてくじを作り，「なりたいじぶん」，「ぼく自身が，明日のぼくを決めることができる」と考えていることに着目する。そうして，「ぼく」が「なりたいじぶん」として選んだのは「なにがあっても冷静沈着な人」や「合理的」「完璧《かんぺき》主義《しゅぎ》」といった性格であり，そういった人になりきることで，自分を変えようとしているのである。なりたい自分をしっかりと想定して，それにそった行動や考え方をしていれば，「明日のぼく」につながっていくのではないかと，作者は伝えているのである。

## 二　漢字の書き取りと読み

①　正式の賞にそえて贈《おく》られる品物や金銭。　②　天皇や皇后《こうごう》や国王など君主に対する敬称。　③　音読みは「イク」で，「教育」などの熟語がある。　④　葉を支え，水分や養分の通り道となる，葉にある細い筋。　⑤　血液を体中に送り出す器官。　⑥　残るか消えてなくなるかということ。　⑦　「武者ぶるい」は，興奮《こうふん》したり気負いこんだりして体がふるえること。　⑧　物事が起こりそうな前ぶれ。　⑨　物事を進めていったときに，最後に行き着くところ。　⑩　道路や鉄道線路などの上にかけられた橋。　⑪　競い合うこと。　⑫　賛成と反対。　⑬　鉄道や道路などの主流となる線。　⑭　おわびをすること。　⑮　人を思いやる，やさしい心。　⑯　細長い建築物などが，林の木のように数多く立ち並んでいること。　⑰　「舌先三寸」は，口先だけで相手をあしらうこと。　⑱　後の世の中。　⑲　悪いところをなくして，すっかり新しくすること。　⑳　手軽で簡単なこと。

# 2020年度　学習院女子中等科

〔電　話〕(03) 3203－1901
〔所在地〕〒162-8656　東京都新宿区戸山3－20－1
〔交　通〕東京メトロ副都心線―「西早稲田駅」より徒歩3分
東京メトロ東西線―「早稲田駅」より徒歩10分

**【算　数】〈A入試〉**（50分）〈満点：100点〉

［注意］　どの問題にも答えだけでなく途中《とちゅう》の計算や考え方を書きなさい。

**1**　次の□にあてはまる数を答えなさい。

$$\frac{3}{13}+\frac{53}{1300}\div 2.65-2\times\left(\frac{8}{65}-\frac{1}{26}\right)=\square$$

**2**　次の□にあてはまる記号(＋，－，×，÷のいずれか)を答えなさい。

$$1+2-3\times 4\ \square\ 5+6-7\times 8\div 9=\frac{17}{45}$$

**3**　Aさん，Bさん，Cさんは3人とも1月生まれで，2020年2月1日の年齢《ねんれい》はそれぞれ33歳《さい》，5歳，1歳です。BさんとCさんの年齢の和がAさんの年齢の半分になっているのは，何年の2月1日ですか。

**4**　どの直線同士も必ず交わるように，100本の直線を引きます。交わる点が最も少なくなるときと，最も多くなるときの個数をそれぞれ答えなさい。

**5**　同じマンションに住むAさんとBさんは，マンションから1080m離《はな》れた図書館に9:50に到《とう》着《ちゃく》するために，何時何分にマンションを出発すればよいのかそれぞれ考えました。

しかし，Aさん，Bさんともに予定とは異なる時刻に図書館に到着してしまいました。Aさん，Bさんは最初にどこでどのように考え方を間違えてしまったのか，それぞれ説明しなさい。また，正しい出発時刻を答えなさい。

ただし，Aさん，Bさんともに歩く速さは時速3.6kmとします。

【Aさんの考え方】

**1080mは1.08kmなので，**

**マンションから図書館までの所要時間は，**

**1.08÷3.6＝0.3(時間)**

**0.3時間は30分なので，**

**9:50より30分前の9:20にマンションを出発しました。**

【Bさんの考え方】

**時速3.6kmを分速に直すと，**

**3.6×60＝216　より，分速216m**

**マンションから図書館までの所要時間は，**

**1080÷216＝5（分）**

**よって，**

**9:50より5分前の9:45にマンションを出発しました。**

**6**　長針の長さが11cm，短針の長さが8cmの時計があります。次の問いに答えなさい。

(1)　10:30から，長針が短針に重なるまでには何分かかりますか。分数《ぶんすう》で答えなさい。

(2)　(1)の間に長針が動いた部分の面積を求めなさい。ただし，円周率は3.14とします。

**7**　右の図のように，直方体の形をした水そうの中に，底面積が等しく高さが異なる円柱の形をした3つのコップを入れて，水そうの底面から離《はな》れないように固定します。水そうの底面にある穴を閉じて，蛇口《じゃぐち》から一定の割合で水そうに水を入れます。下のグラフは毎秒$10cm^3$の割合で水を入れたとき，入れ始めてからの時間と水面の高さの関係を表しています。水そうやコップの厚みは考えないものとして，次の問いに答えなさい。

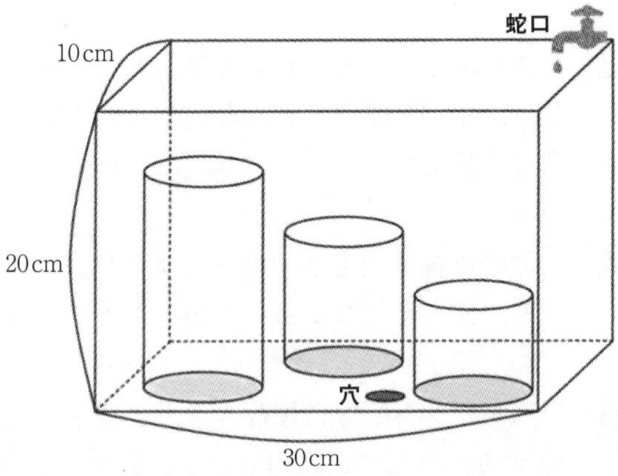


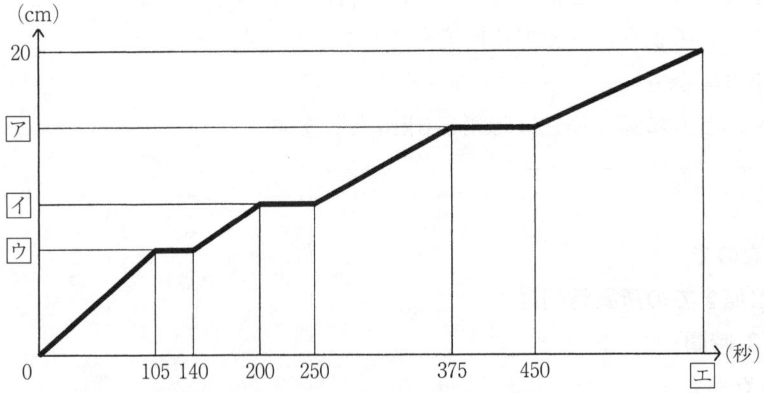


(1)　グラフのアからエに入る数字を答えなさい。

(2)　次に，水そうの底面にある穴から毎秒$50cm^3$の割合で水をぬきます。大きな水そうの中の水が，コップの中に入っている水だけになるのは，水をぬき始めてから何分何秒後ですか。

(3)　再び穴を閉じて，蛇口から毎秒$50cm^3$の割合で水を入れるとき，水面の高さが13cmになるのは，水を入れ始めてから何秒後ですか。

**【社　会】**〈**A入試**〉(30分)〈満点：60点〉

**1**　次の**A**～**F**の文章を読み，以下の問いに答えなさい。

**A**　奈良時代，唐の影響(えいきょう)を受けた文化が栄えました。この文化を①聖武天皇の時代の年号をとって(　**1**　)文化ともいいます。東大寺の②正倉院には，聖武天皇ゆかりの宝物が収められました。

**B**　平安時代には，はなやかな国風文化が成立しました。漢字をもとにしたかな文字が生まれ，(　**2**　)によって『枕草子』が記されました。また社会では，あらたな③仏教の宗派が生まれました。

**C**　④室町時代には，書院造という建築様式が生まれ，床の間をかざるための(　**3**　)が発展しました。(　**3**　)は，その後さまざまな流派にわかれ，現在でも多くの人々に親しまれています。

**D**　⑤江戸幕府の８代将軍(　**4**　)は実際に役立つ学問を重視し，さつまいもやさとうきびなどの栽培(さいばい)にも力を入れました。

**E**　⑥1904年，歌人の与謝野晶子は(　**5**　)戦争に従軍した弟を思い，「君死にたまふことなかれ」という詩を発表しました。

**F**　1964年，アジア初のオリンピックが東京で開かれ，日本の復興と⑦経済発展を世界に示しました。1970年には大阪で万国博覧会が開かれ，このころからカラーテレビ・自動車・(　**6**　)の「新三種の神器(３Ｃ)」が普及(ふきゅう)しました。

問１　空らん(**1**)～(**6**)にあてはまる語句を答えなさい。

問２　下線部①が仏教の力をかりて世の中を安定させるため，全国に置いたものは何か答えなさい。

問３　下線部②には，唐や西アジアとの交流を示す国際色豊かな宝物が多くふくまれており，正倉院を「〔　　〕の終着駅」と呼ぶこともある。〔　〕にあてはまる，中央アジアを横断する東西の交通路を答えなさい。

問４　下線部③について，日本の仏教の宗派と開祖の組み合わせとして正しくないものを次の**ア**～**エ**より１つ選び，記号で答えなさい。

**ア**．浄土真宗－親鸞　　**イ**．浄土宗－法然

**ウ**．天台宗－最澄　　**エ**．曹洞宗－栄西

問５　下線部④の説明として正しくないものを次の**ア**～**エ**より１つ選び，記号で答えなさい。

**ア**．14世紀前半，足利尊氏は京都に幕府を開いた

**イ**．将軍を補佐(ほさ)するために執権がおかれた

**ウ**．３代将軍足利義満は，京都の室町に花の御所を建てた

**エ**．８代将軍足利義政のあとつぎをめぐり，京都で大きな戦乱がおきた

問６　下線部⑤に関連して，江戸時代には江戸や大阪などで町人文化が栄え，商人出身の伊能忠敬や医者でもあった本居宣長のような学者も活やくした。なぜ江戸時代にこのような文化が生まれたのか，その理由を江戸時代の特ちょうをふまえて説明しなさい。

問７　下線部⑥に関連して，次の**ア**～**エ**の20世紀のできごとを古いものから年代順になるように，記号を並べかえなさい。

**ア**．男子普通選挙の実現　　**イ**．日本の国際連盟脱退

**ウ**．盧溝橋事件　　**エ**．韓国併合

問8　下線部⑦について，このときの急激な経済発展は日本社会に大きな問題を引きおこした。おもな問題を1つ答えなさい。

**2**　次の問いに答えなさい。

問1　次の半島がある都道府県名を答えなさい。

(1)　下北半島　　(2)　国東半島

問2　次の河川の河口がある都道府県名を答えなさい。

(1)　吉野川　　(2)　天竜川

問3　次の伝統的工芸品がある都道府県名を答えなさい。

(1)　加賀友禅(かがゆうぜん)　　(2)　南部鉄器

問4　次の史跡(しせき)などがある都道府県名を答えなさい。

(1)　大宰府跡　　(2)　高野山金剛峯寺

問5　次の(1)～(3)の生産量が全国1位の都道府県(2016年)を，下の**あ**～**こ**より選び，記号で答えなさい。

(1)　タオル

(2)　金属洋食器

(3)　しじみ

**あ**．秋田県　　**い**．茨城県

**う**．新潟県　　**え**．福井県

**お**．静岡県　　**か**．愛知県

**き**．島根県　　**く**．岡山県

**け**．愛媛県　　**こ**．熊本県

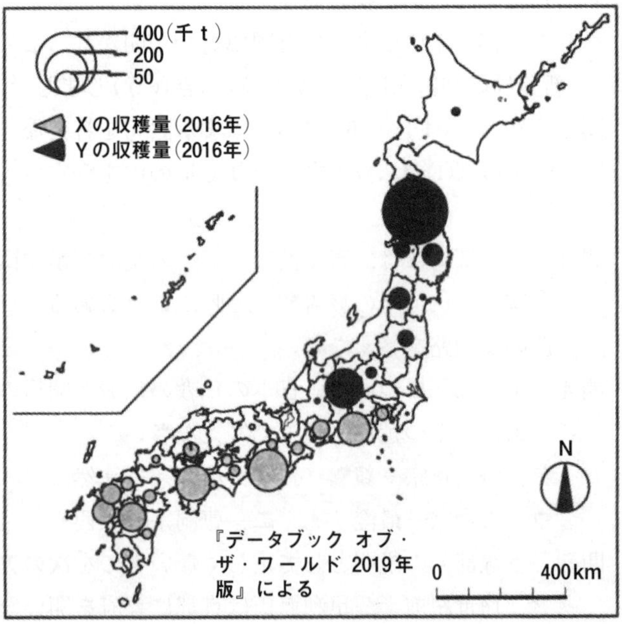


問6　図は，ある2つの農産物の都道府県別収穫(しゅうかく)量を示している。図中**X**・**Y**にあてはまる農産物名を答えなさい。

問7　図中**X**は，どのような自然条件のもとでよく栽培されているか説明しなさい。

**3**　次の文章を読み，以下の問いに答えなさい。

> 日本の地域区分は，社会のしくみや歴史的背景，地理的条件によって，さまざまな区分の方法がある。例えば，山梨県は，中部地方に区分されることが多いが，気象庁の地方予報区では関東甲信地方となる。

問1　区分の方法によって，近畿地方や中部地方，東海地方に区分されることがある都道府県を1つ答えなさい。

問2　気象庁の地方予報区をみると，山口県は中国地方ではなく九州北部地方に区分されている。その理由を説明しなさい。

**4** 次の文章を読み，以下の問いに答えなさい。

水道の水は，飲み水やお風呂，トイレなど，生活には欠かせないものです。きれいで安全な水を届けるために，①水道局はさまざまな仕事を行っています。例えば，水をきれいにする( **1** )場の運営や水質検査，水道管の修理，さらには②森林の管理などです。また，きれいな水を届けるだけでなく，使われてよごれた水を処理して自然にもどすことも水道局の仕事です。家庭などで使われた水は，( **2** )道管を通って，( **2** )処理場できれいにされた後に，川や海にかえっていきます。

近年，日本の水道管が古くなり，取りかえが必要になってきたことや，一部の水道局で運営上，( **3** )になっていることが問題とされ，昨年，水道事業の( **4** )化を認める法律が( **5** )されました。しかし，これによって，水の安定的な( **6** )ができなくなる，③水道料金が高くなる，といった不安の声もあります。④水道は，電気やガスなどとならんで【 **A** 】ラインと呼ばれています。人間の生活を支える【 **A** 】ラインの運営方式が変わることで，私たちの生活も大きく変わるかもしれません。

水道をめぐるさまざまな問題があっても，他国と比べると日本は水資源の豊富な国です。しかし，⑤世界には，生活に必要な水を得ることが難しい人も多く，近い将来，深刻な水資源問題がおこることが予想されています。限られた地球上の水資源をいかに分配し，人々の健康を保っていくかはみなさんの知恵にかかっています。

問1　空らん(**1**)～(**6**)にあてはまる語句を次の**ア**～**サ**より選び，記号で答えなさい。

**ア**．浄水(じょうすい)　**イ**．上水　**ウ**．下水
**エ**．民営　**オ**．公営　**カ**．黒字
**キ**．赤字　**ク**．供給　**ケ**．需要(じゅよう)
**コ**．廃止(はいし)　**サ**．施行(しこう)

問2　空らん【**A**】にあてはまる語句をカタカナで答えなさい。

問3　下線部①について，水道局の運営はおもにどこがしてきたか，次の**ア**～**オ**より最もふさわしいものを1つ選び，記号で答えなさい。

**ア**．厚生労働省　**イ**．国土交通省　**ウ**．株式会社
**エ**．財団法人　**オ**．地方自治体

問4　下線部②について，なぜ水道局が森林を管理する必要があるのか，理由を説明しなさい。

問5　下線部③について，日本の水道料金は地域によって大きく差がある。どんな地域の水道料金が高くなるか，理由がわかるように説明しなさい。

問6　下線部④について，水道，電気，ガスのように生活にかかわりの深いものの料金をまとめて何と呼ぶか，答えなさい。

問7　下線部⑤について，どのような水資源問題がおこると予想されるか，1つ例をあげて説明しなさい。

**【理　科】**〈A入試〉(30分)〈満点：60点〉

**1**　ヒトが吸いこんだ空気は，( ① )を通って左右の( ② )にいきます。A( ② )の中には小さなふくろ状のものがたくさんあり，そのまわりを( ③ )がとりまいています。ここでは血液との間で空気中の成分の交かんが行われます。( ② )で空気中の成分の交かんが行われると，B血液は( ④ )をたくさんふくみ，明るい赤色になります。

問１　文中の①～④にあてはまるものを次の(あ)～(く)から選び，記号で答えなさい。

(あ)　毛細血管　　(い)　二酸化炭素　　(う)　気管　　(え)　心臓

(お)　酸素　　(か)　肺　　(き)　食道　　(く)　大動脈

問２　下線部Aについて，②の中に小さなふくろ状のものがたくさんあることの利点を，かんたんに説明しなさい。

問３　下線部Bについて，このような血液を何といいますか。

問４　下線部Bについて，この血液はどの血管を流れて心臓に向かいますか。次の(ア)～(エ)から１つ選び，記号で答えなさい。

(ア)　大静脈　　(イ)　大動脈

(ウ)　肺静脈　　(エ)　肺動脈

問５　吸う息とはく息で成分を比べると，はく息で増える成分は何ですか。あてはまる組み合わせを，次の(ア)～(オ)から１つ選び，記号で答えなさい。

(ア)　酸素と水蒸気　　(イ)　水蒸気とちっ素　　(ウ)　酸素と二酸化炭素

(エ)　酸素とちっ素　　(オ)　水蒸気と二酸化炭素

**2**　2019年８月７日に群馬県と( ① )県の県境に位置する( ② )山で小規模な火山噴火《ふんか》がありました。地下の深い所で高温のため岩石がとけた物質を( ③ )といいますが，今回の噴火で，噴火口から飛んだとみられる成分を調べた結果，新しい( ③ )物質は確認できませんでした。今回の噴火は地下にある( ③ )の熱で地下水が( ④ )となってふき出す( ④ )噴火だったとみられます。( ② )山では，過去にも大規模な噴火がくり返し発生し，噴火口から( ③ )があふれ出して( ⑤ )として流れ出したり，細かいしぶきとなった( ③ )が空中で冷えて固まって粉のようになり( ⑥ )として降り積もったりしてきました。この( ⑥ )は，( ⑦ )という上空を吹いている風の影響で噴火口の　A　側に降り積もることが多くあります。

問１　文中の①～⑦にあてはまる語を答えなさい。

問２　文中の　A　にあてはまる方位を次の(ア)～(エ)から選び，記号で答えなさい。

(ア)　東　　(イ)　西　　(ウ)　南　　(エ)　北

問３　ある火山地域の地下の地層を調べたら，右の断面図のようになっていました。この場所で起きた以下の(ア)～(オ)のできごとを古い順に並べなさい。

(ア)　地層Ａ～Ｆがかたむいた

(イ)　地層Ｇがたい積した

(ウ)　火山ができて噴火した

(エ)　地層Ａ～Ｆがたい積した

(オ)　地層Ａ～Ｆがしん食された

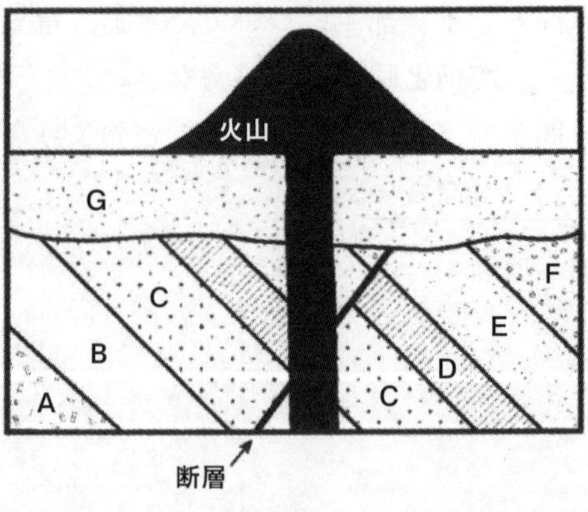

問4　問3の(ア)～(オ)のうち，断層ができた時よりも確実に後に起きたと考えられるできごとをすべて選び，記号で答えなさい。

問5　断層ができた時，このあたりで起きたと考えられる自然現象を1つ答えなさい。

**3**　ドライヤーが2台あります。2台(白色と黒色)は性能が異なりますが，どちらもスイッチは「切」「送風」「温風」の3段階で，構造は同じです。図1はドライヤーのしくみを簡単に示した図です(導《どう》線は省略してえがいてあります)。「送風」はヒーターを使わず，ファンだけを回して風を出します。「温風」はファンが回っている状態で，さらにヒーターに電流を流して発熱させ，温風を出します。それぞれのドライヤーのプラグをコンセントに差し込み，スイッチを切りかえながらドライヤーに流れる電流を調べたところ，表1のようになりました。

図1

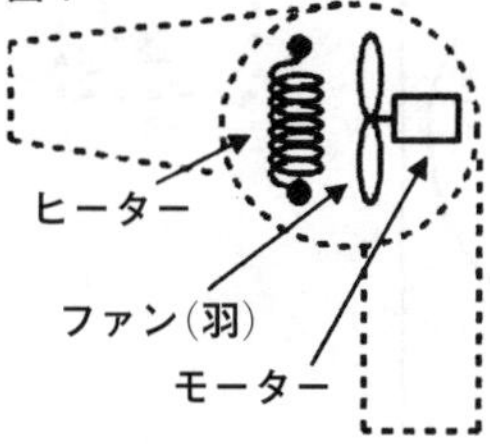


表1

| スイッチの状態 | ドライヤー白[A] | ドライヤー黒[A] |
|---|---|---|
| 切 | 0 | 0 |
| 送風 | 1.10 | 0.22 |
| 温風 | 10.0 | 5.80 |

問1　図2と図3のように，2台のドライヤーを並列と直列につないで電流をはかりました。表1をもとにして，表2の「あ」～「お」に入る数値を答えなさい。

図2　並列接続

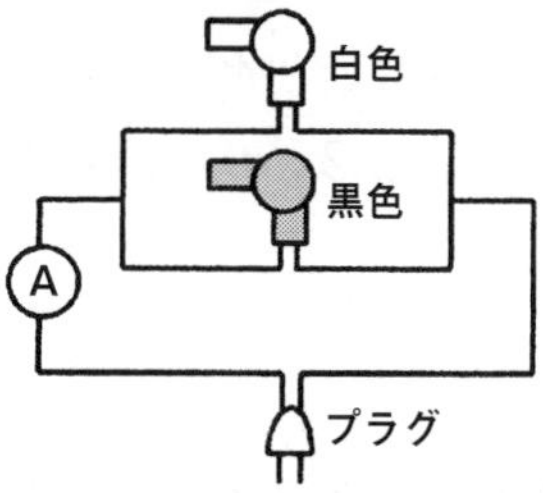


図3　直列接続

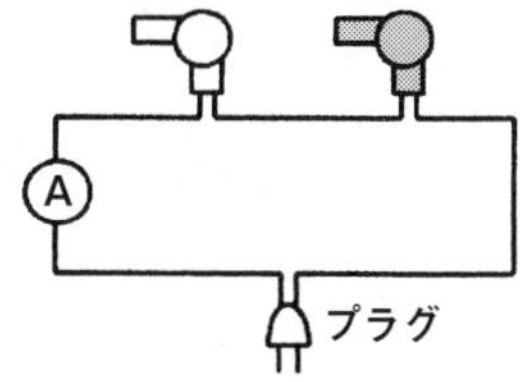


表2

| ドライヤーのスイッチの状態 | | 電流計の値[A] | |
|---|---|---|---|
| 白 | 黒 | 並列接続 | 直列接続 |
| 切 | 切 | 0 | 0 |
| 切 | 送風 | あ | 0 |
| 切 | 温風 | い | 0 |
| 送風 | 切 | 1.10 | え |
| 送風 | 送風 | 1.32 | 【 a 】 |
| 送風 | 温風 | う | 0.61 |
| 温風 | 切 | 10.0 | お |
| 温風 | 送風 | 10.2 | 0.21 |
| 温風 | 温風 | 15.8 | 2.98 |

問2　表2の【a】に入る数値はどのような値になると考えられますか。次の(ア)～(ウ)から選び，記号で答えなさい。また，なぜそう考えたのか，理由を説明しなさい。

(ア)　0より大きく0.22より小さい

(イ)　0.22より大きく0.61より小さい

(ウ)　0.61より大きく1.10より小さい

問3　図4はドライヤーが「温風」を出しているときの配線図の一部です。ドライヤーはファンが回らないのにヒーターだけ熱くなることはありません。また，スイッチの部分では，図5のように，点RとSの位置を同時に上下に動かしてドライヤーの状態を変えます。「切」は，4点P，Q，R，Sがどれもつながっていません。「送風」は，QとRがつながっています。「温風」は，PとR，QとSがつながっています。図4に導線をかき加え，温風を出すための配線図を完成させなさい。(適切な黒点どうしを導線で結ぶこと。)

図4

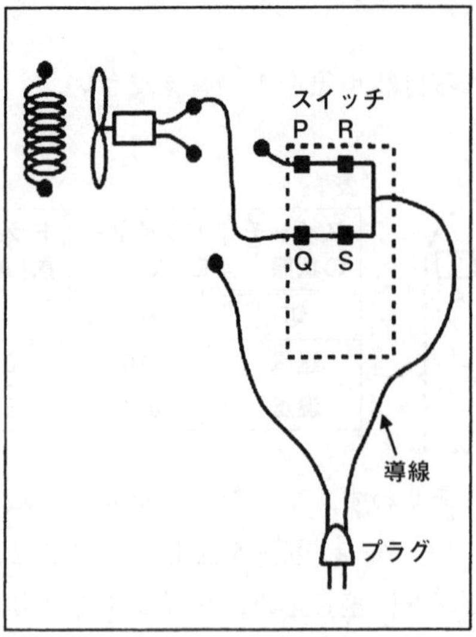


図5

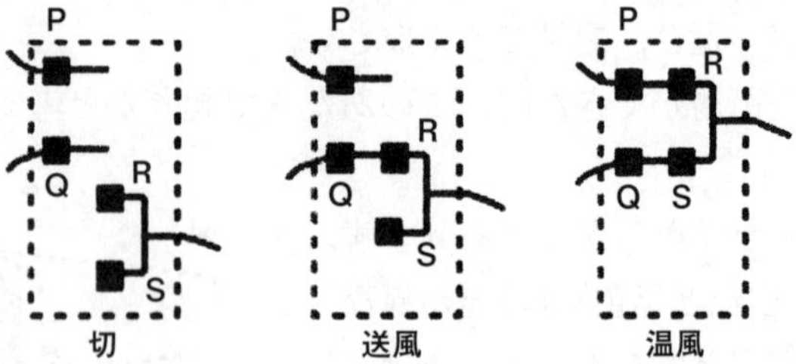


**4** 9.2gのアルコール(エタノール)を完全に燃焼させると，空気中の酸素と反応して，17.6gの二酸化炭素，10.8gの水が生じました。

問1　反応した空気中の酸素は何gですか。

問2　アルコールは酸素と炭素と水素，二酸化炭素は酸素と炭素，水は酸素と水素でできています。また，44gの二酸化炭素は酸素と12gの炭素，18gの水は酸素と2gの水素でできています。

(1)　9.2gのアルコールにふくまれている炭素は何gですか。

(2)　9.2gのアルコールにふくまれている酸素は何gですか。

問3　23gのアルコールを用いて，同じ実験をすると，二酸化炭素と水がそれぞれ何gずつ生じますか。

が、このときの「私」の気持ちを、文章全体をふまえて説明しなさい。

二　次の傍線のカタカナは漢字に、漢字はひらがなに直しなさい。

①　総理大臣がカクギを開く。
②　保育所をニンカする。
③　負担をケイゲンする。
④　ウミガメのサンラン。
⑤　力の差がレキゼンとしている。
⑥　意味シンチョウな態度。
⑦　試合でムハイを保つ。
⑧　タントウ直入に聞く。
⑨　農業用のチョスイチ。
⑩　土地をシソンに残す。
⑪　税額をサテイする。
⑫　牛馬のシリョウを輸入する。
⑬　デパートにキンムする。
⑭　税金をオサめる。
⑮　不足分をオギナう。
⑯　気骨のある若者。
⑰　発奮して勉強する。
⑱　名《めい》簿《ぼ》に名を連ねる。
⑲　社会的な地位を築く。
⑳　話し合いで合意に至る。

と、にごった色水のバケツを片手に、そそくさと立ち上がる。しおりが教室を出ていったところで、「あの……」と松村さんが、遠慮《えんりょ》がちに私のほうに顔を向けた。

「なに？」

「ううん。ただ、佐古さんと瀬川さんって仲よかったんだなって。ちょっと意外だったから、その、びっくりして……」

ごにょごにょとそう言ってから、松村さんはあわてたように、

「あ、でも悪い意味じゃなくて！　むしろいい意味で！」と、言葉をついだ。

「なんだか、見てて、本当の友達って感じがするから。だから、いいなって」

その一言に、驚いた。境界線を越《こ》えることが、私はずっと怖かった。⑧「日向」からはみ出そうとすることは、とがめられても仕方ないことなんだって、そう思っていた。だけど、いいな、と松村さんは言ってくれた。心を込めて。

「うん。小学校が一緒で。その時から……親友で」

親友、という言葉を使っていいのか、しおりが今もそう思ってくれているのか、それは私には分からない。でも、そうだったらいい。そう思って、私は言った。

「へえ、いいなあ。そういう友達」

百井くんが間のびした声で言って、のんびりと笑う。私はうなずいて、応援旗に目を落とす。

花びらの舞う空の中を、悠々《ゆうゆう》と泳いでいく大きなクジラ。

どこにでも行けそうな自由さが、その絵からは伝わってくる。

私もいつか、そんなふうに、なれるだろうか——。

そう胸の内でつぶやいたら、⑨教室に差し込む夕陽《ゆうひ》が、かすかに目にしみた。

（水野瑠見《るみ》『十四歳日和《さいびより》』）

問1　傍線《ぼうせん》①「それ」はどのような内容を表しているのか、説明しなさい。

問2　傍線②「心はざらりと毛羽立ったまま、ちっともおだやかになってはくれなかった」とあるが、これは、「私」のどのような心の状態を表しているのか、説明しなさい。

問3　傍線③「私の煮え切らないところ」とは、どのようなところか、説明しなさい。

問4　④では赤い絵の具が繰《く》り返《かえ》し描かれている。このことから、作者がどのようなことを表現しようとしていると考えられるか、説明しなさい。

問5　傍線⑤「その瞬間、私の中で、何かが弾けた」とあるが、それはなぜか、順を追って説明しなさい。

問6　傍線⑥「私と朱里が衝突したのは、絶対に、松村さんのせいじゃない」とあるが、「私」は自分と朱里が衝突した理由をどのようにとらえていると考えられるか、説明しなさい。

問7　傍線⑦「私たちは、今までいちばん、お互いのことをしゃべったと思う」とあるが、「私たち」みんなが、「今までいちばん、お互いのことをしゃべった」のはなぜだと考えられるか、説明しなさい。

問8　傍線⑧「『日向』からはみ出そうとすることは、とがめられても仕方ないことなんだって、そう思っていた」とあるが、

1、「『日向』からはみ出」すとはどのようなことか、説明しなさい。

2、なぜ「私」は「そう思っていた」のだと考えられるか、説明しなさい。

問9　傍線⑨「教室に差し込む夕陽が、かすかに目にしみた」とある

淡《あわ》い色が混じり合った幻想的《げんそうてき》な空の中に、点々と散った鮮《あざ》やかな赤。たしかに、そこだけ見れば、違和感《いわかん》はある。だけど、なんて鮮やかなんだろう。

そう思った時、ぴんと心にひらめくものがあった。そうだ、初めてしおりと出会った日、私たちの間を吹《ふ》き抜《ぬ》けていった風と、ひらめく花びらと――。

「……花」

ぽつんとこぼした私のつぶやきに、三人が、いっせいに顔を上げる。

「花?」

首をかしげるしおりに、私は大きくうなずいた。

「そう。隠《かく》すんじゃなくて、デザインの一部にするのってどうかな。空に花びらが舞《ま》ってるようなイメージで全体に描きたして。そしたら、遠目からでも華《はな》やかに見えるし……」

そこまで言った時、みんなの視線が私に集まっているのを感じて、はっとした。遅《おく》ればせながら恥《は》ずかしくなって、かっと頰《ほお》がほてる。どうしよう。もしかして、おかしいことを言ってしまっただろうか――。

けれど、その時。

「いいと思う。すごく」

え、とまばたきをする私の前で、しおりがまっすぐ私にほほえみかけて言った。

「やろうよ、それ」

四人で頭をくっつけるようにして、空に、たくさんの花びらを描いた。そうして少しずつ暮れていく教室の中で、⑦私たちは、今まででいちばん、お互《たが》いのことをしゃべったと思う。

松村さんが吹奏楽《すいそうがく》部でホルンを吹いていること。最近、小学生の妹が生意気になって困ってるってこと。そんなことも、初めて知った。

「生意気なのに、やっぱりかわいくて。くやしいけど」と、照れくさそうに笑う松村さんは、教室では見たことのない、「お姉さん」の顔をしていた。

百井くんは、あまり自分のことを話そうとはしなかったけれど、私たちの話にのんびりうなずいたりあいづちを打ってくれたりした。そのおだやかな横顔は、クラスの騒々《そうぞう》しい男子たちとは、まるで雰囲気《ふんいき》がちがう。そのせいだろうか、男子が苦手なはずのしおりまで、百井くんとはごく自然に言葉を交わしてる。そのことに、びっくりした。

「瀬川《せがわ》さんは、将来、画家になるの?」

教室に差《さ》し込《こ》む光に夕暮れの色が混じり始めたころ、百井くんが、ふいにそう言った。

「……なんで?」

唐突《とうとつ》な質問だったからだろう、ささやくように答えたしおりの頰が、さっと赤くなった。

「え。だって、いつも休み時間に絵、描いてるから。だから、そうなのかなって」

ごく当たり前のように、のんびりと笑って、百井くんは言った。

その言葉に、はっとする。今まで考えたこともなかったけれど、そういえば、百井くんは昼休みにどこで何をしているんだろう、と思って。でも全然、思い浮かばない。そんなことさえ思い出せないぐらい、ごく近い、目の前の出来事しか自分には見えてなかったんだと思って、ふいに恥ずかしくなった。

「……なりたいって、思ってはいる、けど」

やがてしおりが恥ずかしそうにそうつぶやくと、「うわあ、やっぱりそうなんだ」と、百井くんはうれしそうに、明るい声を上げて笑った。その声にしおりはいっそう顔を赤くして、「私、水換《か》えてくるね」

気にはなれなかった。
大丈夫だよ、なんとかなるよ——。
そうフォローの言葉を口にしようとした。けれど、その時だった。
「えー、超《ちょう》目立つじゃん。どうすんの？　これ」
ロコツな物言いにぎょっと顔を上げると、さっきまで手持ちぶさたにしていた朱里が、すぐそばに立っていた。きれいに整った眉《まゆ》をひそめて、応援旗を見下ろしている。
「あ、でも、上から塗り直せば……」
おずおずと、百井くんが言いかける。
けれどそれを朱里は、「や、そこだけ塗り直しても、かえって目立つでしょ」とあっさり一蹴《いっしゅう》した。その一言に、松村さんはさらに耳を真っ赤にして、「ごめんなさい……」とうつむいてしまう。しおりが手を当てた松村さんの肩《かた》は、すでに、泣きだす寸前のように小さく震《ふる》えている。
——なんで？　朱里……。
思わず隣をふりあおぐと、朱里はもう他人事《ひとごと》みたいにつまらなそうにそっぽを向いていた。
⑤その瞬間、私の中で、何かが弾《はじ》けた。
「朱里」
口を開くと、思ったよりも低い声が出て自分でも驚《おどろ》いた。
朱里が、おっくうそうに首をもたげて私を見る。その視線にひるみそうになったけれど、私は、構わずに口を開く。
「……なんで、そういう言い方するの。それに、ずっとサボってたじゃん、朱里。こんな時だけ責めるのって、おかしいよ」
言った。言ってしまった。
水を打ったような静けさの中で、カツン、と時計の針が動く音がした。しおりの、そして百井くんと松村さんの視線をひりひりと肌《はだ》に感じる。怖《こわ》い。怖くてたまらない。
「……何ソレ。なんであたしが、悪者みたいになってんの？」
抑揚《よくよう》のない声で言って、朱里がカバンをつかむ。そしてポニーテールを揺《ゆ》らして、私をまっすぐに見た。少し前まで「葉！」と笑いかけてくれていた、勝ち気な猫《ねこ》みたいな瞳《ひとみ》。でも今そこにあるのは、以前のような親しみじゃなかった。
「日向《ひなた》」と「日陰《ひかげ》」の境界線。それを朱里がたった今、私の前に、完全に引いたことが、はっきりと分かった。
「……もういい。帰る」
そう吐《は》き捨《す》てると、ふり向きもせず、朱里は足早に歩いていってしまった。その背中を視線だけで追いかけながら、私は、そっと目をふせる。
泣きたかった。
だけど、泣かない、と思った。
だって、私は今、朱里に本当の気持ちを言った。そのことに、後悔《こうかい》はなかったから。
ゆっくりと深呼吸してふり向くと、しおりと最初に目が合った。心配そうなそのまなざしに、大丈夫だよ、というふうに、私はうなずいてみせる。
「佐古《さこ》さん……ごめんなさい。私のせいで」
目を赤くした松村さんに、私はううん、と首をふった。それは、本当の気持ちだった。⑥私と朱里が衝突《しょうとつ》したのは、絶対に、松村さんのせいじゃない。
「……だけど、どうしようか。これ」
と百井くんがつぶやいて、私たちは改めて、赤く散らばったシミを見下ろした。

私がよほど険しい顔をしていたんだろう。おずおずとしおりが話しかけてきて、私はようやく、はっとわれに返った。

「……うん、平気」

かろうじて笑顔を返すと、しおりも、ほっとしたように目元をゆるめた。

しおりとは、早朝の教室でしゃべったのをきっかけに、じょじょにではあるけれど言葉を交わすようになっていた。ぎこちなさはまだ完全に消えてはいないし、しおりのほうに壁《かべ》を感じることもときどきある。だけど、「葉子」としおりが呼んでくれるようになったことだけで、今は十分にうれしかった。

それに——絵を描《か》くことは、やっぱり、すごく楽しかったんだ。

普段《ふだん》はめったに使わないような大きな刷毛《はけ》で、思い切り、まだ白いところをすうっとなぞる。そうすると、心にあったもやもやも、自分のふがいなさも、全部ぜんぶ、ざあっと流されていくような気がした。

百井《ももい》くんと松村さんは、細かい作業が苦手なようで、細筆を使って描くところは、私としおりのふたりでやった。息をつめて、筆先に集中して、丁寧《ていねい》に色をつけていく。そうして、ふうっと息を吐《は》いて筆先を持ち上げる瞬間《しゅんかん》は、急に視界が広くなって、清々《すがすが》しい気持ちになれる。

作業を終えて、片付けをしている時に、

「だいぶ、進んだね」

と、うれしそうに百井くんが言った。「頑張《がんば》れば、明日か明後日には完成するんじゃないかなあ」と松村さんがあいづちを打ち、私としおりも、笑顔でうなずく。応援旗を見下ろせば、パステルカラーの空の中に、まだ白いままのクジラのシルエットがくっきりと浮《う》かび上《あ》がっていた。

——どうか無事に、この絵が完成しますように。

祈《いの》るようにそう思いながら、私はそっと、教室のドアを閉める。

事件が起きたのは、その翌日のことだった。

午後四時。外は、まだずいぶん明るくて、グラウンドからは野球部の掛《か》け声《ごえ》が、中庭からはトランペットの音色が響《ひび》いている。作業を開始してまだ十分しか経《た》っていないこともあって、その時教室にはまだ、朱里も含《ふく》めた応援旗係全員が顔をそろえていた。

そんな時、それは起こった。

④「あ」

ぽつ、と目の前で鮮《あざ》やかな赤色の絵の具がしぶきのように散ったのと、松村さんが短い悲鳴を上げたのは、どっちが先だったんだろう。

——嘘《うそ》。

気づいた時には、背景の空の上に、赤い絵の具が点々と散っていた。拭《ふ》きとる間もなく、赤い絵の具はすうっと吸いこまれるようにシミになっていく。目の前には、赤く染まった筆をパレットに置いて、青ざめた顔をした松村さんの姿があった。

「ごめん！　ごめんなさい……」

一瞬《いっしゅん》、しん、と静まり返った教室の中で、だれよりも先に声を上げたのは、松村さん本人だった。今にも泣きだしそうな顔で、「どうしようどうしよう」とうろたえている。

実際、これはまずいかも、というのは、私自身も思ってしまったことだった。

上から塗《ぬ》り直したって、背景の色が薄《うす》いぶん、どうしても派手な赤色のほうが浮き出てしまう。ごまかそうとしても、かえって悪目立ちしてしまいそうだ。だけど今は、涙目《なみだめ》になっている松村さんを責める

# 二〇二〇年度　学習院女子中等科

## 【国　語】〈A入試〉（五〇分）〈満点：一〇〇点〉

一　次の文章を読んで、後の問いに答えなさい。

休み時間。私たちは、今までどおり、四人でひとつの机を囲む。明るい会話。笑い声。ぱっと見ただけじゃ、なんにも変わったところはない。いつもの、日常だ。

朱里《あかり》は私のことを、グループから外そうとはしなかった。

意外なことに、芙美《ふみ》とりっちゃんには何も話していないようで、ふたりとも「葉《よう》ー、教室移動するよー」なんて、ふつうに話しかけてくる。その流れで結局は、いつものように四人のままで行動する。そんな日々が、ここ数日はつづいていた。

だけど朱里が自分から、私に声をかけてくることはなくなった。一《いっ》緒《しょ》に机を囲んでいても、朱里は芙美とりっちゃんにだけ、笑顔《えがお》を向ける。芙美とりっちゃんをはさんでその場を共有しながらも、私と朱里の間で直接言葉が交《か》わされることは、ない。

なんで——なんて、そんなこと、聞くまでもない。

私がしおりと親しくするのを、朱里ははっきりと拒《こば》んでいる。それはもう、目に見えて明らかだった。その証拠《しょうこ》に、私がしおりのほうを気にしていると、とがめるような朱里の視線が、すぐさま横顔に飛んでくる。まるで、牽制《けんせい》するみたいに。

少しずつ、だけど確実に、何かがずれ始めてる。

そして①それがいちばん、はっきりと目に見えて分かるのは、やっぱり、放課後の教室だった。

「おーい、朱里ー！」

人気《ひとけ》のない、五人きりの教室の中に、朱里を呼ぶ甲高《かんだか》い声が響《ひび》き渡《わた》る。

手を止めて顔を上げると、ドアの向こうから背の高いショートボブの女の子がぶんぶんと手をふっていた。数秒前まで不機嫌《ふきげん》そうに、パレットの上でぺたぺたと絵の具を溶《と》いていた朱里は、とたんに顔をぱっと輝《かがや》かせて、「ちーちゃん！」と、その子に駆《か》け寄《よ》っていく。

——ああ、まただ。

のど元にこみ上げた苦い感情を、ため息とともにのみ下す。だけど、②心はざらりと毛羽立ったまま、ちっともおだやかになってはくれなかった。きゃははは、と廊下《ろうか》から聞こえてくる朱里たちの笑い声が、やたらと耳にさわる。

今日で、応援《おうえん》旗製作を始めてから六日目。

だけど、朱里がまともに活動に参加していたのは、最初の二日——いや、二日目も途中《とちゅう》で帰ってしまったから、初日だけ、だった。

「あっれー？　もしかして朱里も応援旗で残ってんの？」と、隣《となり》のクラスの女子が、ひょっこりとうちのクラスの教室をのぞきこんできて言ったのは、今から、三日前のこと。どうやら朱里と同じバスケ部の子だったらしく、以来朱里はこれ幸いとばかりに、連日、隣のクラスに入《い》り浸《びた》るようになってしまったのだった。

——なんか……なんかやだ。こういうのって、すごく。

心の奥《おく》でつぶやいて、私はぎゅっと奥歯をかみしめる。思っているだけじゃなくて、実際に言わなくちゃいけないんだ、と分かってはいるけれど、隣の教室へ踏《ふ》み込《こ》んでいって、朱里を連れ戻《もど》すことを考えると、どうしても足がすくんだ。もしかすると、③私の煮《に》え切らないところを、朱里は「やさしい」と言ったのかもしれない。

「葉子、大丈夫《だいじょうぶ》？」

# 2020年度 学習院女子中等科 ▶解説と解答

## 算　数　＜Ａ入試＞（50分）＜満点：100点＞

**解　答**

1　$\frac{1}{13}$　　2　÷　　3　2027年２月１日　　4　**最も少なくなるとき**…１個，**最も多くなるとき**…4950個　　5　**Ａさんの間違い**…(例)　所要時間を分に直すところで，60をかけずに100をかけた。／**Ｂさんの間違い**…(例)　時速を分速に直すところで，60で割らずに60をかけた。／**正しい出発時刻**…９時32分　　6　(1)　$24\frac{6}{11}$分　　(2)　155.43$cm^2$　　7　(1)　**ア**　15　**イ**　10　**ウ**　７　**エ**　600　(2)　１分28秒後　(3)　48秒後

**解　説**

### 1　四則計算

$\frac{3}{13}+\frac{53}{1300}\div 2.65-2\times\left(\frac{8}{65}-\frac{1}{26}\right)=\frac{3}{13}+\frac{53}{1300}\div\frac{265}{100}-2\times\left(\frac{16}{130}-\frac{5}{130}\right)=\frac{3}{13}+\frac{53}{1300}\times\frac{100}{265}-2\times\frac{11}{130}=\frac{3}{13}+\frac{1}{65}-\frac{11}{65}=\frac{15}{65}+\frac{1}{65}-\frac{11}{65}=\frac{5}{65}=\frac{1}{13}$

### 2　四則計算，調べ

□に＋，－，×を入れて計算すると，それぞれ下の㋐，㋑，㋒のようになり，どれも０より小さくなってしまう。□に÷を入れて計算すると，㋓のようになる。よって，□には÷があてはまる。

㋐　$1+2-3\times4+5+6-7\times8\div9=3-12+5+6-\frac{56}{9}=3+5+6-12-6\frac{2}{9}=2-6\frac{2}{9}$

㋑　$1+2-3\times4-5+6-7\times8\div9=3-12-5+6-\frac{56}{9}=3+6-12-5-\frac{56}{9}=9-12-5-\frac{56}{9}$

㋒　$1+2-3\times4\times5+6-7\times8\div9=3-60+6-\frac{56}{9}=3+6-60-\frac{56}{9}=9-60-\frac{56}{9}$

㋓　$1+2-3\times4\div5+6-7\times8\div9=3-\frac{12}{5}+6-\frac{56}{9}=3+6-\frac{108}{45}-\frac{280}{45}=\frac{405}{45}-\frac{108}{45}-\frac{280}{45}=\frac{17}{45}$

### 3　年齢《ねんれい》算

2020年２月１日から①年後の２月１日に，ＢさんとＣさんの年齢の和がＡさんの年齢の半分になるとすると，①年後のＡさんの年齢は(33＋①)歳《さい》で，ＢさんとＣさんの年齢の和は，(５＋①)＋(１＋①)＝６＋②(歳)となる。そこで，33＋①＝(６＋②)×２と表せるから，33＋①＝12＋④より，④－①＝③が，33－12＝21(歳)にあたる。したがって，①＝21÷３＝７より，2020年２月１日から７年後の，2027年２月１日にＢさんとＣさんの年齢の和がＡさんの年齢の半分になる。

### 4　平面図形―構成

まず，交わる点が最も少なくなるのは，右の図１のように，すべての直線が１か所で交わるときだから，最も少なくなるときの個数は１個である。次に，交わる点を最も多くするためには，右の図２のように，１本の直線を引くとき，すでに引かれている直線すべてと交わるように引けばよい。このよ

図１

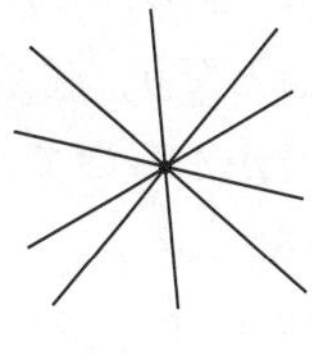

図２

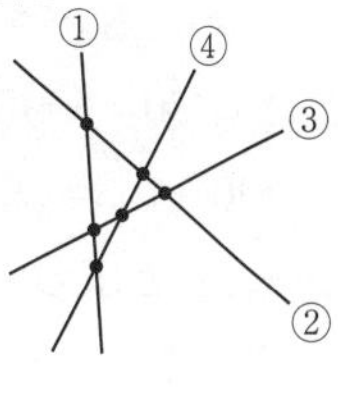

うに直線を引いていくと，交わる点は，２本目を引いたときに１個，３本目を引いたときに２個，４本目を引いたときに３個，…，100本目を引いたときに99個できる。よって，最も多くなるときの個数は，１＋２＋３＋…＋99＝(１＋99)×99÷２＝4950(個)と求められる。

## 5 速さ，単位の計算

まず，Ａさんの考え方で，１時間＝60分だから，時間を分に直すには，60をかける必要がある。よって，0.3時間は，0.3×60＝18(分)なので，正しい出発時刻は９時50分より18分前の９時32分とわかる。次に，Ｂさんの考え方で，時速を分速に直すには，60で割る必要がある。よって，時速3.6kmを分速に直すと，3.6×1000÷60＝60より，分速60ｍとなる。したがって，所要時間は，1080÷60＝18(分)だから，正しい出発時刻は９時50分より18分前の９時32分とわかる。

## 6 時計算，面積

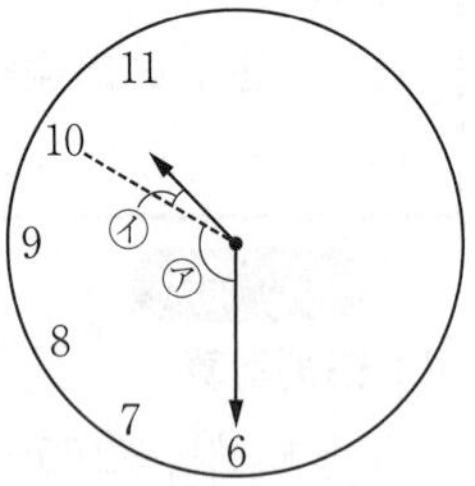


⑴　10時30分の時計の様子は右の図のようになる。時計のとなり合う数字と数字の間の角度は，360÷12＝30(度)だから，㋐の角の大きさは，30×４＝120(度)である。また，㋑の角の大きさは，短針が30分で進む角度であり，短針は１分間に，30÷60＝0.5(度)進むので，㋑の角は，0.5×30＝15(度)となる。よって，10時30分に長針と短針は，120＋15＝135(度)離《はな》れているので，10時30分から長針が短針よりも135度多く進んだときに，長針は短針と重なる。さらに，長針は１分間に，360÷60＝６(度)進むから，１分間に長針は短針よりも，６－0.5＝5.5(度)多く進む。したがって，10時30分から長針が短針に重なるまでの時間は，135÷5.5＝$\frac{270}{11}$＝24$\frac{6}{11}$(分)と求められる。

⑵　⑴の間に長針が動く角度は，６×$\frac{270}{11}$＝$\frac{1620}{11}$(度)だから，長針が動いた部分は半径11cm，中心角$\frac{1620}{11}$度のおうぎ形になる。よって，その面積は，11×11×3.14×$\left(\frac{1620}{11}\div 360\right)$＝11×11×3.14×$\frac{9}{22}$＝49.5×3.14＝155.43(cm$^{2}$)と求められる。

## 7 グラフ―水の深さと体積

図１

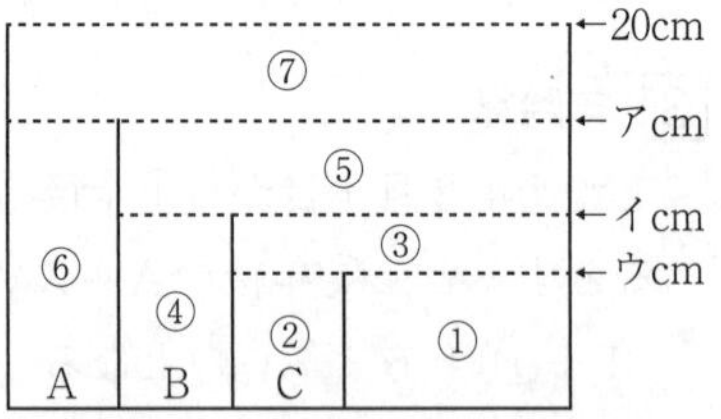


⑴　まず，問題文中のグラフのエは，水そうがいっぱいになった時間であり，水そうの容積は，10×30×20＝6000(cm$^{3}$)だから，エ＝6000÷10＝600(秒)となる。次に，３つのコップを高い順にＡ，Ｂ，Ｃとして，水そうを正面から見た図をかくと右の図１のようになり，①～⑦の順に水が入る。よって，①～⑥の部分に水が入り終わるのは450秒後だから，①～⑥の部分の容積の和は，10×450＝4500(cm$^{3}$)であり，水そうの底面積は，10×30＝300(cm$^{2}$)なので，ア＝4500÷300＝15(cm)とわかる。また，⑥の部分に水が入るのに，450－375＝75(秒)かかるから，⑥の部分の容積は，10×75＝750(cm$^{3}$)であり，コップ１つの底面積は，750÷15＝50(cm$^{2}$)とわかる。さらに，④の部分に水が入るのに，250－200＝50(秒)かかるので，④の部分の容積は，10×50＝500(cm$^{3}$)となり，イ＝500÷50＝10(cm)と求められる。同様に，②の部分に水が入るのに，140－105＝35(秒)かかるので，②の部分の容積は，10×35＝350(cm$^{3}$)となり，ウ＝350÷50＝７(cm)と求められる。

⑵　水そうの容積は6000cm$^{3}$で，⑥，④，②の部分の容積の和は，750＋500＋350＝1600(cm$^{3}$)だか

ら，水そうの中の水がコップに入っている水だけになるのは，水を，6000－1600＝4400(cm$^3$)ぬいたときとなる。よって，水をぬき始めてから，4400÷50＝88(秒後)なので，１分28秒後である。

(3)　再び水を入れるとき，コップの中にはすでに水が入っているから，水面の高さが13cmになったとき，新たに水が入った部分は右の図２のかげをつけた部分となる。グラフより，毎秒10cm$^3$の割合で水を入れたとき，①，③の部分に水が入るのに合わせて，105＋(200－140)＝105＋60＝165(秒)かかるから，①，③の部分の容積の和は，10×165＝1650(cm$^3$)である。また，水そうの底面のうち，Ａの底面を除いた部分の面積は，300－50＝250(cm$^2$)だから，★印の部分の容積は，250×(13－10)＝750(cm$^3$)となる。よって，かげをつけた部分の容積は，1650＋750＝2400(cm$^3$)だから，毎秒50cm$^3$の割合で水を入れるとき，水面の高さが13cmになるのは，2400÷50＝48(秒後)とわかる。

図２

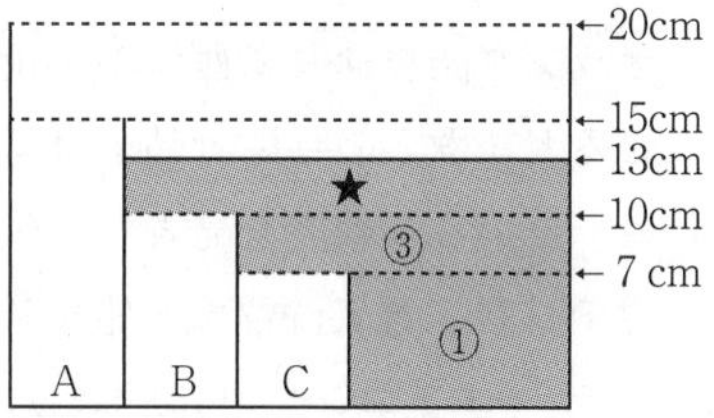


## 社　会　＜Ａ入試＞（30分）＜満点：60点＞

### 解　答

1　**問１**　**１**　天平　**２**　清少納言　**３**　生け花(花道)　**４**　徳川吉宗　**５**　日露　**６**　クーラー(エアコン)　**問２**　国分寺と国分尼寺　**問３**　シルクロード　**問４**　エ　**問５**　イ　**問６**　(例)　平和な世の中が続き，産業が発達して町人が経済的に豊かになったから。　**問７**　エ→ア→イ→ウ　**問８**　(例)　公害などの環境問題　2　**問１**　(1)　青森県　(2)　大分県　**問２**　(1)　徳島県　(2)　静岡県　**問３**　(1)　石川県　(2)　岩手県　**問４**　(1)　福岡県　(2)　和歌山県　**問５**　(1)　け　(2)　う　(3)　き　**問６**　**Ｘ**　みかん　**Ｙ**　りんご　**問７**　(例)　冬でも比較的温暖で日当たりのよいこと。　3　**問１**　三重県　**問２**　(例)　本州の最西端にある山口県は，日本海と瀬戸内海に面しているが，山陰や北陸に比べて積雪量が少ない九州北部と同じ気候の特徴を示すから。　4　**問１**　**１**　ア　**２**　ウ　**３**　キ　**４**　エ　**５**　サ　**６**　ク　**問２**　ライフ　**問３**　オ　**問４**　(例)　森林には水をたくわえる働きがあり，それを管理するのは水資源を守ることにつながるから。　**問５**　(例)　過疎地では利用者が少ないのに，水道設備や維持に多くの費用がかかるから。　**問６**　公共料金　**問７**　(例)　水不足に苦しむ地域の人々が国境を越えて移動し，難民が増える。

### 解　説

**1　各時代の歴史的なことがらについての問題**

**問１**　**１**　奈良時代，聖武天皇のときには唐(中国)の影響《えいきょう》を受けた国際色豊かな貴族文化が栄えた。この時期の文化を，このころの年号をとって「天平文化」という。　**２**　平安時代，「かな文字」が発明されると，一条天皇の中宮定子《ていし》に仕えていた清少納言はかな文字を使って，宮廷内で見聞きしたことや季節の移り変わりなどを随筆『枕草子』に著した。　**３**　仏教が伝えられて以降，仏に花を供えることが行われてきたが，室町時代になると，茶の湯とともに，花を座敷《ざしき》や床の間にかざる生け花(花道)が発達し，その後さまざまな流派に分かれて現在にいたっている。　**4**　江戸幕府の第８代将軍徳川吉宗は，幕政の立て直しをはかるために享保の改革(1716～45年)を行った。文教政策の面では実用的な学問を重視し，キリスト教に関係のない洋書の輸入を解禁したため，オランダ語を通じて西洋の学術や文化を学ぶ蘭学《らんがく》が発達した。　**5**　日露戦争(1904～05年)が起こると，歌人の与謝野晶子《よさのあきこ》は戦場にいる弟の身を案じて，雑誌「明星」に「君死にたまふ《もう》ことなかれ」という反戦詩を発表し，戦争を批判した。　**6**　戦後の高度経済成長期には，その前半に白黒テレビ・電気洗濯機・電気冷蔵庫が「三種の神器」として普及《ふきゅう》し，後半にはカラーテレビ・クーラー(エアコン)・自動車(カー)が「新三種の神器(３Ｃ)」として普及した。

**問２**　聖武天皇は仏教を厚く信仰し，仏教の力で国を安らかに治めようと願い，地方の国ごとに国分寺・国分尼《に》寺を建てさせ，都の平城京には総国分寺として東大寺を建て，大仏をつくらせた。

**問３**　東大寺の正倉院は校倉《あぜくら》造の建物として知られ，聖武天皇が生前愛用した文物が収められたが，その中には遣唐使が唐からもたらしたインドやペルシャなど西域の珍しい文物もふくまれている。これらは中央アジアを経て中国と西域を結ぶ，「シルクロード(絹の道)」とよばれる交易路により伝来したもので，そのことから正倉院は「シルクロードの終着駅」とよばれることもある。

**問４**　曹洞《そうとう》宗は，鎌倉時代に道元が宋(中国)から伝えた禅宗の一派である。よって，エが正しくない。栄西は同じく宋に渡り，日本初の禅宗として臨済宗を伝えた。

**問５**　室町幕府では，将軍を補佐する役職として管領《かんれい》が置かれ，細川・斯波《しば》・畠山氏などの守護大名が交代でこの役についた(三管領)。よって，イが正しくない。執権《しっけん》は鎌倉時代の将軍の補佐役。

**問６**　江戸時代，大きな戦乱がなくなって平和な世の中が続き，産業の発達にともなって町人が大きな経済力を持つようになると，文化のにない手が貴族や武士から町人に代わり，前半には京都・大阪などの上方を中心とした元禄文化が栄え，後半には江戸を中心とした化政文化が栄えた。

**問７**　アは1925年，イは1933年，ウは1937年，エは1910年のできごとなので，年代の古い順にエ→ア→イ→ウとなる。

**問８**　戦後の高度経済成長期には，急激な経済発展のかげで，大気汚染や水質汚濁《おだく》，騒音《そうおん》などの公害が全国的に広がり，環境破壊が問題となった。また，農村部から都会に人口が流出し，農村部の過疎《かそ》化と都会の過密化が問題となり，家族構成も大家族から核家族へと変化していった。

**２　各都道府県の地理についての問題**

**問１**　⑴　下北半島は青森県東部にある半島で，陸奥《むつ》湾をはさんで西側の津軽半島と向かい合っている。　⑵　国東《くにさき》半島は大分県北東部にあり，瀬戸内海に面している。

**問２**　⑴　吉野川は四国山地の瓶ヶ森《かめがもり》(1897m)を水源とし，おおむね西から東へ向かって流れ，徳島県徳島市で紀伊水道(太平洋)に注いでいる。　⑵　天竜川は長野県の諏訪《すわ》湖を水源とし，おおむね北から南へ向かって流れ，静岡県の浜松市で遠州灘《なだ》(太平洋)に注いでいる。

**問３**　⑴「加賀友禅《かがゆうぜん》」は，石川県金沢市で発達した伝統的な絹織物である。　⑵「南部鉄器」は，岩手県の盛岡市や奥州市に伝わる伝統的な金属製品である。

**問４**　⑴　大宰府《だざいふ》は古代の律令制度において，九州北部の軍事一般や海外使節の接待などにあたった役所で，福岡県の太宰府市に置かれた。　⑵　金剛峯寺《こんごうぶじ》は空海(弘法《こうぼう》大師)が創建した真言宗の寺で，和歌山県の高野山にある。

**問５**　⑴　愛媛県今治市は国内最大規模のタオルの生産地として知られ，愛媛県のタオルの生産量は全国の62％を占《し》めて最も多い。統計資料は『データでみる県勢』2020年版による（以下同じ）。

⑵　金属洋食器は新潟県燕《つばめ》市が一大生産地として知られ，新潟県の金属洋食器の生産量は全国の95％を占める。　⑶　島根県の宍道《しんじ》湖はしじみの漁獲《ぎょかく》高全国一をほこり，島根県のしじみの生産量は全国の41％を占めて最も多い。

**問６**　**Ｘ**　みかんの生産量は和歌山県が全国の20％を占めて最も多く，以下，静岡・愛媛・熊本・長崎の各県が続く。　**Ｙ**　りんごの生産量は青森県が全国の59％を占めて最も多く，以下，長野・岩手・山形・福島の各県が続く。

**問７**　りんごは東日本や東北日本など，夏でも比較《ひかく》的涼《すず》しい地域が主産地であるのに対し，みかんは西日本や南西日本など，冬でも比較的温暖な地域が主産地となっている。

## 3　日本の地域区分についての問題

**問１**　三重県は日本の８地方の区分では近畿地方に属しているが，経済的な結びつきや地理的条件，歴史的な背景などから，東海地方，中部地方にふくまれる場合がある。

**問２**　山口県は日本の８地方の区分では中国地方に属しているが，本州の最西端に位置し，気候の特徴が同じであることから，九州北部地方に区分される。これは，山口県北部が日本海側に面しているものの，山陰・北陸地方に比べて積雪量が少なく，南部は瀬戸内海に面しているため，九州北部地方と同じように比較的温暖な気候になるからである。

## 4　日本の水道についての問題

**問１**　**１～６**　日本の水道は川や湖・池の水，地下水などの淡水《たんすい》を水源とするが，これらの水は浄水《じょうすい》場できれいにされ，上水管で各家庭に供給される。一方，家庭で使用した水は下水管で下水処理場に運ばれ，きれいな水にしてから海や川に流している。水道事業はふつう市町村などの地方自治体の水道局が運営しているが，水道にかかわる施設や配管の整備・維持に相当な費用がかかり，赤字を抱える自治体が多い。そこで，水道事業の民営化を認める改正水道法が成立し，2019年に施行された。しかし，民営化によって水道の安定的な供給が確保できるかどうか，また水道料金が値上げされるのではないかといった問題などが指摘《してき》されている。

**問２**　水道や電気・ガス，通信・交通など，日常生活に欠かせない諸設備のことを「ライフライン」という。

**問３**　問１の解説を参照のこと。

**問４**　森林には雨水などをたくわえる働きがあり，水道水に使う川や湖・池の水源になる。水道に使う水資源の確保という意味で，水道局が森林を管理しているのである。

**問５**　人口が集中する都市部では，１本の水道管で多数の家庭に水道水を供給できるので，費用があまりかからない。しかし，人口が少ない農村部では，集落の戸数が少ないうえに集落から離れた一軒家も多く，それぞれの家庭に水道管を引いて水道水を供給するため費用がかかる。そのぶん，過疎地では水道料金が高くなる。

**問６**　水道や電気・ガス，通信・交通などのライフラインにかかわる料金を「公共料金」という。

**問７**　地球は表面の３分の２が水におおわれていることから「水の惑星《わくせい》」といわれるが，そのほとんどは海水であり，淡水は地球上の水のわずか2.5％にすぎない。しかも，両極や氷河をのぞいて実際に使えるような状態の水は全体の0.01％にすぎないという。また，この少ない水は地球上に均等に存在するわけではなく，温暖多雨な地域にかたより，砂漠などの乾燥した地域にはほとんどない。さらに，開発による自然環境の破壊，地球温暖化による気候変動が進むことで，水のかたよりが一層激しくなり，人口増加とあいまって，水不足に苦しむ地域の人々が国境を越えて難民になるなど，新たな水資源問題が起こることも指摘されている。

## 理 科 ＜A入試＞（30分）＜満点：60点＞

### 解 答

**1** **問1** ① (う)　② (か)　③ (あ)　④ (お)　**問2** （例） 空気とふれ合う表面積が大きくなるので，酸素と二酸化炭素の交かんを効率よく行える。　**問3** 動脈血　**問4** (ウ)　**問5** (オ)　**2** **問1** ① 長野　② 浅間　③ マグマ　④ 水蒸気　⑤ 溶岩　⑥ 火山灰　⑦ へん西風　**問2** (ア)　**問3** (エ)⇒(ア)⇒(オ)⇒(イ)⇒(ウ)　**問4** (イ)，(ウ)，(オ)　**問5** （例） 地震　**3** **問1** **あ** 0.22　**い** 5.80　**う** 6.90　**え** 0　**お** 0　**問2** **記号**…(ア)　**理由**…(例) このときの回路全体の電流の流れにくさは，ドライヤー黒の送風のときより大きくなるから。　**問3** （例） 右の図

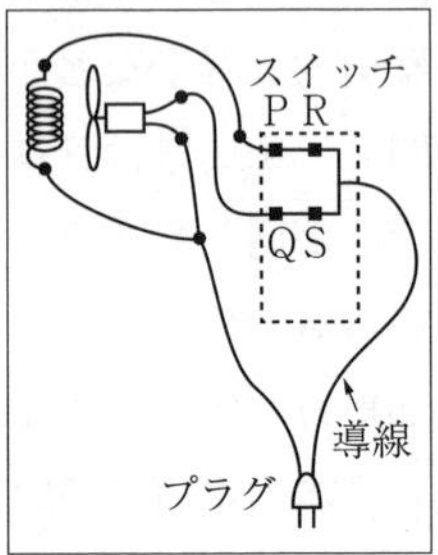


**4** **問1** 19.2 g　**問2** (1) 4.8 g　(2) 3.2 g　**問3** **二酸化炭素**…44 g　**水**…27 g

### 解 説

**1 ヒトの呼吸についての問題**

**問1** ①，② 鼻や口から吸いこんだ空気は，気管を通って左右1対ある肺に入る。　③ 肺は肺ほうという小さなふくろ状のつくりが非常にたくさん集まってできている。肺ほうのまわりには毛細血管があみの目のようにとりまいている。　④ 毛細血管を流れる血液に肺ほう中の空気から酸素がとりこまれ，血液中から二酸化炭素が肺ほうの中に放出される。よって，酸素と二酸化炭素の交かんを終えた血液は酸素を多くふくんでおり，酸素を運ぶ赤血球の色の変化により明るい赤色となる。

**問2** 小さなふくろ状の肺ほうがたくさんあることで，空気とふれ合う表面積が広くなり，それだけ酸素と二酸化炭素の交かんがしやすくなる。

**問3** 肺から心臓を通って全身へ向かう，酸素を多くふくむ血液を動脈血という。一方，全身から心臓を通って肺へ向かう，酸素が少ない血液を静脈血という。

**問4** 肺で酸素を多くふくんだ血液は，肺静脈を通って心臓の左心ぼうに入る。そして，左心室からおし出され，全身へ向かって流れていく。

**問5** 肺で酸素がとりこまれ，二酸化炭素が放出されるため，はく息は吸う息に比べ，酸素が少なく二酸化炭素が多い。また，肺などで水分も出されるため水蒸気も多い。このことは，寒い日のはく息が白く見える(はく息には水蒸気が多くふくまれるため，はく息が冷やされて水蒸気の一部が水てきとなって現れる)ことからもわかる。呼吸に関係しないちっ素は吸う息にもはく息にも同じだけふくまれる。

**2 火山の噴火《ふんか》と地層についての問題**

**問１**　①，②　浅間山は群馬県と長野県にまたがる標高2568ｍの火山で，古くから火山活動が活発である。2019年８月には２回の噴火が確認された。　③　地下の深いところで岩石がどろどろにとけた高温の液体の状態のものをマグマという。　④　地下水がマグマの熱で熱せられることで大量の水蒸気が急げきに発生してふき出すことがあり，このような噴火を水蒸気噴火あるいは水蒸気爆発《ばくはつ》という。　⑤　マグマが噴火口からあふれ出して地上に流れ出たものを溶岩《ようがん》という。
⑥　火山が噴火したさいにふき出したもののうち，直径２mm以下の細かいつぶを火山灰という。火山灰はつぶが小さいため空気中をただよいやすく，風に流されて広いはん囲に降り積もる。
⑦　日本付近の上空には，西から東に向かって強い風がつねにふいており，これをへん西風という。

**問２**　火山が噴火して噴煙《ふんえん》が上空まで達すると，へん西風の影響《えいきょう》で東に流されるため，火山灰が降り積もるはん囲は東側にかたよりやすい。

**問３，問４**　まず，地層Ａ～Ｆがたい積した後に，これらの地層はかたむいた。なお，図から，地層がかたむいたのと，断層ができたのが，どちらが古いかを判断することはできない。断層は地層Ａ～Ｆを切っているが地層Ｇを切っていないので，地層Ｇは断層ができた後にたい積したと考えられる。また，地層Ａ～Ｆと地層Ｇの境目は波を打っていて，不整合面であるから，断層ができた後は土地が隆起《りゅうき》して表面がしん食され，再び土地が沈降《ちんこう》し，地層Ｇがたい積した。そして，地下のマグマが火山まで上昇《じょうしょう》してきたあとが，地層Ａ～Ｆ，断層，地層Ｇのすべてをつらぬいているので，火山ができたのは最後となる。

**問５**　地層に強い力が加わると，地層がその力にたえられなくなって切れてずれることがある。このずれが断層である。断層ができるときには地層が動くため，地震《じしん》が発生する。

## 3　電気回路についての問題

**問１**　**あ，い**　並列接続でドライヤー白が「切」なので，ドライヤー黒だけを接続しているのと同じである。よって，表１より，「送風」は0.22Ａ，「温風」は5.80Ａとなる。　**う**　並列接続なので，それぞれのドライヤーには単独で接続したときと同様の電流が流れる。表１より，ドライヤー白の「送風」では1.10Ａ，ドライヤー黒の「温風」では5.80Ａが流れるので，電流計の値は，1.10＋5.80＝6.90(Ａ)になる。　**え，お**　直列接続の場合，どちらかのドライヤーが「切」になっていると，電流が流れない。したがって，電流計の値は０Ａとなる。

**問２**　直列接続でどちらのドライヤーも「送風」にした場合，回路全体の電流の流れにくさ(電気抵抗《ていこう》)は，ドライヤー黒だけを接続して「送風」にしたときの電流の流れにくさよりも大きくなる。よって，直列接続でどちらのドライヤーも「送風」にした場合に流れる電流の大きさは，ドライヤー黒だけを接続して「送風」にしたときに流れる電流の大きさ0.22Ａより小さくなる。

**問３**　「温風」のときにはヒーターとモーターの並列接続となり，「送風」のときにはモーターだけが接続すればよいので，解答に示したような配線が考えられる。

## 4　アルコールの燃焼についての問題

**問１**　アルコールと空気中の酸素が反応して二酸化炭素と水が生じたので，アルコールと空気中の酸素の重さの合計は，二酸化炭素と水の重さの合計に等しくなる。よって，空気中の酸素の重さを□ｇとすると，9.2＋□＝17.6＋10.8となるから，□＝17.6＋10.8－9.2＝19.2(ｇ)と求められる。

**問２**　(1)　燃焼により，アルコールにふくまれている炭素は二酸化炭素へと変化する。つまり，9.2ｇのアルコールにふくまれている炭素の重さと，生じた17.6ｇの二酸化炭素にふくまれている炭素の重さは等しい。よって，44ｇの二酸化炭素には12ｇの炭素がふくまれているので，求める炭素の重さは，$17.6\times\frac{12}{44}=4.8$（ｇ）となる。　(2)　燃焼により，アルコールにふくまれている水素は水へと変化する。つまり，9.2ｇのアルコールにふくまれている水素の重さと，生じた10.8ｇの水にふくまれている水素の重さは等しい。よって，18ｇの水には２ｇの水素がふくまれているので，10.8ｇの水にふくまれている水素は，$10.8\times\frac{2}{18}=1.2$（ｇ）とわかる。したがって，9.2ｇのアルコールにふくまれている酸素の重さは，アルコールの重さから，ふくまれている酸素と水素の重さをひくことで求められるから，$9.2-4.8-1.2=3.2$（ｇ）になる。

**問３**　9.2ｇのアルコールが燃焼すると，二酸化炭素が17.6ｇ，水が10.8ｇ生じたので，23ｇのアルコールが燃焼したときには，二酸化炭素が，$17.6\times\frac{23}{9.2}=44$（ｇ），水が，$10.8\times\frac{23}{9.2}-27$（ｇ）生じることになる。

## 国　語　＜Ａ入試＞（50分）＜満点：100点＞

### 解　答

**一**　**問１**　（例）　しおりと親しくする「私」を朱里が無視し，二人の気持ちに隔たりが生まれ始めていること。　**問２**　（例）　しおりと「私」が親しくすると不機嫌なのに，自分は作業をサボってバスケ部の子と話している朱里の態度を，不快に感じている状態。　**問３**　（例）　内心では朱里のサボりにいら立っていても，怖くて直接言えないところ。　**問４**　（例）　強い印象の「赤」を多用することで，応援旗に絵の具が飛び散った緊張感を高め，これが「私」と朱里の衝突へ続いていく予兆として，不安な気分を表している。　**問５**　（例）　自分だけに不機嫌な態度を取ったり，作業をなまけたりすることはがまんできたが，まじめに応援旗をつくってきた仲間をロコツな物言いで責めたことにはがまんできなかったから。　**問６**　（例）　何かのきっかけがあれば決定的に衝突するところまで，「私」と朱里の気持ちのずれは大きくなっていたから。　**問７**　（例）　旗に飛び散った赤い絵の具を，空に舞う花びらにしようと，四人で協力して取り組む中で仲間意識が生まれたから。　**問８**　**１**　（例）　朱里が日陰の側とみなしているしおりと親しくすることで，朱里の機嫌をそこね，同じグループから外されてしまうこと。
**２**　（例）　クラスメートを日向，日陰に分けて，日陰に落ちたら居場所がなくなると思いこみ，人の顔色をうかがうばかりで，周りが見えなくなっていたから。　**問９**　（例）　四人で描いた，どこまでも空を泳いでいきそうなクジラの自由さを見たことで，これまで人との間に境界線を引いていた自分自身を恥じ，これからは人にも自分にも本音で向き合いたいと思っている。

**二**　①～⑮　下記を参照のこと。　⑯　きこつ　⑰　はっぷん　⑱　つら(ねる)　⑲　きず(く)　⑳　いた(る)

**●漢字の書き取り**

**二**　①　閣議　②　認可　③　軽減　④　産卵　⑤　歴然　⑥　深長　⑦　無敗　⑧　単刀　⑨　貯水池　⑩　子孫　⑪　査定　⑫　飼料　⑬　勤務　⑭　納(める)　⑮　補(う)

## 解　説

**一　出典は水野瑠見《みずのるみ》の『十四歳日和《さいびより》』による。**応援旗《おうえんき》の製作中，ぎくしゃくしていた朱里《あかり》と「私」(葉子)が衝突《しょうとつ》したようす，朱里がいなくなってからみんなで旗を手直しするようすが描《えが》かれている。

**問１**　「それ」とは，「私」と朱里の間で「何かがずれ始め」たことを指す。具体的には，「しおりと親しくする」「私」のことを気に入らない朱里が，グループの中で「私」だけを無視するようになってしまった状況《じょうきょう》にあたる。これをもとに「『私』としおりが親しくするのを気に入らない朱里が『私』を無視し，たがいの気持ちに隔《へだ》たりが生じ始めていること」のようにまとめる。

**問２**　「毛羽立つ」は，気持ちが乱れるようす。朱里は，しおりと親しくする「私」を無視しながら不機嫌《きげん》そうに応援旗づくりに取り組んでいる。しかし，廊下《ろうか》から同じバスケ部の子に呼ばれると顔を輝《かがや》かせて駆《か》け寄っていったことに，「私」は「苦い感情」を抱《いだ》いたのである。これを整理して「しおりとの関係で『私』を無視している朱里が，作業を怠《なま》けてほかの子と話している身勝手さに平静でいられない状態」のように書く。

**問３**　「煮《に》え切らない」は，考えや態度がはっきりしないようす。直前に，作業をサボって隣《となり》の教室へ遊びに行ってしまう朱里のことを「なんかやだ～すごく」と思うのに，彼女《かのじょ》を連れ戻《もど》すことを考えると不安や緊張《きんちょう》で「足がすくん」でしまう「私」のようすが描かれている。このことが，「私の煮え切らないところ」にあたるので，「朱里のサボりが内心すごくいやなのに，はっきり言えないところ」のようにまとめる。

**問４**　続く部分で描かれた内容を整理する。製作中の応援旗に絵の具を散らしてしまい，うろたえている松村さんを「私」はフォローしようとしたが，朱里のロコツな物言いで，松村さんは泣き出しそうになっている。さらに，サボってばかりいる朱里が松村さんを責めることにがまんならなくなった「私」の抗議《こうぎ》により，「私」と朱里は決定的にけんか別れしている。この一連の騒《さわ》ぎが，激しいイメージを持つ「赤」の多用によって表現されているものと想像できる。これをふまえ，「『赤』という激しいイメージのくり返しで，旗がだめになるかもしれない緊張感と，朱里と『私』の衝突につながる危険なふん囲気を表している」のように書くとよい。

**問５**　ここまでがまんしていたこととがまんしきれなくなったことの違《ちが》いを読み取る。問２，問３で見たように，「私」自身が朱里に無視されたこと，朱里が応援旗づくりをサボっていたことについてはがまんしてきた。がまんしきれなくなったのは，まじめに応援旗をつくってきた仲間のミスを「ロコツな物言い」で責めたからである。これをもとに，「自分自身を無視されること，応援旗づくりをなまけていたことはがまんできても，いっしょうけんめい応援旗をつくってきた仲間をロコツな物言いで責めることにはがまんできなかったから」のように対照して整理する。

**問６**　一つ目の大段落に，「私」と朱里の間で「何かがずれ始めて」いたとあることに注目する。朱里は「私」がしおりと親しくするのが気に入らず，「私」を無視している。一方で，朱里自身は応援旗の製作をサボってバスケ部の子と親しくしゃべっている。そういう朱里のようすに，「私」は不快感を抱きながらもがまんしていたのである。つまり，問５でみたように，今回の「衝突」は，「私」と朱里の間の「ずれ」に大きな原因があったのであり，松村さんの件はただのきっかけにすぎなかったため，「私」は「絶対に，松村さんのせいじゃない」のだと言っている。これをもとに，「朱里と『私』との間ではすでに気持ちが大きくずれており，きっかけが何であっても衝突する直前だったから」のようにまとめる。

**問７**　応援旗に飛び散った赤い絵の具を「隠《かく》すんじゃなくて，デザインの一部にする」という「私」の提案のもと，「四人」は「頭をくっつけるようにして～たくさんの花びら」を描く作業をしている。つまり，トラブルを逆手に，応援旗をよいものに仕上げようと連帯しているため，「四人」とも気持ちの隔たりや遠慮《えんりょ》がなくなり，たくさん「お互《たが》いのことをしゃべった」のである。これをもとに，「応援旗に赤い絵の具が散ったトラブルを逆手にとり，よいものに仕上げようと作業する中で，四人の気持ちが一つになっていたから」のように整理すればよい。

**問８**　**１**　積極的で目立つ層にいる朱里は，目立たないしおりと「私」が親しくすることを嫌《いや》がっていた。しかし，同じ「日向《ひなた》」側の一員である朱里と衝突したことで，「私」はそのグループから外れることになったのである。グループや階層から外れることをずっと怖《おそ》れていた「私」の気持ちをふまえ，「日陰の側とみなされているしおりと親しくすることで，日向の側にいる朱里たちのグループから外されてしまうこと」のような趣旨《しゅし》でまとめる。　**２**　直前に，「境界線を越《こ》えることが，私はずっと怖《こわ》かった」とあることに注目する。つまり，今までの「私」は朱里の機嫌を損《そこ》ねたら居場所がなくなると思いこんでいたものとわかる。その思いにとらわれていたことは，少し前にある，百井《ももい》くんと話す場面で，彼《かれ》が「昼休みにどこで何をしている」のかといったささいなことさえも「思い出せないぐらい，ごく近い，目の前の出来事しか自分には見えてなかった」と振《ふ》り返っているようすからも読み取れる。だから，「『日向』からはみ出そうとすることは，とがめられても仕方ないことなんだ」と「思っていた」のである。これをふまえ，「日向のグループから外れたら居場所がなくなると思いこみ，グループ以外のクラスメートたちを見る余裕《よゆう》もなくなっていたから」のようにまとめる。

**問９**　「目にしみる」は，“鮮《あざ》やかな色や景色などを強く感じる”“痛いほど目を刺激《しげき》する”という意味。応援旗の図柄《ずがら》である，「花びらの舞《ま》う空の中を，悠々《ゆうゆう》と泳いでいく大きなクジラ」を見た「私」は，「どこにでも行けそうな自由さ」を感じ，自分も「いつか，そんなふうに，なれるだろうか」と自問している。夕陽の色は，旗に飛び散った絵の具の赤，トラブルを逆手にとって四人が描いてきた空を舞う花びらの色に重ねられ，それは，「日向」のグループから外れたくなかった「私」が，初めて朱里に対し「本当の気持ち」を言って決裂《けつれつ》したこと，また，煮え切らない態度で接してきたしおりとの友情を再確認《かくにん》したことにもつながっている。つまり，傍線⑨には，これまでの自分をかえりみ，これからを思う「私」の気持ちがこめられているものと想像できるので，「応援旗に描かれた悠々と空を泳ぐクジラの自由さを見て，自分を今までしばっていた日向，日陰という思いこみを恥《は》じ，これから自分にも人にも本当の気持ちで向き合おうと思っている」のようにまとめる。

## 二　漢字の書き取りと読み

①　内閣の会議。　②　公に認めて許可すること。　③　負担などを減らして軽くすること。　④　卵をうむこと。　⑤　はっきりしていて疑う余地のないようす。　⑥　「意味深長」で，奥深《おくぶか》く含蓄《がんちく》のあるようす。　⑦　敗れたことがないこと。　⑧　「単刀直入」は，前置きなしですぐ本題や要点を述べること。　⑨　上水道・発電・灌漑《かんがい》などの用水をためる人工池。　⑩　子や孫。ある血統を受け継《つ》いで生まれる後の世代。　⑪　ものごとを調べて等級・金額・合否などを決めること。　⑫　動物，とくに家畜《かちく》を養うためのえさ。　⑬　会社や役所などにつとめて仕事をすること。　⑭　音読みは「ノウ」「ナッ」「ナ」「ナン」「トウ」で，「納税」「納得」

「納屋」「納戸」「出納《すいとう》」などの熟語がある。同訓異字に「修める」「収める」「治める」などがある。

⑮　音読みは「ホ」で，「補助」などの熟語がある。　⑯　自分の信念を曲げない強い気性《きしょう》。

⑰　気持ちをふるい立たせること。　⑱　音読みは「レン」で，「連続」などの熟語がある。訓読みにはほかに「つ(れる)」がある。　⑲　音読みは「チク」で，「建築」などの熟語がある。

⑳　音読みは「シ」で，「至近距離《きょり》」などの熟語がある。

*Memo*

2025年度用

# 中学スーパー過去問

■編集人 声の教育社・編集部
■発行所 株式会社 声の教育社
〒162-0814 東京都新宿区新小川町8-15
☎03-5261-5061㈹ FAX03-5261-5062
https://www.koenokyoikusha.co.jp

※本書の内容についての一切の責任は当社にあります。内容・解説・解答・その他は当社ホームページよりお問い合わせ下さい。

カコを追いかけ
ミライをつかめ
「今の説明、もう一回」を何度でも
web過去問
ストリーミング配信による入試問題の解説動画
もっと古いカコモンないの?
カコ過去問
「さらにカコの」過去問をHPに掲載（DL）
声の教育社
詳しくはこちらから

ストリーミング配信による入試問題の解説動画

# 2025年度用web過去問　ラインナップ

■ **男子・女子・共学（全動画） 見放題**
**36,080円**（税込）

■ **男子・共学 見放題**
**29,480円**（税込）

■ **女子・共学 見放題**
**28,490円**（税込）

## ● 中学受験「声教web過去問（過去問プラス・過去問ライブ）」（算数・社会・理科・国語）

3〜5年間 **24校**

**過去問プラス**

| | | | | |
|---|---|---|---|---|
| 麻布中学校 | 桜蔭中学校 | 開成中学校 | 慶應義塾中等部 | 渋谷教育学園渋谷中学校 |
| 女子学院中学校 | 筑波大学附属駒場中学校 | 豊島岡女子学園中学校 | 広尾学園中学校 | 三田国際学園中学校 |
| 早稲田中学校 | 浅野中学校 | 慶應義塾普通部 | 聖光学院中学校 | 市川中学校 |
| 渋谷教育学園幕張中学校 | 栄東中学校 | | | |

**過去問ライブ**

| | | | | |
|---|---|---|---|---|
| 栄光学園中学校 | サレジオ学院中学校 | 中央大学附属横浜中学校 | 桐蔭学園中等教育学校 | 東京都市大学付属中学校 |
| フェリス女学院中学校 | 法政大学第二中学校 | | | |

## ● 中学受験「オンライン過去問塾」（算数・社会・理科）

3〜5年間 **50校以上**

| | | | | | | | | | |
|---|---|---|---|---|---|---|---|---|---|
| 東京 | 青山学院中等部 | 東京 | 国学院大学久我山中学校 | 東京 | 明治大学付属明治中学校 | 千葉 | 芝浦工業大学柏中学校 | 埼玉 | 栄東中学校 |
| | 麻布中学校 | | 渋谷教育学園渋谷中学校 | | 早稲田中学校 | | 渋谷教育学園幕張中学校 | | 淑徳与野中学校 |
| | 跡見学園中学校 | | 城北中学校 | | 都立中高一貫校 共同作成問題 | | 昭和学院秀英中学校 | | 西武学園文理中学校 |
| | 江戸川女子中学校 | | 女子学院中学校 | | 都立大泉高校附属中学校 | | 専修大学松戸中学校 | | 獨協埼玉中学校 |
| | 桜蔭中学校 | | 巣鴨中学校 | | 都立白鷗高校附属中学校 | | 東邦大学付属東邦中学校 | | 立教新座中学校 |
| | 鷗友学園女子中学校 | | 桐朋中学校 | | 都立両国高校附属中学校 | | 千葉日本大学第一中学校 | 茨城 | 江戸川学園取手中学校 |
| | 大妻中学校 | | 豊島岡女子学園中学校 | 神奈川 | 神奈川大学附属中学校 | | 東海大学付属浦安中等部 | | 土浦日本大学中等教育学校 |
| | 海城中学校 | | 日本大学第三中学校 | | 桐光学園中学校 | | 麗澤中学校 | | 茗渓学園中学校 |
| | 開成中学校 | | 雙葉中学校 | | 県立相模原・平塚中等教育学校 | | 県立千葉・東葛飾中学校 | | |
| | 開智日本橋中学校 | | 本郷中学校 | | 市立南高校附属中学校 | | 市立稲毛国際中等教育学校 | | |
| | 吉祥女子中学校 | | 三輪田学園中学校 | 千葉 | 市川中学校 | 埼玉 | 浦和明の星女子中学校 | | |
| | 共立女子中学校 | | 武蔵中学校 | | 国府台女子学院中学部 | | 開智中学校 | | |

## web過去問 Q&A

過去問が動画化！
声の教育社の編集者や中高受験のプロ講師など、
過去問を知りつくしたスタッフが動画で解説します。

**Q どこで購入できますか？**
A 声の教育社のHPでお買い求めいただけます。

**Q 受講にあたり、テキストは必要ですか？**
A 基本的には過去問題集がお手元にあることを前提としたコンテンツとなっております。

**Q 全問解説ですか？**
A 「オンライン過去問塾」シリーズは基本的に全問解説ですが、国語の解説はございません。「声教web過去問」シリーズは合格のカギとなる問題をピックアップして解説するもので、全問解説ではございません。なお、「声教web過去問」と「オンライン過去問塾」のいずれでも取り上げられている学校がありますが、授業は別の講師によるもので、同一のコンテンツではございません。

**Q 動画はいつまで視聴できますか？**
A ご購入年度２月末までご視聴いただけます。
複数年視聴するためには年度が変わるたびに購入が必要となります。

# よくある解答用紙のご質問

01

## 実物のサイズにできない

拡大率にしたがってコピーすると，「解答欄」が実物大になります。配点などを含むため，用紙は実物よりも大きくなることがあります。

02

## A3用紙に収まらない

拡大率164％以上の解答用紙は実物のサイズ（「出題傾向＆対策」をご覧ください）が大きいために，Ａ３に収まらない場合があります。

03

## 拡大率が書かれていない

複数ページにわたる解答用紙は，いずれかのページに拡大率を記載しています。どこにも表記がない場合は，正確な拡大率が不明です。

04

## １ページに２つある

１ページに２つ解答用紙が掲載されている場合は，正確な拡大率が不明です。ほかの試験回の同じ教科をご参考になさってください。

# 【別冊】入試問題解答用紙編



解答用紙は本体からていねいに抜きとり、別冊としてご使用ください。

※　実際の解答欄の大きさで練習するには、指定の倍率で拡大コピーしてください。なお、ページの上下に小社作成の見出しや配点を記載しているため、コピー後の用紙サイズが実物の解答用紙と異なる場合があります。

## ●入試結果表

— は非公表

| 年度 | 回 | 項目 | 国語 | 算数 | 社会 | 理科 | 4科合計 | 合格者 |
|---|---|---|---|---|---|---|---|---|
| 2024 | A入試 | 配点(満点) | 100 | 100 | 60 | 60 | 320 | 最高点 |
| | | 合格者平均点 | — | — | — | — | — | 252 |
| | | 受験者平均点 | 54.7 | 53.0 | 39.0 | 38.7 | 185.4 | 最低点 |
| | | キミの得点 | | | | | | 196 |
| | B入試 | 配点(満点) | 100 | 100 | 60 | 60 | 320 | 最高点 |
| | | 合格者平均点 | — | — | — | — | — | 247 |
| | | 受験者平均点 | 51.9 | 53.1 | 36.6 | 26.9 | 168.5 | 最低点 |
| | | キミの得点 | | | | | | 200 |
| 2023 | A入試 | 配点(満点) | 100 | 100 | 60 | 60 | 320 | 最高点 |
| | | 合格者平均点 | — | — | — | — | — | 241 |
| | | 受験者平均点 | 53.8 | 64.9 | 35.3 | 30.8 | 184.8 | 最低点 |
| | | キミの得点 | | | | | | 191 |
| | B入試 | 配点(満点) | 100 | 100 | 60 | 60 | 320 | 最高点 |
| | | 合格者平均点 | — | — | — | — | — | 256 |
| | | 受験者平均点 | 60.8 | 57.5 | 36.0 | 40.1 | 194.4 | 最低点 |
| | | キミの得点 | | | | | | 213 |
| 2022 | A入試 | 配点(満点) | 100 | 100 | 60 | 60 | 320 | 最高点 |
| | | 合格者平均点 | — | — | — | — | — | 264 |
| | | 受験者平均点 | 61.6 | 71.9 | 32.0 | 39.3 | 204.8 | 最低点 |
| | | キミの得点 | | | | | | 216 |
| | B入試 | 配点(満点) | 100 | 100 | 60 | 60 | 320 | 最高点 |
| | | 合格者平均点 | — | — | — | — | — | 246 |
| | | 受験者平均点 | 60.8 | 64.9 | 31.6 | 33.6 | 190.9 | 最低点 |
| | | キミの得点 | | | | | | 219 |
| 2021 | A入試 | 配点(満点) | 100 | 100 | 60 | 60 | 320 | 最高点 |
| | | 合格者平均点 | — | — | — | — | — | 253 |
| | | 受験者平均点 | 48.7 | 59.8 | 38.8 | 32.9 | 180.2 | 最低点 |
| | | キミの得点 | | | | | | 192 |
| | B入試 | 配点(満点) | 100 | 100 | 60 | 60 | 320 | 最高点 |
| | | 合格者平均点 | — | — | — | — | — | 245 |
| | | 受験者平均点 | 53.0 | 54.7 | 38.4 | 37.7 | 183.8 | 最低点 |
| | | キミの得点 | | | | | | 208 |
| 2020 | A入試 | 配点(満点) | 100 | 100 | 60 | 60 | 320 | 最高点 |
| | | 合格者平均点 | — | — | — | — | — | 285 |
| | | 受験者平均点 | 57.3 | 50.3 | 37.5 | 33.0 | 178.1 | 最低点 |
| | | キミの得点 | | | | | | 187 |

※　表中のデータは学校公表のものです。ただし、4科合計は各教科の平均点を合計したものなので、目安としてご覧ください。

声の教育社

# ２０２４年度　　学習院女子中等科

## 算数解答用紙　Ａ入試　No.１

| 番号 | | 氏名 | | 評点 | ／100 |
|---|---|---|---|---|---|

［注意］　どの問題にも答えだけでなく途中《とちゅう》の計算や考え方を書きなさい。答えはすべて答えのらんに書きなさい。

**1**　（１）［計算］

答え

（２）［計算］

答え

**2**　［考え方・式］

答え

**3**　［考え方・式］

答え　□に入る数　　本のページ数

**4**　（１）［考え方・式］

答え

（２）［考え方・式］

答え

２０２４年度　　学習院女子中等科

算数解答用紙　A入試　No. 2

**5**　(1)［考え方・式］

答え

(2)［考え方・式］

答え

**6**　(1)［考え方・式］

答え

(2)

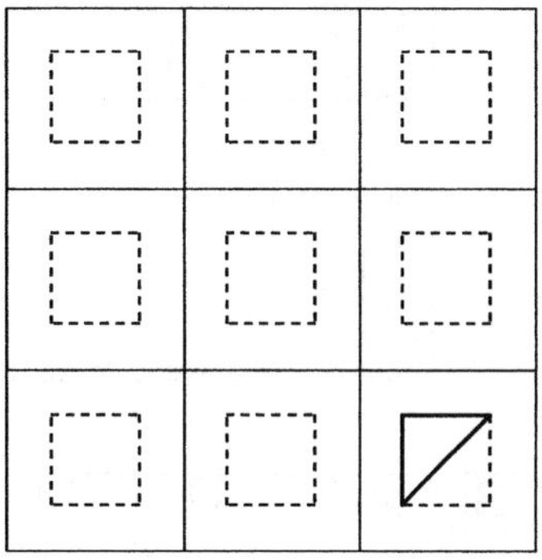

(3)［考え方・式］

答え

（注）実際の試験では、問題用紙の中に設けられた解答欄に書く形式です。
この解答用紙は使いやすいように小社で作成いたしました。

〔算　数〕100点(推定配点)

1, 2　各9点×3　3　各5点×2　4～6　各9点×7＜6の(3)は完答＞

# 2024年度　　学習院女子中等科

## 社会解答用紙　Ａ入試

| 番号 | | 氏名 | | 評点 | ／60 |
|---|---|---|---|---|---|

**1**

| | | | | | |
|---|---|---|---|---|---|
| 問1 | 1 | 2 | 3 | | |
| 問2 | | 問3 | | | |
| 問4 | (1) | a | b | c | |
| | (2) | A | B | C | 問5　→　→　→ |
| 問6 | (1) | | | | |
| | (2) | | | | |
| 問7 | (1) | (2) | | | |

**2**

| | | | | | | | | |
|---|---|---|---|---|---|---|---|---|
| 問1 | A | B | C | D | E | F | G | H |

| | | |
|---|---|---|
| 問2 | ①　→　→　→ | ②　→　→　→ |
| | ③　→　→　→ | ④　→　→　→ |
| 問3 | (1) | ←ひとますに一文字ずつ記入する |
| | (2) | |

**3**

| | | | | | | | | |
|---|---|---|---|---|---|---|---|---|
| 問1 | 1 | 2 | 3 | 4 | 5 | 6 | 7 | 8 | 9 |

| | | | |
|---|---|---|---|
| 問2 | | | |
| 問3 | | 問4 | (1)　省　(2) |
| 問5 | | | |
| 問6 | | | |

（注）この解答用紙は実物を縮小してあります。Ｂ５→Ａ３(163%)に拡大コピーすると、ほぼ実物大の解答欄になります。

〔社　会〕60点(推定配点)

1　問１　各１点×３　問２，問３　各２点×２　問４　各１点×６　問５，問６　各２点×３<問５は完答>　問７　各１点×２　2　問１　各１点×８　問２，問３　各２点×６<問２は各々完答>　3　問１　各１点×９　問２　２点　問３〜問５　各１点×６　問６　２点

# ２０２４年度　学習院女子中等科

## 理科解答用紙　Ａ入試

| 番号 | | 氏名 | | 評点 | ／60 |
|---|---|---|---|---|---|

**1**

問１　　記号

問２　　問３　枚

問４
(1)　%

(2)

(3)

**2**

問１　①　②　③　④　⑤

問２
(1)

(2)

問３

**3**

問１　考え方・式　答え

問２　問３　問４

問５　考え方・式　答え

問６　考え方・式　答え

**4**

問１　色が変化した水よう液　色

問２

問３　(あ)　(え)　(お)

問４　(い)　(う)　(き)　(く)
(1)　(2)　(3)

（注）実際の試験では、問題用紙の中に設けられた解答欄に書く形式です。
この解答用紙は使いやすいように小社で作成いたしました。

〔理　科〕60点(推定配点)

1　問１～問３　各２点×4＜問１の記号は完答＞　問４　(1)　２点　(2)　３点　(3)　２点　2　問１，問２　各２点×7　問３　３点　3　問１　３点　問２～問４　各２点×3　問５，問６　各３点×2　4　問１　２点＜完答＞　問２～問４　各１点×11＜問４の(1)～(3)はそれぞれ完答＞

２０２４年度　学習院女子中等科

国語解答用紙　Ａ入試

| 番号 | | 氏名 | | 評点 | ／100 |
|---|---|---|---|---|---|

一

| | |
|---|---|
| 問1 | |
| 問2 | |
| 問3 | |
| 問4 | |
| 問5 | (1) |
| | (2) |
| 問6 | |
| 問7 | |

二

| | | | |
|---|---|---|---|
| ① | ② | ③ | ④ |
| ⑤ | ⑥ | ⑦ | ⑧ |
| ⑨　せ | ⑩　する | ⑪ | ⑫ |
| ⑬ | ⑭　み | ⑮ | ⑯ |
| ⑰ | ⑱ | ⑲ | ⑳ |

（注）この解答用紙は実物を縮小してあります。Ｂ５→Ａ３（163％）に拡大コピーすると、ほぼ実物大の解答欄になります。

〔国　語〕100点(推定配点)

一　各10点×8　二　各１点×20

# ２０２４年度　学習院女子中等科

## 算数解答用紙　Ｂ入試　No. 1

| 番号 | | 氏名 | | 評点 | ／100 |
|---|---|---|---|---|---|

［注意］　どの問題にも答えだけでなく途中《とちゅう》の計算や考え方を書きなさい。答えはすべて答えのらんに書きなさい。

**1**　(１)［計算］

答え

(２)［考え方・式］

答え　A　B　C　D

**2**　［考え方・式］

答え

**3**　［考え方・式］

答え

**4**　(１)［考え方・式］

答え

(２)［考え方・式］

答え

## ２０２４年度　学習院女子中等科

### 算数解答用紙　Ｂ入試　No. 2

5 (1)［考え方・式］

答え

(2)［考え方・式］

答え

6 (1) 答え

| 4段 | 5段 |
| --- | --- |
| | |

(2)［考え方・式］

答え

(3)［考え方・式］

答え

（注）実際の試験では、問題用紙の中に設けられた解答欄に書く形式です。
この解答用紙は使いやすいように小社で作成いたしました。

〔算　数〕100点(推定配点)

1～5　各９点×８　6　(1)　各５点×２＜各々完答＞　(2), (3)　各９点×２＜(3)は完答＞

## 2024年度　　学習院女子中等科

### 社会解答用紙　B入試

| 番号 | | 氏名 | | 評点 | ／60 |
|---|---|---|---|---|---|

**1**

| | | | | | |
|---|---|---|---|---|---|
| 問1 | A | B | C | D | |
| | E | F | G | H | |
| 問2 | 1 | 2 | 問3 | →　→　→ | |
| 問4 | ② | ③ | 問5 | | |
| 問6 | | | | | |
| 問7 | | | | | |
| 問8 | | | | | |

**2**

| | | | | | | | | |
|---|---|---|---|---|---|---|---|---|
| 問1 | 1 | 2 | 3 | 問2 | | 問3 | 問4 | |
| 問5 | C | D | E | F | 問6 | | | |
| 問7 | | | | | | | | |
| 問8 | (1) | (2) | | | | | | |
| 問9 | | | | | | | | |

**3**

| | | | | | | | | |
|---|---|---|---|---|---|---|---|---|
| 問1 | A | B | C | D | | | | |
| 問2 | 1 | 2 | 3 | 4 | 5 | 6 | 7 | 8 |
| 問3 | | 問4 | | 問5 | | | | |
| 問6 | | | | | | | | |
| 問7 | | | | | | | | |

（注）この解答用紙は実物を縮小してあります。B５→A３（163%）に拡大コピーすると、ほぼ実物大の解答欄になります。

〔社　会〕60点（推定配点）

1　問1，問2　各1点×10　問3　2点＜完答＞　問4，問5　各1点×3　問6，問7　各2点×2　問8　1点　2　問1～問6　各1点×11　問7　3点　問8　各2点×2　問9　各1点×2　3　問1～問5　各1点×15　問6　3点　問7　2点

# ２０２４年度　学習院女子中等科

理科解答用紙　Ｂ入試

| 番号 | | 氏名 | | 評点 | ／60 |
|---|---|---|---|---|---|

**1**

問１　問２　問３　問４

問５　記号　理由

問６　問７

**2**

問１

問２　炭水化物　タンパク質

問３　ア　イ　ウ　エ

問４　デンプン　タンパク質

問５　加熱によって固まる　液性の変化によって固まる

**3**

問１　考え方・式　答え

問２　考え方・式　答え

問３　記号　理由

問４　記号　理由

**4**

問１(1)　左側　棒の重さ　重心の位置　右側　棒の重さ　重心の位置

(2)　考え方・式　答え

(3)　考え方・式　答え

問２　考え方・式　答え

（注）実際の試験では、問題用紙の中に設けられた解答欄に書く形式です。この解答用紙は使いやすいように小社で作成いたしました。

〔理　科〕60点(推定配点)

1　問1，問2　各2点×2　問3　1点　問4～問7　各2点×5　2　問1，問2　各2点×3　問3，問4　各1点×6　問5　各2点×2　3　問1，問2　各3点×2　問3，問4　各2点×4　4　各3点×5 ＜問1の(1)は各々完答＞

# ２０２４年度　学習院女子中等科

## 国語解答用紙　Ｂ入試

| 番号 | | 氏名 | | 評点 | ／100 |
|---|---|---|---|---|---|

一

| | | |
|---|---|---|
| 問1 | | |
| 問2 | （1） | |
| | （2） | |

二

| | | |
|---|---|---|
| 問1 | | |
| 問2 | | |
| 問3 | | |
| 問4 | | |
| 問5 | （1） | |
| | （2） | |

三

| | | | | | | | |
|---|---|---|---|---|---|---|---|
| ① | | ② | | ③ | | ④ | |
| ⑤ | | ⑥ | | ⑦ | | ⑧ | |
| ⑨ | | ⑩ | | ⑪ | | ⑫ | |
| ⑬ | | ⑭ | | ⑮ | | ⑯ | |
| ⑰ | | ⑱ | | ⑲ | | ⑳ | |

（注）この解答用紙は実物を縮小してあります。Ｂ５→Ａ３（163%）に拡大コピーすると、ほぼ実物大の解答欄になります。

〔国　語〕100点(推定配点)

一　問1　8点　問2　(1)　10点　(2)　8点　二　問1～問3　各8点×3　問4，問5　各10点×3　三　各1点×20

# ２０２３年度　学習院女子中等科

## 算数解答用紙　Ａ入試　No.１

| 番号 | | 氏名 | | 評点 | ／100 |
|---|---|---|---|---|---|

［注意］　どの問題にも答えだけでなく途中《とちゅう》の計算や考え方を書きなさい。答えはすべて答えのらんに書きなさい。

**1** (1)［計算］

答え

(2)［計算］

答え

**2** ［考え方・式］

答え

**3** (1)［考え方・式］

答え　C　　D

(2)［考え方・式］

答え

**4** ［考え方・式］

答え

**5** (1)［考え方・式］

答え　$cm^2$,　$cm^2$,　$cm^2$,　$cm^2$,　$cm^2$,　$cm^2$,　$cm^2$,　$cm^2$,　$cm^2$,　$cm^2$

# ２０２３年度　　　学習院女子中等科

## 算数解答用紙　Ａ入試　No. 2

（2）［考え方・式］

答え

**6** （1）［考え方・式］

答え　一周の長さ　　札の本数

（2）

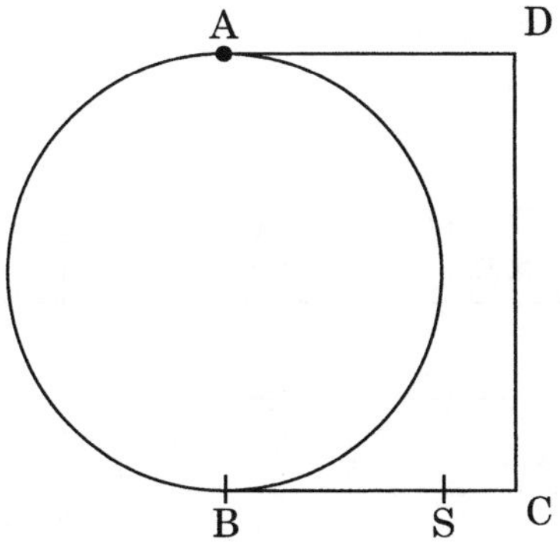


（3）［考え方・式］

答え

（4）［考え方・式］

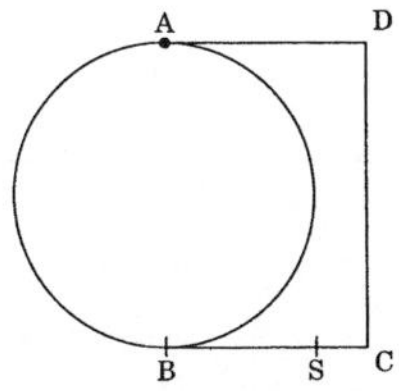


答え

（注）実際の試験では、問題用紙の中に設けられた解答欄に書く形式です。
この解答用紙は使いやすいように小社で作成いたしました。

〔算　数〕100点(推定配点)

1～5　各８点×８＜3の(1)，5の(1)は完答＞　6　各９点×４＜(1)，(4)は完答＞

# ２０２３年度　　学習院女子中等科

## 社会解答用紙　Ａ入試

| 番号 | | 氏名 | | 評点 | ／60 |
|---|---|---|---|---|---|

**1**

| | | | | | | |
|---|---|---|---|---|---|---|
| 問1 | 1 | 2 | | 3 | | 4 |
| 問2 | | | 問3 | | 問4 | |
| 問5 | | | | | | |
| 問6 | | 問7 | → → → | | 問8 | |
| 問9 | ・<br>・ | | | | | |

**2**

| | | | | | | | |
|---|---|---|---|---|---|---|---|
| 問1 | ① | ② | ③ | ④ | | | |
| | ⑤ | ⑥ | ⑦ | | | | |
| 問2 | (1) A | B | C | D | (2) X | Y | 問3 |
| 問4 | | | | | | | |

**3**

| | | | | | | | |
|---|---|---|---|---|---|---|---|
| 問1 | | 問2 | | 問3 | | 問4 | |
| 問5 | 1 | 2 | 3 | | | | |
| 問6 | (1) | (2) 援助 | (3) | 問7 | | | |
| 問8 | (1) 仕事 | 理由 | | | | | |
| | (2) | (3) | | | | | |
| 問9 | | | | | | | |
| 問10 | | | | | | | |

**4**

例

対策の案

（注）この解答用紙は実物を縮小してあります。Ｂ５→Ａ３（163％）に拡大コピーすると、ほぼ実物大の解答欄になります。

〔社　会〕60点(推定配点)

1　問1～問4　各1点×7＜問4は完答＞　問5～問8　各2点×4＜問7は完答＞　問9　各2点×2　2　問1，問2　各1点×13　問3，問4　各2点×2　3　問1～問7　各1点×11　問8～問10　各2点×5＜問8の(1)は完答＞　4　3点＜完答＞

# ２０２３年度　学習院女子中等科

理科解答用紙　Ａ入試

| 番号 | | 氏名 | | 評点 | ／60 |
|---|---|---|---|---|---|

**1**

問１

問２

問３

問４　　問５

問６

**2**

問１

問２(1)　方法　結果

(2)　①考え方・式

答え　砂鉄　　黒色の物質

②考え方・式

答え

**3**

問１

問２　㋐　㋑　㋒　×の位置にある星

問３

問４

問５

問６

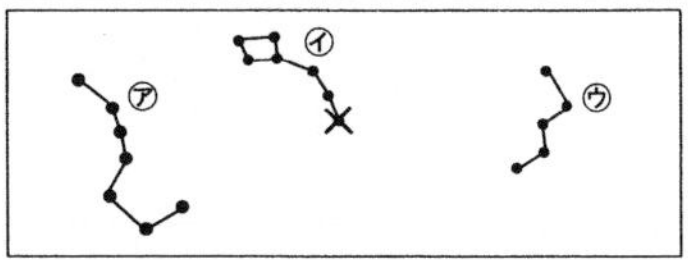


**4**

問１(1)　イ　ウ

(2)　ア　イ　ウ

問２

昼間、光センサーに光が当たると、

暗くなって、光センサーに光が当たらなくなると、

(3)

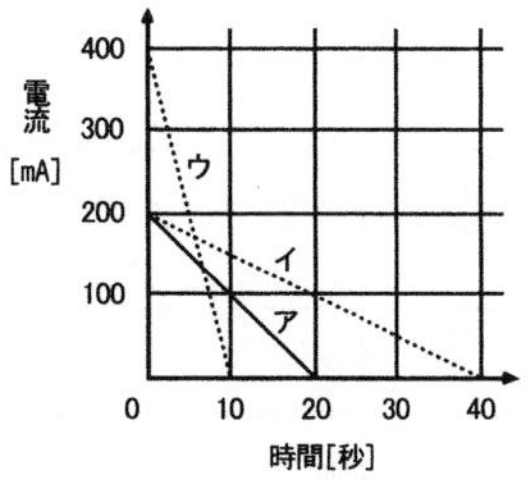


（注）実際の試験では、問題用紙の中に設けられた解答欄に書く形式です。
この解答用紙は使いやすいように小社で作成いたしました。

〔理　科〕60点(推定配点)

1　問１　２点　問２，問３　各３点×２　問４，問５　各２点×２＜問５は完答＞　問６　３点　2　各３点×５＜問１，問２の(2)の①は完答＞　3　問１　２点＜完答＞　問２　各１点×４　問３～問５　各２点×３　問６　３点　4　問１　各２点×６　問２　３点＜完答＞

# 二〇二三年度　学習院女子中等科

## 国語解答用紙　A入試

| 番号 | | 氏名 | | 評点 | /100 |
|---|---|---|---|---|---|

一

| | |
|---|---|
| 問1 | |
| 問2 | |
| 問3 | |
| 問4 | |
| 問5 | |
| 問6 | |
| 問7 | |
| 問8 | |
| 問9 | |
| 問10 | |
| 問11 | |

二

| | | | |
|---|---|---|---|
| ① | ② | ③ | ④ |
| ⑤ | ⑥ | ⑦ | ⑧ |
| ⑨ | ⑩ | ⑪ | ⑫ |
| ⑬ | ⑭ | ⑮ | ⑯ |
| ⑰ | ⑱ | ⑲ | ⑳ |

（注）この解答用紙は実物を縮小してあります。Ｂ５→Ａ３（163%）に拡大コピーすると、ほぼ実物大の解答欄になります。

〔国　語〕100点(推定配点)

一 問1～問8　各7点×8　問9～問11　各8点×3　二 各1点×20

# ２０２３年度　　学習院女子中等科

## 算数解答用紙　Ｂ入試　No. 1

| 番号 | | 氏名 | | 評点 | ／100 |
|---|---|---|---|---|---|

［注意］　どの問題にも答えだけでなく途中《とちゅう》の計算や考え方を書きなさい。答えはすべて答えのらんに書きなさい。

**1**　（１）［計算］

答え

（２）［計算］

答え

**2**　［考え方・式］

答え

**3**　（１）［考え方・式］

答え　㋐：㋑＝

（２）［考え方・式］

答え

**4**　（１）［考え方・式］

答え　赤い玉：　　白い玉：

（２）［考え方・式］

答え

算数解答用紙　Ｂ入試　No. 2

5 (1)［考え方・式］

答え

(2)［考え方・式］

答え　桜子さん：　　　　太郎さん：

6 (1)［考え方・式］

答え

(2)

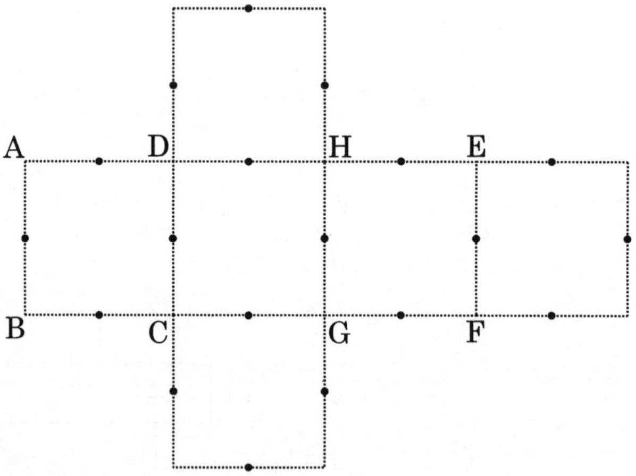


(3)［考え方・式］

答え

(注) 実際の試験では、問題用紙の中に設けられた解答欄に書く形式です。
この解答用紙は使いやすいように小社で作成いたしました。

〔算　数〕100点(推定配点)

1 各8点×2　2 9点　3～5 各8点×6＜4の(1)，5の(2)は完答＞　6 各9点×3

# ２０２３年度　　学習院女子中等科

## 社会解答用紙　Ｂ入試

| 番号 | | 氏名 | | 評点 | ／60 |
|---|---|---|---|---|---|

**1**

| | | | | | | | |
|---|---|---|---|---|---|---|---|
| 問1 | 1 | 2　月　日 | | 3　月　日 | | 4 | |
| 問2 | | 問3 | | 問4 | →　→　→ | | |
| 問5 | | | | | | | |
| 問6 | | 問7 | (1) | (2)　の日 | | | |
| 問8 | | 問9 | | 問10 | | | |
| 問11 | | | | | | | |

**2**

| | | | | | | |
|---|---|---|---|---|---|---|
| 問1 | A | B | C | D | E | |
| 問2 | ① | | ② | | ③ | |
| | ④ | | ⑤ | | ⑥ | |
| 問3 | 県 | 文 | | | | |

**3**

| | | | | | | | | |
|---|---|---|---|---|---|---|---|---|
| 問1 | 1 | 2 | 3 | 4 | 5 | 6 | 7 | 8 |
| 問2 | A | B | 問3 | | | | | |
| 問4 | | | | | | | | |
| 問5 | | | | | | | | |
| 問6 | | | | | | | | |
| 問7 | (仕事) | | | | | | | |
| | (理由) | | | | | | | |

（注）この解答用紙は実物を縮小してあります。Ｂ５→Ａ３（163％）に拡大コピーすると、ほぼ実物大の解答欄になります。

〔社　会〕60点（推定配点）

1　問１～問３　各１点×６　問４，問５　各２点×２＜問４は完答＞　問６～問８　各１点×４　問９～問11　各２点×３　2　問１　各１点×５　問２　各２点×６＜各々完答＞　問３　県…１点，文…２点　3　問１～問４　各１点×12　問５　３点　問６　２点　問７　３点＜完答＞

# ２０２３年度　　学習院女子中等科

## 理科解答用紙　Ｂ入試

| 番号 | | 氏名 | |
|---|---|---|---|

評点　／60

**1**

問Ⅰ

| | | | | |
|---|---|---|---|---|
| ① | ② | ③ | ④ | ⑤ |
| ⑥ | ⑦ | ⑧ | ⑨ | ⑩ |

問２　⇒　⇒　⇒

問３

**2**

問Ⅰ

問２

問３

問４

問６

問５

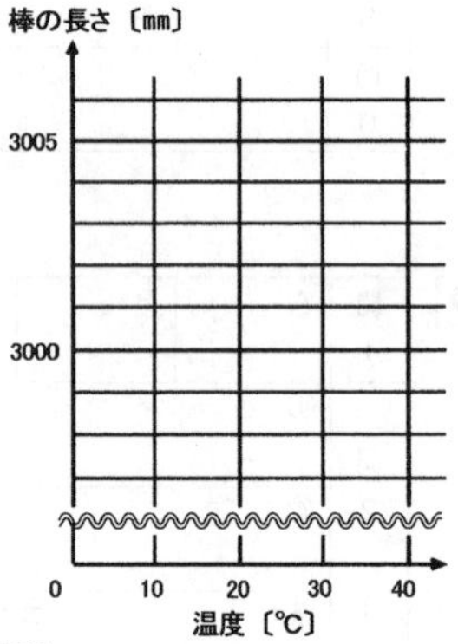


**3**

問Ⅰ　　番号

問２

問３

問４

問５

問６

**4**

問Ⅰ

問２

問３　考え方・式

答え

問４　考え方・式

答え

（注）実際の試験では、問題用紙の中に設けられた解答欄に書く形式です。
この解答用紙は使いやすいように小社で作成いたしました。

〔理　科〕60点(推定配点)

1　問１　各１点×10　問２　２点＜完答＞　問３　３点　2　問１～問５　各２点×６＜問５は各２点×２＞　問６　３点　3, 4　各３点×10＜3の問１は完答＞

# 二〇二三年度　　学習院女子中等科

## 国語解答用紙　B入試

| 番号 | | 氏名 | | 評点 | /100 |
|---|---|---|---|---|---|

一

| | |
|---|---|
| 問1 | |
| 問2 | |
| 問3 | |
| 問4 | |
| 問5 | |
| 問6 | |
| 問7 | |
| 問8 | |
| 問9 | |

二

| | | | | | | | |
|---|---|---|---|---|---|---|---|
| ① | | ② | | ③ | | ④ | |
| ⑤ | | ⑥ | | ⑦ | | ⑧ | |
| ⑨ | | ⑩ | | ⑪ | | ⑫ | |
| ⑬ | | ⑭ | く | ⑮ | ない | ⑯ | |
| ⑰ | | ⑱ | | ⑲ | らす | ⑳ | |

（注）この解答用紙は実物を縮小してあります。B５→A３（163%）に拡大コピーすると、ほぼ実物大の解答欄になります。

〔国　語〕100点(推定配点)

一　問１　８点　問２～問９　各９点×８　二　各１点×20

# ２０２２年度　学習院女子中等科

## 算数解答用紙　Ａ入試　No.１

| 番号 | | 氏名 | | 評点 | ／100 |
|---|---|---|---|---|---|

［注意］　どの問題にも答えだけでなく途中《とちゅう》の計算や考え方を書きなさい。答えはすべて答えのらんに書きなさい。

**1**　(1)［計算］

答え

(2)［計算］

答え

**2**　［考え方・式］

答え

**3**　［考え方・式］

答え

**4**　(1)

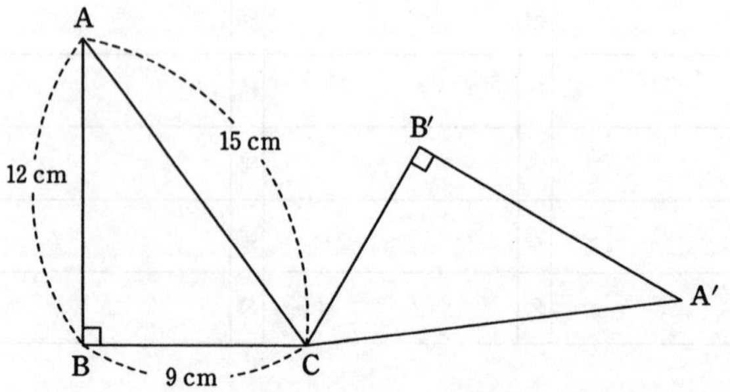

# ２０２２年度　　学習院女子中等科

## 算数解答用紙　Ａ入試　No. 2

**4**（2）［考え方・式］

答え

**5**［考え方・式］

答え

**6**（1）［考え方・式］

答え

（2）［考え方・式］

答え

（3）［考え方・式］

答え

| | | | | |
|---|---|---|---|---|
| | | | | |

（注）実際の試験では、問題用紙の中に設けられた解答欄に書く形式です。
この解答用紙は使いやすいように小社で作成いたしました。

〔算　数〕100点(推定配点)

1～6　各 10 点×10

# ２０２２年度　学習院女子中等科

## 社会解答用紙　Ａ入試

| 番号 | | 氏名 | | 評点 | ／60 |
|---|---|---|---|---|---|

**1**

| | | | | | | |
|---|---|---|---|---|---|---|
| 問1 | A | B | C | | | |
| 問2 | 1 | 2 | 3 | 4 | 5 | 6 |
| 問3 | | 問4 | | | | |
| 問5 | | | | | | |
| 問6 | | | | | | |

**2**

| | | | | |
|---|---|---|---|---|
| 問1 | 1 | 2 | 3 | 4 |
| | 5 | 6 | 7 | 8 |
| | 9 | 10 | 11 | 12 |
| | 13 | 14 | 15 | 16 |
| 問2 | イラスト | 特ちょうの説明文 | | |

**3**

| | | | | |
|---|---|---|---|---|
| 問1 | 1 | 2 | 3 | 4 |
| | 5 | 6 | 問2 | |
| 問3 | | | | |
| 問4 | | 問5 | →　→　→ | |
| 問6 | | 問7 | | |
| 問8 | | 問9 | | |
| 問10 | | 問11 | | |

（注）この解答用紙は実物を縮小してあります。Ｂ５→Ａ３（163%）に拡大コピーすると、ほぼ実物大の解答欄になります。

〔社　会〕60点(推定配点)

1 問１　各２点×３　問２　各１点×６　問３～問６　各２点×４<問４は完答>　2 問１　各１点×16　問２　各２点×２　3 問１，問２　各１点×７　問３　２点　問４　１点　問５　２点<完答>　問６，問７　各２点×２　問８～問11　各１点×４

# ２０２２年度　学習院女子中等科

## 理科解答用紙　Ａ入試

| 番号 | | 氏名 | |
|---|---|---|---|

評点　／60

**1**

問１
| 月 | 太陽 | 地球 |
|---|---|---|

問２
| ① | ② | ③ |
|---|---|---|

問３
| 満月 | 三日月 |
|---|---|

問４
| 地球 | 太陽 |
|---|---|

問５

**2**

問１

問２

問３
考え方・式
答え　加えた水：　加えた物質Ａ：

問４
考え方・式
答え

問５
考え方・式
答え

**3**

問１

問２

図２

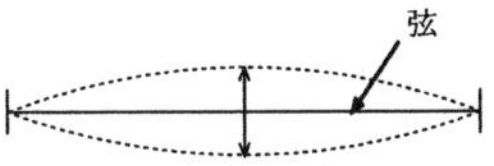


問３

問４

問５
| 最も低い音 Hz | 最も高い音 Hz |
|---|---|

**4**

問１

問２

問３

問４

問５
| 動物 | 食物 |
|---|---|

（注）実際の試験では、問題用紙の中に設けられた解答欄に書く形式です。
この解答用紙は使いやすいように小社で作成いたしました。

〔理　科〕60点(推定配点)

1～4　各２点×30＜2の問３，3の問４は完答＞

# 二〇二三年度　学習院女子中等科

## 国語解答用紙　A入試

| 番号 | | 氏名 | | 評点 | /100 |
|---|---|---|---|---|---|

一

| | |
|---|---|
| 問1 | |
| 問2 | |
| 問3 | |
| 問4 | |
| 問5 | |
| 問6 | |
| 問7 | |
| 問8 | ［愛衣］ |
| | ［珠紀］ |
| 問9 | |

二

| | | | |
|---|---|---|---|
| ① | ② | ③ | ④ |
| ⑤ | ⑥ | ⑦ | ⑧ |
| ⑨ | ⑩ | ⑪ | ⑫ |
| ⑬　える | ⑭　れる | ⑮　く | ⑯ |
| ⑰ | ⑱ | ⑲ | ⑳　く |

（注）この解答用紙は実物を縮小してあります。Ｂ５→Ａ３（163％）に拡大コピーすると、ほぼ実物大の解答欄になります。

〔国　語〕100点（推定配点）

一　各８点×10　二　各１点×20

# ２０２２年度　　学習院女子中等科

## 算数解答用紙　Ｂ入試　No.１

| 番号 | | 氏名 | | 評点 | ／100 |
|---|---|---|---|---|---|

［注意］　どの問題にも答えだけでなく途中《とちゅう》の計算や考え方を書きなさい。答えはすべて答えのらんに書きなさい。

**1**　(１)［計算］

答え

(２)［計算］

答え

**2**　(１)［考え方・式］

答え

(２)［考え方・式］

答え

(３)［考え方・式］

答え

**3**　(１)

答え

(２)［考え方・式］

答え　(牛乳の量)：(コーヒーの量) ＝

2022年度　　学習院女子中等科

算数解答用紙　B入試　No. 2

**4** (1)［考え方・式］

答え　2時　　分　　秒

(2)［考え方・式］

答え

**5** (1)

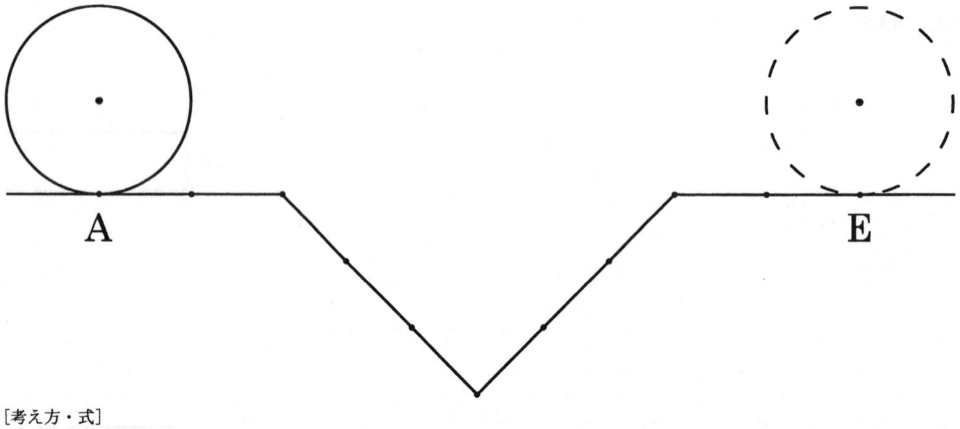


(2)［考え方・式］

答え

（注）実際の試験では、問題用紙の中に設けられた解答欄に書く形式です。
この解答用紙は使いやすいように小社で作成いたしました。

〔算　数〕100点(推定配点)

1〜4　各9点×9　5　(1)　10点　(2)　9点

# 2022年度　学習院女子中等科

## 社会解答用紙　B入試

| 番号 | | 氏名 | | 評点 | ／60 |
|---|---|---|---|---|---|

**1**

| | | | | |
|---|---|---|---|---|
| 問1 | 1 | 2 | 3 | 4 |
| | 5 | 問2 | | |
| 問3 | | | | |
| 問4 | | 問5 | | |
| 問6 | | | | |
| 問7 | | 問8 | (1) | (2)　年 |
| 問9 | | | | |

**2**

| | | | | |
|---|---|---|---|---|
| 問1 | | | 問2 | |
| 問3 | (1) A | B | (2) A | B |
| 問4 | (1) | | | |
| | (2) | | | |
| 問5 | 1 | 2 | | |
| 問6 | | | | |

**3**

| | | | | |
|---|---|---|---|---|
| 問1 | 1 | 2 | 3 | 4 |
| | 5 | 6 | 7 | 8 |
| 問2 | | 問3 | →　→　→ | |
| 問4 | | | | |
| 問5 | | | | |
| 問6 | | | | |
| 問7 | | | | |

（注）この解答用紙は実物を縮小してあります。B５→Ａ３(163%)に拡大コピーすると、ほぼ実物大の解答欄になります。

〔社　会〕60点(推定配点)

1　問1，問2　各1点×6　問3～問7　各2点×5　問8　各1点×2　問9　2点　2　問1～問3　各2点×4<問1は完答，問3は各々完答>　問4　(1)　2点　(2)　3点　問5　各2点×2　問6　3点　3　問1　各1点×8　問2～問7　各2点×6<問3は完答>

# ２０２２年度　　学習院女子中等科

理科解答用紙　Ｂ入試

| 番号 | | 氏名 | |
|---|---|---|---|

| 評点 | ／60 |
|---|---|

1

問1　　問2

問3　　問4

問5 (1)

(2)

(3)

2

問1　おもり　滑車　　問2

問3　　問4　滑車A　滑車B　ばねばかりの値

問5　ばねばかりの値　理由　糸の長さ

3

問1　①　②　③　④　⑤

問2　色　理由

問3　記号　理由

問4

問5

問6

4

問1　考え方・式　答え

問2

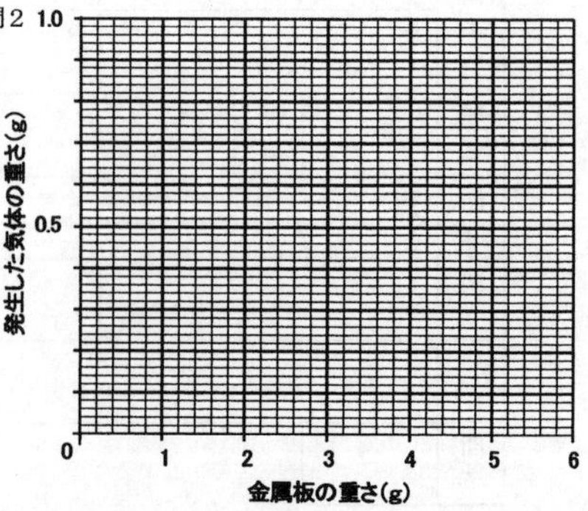


問3　考え方・式　答え

問4

(注) 実際の試験では、問題用紙の中に設けられた解答欄に書く形式です。
この解答用紙は使いやすいように小社で作成いたしました。

〔理　科〕60点(推定配点)

1　問1～問3　各1点×3　問4, 問5　各2点×6　2　各2点×10　3　問1　各1点×5　問2　色…1点, 理由…2点　問3　記号…1点, 理由…2点　問4～問6　各2点×3　4　各2点×4＜問4は完答＞

# 二〇二三年度　学習院女子中等科

## 国語解答用紙　B入試

| 番号 | | 氏名 | | 評点 | /100 |
|---|---|---|---|---|---|

### 一

| | |
|---|---|
| 問1 | (1) |
| | (2) |
| 問2 | |
| 問3 | |
| 問4 | |
| 問5 | |
| 問6 | |
| 問7 | |
| 問8 | |
| 問9 | |

### 二

| | | | | | | | |
|---|---|---|---|---|---|---|---|
| ① | | ② | | ③ | | ④ | う |
| ⑤ | | ⑥ | | ⑦ | | ⑧ | |
| ⑨ | | ⑩ | | ⑪ | | ⑫ | |
| ⑬ | める | ⑭ | | ⑮ | い | ⑯ | める |
| ⑰ | す | ⑱ | | ⑲ | ら | ⑳ | らう |

（注）この解答用紙は実物を縮小してあります。Ｂ５→Ａ３（163%）に拡大コピーすると、ほぼ実物大の解答欄になります。

〔国　語〕100点（推定配点）

一　各８点×10　二　各１点×20

# ２０２１年度　学習院女子中等科

## 算数解答用紙　Ａ入試　No. 1

| 番号 | | 氏名 | | 評点 | ／100 |
|---|---|---|---|---|---|

［注意］　どの問題にも答えだけでなく途中《とちゅう》の計算や考え方を書きなさい。答えはすべて答えのらんに書きなさい。

**1**　(1)［計算］

答え　ア

(2) ①

答え　イ　ウ

②［計算］

答え　エ

**2**　(1)［考え方・式］

答え　(A の人口)：(B の人口)：(C の人口)
＝

(2)［考え方・式］

答え

**3**　［考え方・式］

答え

**4**　(1)［考え方・式］

答え

(2)［考え方・式］

答え

（注）実際の試験では、問題用紙の中に設けられた解答欄に書く形式です。
この解答用紙は使いやすいように小社で作成いたしました。

２０２１年度　　　学習院女子中等科

算数解答用紙　Ａ入試　No. ２

（3）［考え方・式］

答え

（4）［考え方・式］

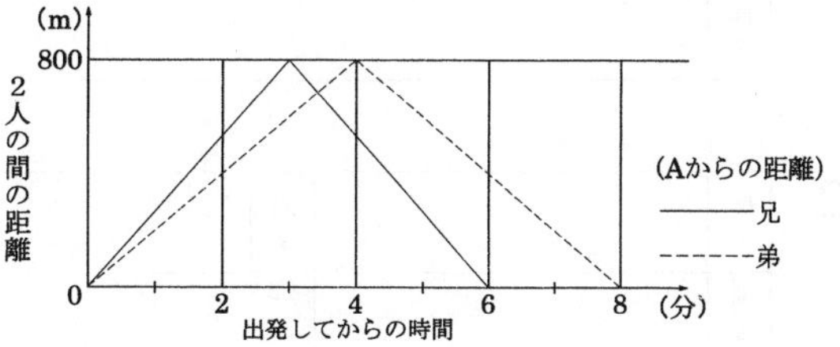


5 （1）

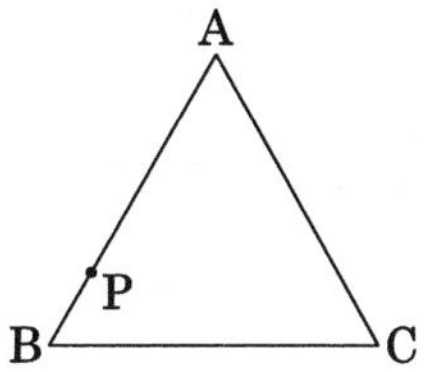


（2）［考え方・式］

答え

6 （1）［考え方・式］

答え

（2）［考え方・式］

答え

〔算　数〕100点(推定配点)

1～5　各７点×12＜1の(2)の①は完答＞　6　各８点×２＜(2)は完答＞

# ２０２１年度　学習院女子中等科

## 社会解答用紙　Ａ入試

| 番号 | | 氏名 | | 評点 | ／60 |
|---|---|---|---|---|---|

**1**

| | | | | | | |
|---|---|---|---|---|---|---|
| 問1 | 1 | 2 | 3 | 4 | | |
| | 5 | 6 | 7 | 8 | | |
| 問2 | | 問3 | | | | |
| 問4 | | 問5 | | 問6 | → → → | |
| 問7 | | | | | | |

**2**

| | | | | | | |
|---|---|---|---|---|---|---|
| 問1 | | 問2 | (1) | (2) | | |
| 問3 | (1) | (2) | 問4 | A | B | |
| 問5 | | | | | | |

**3**

| | | | | |
|---|---|---|---|---|
| 問1 | 1 | 2 | 3 | 4 |
| 問2 | | 問3 | | |
| 問4 | (1) | | | |
| | (2) | | | |

**4**

| | | | | | | | | | |
|---|---|---|---|---|---|---|---|---|---|
| 問1 | 1 | 2 | 3 | 4 | 5 | 6 | 7 | 8 | 9 |
| 問2 | A | B | 問3 | | | | | | |
| 問4 | | | | | | | | | |
| 問5 | | 問6 | | 問7 | | | | | |
| 問8 | どちらかに○<br>公平<br>不公平 | 理由 | | | | | | | |

(注) この解答用紙は実物を縮小してあります。Ｂ５→Ａ３(163%)に拡大コピーすると、ほぼ実物大の解答欄になります。

〔社　会〕60点(推定配点)

１　各１点×14＜問６は完答＞　２　各２点×８　３　問１　各１点×４　問２～問４　各２点×４　４　問１～問３　各１点×12　問４　２点　問５～問８　各１点×４

# ２０２１年度　学習院女子中等科

## 理科解答用紙　Ａ入試

| 番号 | | 氏名 | | 評点 | ／60 |
|---|---|---|---|---|---|

**1**

問 1

問 2　水面の位置　理由

問 3　位置　理由

問 4　(1)

(2)

**2**

問 1　式・考え方　答え

問 2　式・考え方　答え

問 3　式・考え方　答え

問 4　式・考え方　答え

**3**

問 1

| ① | ② | ③ | ④ |
|---|---|---|---|
| ⑤ | ⑥ | | |

問 2

問 3　(A)

(B)

問 4

問 5

**4**

問 1

問 2

| ア | イ | ウ |
|---|---|---|
| エ | オ | |
| カ | | |

問 3　①　②

（注）実際の試験では、問題用紙の中に設けられた解答欄に解答を書く形式です。
この解答用紙は使いやすいように小社で作成いたしました。

〔理　科〕60点(推定配点)

1～4　各２点×30＜1の問２，問３は完答＞

二〇二二年度　学習院女子中等科

# 国語解答用紙　A入試

| 番号 | | 氏名 | | 評点 | /100 |
|---|---|---|---|---|---|

一

| | |
|---|---|
| 問1 | |
| 問2 | |
| 問3 | |
| 問4 | |
| 問5 | |
| 問6 | |
| 問7 | |
| 問8 | (1) |
| | (2) |
| 問9 | |

二

| | | | |
|---|---|---|---|
| ① | ② | ③ | ④ |
| ⑤ | ⑥ | ⑦ | ⑧ |
| ⑨ | ⑩ | ⑪ | ⑫ |
| ⑬ | ⑭　く | ⑮　びる | ⑯ |
| ⑰ | ⑱ | ⑲ | ⑳　みる |

(注) この解答用紙は実物を縮小してあります。B5→A3(163%)に拡大コピーすると、ほぼ実物大の解答欄になります。

〔国　語〕100点(推定配点)

一　各8点×10　二　各1点×20

# ２０２１年度　学習院女子中等科

## 算数解答用紙　Ｂ入試　No.１

| 番号 | | 氏名 | | 評点 | ／100 |
|---|---|---|---|---|---|

［注意］　どの問題にも答えだけでなく途中《とちゅう》の計算や考え方を書きなさい。答えはすべて答えのらんに書きなさい。

**1**　(1)［計算］

答え

(2)［計算］

答え

**2**　［考え方・式］

答え

**3**　(1)［考え方・式］

答え

(2)［考え方・式］

答え

**4**　［考え方・式］

答え

（注）実際の試験では、問題用紙の中に設けられた解答欄に書く形式です。
この解答用紙は使いやすいように小社で作成いたしました。

算数解答用紙　B入試　No. 2

5 (1)［考え方・式］

答え

(2)［考え方・式］

答え　Aさん　　　　, Bさん

6 (1)

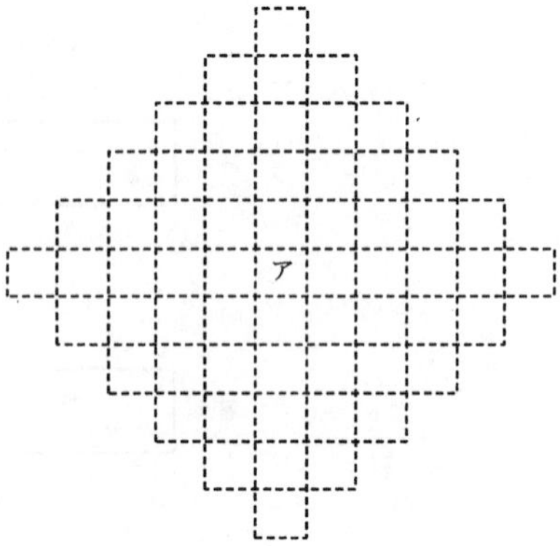


(2)

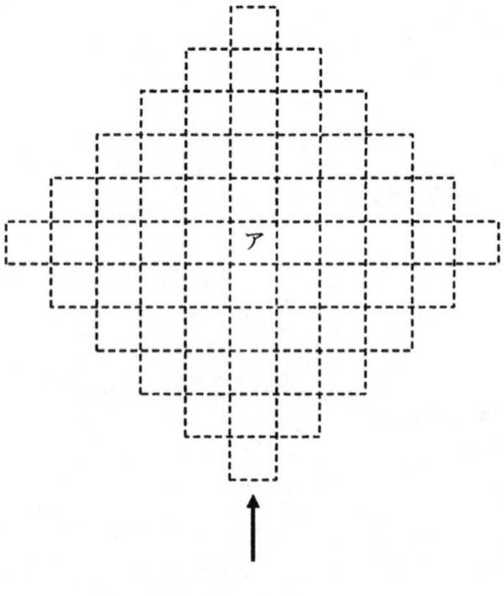


(3)［考え方］

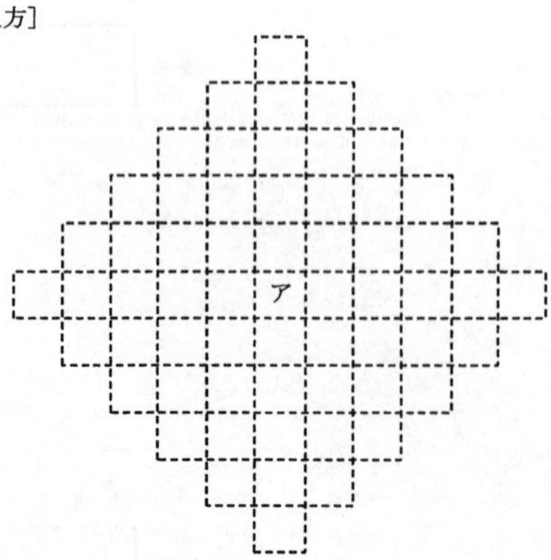


答え

〔算　数〕100点(推定配点)

1～3　各９点×５　4　10点　5, 6　各９点×５＜5の(2)は完答＞

# ２０２１年度　　学習院女子中等科

## 社会解答用紙　Ｂ入試

| 番号 | | 氏名 | |
|---|---|---|---|

| 評点 | ／60 |
|---|---|

**1**

| | | | | | |
|---|---|---|---|---|---|
| 問1 | | 問2 | | 問3 | |
| 問4 | | 問5 | (1) | | |
| 問5 | (2) | | | 問6 | |
| 問7 | (1) 　→　→　→ | | (2) | 問8 | |
| 問9 | | | | | |

**2**

| | | | | | | | | |
|---|---|---|---|---|---|---|---|---|
| 問1 | 県 | 問2 | B | C | D | E | F | |
| 問3 | G | H 港 | 問4 | I | J | K | L | |

**3**

| | | |
|---|---|---|
| 問1 | 遺跡 | |
| 問2 | 海域名 | 特ちょう |
| 問3 | | |

**4**

| | | | | | | | | | | |
|---|---|---|---|---|---|---|---|---|---|---|
| 問1 | 1 | 2 | 3 | 4 | 5 | 6 | 7 | 8 | 9 | 10 |
| 問2 | A | B | C | 問3 | | | | | | |
| 問4 | | | | | | | | | | |
| 問5 | | | | | | | | | | |

（注）この解答用紙は実物を縮小してあります。Ｂ５→Ａ３（163%）に拡大コピーすると、ほぼ実物大の解答欄になります。

〔社　会〕60点(推定配点)

1　各２点×11＜問７の(1)は完答＞　2　各１点×12　3　各２点×4　4　問1～問3　各１点×14　問4，問5　各２点×2

# 2021年度　　学習院女子中等科

## 理科解答用紙　B入試

| 番号 | | 氏名 | | 評点 | ／60 |
|---|---|---|---|---|---|

**1**

問1

| | | | | |
|---|---|---|---|---|
| ① | ② | ③ | ④ | ⑤ |
| ⑥ | ⑦ | ⑧ | ⑨ | |
| (A) | (B) | | | |

問2

**2**

問1

問2

| | |
|---|---|
| 記号 | 名前 |

問3

| | |
|---|---|
| 記号 | 理由 |

問4

問5

問6

**3**

問1

問2

| | | | |
|---|---|---|---|
| ① | ② | ③ | ④ |

問3

問4

| | | | |
|---|---|---|---|
| ① | ② | ③ | ④ |

**4**【1】

(1)

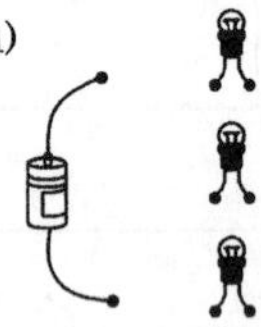

倍

(2)

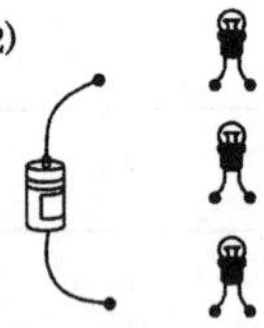

倍

【2】

問1

| | |
|---|---|
| 記号 | わかること |

問2

| | |
|---|---|
| (1) | (2) |

（注）実際の試験では、問題用紙の中に設けられた解答欄に書く形式です。
この解答用紙は使いやすいように小社で作成いたしました。

〔理　科〕60点(推定配点)

1　各1点×12　2　各2点×8　3　問1～問3　各2点×6<問2は各々完答>　問4　各1点×4　4　各2点×8

# 二〇二二年度　学習院女子中等科

## 国語解答用紙　B入試

| 番号 | | 氏名 | | 評点 | /100 |
|---|---|---|---|---|---|

一

| | |
|---|---|
| 問1 | |
| 問2 | |
| 問3 | |
| 問4 | |
| 問5 | |
| 問6 | （1） |
| | （2） |
| 問7 | |
| 問8 | |
| 問9 | |

二

| | | | | | | | |
|---|---|---|---|---|---|---|---|
| ① | | ② | | ③ | む | ④ | |
| ⑤ | | ⑥ | | ⑦ | | ⑧ | |
| ⑨ | | ⑩ | | ⑪ | | ⑫ | |
| ⑬ | | ⑭ | | ⑮ | | ⑯ | |
| ⑰ | | ⑱ | | ⑲ | | ⑳ | |

（注）この解答用紙は実物を縮小してあります。Ｂ５→Ａ３（163%）に拡大コピーすると、ほぼ実物大の解答欄になります。

〔国　語〕100点(推定配点)

一　各８点×10　二　各１点×20

# ２０２０年度　　学習院女子中等科

## 算数解答用紙　Ａ入試　No.１

| 番号 | | 氏名 | | 評点 | ／100 |
|---|---|---|---|---|---|

［注意］　どの問題にも答えだけでなく途中《とちゅう》の計算や考え方を書きなさい。答えはすべて答えのらんに書きなさい。

**1**　［計算］

答え

**2**　［計算］

答え

**3**　［考え方・式］

答え　　　　年２月１日

**4**　［考え方・式］

答え　最も少なくなるとき　　　個　，　最も多くなるとき　　　個

**5**

【Ａさんの間違い】

【Ｂさんの間違い】

［考え方・式］

正しい出発時刻

（注）実際の試験では、問題用紙の中に設けられた解答欄に書く形式です。
この解答用紙は使いやすいように小社で作成いたしました。

# ２０２０年度　　学習院女子中等科

## 算数解答用紙　Ａ入試　No. 2

**6**　(1)［考え方・式］

答え

(2)［考え方・式］

答え

**7**　(1)［考え方・式］

答え　ア　イ　ウ　エ

(2)［考え方・式］

答え

(3)［考え方・式］

答え

〔算　数〕100点(推定配点)

1～4　各10点×4＜4は完答＞　5　間違い…各2点×2，正しい出発時刻…6点　6　各10点×2　7　各10点×3＜(1)は完答10点，1つ正答につき2点を配点＞

# 2020年度　　学習院女子中等科

## 社会解答用紙　Ａ入試

| 番号 | | 氏名 | | 評点 | ／60 |
|---|---|---|---|---|---|

**1**

| | | | | |
|---|---|---|---|---|
| 問1 | 1 | 2 | 3 | 4 |
| | 5 | 6 | 問2 | |
| 問3 | | 問4 | 問5 | |
| 問6 | | | | |
| 問7 | → → → | 問8 | | |

**2**

| | | | | | | |
|---|---|---|---|---|---|---|
| 問1 | (1) | (2) | | 問2 | (1) | (2) |
| 問3 | (1) | (2) | | 問4 | (1) | (2) |
| 問5 | (1) | (2) | (3) | 問6 | X | Y |
| 問7 | | | | | | |

**3**

| | |
|---|---|
| 問1 | |
| 問2 | |

**4**

| | | | | | | |
|---|---|---|---|---|---|---|
| 問1 | 1 | 2 | 3 | 4 | 5 | 6 |
| 問2 | | 問3 | | | | |
| 問4 | | | | | | |
| 問5 | | | | | | |
| 問6 | | | | | | |
| 問7 | | | | | | |

(注) この解答用紙は実物を縮小してあります。Ａ３用紙に159％拡大コピーすると、ほぼ実物大で使用できます。(タイトルと配点表は含みません)

〔社　会〕60点(推定配点)

1　問１　各１点×6　問２，問３　各２点×2　問４，問５　各１点×2　問６　３点　問７，問８　各２点×2<問７は完答>　2　問１～問６　各１点×13　問７　３点　3　問１　２点　問２　３点　4　問１　各１点×6　問２　２点　問３　１点　問４，問５　各３点×2　問６　２点　問７　３点

# ２０２０年度　　学習院女子中等科

## 理科解答用紙　Ａ入試

| 番号 | | 氏名 | | 評点 | ／60 |
|---|---|---|---|---|---|

**1**

問1

| ① | ② | ③ | ④ |
|---|---|---|---|

問2

問3　　問4　　問5

**2**

問1

| ① | ② | ③ | ④ |
|---|---|---|---|
| ⑤ | ⑥ | ⑦ | |

問2　　問3　⇒　⇒　⇒　⇒

問4　　問5

**3**

問1

| あ | い | う | え | お |
|---|---|---|---|---|

問2

| 記号 | 理由 |
|---|---|

問3

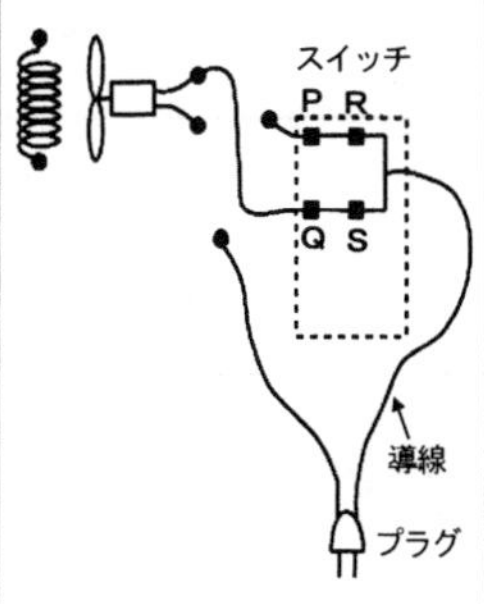


**4**

問1　考え方・式

答え

問2　(1)

考え方・式

答え

(2)

考え方・式

答え

問3　考え方・式

答え　二酸化炭素：　　水：

（注）実際の試験では、問題用紙の中に設けられた解答欄に書く形式です。
この解答用紙は使いやすいように小社で作成いたしました。

〔理　科〕60点(推定配点)

**1**　問１　各１点×4　問２，問３　各２点×2　問４，問５　各１点×2　**2**　各２点×11＜問３，問４は完答＞　**3**　問１　各２点×5　問２，問３　各３点×2＜問２は完答＞　**4**　各３点×4＜問３は完答＞

# 二〇二〇年度　学習院女子中等科

## 国語解答用紙　A入試

| 番号 | | 氏名 | | 評点 | /100 |
|---|---|---|---|---|---|

一

| | |
|---|---|
| 問1 | |
| 問2 | |
| 問3 | |
| 問4 | |
| 問5 | |
| 問6 | |
| 問7 | |
| 問8 | 1 |
| | 2 |
| 問9 | |

二

| | | | |
|---|---|---|---|
| ① | ② | ③ | ④ |
| ⑤ | ⑥ | ⑦ | ⑧ |
| ⑨ | ⑩ | ⑪ | ⑫ |
| ⑬ | ⑭　める | ⑮　う | ⑯ |
| ⑰ | ⑱　れる | ⑲　く | ⑳　る |

(注) この解答用紙は実物を縮小してあります。A3用紙に156%拡大コピーすると、ほぼ実物大で使用できます。(タイトルと配点表は含みません)

〔国　語〕100点(推定配点)

一　各8点×10　二　各1点×20

*Memo*

**Memo**

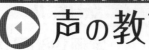